Stendhal

Über die Liebe

Übertragen, eingeleitet und kommentiert von Arthur Schurig

Stendhal: Über die Liebe. Übertragen, eingeleitet und kommentiert von Arthur Schurig

Erstdruck: Paris 1822. Druck der ersten deutschen Übersetzung von Arthur Schurig (1870-1929), Jena 1903.

Neuausgabe mit einer Biographie des Autors
Herausgegeben von Karl-Maria Guth
Berlin 2016

Der Text dieser Ausgabe folgt:
Von Stendahl – Henry Beyle über die Liebe (de l'Amour). Deutsch von Arthur Schurig, Fünftes bis siebentes Tausend, Jena: Eugen Diederichs, 1911.

Die Paginierung obiger Ausgabe wird hier als Marginalie zeilengenau mitgeführt.

Umschlaggestaltung von Thomas Schultz-Overhage unter Verwendung des Bildes: Konstantin Somov, Liebende, 1910

Gesetzt aus der Minion Pro, 11 pt

ISBN 978-3-8430-8978-4

Druck: Libri Plureos GmbH, Friedensallee 273, 22763 Hamburg

Die Deutsche Nationalbibliothek verzeichnet diese Publikation in der Deutschen Nationalbibliografie; detaillierte bibliografische Daten sind im Internet über www.dnb.de abrufbar.

Verlag: Henricus - Edition Deutsche Klassik GmbH
Mörchinger Str. 33, 14169 Berlin, info@henricus-verlag.de

Inhalt

En amour on ne jouit que de l'illusion qu'on se fait.

de Stendhal

Einleitung

Viel bedauerlicher als die von Arthur Chuquet vermißte, bei einem so subtilen Thema unmögliche Vollständigkeit hinsichtlich etlicher Abarten der Liebe ist es, daß »der scharfe Darsteller der Zustände der Renaissancezeit«, – so wird Stendhal von Jacob Burckhardt in der »Kultur der Renaissance in Italien« (II, 179) genannt, – unterlassen hat, die Liebe und die vergeistigte Galanterie der Italiener jener Epoche und die Theorie der vornehmen Liebschaft etwa aus dem Cortigiano oder den Asolanen und Briefen des Pietro Vembo oder verwandten Quellen im klaren Spiegel seines Geistes wiederzugeben.

Einem Punkt der zu Anfang dieser Einleitung angeführten Worte Stendhals gebührt noch eine Erläuterung. Er hat uns da das Unverständliche einiger Stellen selbst eingestanden. In einer (fortgelassenen) Anmerkung sagt er von seinem Buche: »Man muß beim Lesen den Bleistift in die Hand nehmen und das Fehlende zwischen die Zeilen schreiben.« Der Hauptfaktor dieser Unklarheiten ist an anderer Stelle, in den »Bekenntnissen eines Egotisten«, dargelegt worden. Stendhal hat – gleich seinem Geistesbruder Nietzsche – eine eigentümliche Neigung, seine Person, sein Leben, seine Werte und Gedanken hinter erdichtete Namen und Figuren zu verstecken, teils aus reinem Mutwillen, teils aus einem gewissen Schamgefühl heraus, um seine intimsten Erlebnisse und aufrichtigsten Bekenntnisse nicht dem ersten besten preiszugeben. Mehr als in seinen anderen Büchern kommt dieser Hang in De l'Amor zum Ausdruck. »Dieses ganze Buch«, heißt es in einer (fortgelassenen) Anmerkung, »ist eine freie Übersetzung nach dem italienischen Manuskript des Lisio Visconti, eines jungen Mannes von höchster Distinktion, der soeben in seiner Vaterstadt Volterra gestorben ist und dem Übersetzer am Tage seines plötzlichen Todes gestattet hat, den von ihm verfaßten Essay über die Liebe zu veröffentlichen, vorausgesetzt, daß es ihm gelänge, ihn in anständige Form zu bringen. Castel-Fiorentino, den 10. Juni 1819.« Dieser Lisio Visconti ist eine Mystifikation, hinter der sich Beyles eigene Person verbirgt; der Name hat wohl einen absichtlichen Anklang an den Mädchennamen der Generalin Dembowska (Mathilde Viscontini). Mathilde selbst trägt in De l'Amour den Namen Leonore. Leonores Freundin Alviza ist in Wirklichkeit Mathildes Cousine und Freundin, die reiche Frau Traversi, die übrigens auch der intriganten Marchesa Raversi in der »Kartause von Parma« als Modell gedient hat. Es finden sich auch in verschiedenen Anmerkungen angebliche Worte jenes Lisio zitiert, in einem Fall mit dem launigen Zusatz: »Hier verliert sich der arme Lisio in den Wolken«, und um die Verwirrung zu vollenden, macht Stendhal auch noch Auszüge aus den angeblichen Memoiren seines »verstorbenen Freundes, des Barons von Bottmer«, sowie aus dem Tagebuche eines anderen ebenfalls toten Freundes namens Salviati. Man darf wohl auch hinter diesen beiden Masken Beyle selbst suchen. Lisio bekommt ferner einen Freund del Rosso zugeschrieben, und daneben treten noch andere Proteusgestalten auf, wie Alberic, Lord Mortimer, Graf Delfante, Kapitän Trab, der Hauptmann von Wesel u. a. Alle diese übermütigen oder verschämten Maskeraden sind in der vorliegenden Übertragung teilweise unterdrückt, teilweise ein wenig aufgehellt worden. Sie wirken auf einen Leser, der nicht gerade ein genauer Kenner von Beyles Leben ist, nur störend, und selbst der französische Text[1] – zumal in der lieblosen Verfassung, in der die Firma Calmann-Lévy in Paris die Œuvres complètes de Stendhal immer noch zu bieten wagt – bedarf zweifellos kundiger Erläuterungen. Ein solcher Kommentar möchte die

1 Außer bei sehr seltenen Erstausgabe von 1822 und der Pseudoausgabe von 1833 (Bohaire, der neue Inhaber der Firma Mongie, hat den Rest der Auslage mit neuen Titelblättern versehen) gibt es folgende Ausgaben: 1. Stendhal (Henri Beyle). De l'Amour. Avec une étude sur Stendhal par Paul Limayrac. Paris, Eugène Didier, 1853. – 2. De l'Amour par Stendhal (Henri Beyle). Seule édition complète, augmentée de préfaces et de fregments entièrement inédits. Paris, Michel Lévy frères, 1853. Mehrere Auflagen nach den alten Platten. Später: Paris, Calmann-Lévy (Preis 3 Frcs., später auf schlechterem Papier: Preis 1 Frc.). – 3. Physiologie de l'Amour par de Stendhal. Illustrée (25 Vignettes) par Bertall. Paris, Barba (1854). – 4. Stendhal. Physiologie de l'Amour. Paris, E. Dentu, 1886. (Preis 1 Fr.) – Im Buchhandel ist zurzeit nur noch die Einfrankausgabe von Calmann-Lévy zu haben.

vorliegende deutsche Ausgabe über ihre eigentliche Aufgabe hinaus sein. Es ist in ihr überall angestrebt worden, die sibyllinische Sprache des Originals indem von Stendhal gewollten Sinne klar wiederzugeben. Die Übertragung selbst schließt sich an den Text der französischen Erstausgabe an. Von den Anhängen, die erst 1853 aus Beyles Nachlaß in die neueren französischen Ausgaben aufgenommen worden sind, ist Ernestine ou le naissance de l'amour als entbehrlich weggelassen worden. Neu hinzugekommen ist aus Beyles Nachlasse ein Romanfragment, das, weniger literarisch als vielmehr psychologisch interessant, Beyles Beziehungen zu Mathilde beleuchtet. Die zahlreichen Fußnoten des Originals sind hinter den Text gesetzt worden, einige Literatur-Verweise, die an ihrer eigentlichen Stelle mit dem Text nur in ganz loser Verbindung stehen, sind in der Anmerkung 86 übersichtlicher vereinigt worden.

Schließlich hat Stendhal über sein Buch eine Flut von Daten und Ortsangaben ausgeschüttet. Bald heißt es am Kopf eines Kapitels: »In einem kleinen Hafen, dessen Namen ich nicht kenne, bei Perpignan, am 25. Februar 1822«, ein andermal mitten im Text: »München, 1820«, dann wiederum: »Cassel, 1808, – Dresden, 1818, – Auf einem Hoffeste in den Tuilerien, 1811, – Auf dem Gardasee, 1811, – in Giat, 1812, – in Orscha, 13. August 1812, – Wilna, 1812, – Königsberg, 1812, – Loreto, am 11. September 1811, – Berlin, 1807, – Bologna, am 18. April, 2 Uhr morgens, – Modena, 1820, – Znaim, 1816, – London, den 20. November 1821, – Träumereien auf den Borromeïschen Inseln, – Posen, 1807, – Neapel, 1821, – Venedig, 1810«, usw. usw. Wenn man alle diese Angaben nachprüft, findet man, daß sie mit Beyles tatsächlichem Leben häufig in Widerspruch stehen. Wohl hat er alle die angeführten Orte ein oder viele Male in seinem Leben besucht, zumeist aber nicht an den willkürlich angegebenen Daten. So war er, um nur zwei Beispiele herauszugreifen, in Dresden nicht im Jahre 1818, sondern mehrere Wochen des Jahres 1813, ferner in Orscha sicherlich nicht am 13. August 1812, sondern erst auf dem Rückmarsch von Moskau im November desselben Jahres (vgl. Bd. V. dieser Ausgabe, S. 136). Es macht den Anschein, als habe Stendhal mit solchen Angaben dokumentieren wollen, daß sein – anonymes – Buch nicht die Arbeit irgend eines theoretisierenden Stubenhockers in Paris oder gar irgend einem Winkel der Provinz sei, sondern Stücke aus dem lebensfrischen Tagebuche eines weltmännischen Europäers. Heute, wo seinen Lesern sein vielbewegtes Wanderleben wohlbekannt ist, bedarf es natürlich jenes Mittels nicht mehr. Somit muß man über diese überflüssig gewordenen Zutaten hinwegsehen, ohne ihm wie einer seiner neueren französischen Biographen pedantische Vorwürfe zu machen.

Am 2. September 1903

Arthur Schurig

Einleitung zur zweiten Auflage

Ich schreibe nur für hundert Leser, für unglückliche, liebenswerte, prächtige, aller Heuchelei bare, durchaus amoralische Menschen. Manchen, dem dieses Buch in die Hände kommt, möchte ich fragen: Bist du in deinem Leben einmal ein halbes Jahr lang aus Liebe unglücklich gewesen? Und eine zweite indiskrete Frage: Liesest du hin und wieder eins jener anmaßenden Bücher, die den Leser zum Nachdenken zwingen, zum Beispiel ›Emil‹ von Jean Jacques Rousseau oder die Werke Montaignes? Wenn du niemals unglücklich warst ob jener Schwäche der starken Seelen, wenn du die widernatürliche Angewohnheit, beim Lesen nachzudenken, nicht hast, so wird dich das vorliegende Buch gegen den Verfasser stimmen, denn es muß dich ahnen lassen, daß es ein gewisses großes Glück gibt, das du nicht kennst, jenes Glück, das Julie de Lespinasse erfahren hat. Aber Wunder kann ich nicht tun, ich kann die Blinden nicht sehend und die Tauben nicht hörend machen.

»Die Liebe gleicht dem, was man am Himmel Milchstraße nennt. Sie ist ein schimmerndes Meer, von Myriaden kleiner Sterne gebildet, von denen der einzelne meist nicht wahrnehmbar ist. In der Literatur hat man vier- bis fünfhundert von den kleinen aneinandergereihten Empfindungen festgestellt, die einzeln zu erkennen so schwierig ist und die zusammen jene Leidenschaft ausmachen, dazu die größeren, freilich nicht ohne sich häufig zu irren, indem man Begleiterscheinungen für Hauptdinge gehalten hat. Die besten solcher Bücher von der Art der ›Manon Lescaut‹, der ›Neuen Heloise‹, der ›Briefe der Mademoiselle de Lespinasse‹ sind in Frankreich geschrieben, also in dem Lande, wo das Pflänzlein namens Liebe, erstickt unter den Forderungen der Nationalleidenschaft, der Eitelkeit, fast nie zu seiner vollen Größe gedeiht.

»Damit will ich aber keineswegs sagen, man könne die Liebe aus Romanen kennen lernen. Und wenn man sie in hundert berühmten Büchern beschrieben gefunden hätte und hätte sie niemals selber gefühlt, was wäre es, wenn man aus dem Gelesenen die Erklärung jener Torheit ergrübeln wollte? Wie ein Echo muß ich antworten: Torheit! Dieses kleine Buch ist kein amüsanter Roman, sondern lediglich eine wissenschaftlich genaue Beschreibung einer gewissen in Frankreich ungemein seltenen Torheit. Die Herrschaft der Wohlanständigkeit, die täglich größer wird, mehr infolge der Furcht vor dem Sichlächerlichmachen als durch die Lauterkeit unsrer Sitten, hat aus dem Worte, das diesem Buche den Titel gibt, einen Ausdruck gemacht, den man an und für sich vermeidet und der sogar anstößig klingen kann …

»Im Jahre 1814 machten mich die veränderten Verhältnisse, die dem Sturze Napoleons folgten, berufslos. Bereits vordem, unmittelbar nach den gräßlichen Erlebnissen auf der Retraite de Moscou, hatte mich der Zufall nach Mailand geführt, einer liebenswürdigen Stadt, in der ich am liebsten den Rest meiner Tage beschlossen hätte. Das war mein Lieblingsgedanke. In der glückseligen Lombardei, in Mailand, in Venedig, da ist die Hauptsache oder besser gesagt der Brennpunkt des Daseins: das Vergnügen. Da kümmert man sich kein bißchen um das Tun und Lassen seines Nachbars.

»Es war dort in Mailand zu den glänzenden Maskenbällen des Karnevals von 1820, im Hause der liebenswürdigen Frau Pietragrua, in einer Abendgesellschaft, wo über ein paar selbst für dortige Verhältnisse tolle Liebesgeschichten sehr lebhaft debattiert wurde. Mir fiel beiläufig ein, daß ich von all' diesen wunderlichen Tatsachen und den ihnen zugeschriebenen Ursachen schon nach einem Jahre kaum noch eine verschwommene Erinnerung haben würde, und das veranlaßte mich, mir heimlich Aufzeichnungen auf ein Konzertprogramm zu machen. Man wollte Pharao spielen. Wir saßen unsrer dreißig um einen Spieltisch, aber dic Unterhaltung war so lebhaft, daß darüber das Spiel vergessen ward. Als dann noch der Oberst Scotti hinzukam, der zufällig die Intimitäten jener bizarren Vorfälle kannte und davon erzählte, erschienen sie mir in ganz neuem Lichte. Ich zeichnete mir auch diese neuen Momente auf. Auf gleiche Weise machte ich mir auch in anderen Salons, wo von denselben Dingen die Rede war, Aufzeichnungen, und bald hatte ich das Bedürfnis, ein allgemeines Gesetz für die verschiedenen Grade der Liebe festzulegen.

»Wenige Monate darauf mußte ich Mailand verlassen. In Paris vereinigte ich meine aphoristischen Aufzeichnungen zu einem Hefte, das ich einem Verlagsbuchhändler schenkte. Der Drucker erklärte aber, es sei ihm unmöglich, diese Bleistiftnotizen zu drucken; offenbar hielt er das Setzen nach einem derartigen Manuskript für unter seiner Würde. Ich mußte es dem Druckerlehrling noch einmal diktieren. Als ich dann die Korrekturen dieser meiner moralischen Reise durch Italien und Deutschland las, deren Fakta immer am Tage, wo ich sie beobachtet hatte, niedergeschrieben sind, habe ich das Manuskript mit seiner umständlichen Beschreibung aller Zustände jener Krankheit, genannt Liebe, voll blinder Ehrfurcht behandelt etwa wie ein Gelehrter des dreizehnten Jahrhunderts eine eben aufgefundene alte Handschrift des Lactantius oder des Quintus Curtius.

Wenn der Leser auf irgend eine dunkle Stelle stößt, und das wird ihm, offengestanden, häufig passieren, so bitte ich, jenem alten Ich die Schuld zuzuschieben. Ich gestehe, meine Ehrfurcht vor dem Originalmanuskript ist so weit gegangen, daß etliche Stellen gedruckt worden sind, die ich selber nicht mehr verstand …

»Es war eine Gefahr für mich, die Korrekturen eines Buches zu lesen, das mich alle Nuancen meiner Empfindungen in Italien von neuem durchleben ließ. Ich hatte die Schwäche, ein Zimmer in Montmorency zu mieten. Abends fuhr ich mit der Post hinaus. Mitten im Walde korrigierte ich meine Bogen. Ich wäre dabei beinahe verrückt geworden. Häufig machte ich die Korrekturen auch im Park der Gräfin Beugnot in Corbeil. Dort konnte ich den trüben Träumereien aus dem Wege gehen; sobald ich mit arbeiten aufhörte, ging ich in den Salon. Mit allen Sinnen war ich bei Mathilde; oft hatte ich Tränen in den Augen. Ich hegte wohl den Plan, mein Buch umzuarbeiten, aber tiefer über Dinge der Liebe nachzudenken, machte mich zu traurig. Es war mir, als ob man mit rauher Hand an eine kaum vernarbte Wunde rührte. An dem Buche zu arbeiten, tat mir weh. So nötig es gewesen wäre, ich habe es auch später nicht umzuarbeiten vermocht …

»Ich veröffentlichte ein Schmerzenskind.

»Obgleich ich das Manuskript dem Verleger Mongie geschenkt hatte, druckte er es auf schlechtem Papier und in lächerlichem Duodezformat.[1] Als ich einen Monat nach dem Erscheinen fragte, wie das Buch ginge, antwortete er mir: ›Es ist heilig, kein Mensch rührt es an!‹ In der Tat

1 De l'Amour. Par l'auteur de l'Histoire de la peinture en Italie, et des Vies de Haydn, Mozart et Métastase. Paris, … P. Mongie l'ainé, … 1822, 2 Bde. in 12° (IV, 232 und 330 Seiten).

sind in den Jahren von 1822 bis 1833 nur siebzehn Exemplare verkauft worden.

»Ich habe dem Publikum nicht geschmeichelt, und das in einer Zeit nach gewaltigen Umwälzungen und Niederlagen, wo die ganze Literatur nur den Zweck zu haben schien, unsere Eitelkeit in ihrem Unglück zu trösten. Unter Ludwig dem Fünfzehnten war die Liebe in Frankreich allmächtig; die Namen am Hofe machten ihre Liebhaber zu Obersten. Heute, nach fünf radikalen Umwälzungen in Zweck und Form der Regierung, vermöchte einem auch die einflußreichste Frau der regierenden Bourgeoisie oder des grollenden Adels kaum noch einen Tabaksverschleiß in einem Dorfe zu verschaffen. Die Frauen sind nicht mehr in Mode. Die goldne Jugend, die sich gern einen frivolen Anstrich gibt, um als Erbin der guten Gesellschaft von ehedem dazustehen, spricht lieber von Pferden oder spielt im Klub, wo keine Frauen zugelassen sind. Eine tödliche Froschblütigkeit hat unsre Generation ergriffen. Die Gesellschaft von 1778, wie wir sie in Diderots Briefen an seine Geliebte, Mademoiselle Voland, oder in den Memoiren der Madame d'Epinay finden, ist unsrer Zeit völlig unverständlich geworden.«

Soviel erzählt Beyle selbst teils in verschiedenen Vorreden für eine künftige Neuausgabe von De l'Amour, die er nicht mehr erleben sollte, teils in seinen »Erinnerungen«. Heute ist dieses Buch, das einst in zwölf Jahren nur siebzehn Käufer gefunden hat, über den ganzen Erdball verbreitet, es ist sogar eins der wenigen Literaturwerke, die die Japaner in ihre Sprache übertragen haben, weil es ihnen geeignet erscheint, die gelbe Rasse in die ihr geheimnisvolle Empfindungsweise der Europäer einzuweihen. Sein Verfasser, dem es lebenslang wie ein ungezogenes Lieblingskind am Herzen lag, hat somit nicht zu Unrecht gesagt: »Man wird es um 1900 lesen.«

Stendhal nennt sein Buch ein livre d'idéologie. »Ich bitte die Philosophen um Verzeihung«, schreibt er in einer (fortgelassenen) Anmerkung, »daß ich das Wort Ideologie gewählt habe. Ich will gewiß niemandem etwas ihm Zustehendes rauben. Wenn man unter Ideologie eine ausführliche Beschreibung der Ideen und aller ihrer Bestandteile versteht, so ist dieses Werk eine ausführliche und sorgfältige Beschreibung aller Gefühle, die die Leidenschaft der Liebe ausmachen. Ich kenne leider kein griechisches Wort für ›Abhandlung über Gefühle‹, wie Ideologie ›Abhandlung über Ideen‹ bedeutet. Schon mit dem Ausdruck *Kristallbildung* werde ich mißfallen.«

An diese Randglosse anknüpfend hat ein Kritiker der ersten Auflage der vorliegenden deutschen Übertragung mit vollem Verständnis bemerkt: »Stendhals Buch über die Liebe ist in der Hauptsache egotistisch, denn es schildert als Ergebnisse feinster Selbstanalyse die Empfindungsweise seines heißblütigen Verfassers und hält sich von aller Metaphysik fern. Es vervollständigt das Selbstbildnis Stendhals, das wir in seinen ›Bekenntnissen eines Egotisten‹ besitzen. Nur aus Verlegenheit, vielleicht auch in verehrender Hinsicht auf Destutt de Tracy, für dessen ›Ideologie‹ sich Stendhal schon in früher Jugend begeistert hatte, ist die unzutreffende Bezeichnung livre d'idéologie gewählt worden. Jene charakteristische Bemerkung verweist uns darauf, aus welchem Bedürfnis heraus Stendhal das Wort Egotismus geschaffen, als es galt, diese persönliche Empfindungsweise selbst einschließlich aller Absonderlichkeiten des Nervensystems anzudeuten und endlich eine Bezeichnung zu finden für die psychologische Erforschung und systematische Darstellung des eigenen Gefühlslebens.«[2]

Das Buch über die Liebe ist in zärtlichen Liebesträumereien entstanden, die einer schönen Italienerin galten, und manche Seite spricht wohl unmittelbar zu ihr. Es war eine unglückliche Liebe, die Beyle zu Mathilde Dembowska hegte, einer Mailänderin, der Gattin eines napoleonischen Generals, die von ihrem sie schlecht behandelnden, treulosen Manne getrennt lebte. Es ist ihrer an anderer Stelle[3] ausführlich gedacht worden. Sie hat die leidenschaftliche Liebe Beyles nie erhört, vielleicht weil sie ihm bei seinem lebemännischen Ruf die Wahrheit seiner Gefühle nicht glauben konnte. Beyle hat sie als Ideal des lombardischen Frauentypus, der ihm als Meisterstück aller Rassen galt, verherrlicht. Sie ist im Jahre 1825 in Mailand gestorben, achtunddreißig Jahre alt, und ihrem Anbeter sein ganzes Leben lang »eine zarte, wehmütige Traumgestalt geblieben, deren Erinnerung ihn gut, gerecht und nachsichtig stimmte.«

Obgleich für eine Frau geschrieben, ist das Buch über die Liebe doch kein Frauenbuch nach jener delikaten Vorschrift Diderots: »Wer für Frauen schreibt, muß seine Feder in den Regenbogen tauchen und seine Schriftzüge mit dem Staube von Schmetterlingsflügeln trocknen.« Es ist im Gegenteil ein männliches Buch und offenbart die ganze Kraft des Stendhalschen Geistes, »mit seinen Sprüngen und Abwegen, feinem

2 Karl Heckel in der Frankfurter Zeitung vom 18. Mai 1906

3 »Bekenntnisse eines Egotisten« (Bd. V. dieser Ausgabe), S. 247 ff.

Genie und seiner Feinheit, seinen Spitzfindigkeiten und Übertreibungen, seiner Abgerissenheit und seinen Widersprüchen. Trotz seiner freien Ideen und seiner absichtlichen Immoralität überrascht es uns, daß der Schüler eines Cabanis in der Liebe etwas anderes erblickt als allein den Sinnengenuß. Sein Buch mischt in die Befriedigung der Begierde und in das Fieber der Sinne die Zartheit seelischer Empfindungen. Es ist im Grunde eine Studie über die Macht der Phantasie in der Liebe.«[4]

Es ist auch der beste Schlüssel zum Verständnis des merkwürdigen Charakters Beyles und seiner Romane. Hier finden sich die reichen Erfahrungen seines bewegten Lebens gleichsam mit der Kraft einer Sammellinse konzentriert, hier ist *in abtracto* niedergelegt, was Stendhal später mit so packender Gewalt in »Rot und Schwarz« und in der »Kartause von Parma« zu neuem Leben erweckt hat, hier wird das feine und haarscharfe Instrument geschliffen, mit dem er später die »feinen und seltenen« Seelenregungen seiner dichterischen Gestalten bloßlegt. Er selbst war ein Liebender und ein Romantiker, der, wie so viele von Rousseau bis Wagner, die ewigen Rechte der Leidenschaft proklamiert hat: bald mit italienischer Glut und Skrupellosigkeit, bald mit deutscher Inbrunst, die diesen Trieb als eine Emanation des Göttlichen ansieht. Aber derselbe Stendhal war auch ein Schüler der geistreichen und leichtfertigen Rokokophilosophen, die den Menschen aus Lust und Unlust erklärten und der Lust lächelnd das Vorrecht gaben. Dazu steckten in ihm ein von seinen mütterlichen Vorfahren ererbter »spanischer« Abenteurerzug, den er mit seinen Helden Julian Sorel und Fabrizzio del Dongo teilt, und der sein heimliches Werthertum so gern ironisierende Hang zur Don-Juanerie. Die Überlegenheit des freien Geistes zog das Ergebnis aus allen diesen Faktoren und setzte die Liebe aus Leidenschaft als obersten Wert ein, jene **freie Liebe**, von der Beyles Zeitgenosse Saint-Simon geschwärmt und die das junge Deutschland alsbald so begeistert verkündet hat.

Wie alle Bücher Stendhals verrät auch De l'Amour eine umfangreiche Belesenheit in verschiedenen Sprachen und Disziplinen, die um so erstaunlicher ist, als er bis in sein einundreißigstes Lebensjahr das rastlose Wanderleben eines napoleonischen Soldaten durch halb Europa geführt hat. Stendhal ist bis in die Fingerspitzen literarisch, wenngleich er (S.

4 Arthur Chuquet, »Stendhal-Beyle«, Paris (Plon-Nourrit & Cie.), 1902, S. 365.

250) die Paar Bücher, die Lisio Visconti, das heißt er selber, gelesen habe, von oben herab abtut. Widmen wir den wichtigsten Werken, die ihm Ideen oder Beispiele zu seinen eigenen Erörterungen an die Hand gegeben haben, ein wenig unsre Aufmerksamkeit.

Neben Cabanis und Destutt de Tracy, den Beyle bekanntlich hochverehrte[5], hat die Philosophie des Helvetius einen hervorragenden Einfluß auf Stendhals Schriften, insbesondere auch auf gewisse Ideen im vorliegenden Buche, ausgeübt. Dann sind hier Montaigne und der »witzigste aller Moralisten«, Nicolas Chamfort zu erwähnen. Es ist, nebenbei bemerkt, lehrreich zu vergleichen, wie verschieden zwei so geistvolle Weltleute wie Chamfort und Stendhal gegen Ende ihres Lebens die Frauen beurteilt haben; Chamfort ist ihnen gegenüber zum bittersten Pessimisten geworden, während Beyle trotz allem durch sie erfahrenen Ungemach sie noch in seinem letzten Roman »Luzian Leuwen« in unverbesserlichem Optimismus vergöttert und idealisiert.

Eine lange Reihe von Schlüssen und Beispielen hat Stendhal in Memoiren und Briefwechseln gefunden. Insbesondere sind hier hervorzuheben die Liebesbriefe der Julie de Lespinasse an den Grafen Guibert, Diderots Briefe an Sophie Volant[6], und die Briefe Mirabeaus an Sophie de Monnier. Da die erstgenannten in Deutschland selbst unter Literaturfreunden nur wenig bekannt sind, so möchte ich durch folgende, dem geistreichen Buche der Gebrüder Goncourt »Die Frau im achtzehnten Jahrhundert«[7] entnommene Stelle auf sie aufmerksam machen:

»Bei Fräulein de Lespinasse ist die Liebe ein verzehrendes Brennen, ein immer glühendes, immer wieder aufloderndes Feuer, das unaufhörlich in sich selber wühlt, treibt und arbeitet. Dieses Gefühl lebt von seiner Aktivität, Energie, Heftigkeit, seinem Wüten und Toben. Es dauert, indem es sich langsam erschöpft, und man untersuche es nur einmal: es wird einem unter der Hand zittern als der stärkste Herzschlag des achtzehnten Jahrhunderts. Denn diese Liebe des Fräuleins von Lespinasse ist nicht bloß das Fieber dieser einen Frau, sie läßt die Krankheit und das Streben ihrer Zeit sehen. Sie enthüllt das geheime Leiden jener kleinen Zahl von höheren Menschen, die für ihr Jahrhundert zu reich

5 Vgl. Band V. dieser Ausgabe, S. 31 ff.

6 Neuerdings deutsch im Inselverlag erschienen.

7 Es ist kürzlich in vorzüglicher deutscher Übersetzung im Verlage von Julius Zeitler in Leipzig erschienen.

ausgestattet, fast auf den ersten Anlauf schon alles bis ans Ende getrieben haben und alles bis auf die Hefe geleert, was ihnen das Vergnügen, das Glück, die Aktivität der Gesellschaft an Beschäftigungen geben und an Fülle mitteilen konnten. Voller Ekel stehen sie vor den Dingen, vor der Leere des gewöhnlichen Lebens, krank am Reichtum ihrer Seelen, und entdecken in dieser Atmosphäre voller Trockenheit und Egoismus in sich ein unwiderstehliches und wütendes Bedürfnis zu lieben, zu lieben mit Narrheit, mit Verzückung, mit Verzweiflung. Wie in einen Gießbach wollen sie sich in die Liebe stürzen, ganz und gar in ihr versinken, sich von ihrer ganzen Macht am Herzen gepackt fühlen. Sie gestehen es, sie verkünden es ganz laut: es handelt sich für sie nicht darum, zu gefallen, schön und geistreich befunden zu werden, jene große Ehre der Zeit zu genießen, die Ehre einer Bevorzugung, den Kitzel der Eitelkeit zu spüren: was sie wollen, sind nur Erfolge des Herzens, ihr Stolz ist, zu lieben. Alles, was sie ambitionieren, gipfelt darin, der Liebe für fähig und für würdig befunden zu werden, zu leiden. Umgewühlt, gerührt, von Leidenschaft durchschauert zu werden, das ist der innige Wunsch dieser Seelen, die ungeduldig sind, der Kälte ihres Jahrhunderts zu entrinnen, die fröhlich beflissen sind, sich von der Gesellschaft zu befreien und in sich selbst einem einzigen Gedanken zu leben. Diese Frauen, die im allgemeinen in ihrer Kindheit und ersten Jugend die Gefühle der Frömmigkeit nicht erfahren haben, kommen zur Liebe wie zu einem Glauben. Sie bringen eine Art hingebeugter Ergebung hinein. Diese Seelen aus reiner Vernunft, die bis dahin keinen sittlichen Sinn, kein Gewissen und keinen Herrn hatten als den Verstand, diese so stolzen, verwöhnten, eben noch so leeren Seelen verlieren, sobald sie nur getroffen, das Gefühl ihres Wertes und ihrer Stellung; sie stürzen sich in die Niedrigkeit einer Magdalena, einer verliebten Kurtisane. Ihre Eigenliebe, diesen großen Antrieb ihres ganzen Wesens, werfen sie restlos unter die Füße des geliebten Mannes; sie empfinden Vergnügen daran, sie von ihm treten zu lassen. Sie stehen vor ihm wie vor dem Gott ihres Daseins, unterwürfig und demütig, gebeugten Hauptes, klaglos und auf alles resignierend, fast fröhlich über ihr Leid.

»Diese absolute Unterwerfung findet man bei Fräulein von Lespinasse so ausgeprägt, daß dieses Element ihrer Liebe weit stärker hervorzuleuchten scheint als ihre Verzückung und Heftigkeit. Wie soll man die Herrin eines der ersten Salons von Paris in dieser Frau wiedererkennen, die sich in der Liebe so klein macht, die den schlechtesten Platz im Herzen ihres Geliebten so furchtsam und mit so leiser Stimme erbittet, die sich so lebhaft für den Ausdruck des Interesses bedankt, mit dem man ihr zu schreiben geruht, die sich so sanft darob entschuldigt, daß sie dreimal in der Woche schreibt? So wenig man ihr auch gewährt, sie empfängt es wie eine Gunst, die sie nicht verdient; ja, sie findet ihre Dankbarkeit noch kalt, auch wenn sie alle ihre Zärtlichkeit hineinlegt. Nichts vermag sie aus dieser knienden und flehentlichen Haltung emporzureißen, und alle Zeichen der Liebe, die ihr zuteil werden, vermögen sie nicht zu jenem Vertrauen zu ermutigen, kraft dessen man fordert, was man vom Geliebten wünscht. Unaufhörlich demütigt sie sich vor Herrn von Guibert, und die Hingebung, mit der sie ihren Willen in den seinen, sich selbst in ihn ergießt, ist so absolut, daß sie sich nicht mehr im Einklang mit der Gesellschaft, in Übereinstimmung mit dem Ton und den Gefühlen der großen Welt findet. Die Vergnügungen und die Zerstreuungen, denen sie noch um sich begegnet, können ihr nichts gewähren; und der Liebe gegenüber, die sie erfüllt, erscheint ihr die öffentliche Meinung so geringfügig, daß sie bereit ist, ihrem Urteil zu trotzen und fortzufahren, Herrn von Guibert zu sehen und ihn in jedem Augenblick ihres Lebens zu lieben. Ein wunderbarer Schwung lebt in ihr, eine höchste Elevation, ein beständiges Streben; allen ihren Gedanken, allen Kräften ihrer Seele, allen Mächten ihres Herzens entringt sich der Schrei der Zärtlichkeit und Verzückung: eine heiße Bitte um einen Kuß. »In jedem Augenblicke meines Lebens: mein Freund, ich leide, ich liebe Sie und ich erwarte Sie!«

»Die von ihrem Objekt völlig absorbierte Liebe hat kein größeres Beispiel in der modernen Menschheit als diese Frau, die alle ihre Gefühle und all' ihre inneren Regungen auf ihren Liebhaber bezieht, ihm alle ihre Gedanken schenkt, deren Eigentum sie sich nach ihrem feinsinnigen Ausdruck, nur zu sichern glaubt, indem sie sie ihm mitteilt, die sich alles verbietet, woran er keinen Anteil hat, die zufrieden damit ist, nur von ihm zu leben, ihrer eigenen Persönlichkeit beraubt und gleichsam für sich selbst abgestorben, die sich weigert zu reden, die den Besuchen Diderots die Türe schließt, weil sein Gespräch, wie sie sagt, ihre Gedanken gewaltsam ablenkt, die allein, ohne Bücher, ohne Licht und in Schweigen bleibt, ganz und gar dem Genuß des neuen Seeleninhalts hingegeben, den ihr Guibert mit den drei Worten geschaffen: ›Ich liebe Sie‹, und zugleich so tief in diesem Genuß versunken, daß sie darüber die Fähigkeit verliert, sich der Vergangenheit zu erinnern und der Zukunft zu gedenken.[8]

Außer mit solchen und anderen Dokumenten der Liebe stützt Stendhal seine Behauptungen mit Beispielen und Hinweisen auf Gestalten und Handlungen in einer Reihe von französischen und englischen Romanen. Hier ist nun in erster Linie Jean Jacques Rousseau zu nennen. Es wird wohl niemals ein Buch über die Geschichte der Liebe der europäischen Menschenrasse geschrieben werden, in der sein Name nicht einen wichtigen Markstein bedeutet. Ich will einem geistvollen Essay über Rousseau von Wilhelm Weigand folgenden Abschnitt entnehmen: »Leidenschaftliche Leute, wie der Vergötterer der Energie Stendhal, haben behauptet, die Liebe sei in Frankreich seltener als sonstwo zu finden: in der Tat, die Frauen vor Rousseau waren bessere Freundinnen als Liebende; sie legten als Töchter einer kalt-sinnlichen Zeit vielleicht zu wenig Wert auf die letzte Gunst, als daß sie sich in Liebesleidenschaft verzehrten. Man genoß das Leben, indem man geistreiche Briefe schrieb, sich mit den Wissenschaften abgab, wie die göttliche Emilie Voltaires, Venus-Newton, das Herz auf der Zunge trug, geistreiche Maximen über Moral und Sitte schmiedete und mit den intimsten Erlebnissen Staat machte. Die Natur ist wortkarg, jede reife Zivilisation hingegen geschwätzig. Obwohl Rousseaus Einfluß auf die Frauen allmächtig war, so blieben doch einzelne Naturen, wie die geistreiche Lästerbase Marquise du Deffant und die reizende Frau des Ministers Herzogs de Choiseul, der alten gallisch-heiteren Tradition treu, die in dem Bürger von Genf einen Scharlatan der Tugend erblicken mußten. Die Frau ist in viel höherem Grade ein Geschöpf des Milieu als der Mann, und so ist denn auch die Julie Rousseaus kein Lebewesen der freien Natur, sondern einer höchst verdorbenen Gesellschaft, die sich, wie geistreiche Leute zu tun Pflegen, selbst vergötterte, ohne sich gerade gut zu kennen. Dieser Julie fehlt, wie allen Französinnen von dreißig oder mehr Jahren, die reine Naivität des Herzens, der Zauber einer naturfrischen Persönlichkeit: sie ist, man kann es nicht genug betonen, die geistige Tochter eines Literaten von wollüstiger Natur, die an allen Krankheiten der Zeit leidet; sie spricht wie Rousseau selbst in unausstehlicher Weise über die Tugend und kommt doch zu Fall. Die Marquise de Pompadour, die als Maitresse des Allerchristlichen Königs in der alten Tradition verharren mußte,

8 Über die Lespinasse-Literatur s. Anmerkung 88.

spottete in einem Briefe an eine Freundin witzig über diese Tugendenthusiastin: ›Welch ein langweiliges Wesen ist doch diese Julie! Wieviel Vernünftelei und tugendhaftes Geschwätz, um sich endlich einem Manne zu geben!‹ Der Hang zum Räsonieren in zweideutigen Lagen ist vielen Frauen dieser Epoche gemeinsam als ein Zug der Galanterie, die in Frankreich, vor allem am Hofe, ihre Heimat hat. Rousseau ist nicht galant, ja, er haßt die Galanterie, diese Blüte der französischen Zivilisation, als ein Plebejer, dem Anmut und sichere Frechheit des schönschwätzenden Edelmanns fehlen. Wenn man Rousseau mit den lüsternen Erzählern des ancien régime vergleicht, so erscheint er wirklich als großer Dichter, und so verspürten denn auch die Schmetterlinge der Salons einen Hauch von Poesie, zumal auch die ganze Nation geneigt ist, blühende Rhetorik als Sprache der Dichtkunst hinzunehmen. Rousseau zog es, seiner eigenen Natur folgend, vor, bei den Frauen ›sublim‹ zu sein, mit dem Reichtum eines leidenschaftlichen Herzens zu glänzen, das mit mißtrauischer Sicherheit fühlte, wie schlecht ihm die leichtfertige, tändelnde Sprache der müßigen Eroberer stand. Die Zeitgenossen täuschten sich nur halb, wenn sie in Rousseau das Urbild des Saint-Preux sahen. Das war ein Plebejer wie Rousseau selbst. Die Liebe eines bürgerlichen Mannes zu einer Frau der vornehmen Gesellschaft war nichts Neues; die nachsichtigen philosophischen Ehemänner erlaubten ihren Frauen herabzusteigen, wenn sie nur Prinzen und Lakaien verschmähten, vor welchen Extremen ein geistreicher Mann seine galante Frau warnte. Viele solcher leichtfertigen Verbindungen der Geschlechter, die der vergötterte Geist auf eine Höhe trug, erregten in der übermütigen Welt weiter kein Aufsehen. Neu hingegen war die Liebe eines Plebejers zu einem vornehmen Mädchen, das der Sitte gemäß seinen Gatten aus der Hand der Eltern empfangen sollte. Freilich verliert Saint-Preux als der einzelne vor einer mächtigen Gesellschaft seine Geliebte, aber mit ihm war doch der Plebejer in die Literatur eingeführt und eine Welt neuer Konflikte geschaffen. Napoleon tadelte in seiner berühmten Unterredung mit Goethe zu Erfurt mit Unrecht die Vermischung zweier Motive im Werther: nämlich der Leidenschaft und des plebejischen **ressentiment**. War der klassische Lateiner, der in seiner Jugend die ganze Wertherei durchgemacht und aus Italien an den Vorabenden seiner Schlachten glühende Wertherbriefe an die Kokette Josephine geschrieben hatte, aus ästhetischen Gründen, als Bewunderer Corneilles, gegen diese gerechtfertigte Gleichstellung zweier Motive?«

Stendhal erwähnt im vorliegenden Buche Rousseau, insbesondere die »Neue Heloise« und deren Gestalten Saint-Preux und Julie d'Etanges so häufig, daß sich der aufmerksame Leser vielleicht angeregt fühlen wird, die »Neue Heloise« zur Hand zu nehmen. Rousseau bleibt auch für uns ein genialer Geist, des beispiellosen Einflusses auf seine Zeitgenossen würdig, trotzdem gehört er nicht zu den großen Schriftstellern, deren Bücher sich durch die Jahrhunderte hindurch frisch erhalten. Auch hierzu möchte ich einige Worte Weigands als die eines anerkannten Kenners der Literatur und Kultur Frankreichs im achtzehnten Jahrhundert anführen: »Wenn wir heute bei einem durchaus veränderten Geschmacke die ›Neue Heloise‹ lesen, so finden wir sie langweilig, rhetorisch, gemacht, französisch, und wir bedürfen unseres hochentwickelten historischen Sinns, um die ungeheure Wirkung des Buches zu begreifen. Rousseau ist der Vater der modernen Literatur, aber die ›Neue Heloise‹ ist veraltet; Männer von feinstem modernen Geschmacke sagen: ein unausstehliches Buch, das uns eine Arbeit auferlegt, wenn wir es genießen wollen …«

Im Grunde hat Stendhal diesen Roman nicht viel anders als der moderne Leser beurteilt. Er schreibt im Jahre 1832: »Mein Glück und meinen Genuß, als ich die ›Neue Heloise‹ zum ersten Male (als Zwölfjähriger) las, ist unmöglich zu beschreiben. Heute erscheint mir dieses Buch pedantisch, und sogar im Jahre 1814, in der tollsten Liebesstimmung, habe ich darin keine zwanzig Seiten hintereinander lesen können«, Ähnlich urteilt er bereits im vorliegenden Buche (vgl. S. 292).

Einen ebenso bedeutsamen, ja vielleicht auf Beyles eigenes Liebesleben viel nachhaltiger wirkenden Einfluß hat ein anderer berühmter Roman auf ihn ausgeübt, die *Liaisons dangereuses*, der 1782 erschienen ist.[9] Im Gegensatz zur »Neuen Heloise« und zu den Liebesbriefen der Lespinasse ist er frei von den sentimentalen und demokratischen Einflüssen Rousseaus, er ist das letzte bedeutende literarische Dokument des echten *ancien régime*, ein Buch voller Herrenmoral. Der Verfasser, der Artilleriegeneral Choderlos de Laclos, war einer der geistvollsten Köpfe der

9 Er ist mehrfach in deutscher Übersetzung erschienen, zuerst 1783, zuletzt 1905 im Inselverlag. Von den zahlreichen französischen Ausgaben sei die des Mercure de France genannt. Den Liaisons dangereuses gilt die Xenie Goethes:

»Warnung reizt uns oft, ich seh' es; denn jegliche Schöne
Liest und wünscht insgeheim sich der **Verbindung** Gefahr.«

napoleonischen Armee, ein universell begabter Weltmann, gleich gewandt als Diplomat, als Taktiker, als Artillerist.[10] Napoleon wußte Offiziere solch' seltenen Schlages zu schätzen und am richtigen Ort zu verwenden. In den Zeiten der großen Revolution war Laclos eine Zeitlang enthusiastischer Jakobiner gewesen, dann hatte man ihn als gefährliches Subjekt eingesperrt. Im Gefängnis ward er der heimliche Autor von Robespierres berühmtesten Reden. Sein Roman wirkt auf die Leser unsrer Zeit durchaus nicht veraltet, er schildert die gesellschaftlichen Zustände unter dem Adel des *ancien régime* mit unübertroffener Meisterschaft und läßt die geistreiche Lebhaftigkeit und die aristokratische Kultur der französischen Edelleute in für einen Deutschen um so interessanterer Weise erkennen, als bekanntlich der – allerdings arme – deutsche Adel des achtzehnten Jahrhunderts kulturell begnügsam, geistig träg und wenig gebildet, längst widerstandslos die Sitten des *bourgois* angenommen hatte.

Aus fremden Sprachen treten – außer den Romanen Scotts, Richardsons und Fieldings – hinzu Werke Virgils, Shakespeares, Byrons, Goethes, Schillers, Dantes, Petrarcas, Cervantes u. a., aus der neulateinischen Literatur der »Traktat von der Liebe« des Andreas Capellanus und die »Briefe der Heloise an Abälard«, aus dem Altarabischen der »Diwan der Liebe« des Ibn-Abi-Hagala, schließlich einige provenzalische Handschriften des dreizehnten Jahrhunderts. Den von Andreas Capellanus in lateinischer Sprache überlieferten altprovenzalischen »Liebesregeln« habe ich die niederdeutsche Übersetzung des Eberhard Cersne (nach der Handschrift von 1404) und die mittelhochdeutsche des Doktors Hans Hartlieb (gedruckt 1482) in einer Anmerkung beigefügt. Auf die arabischen Handschriften (in der Pariser Nationalbibliothek) ist Stendhal durch den Orientalisten und Akademiker Fauriel aufmerksam gemacht worden, wahrscheinlich rührt der französische Text von ihm her.[11]

10 Er ist der eigentliche Erfinder des Schrapnells, des Hauptgeschosses der modernen Feldartillerie, eine Tatsache, die durch seine Gefangenschaft in Vergessenheit geraten ist und selbst in den Fachbüchern nicht erwähnt wird.

11 Heinrich Heines populär gewordener »Asra« ist auf die Lektüre von Stendhals De l'Amour zurückzuführen, vgl. »Heine und Stendhal« von Arthur Schurig im Feuilleton der »Frankfurter Zeitung« vom 28. September 1902. Vgl. auch Anmerkung 76.

In dieses reiche literarische, psychologische und völkerpsychologische Beiwerk mischen sich allenthalben Beyles eigene Erfahrungen und Beobachtungen. Wie wertvoll, wie genial und sicher seine knapp ausgedrückten Beobachtungen sind, das bestätigt uns die enthusiastische Bewunderung eines Goethe, eines Hippolyte Taine eines Friedrich Nietzsche. Dazu zeigen uns die »Bekenntnisse eines Egotisten« die Reihe von Hermen geliebter Frauen, die Beyles Lebenspfad geschmückt haben. Es sei an seine jugendlichen Liebesschwärmereien erinnert, dann an die sentimentale Liaison des Marseiller Intermezzos, an die lustige blonde Minette in Braunschweig,[12] an die glücklichen Wiener Tage in der Gesellschaft der eleganten Gräfin Daru, an die sinnliche Angela Pietragrua, die »schöne Sibylle«, an die »göttliche, tolle, liebenswürdige Nina«, die reizende Elena Viganò »mit der herrlichsten Stimme Italiens«.

Trotz all dieser Vielseitigkeit hat Stendhal sein Thema nicht erschöpfend dargestellt. Fast jeder Kritiker des Buches vermißt irgend eine Abart der Liebe. So sagt Arthur Chuquet in seiner bereits erwähnten Stendhalbiographie: »Das Buch über die Liebe ist nicht, wie Beyle unbescheidenerweise sagt, eine vollständige Analyse jener Leidenschaft, ja nicht einmal eine bis in alle Einzelheiten gehende, peinlich genaue Beschreibung aller Empfindungen, aus denen sie sich zusammensetzt. Stendhal vergißt die Gehirnliebe, die Kopf- oder Phantasieliebe, die er später in Mathilde de la Mole in ›Rot und Schwarz‹ gelegt hat. Er vergißt die Liebe aus Gewohnheit, die Freundschaftsliebe, die Liebe aus Vertrauen und eine Menge anderer Spielarten, die ihm doch bekannt waren. Wenn er auch flüchtig erwähnt, daß die beiden Geschlechter ungleich disponiert sind, so hebt er doch die Unterschiede der Liebe eines Mannes und eines Weibes nicht hervor,[13] Er schildert nicht die echte Evastochter, das eitle, leichtfertige, schwache, launenhafte, falsche, zwischen Extremen

12 Als Ergänzung zu den in den »Bekenntnissen eines Egotisten« (S. 133) gegebenen Nachrichten über die Generalstochter Wilhelmine von Grieshelm, Stendhals deutsche Angebetete, sei auf neuere Forschungen über sie hingewiesen, vgl. Une amie allemande de Stendhal, par Arthur Schurig, Revue bleue, Paris, 19.8.1905. Briefe einer Schwester Wilhelmines an Albert von Wedell, einen der Schillschen Offiziere, hat die Baronin Edith von Cramm unter dem Titel »Briefe einer Braut aus den Jahren 1806-1813« veröffentlicht (Berlin, Fleischel, 1905). Porträts beider Schwestern haben sich erhalten.

13 Faguet, Politiques et moralistes, III, S. 30.

schwankende Wesen, in dem Haß neben Zärtlichkeit schlummert. Er zeigt uns nicht, daß hinter der unbeständigen Laune ein physischer Mangel steckt. Er führt uns den Einfluß des Nervensystems auf die Seelenregungen nicht vor Augen.«

In anderer Hinsicht schreibt Friedrich von Oppeln-Bronikowski in einer Studie über Stendhals Buch sehr treffend: »Einen wunden Punkt hat dieses ganze System für uns superkluge Menschen des zwanzigsten Jahrhunderts, und ich zweifle nicht, daß Stendhal, wenn er noch unter den Lebenden weilte, ihn zuerst herausgefühlt hätte. Er hat sich zwar redliche Mühe gegeben, die Liebe nicht nur vom Standpunkte des Junggesellen – heiße er Werther oder Don Juan – zu betrachten, sondern auch die Beziehungen zwischen Liebe und Ehe zu erforschen. Er hat die Ehescheidung als Damm gegen den Ehebruch gefordert und das protestantische Deutschland, wo die Ehescheidung schon zu seiner Zeit gesetzlich erlaubt war, als das Land der glücklichen Ehen hingestellt. Immerhin fällt er in den Unverstand zurück, wenn er sich wundert, daß man in Deutschland die Ehe heilig halte, und daß die Frauen ihre Männer dort nicht betrögen. In seinen Anschauungen liegt eine seltsame Doppelheit. Daß die Liebe heilig und ewig sei, daß sie von den Deutschen als eine Emanation des Göttlichen angesehen wird, findet bei ihm, dem Romantiker und Liebenden, vollen Anklang. Aber es darf eben nur die freie Liebe sein. Eheliche Treue wirkt auf ihn komisch. Doch dem Liebhaber muß man unverbrüchliche Treue halten. So baut sich auf dem Ehebruch eine zweite ›ideale‹ Ehe auf, die sich von der ersten nur in einem Punkte unterscheidet: sie bleibt ohne Nachkommenschaft, Die Kehrseite der Medaille, die Goethes Gretchentragödie und die »Wahlverwandtschaften« so schonungslos enthüllen, ignoriert der Franzose vollständig, und nachdem derart die Liebe um ihren eigentlichen Zweck und Sinn – den der Fortpflanzung – gebracht ist, fällt natürlich auch der soziale Zweck der Ehe, die Erziehung der Kinder, in nichts zusammen. Dem Romantiker Beyle war es noch nicht gegeben, jenen Schritt weiter zu tun, den der große ›Immoralist‹ Nietzsche über ihn hinaustat, indem er die Ehe und zwar die fruchtbare Liebesehe als Sakrament seines Übermenschenkults wieder einsetzte. Der Ehemann spielt bei Stendhal begreiflicherweise die Rolle des notwendigen Übels … In diesem Punkte also gerät Beyle in eine ganz schiefe Stellung, indem er die Liebe gegen die Ehe ausspielt, – aus übertriebener Angst, für einen Heuchler und Mucker zu gelten. Der englische cant, ist begreiflicherweise seine bête noire, und auch die Prüderie der französischen Provinz malt er in grellen Farben. Dabei ist Beyle, wie gesagt, keineswegs lasziv; man würde ihn grausam mißverstehen, wenn man hinter der reichen Fülle seiner feinen und tiefen Gedanken diesen spiritus rector wittern wollte. Er sieht nur als der Romantiker, der er trotz seines kalten Verstandes stets gewesen ist, in der Liebe sein »unermeßliches, einziges und letztes Glück‹; ›ohne Liebe bin ich nichts‹, bestätigt er auch in seinem Tagebuche.«[14]

14 Die Zeit, Nr. 457, Wien, 4. Juli 1903, S. 167 ff.

Erstes Buch

1. Von den Arten der Liebe

Ich suche mir klar zu werden über jene Leidenschaft, die stets, wenn sie sich aufrichtig äußert, das Kennzeichen der Schönheit trägt. Es gibt vier Arten der Liebe.

Erstens: die Liebe aus *Leidenschaft;* es ist die der Portugiesischen Nonne, die der Heloise zu Abälard.

Zweitens: Die Liebe aus *Galanterie*, die in Paris um 1760 herrschte, wie wir sie in den Memoiren und Romanen dieser Zeit finden, bei Crebillon, Lauzun, Duclos, Marmontel, Chamfort, Frau von Epinay und anderen.

Sie ist wie ein Gemälde, auf dem alles bis in die Schatten hinein rosenfarbig sein soll, in das unter keinem Vorwande etwas Häßliches geraten darf, um nicht gegen die Sitte, den guten Ton und das Zartgefühl zu verstoßen. Ein Mann von guter Herkunft weiß im voraus genau, wie er sich in den verschiedenen Phasen dieser Liebe zu verhalten hat und was ihm in jeder einzelnen bevorsteht. Da hierbei weder Leidenschaft noch Unvorhergesehenes im Spiele sind, hat er oft mehr Zartgefühl als wirkliche Liebe; das Hirn behält immer die Herrschaft. Sie ist wie eine hübsche, aber kalte Miniatur gegenüber einem Bilde der Carracci; und während uns die Liebe aus Leidenschaft alle äußeren Vorteile vergessen
läßt, weiß die Liebe aus Galanterie sich ihnen stets anzupassen. Nimmt 2
man dieser armseligen Liebe den äußeren Schein, so bleibt wahrlich recht wenig übrig; der Illusion beraubt, gleicht sie einem Kranken, der sich nur mühsam weiterschleppt.

Drittens: die Liebe aus *Sinnlichkeit.*

Auf der Jagd einem hübschen drallen Bauernmädchen nachlaufen, das in den Wald flüchtet. Jedermann kennt solche Liebesfreuden. Ein Charakter mag noch so hart und unglücklich sein, auf diese Weise fängt man mit sechzehn Jahren an.

Viertens: die Liebe aus *Eitelkeit.*

Bei weitem die meisten Männer, besonders in Frankreich, begehren und besitzen schicke Frauen, wie man sich ein schönes Pferd hält, oder wie jeden beliebigen andern zum Luxus eines jungen Mannes gehörigen

Gegenstand. Die mehr oder weniger geschmeichelte oder gereizte Eitelkeit ist die Ursache solcher Neigung. Manchmal mischt sich auch sinnliche Liebe hinein, aber nicht immer, oft fehlt sogar der körperliche Genuß. »Eine Herzogin ist in den Augen eines Bürgerlichen nie älter als dreißig Jahre«, sagte die Herzogin von Chaulnes. Und die Hofgesellschaft des trefflichen Königs Ludwig von Holland erinnert sich noch mit Vergnügen einer hübschen Dame im Haag, die nicht umhin konnte, jeden Herzog oder Prinzen liebenswert zu erachten. Sowie aber ein Prinz am Hofe erschien, fiel streng nach monarchischem Grundsatz der Herzog in Ungnade. Sie war gleichsam der Orden des diplomatischen Korps.

Im glücklichsten Falle gewinnt bei solchen oberflächlichen Beziehungen das sinnliche Vergnügen durch die Gewohnheit an Wert. Die Erin-
3 nerung umgibt es mit einem schwachen Abglanz von wahrer Liebe. Einsam, grollen wir aus Eitelkeit und sind voller Trauer. Romanhafte Gedanken benehmen uns den Kopf, und wir kommen uns verliebt und melancholisch vor; denn die Eitelkeit redet sich gern eine große Leidenschaft ein. In der Tat werden die Freuden der Liebe, gleichgültig welcher Art von Liebe sie entsprungen sind, durch das Hinzukommen einer seelischen Erregung lebhafter und bleiben länger in der Erinnerung. Dabei übertrifft, im Gegensatz zu den meisten anderen Leidenschaften, die Erinnerung an das Verlorene scheinbar alles, was wir von der Zukunft zu erwarten haben.

In der Liebe aus Eitelkeit erzeugt mitunter der längere Umgang oder die Hoffnungslosigkeit, die ideale Liebe zu finden, eine gewisse, in ihrer Art freilich verächtliche Freundschaft. Sie prahlt mit Beständigkeit.

Die Sinnlichkeit ist etwas Natürliches; jeder kennt sie, aber in den Augen zärtlicher und leidenschaftlicher Naturen hat sie nur einen untergeordneten Rang. Wenn solche Menschen in der Gesellschaft oft lächerlich erscheinen, wenn die Lebewelt sie durch ihre Intrigen unglücklich macht, so erfahren sie als Ersatz dafür Freuden, die denen nie zuteil werden, deren Herzen nur für die eitle Ehre oder für das Geld schlagen.

Viele tugendhafte und feinfühlige Frauen kennen die Sinnlichkeit so gut wie gar nicht. Sie setzen sich ihr selten aus, wenn ich so sagen darf, und selbst wenn sie es tun, erstickt die körperliche Lust geradezu in der Glut der Leidenschaft.

Es gibt Menschen, die Opfer und Werkzeuge eines teuflischen Hochmutes sind, eines Hochmutes, wie ihn Alfieri besaß. Solche Menschen, die vielleicht grausam sind, weil sie wie Nero fortwährend in

Angst schweben und alle Menschen nur nach sich selbst beurteilen, 4
finden an der Sinnlichkeit nur so lange Vergnügen, als ihr Hochmut dabei voll befriedigt wird, das heißt, solange sie beim Genusse Grausamkeiten verüben können. So sind die Scheußlichkeiten in Sades »Justine« zu erklären. Nirgends finden jene Menschen das Gefühl der Sicherheit.

Schließlich könnte man, anstatt vier verschiedene Arten von Liebe zu unterscheiden, sehr gut eine Menge weiterer Abarten aufstellen. Unter uns Menschen gibt es gewiß ebensoviel Möglichkeiten, etwas zu fühlen, wie etwas zu sehen. Aber Unterschiede in der Benennung ändern nichts an den folgenden Betrachtungen.

Alle Liebe auf Erden findet ihre Entstehung, ihre Dauer und ihr Ende oder die Unsterblichkeit unter denselben Gesetzen.

2. Die Entstehung der Liebe

Die Liebe entsteht, indem ein Weib in uns

1. Bewunderung erregt,

2. Gedanken, wie: welche Lust, es zu küssen und von ihm geküßt zu werden,

3. Hoffnung.

Wir suchen nach Vorzügen. In dieser Zeit sollte sich ein Weib hingeben; dann wäre der sinnliche Genuß der denkbar höchste. Selbst bei sehr spröden Frauen glühen im Augenblicke der Erwartung die Augen. Ihre Leidenschaft ist so mächtig und ihre Sinnlichkeit so erregt, daß sie sich an auffälligen Zeichen verraten.

4. Die Liebe ist entstanden.

Liebe ist die Freude, ein liebenswertes und liebendes Wesen mit allen 5
Sinnen und in nächster Nähe zu sehen, zu berühren und zu fühlen.

5. Es beginnt die erste Kristallbildung.

Wir haben Gefallen daran, eine Frau, deren Liebe wir sicher sind, mit tausend Vorzügen auszuschmücken und uns unser Glück selbstgefällig bis in alle Einzelheiten auszumalen. Mit anderen Worten, wir überschätzen ein kostbares Geschenk, das uns der Himmel gerade in den Schoß geworfen hat und das uns ganz fremd ist, und betrachten es als unser sicheres Eigentum.

Beobachten wir einmal, was innerhalb von vierundzwanzig Stunden im Kopf und Herzen eines Liebenden vorgeht.

Wenn wir in den Salzbergwerken bei Salzburg in die Tiefe eines verlassenen Schachtes einen entblätterten Zweig werfen und ihn nach einigen Monaten wieder hervorziehen, so ist er über und über mit glitzernden Kristallen bedeckt. Selbst die kleinsten Ästchen, die kaum größer sind als die Krallen einer Meise, sind mit unzähligen hellfunkelnden Diamanten besät, so daß man den kahlen Zweig nicht wiedererkennt.

In diesem Sinne nenne ich Kristallbildung die schöpferische Tätigkeit unseres Geistes, der bei jeder neuen Betrachtung der Geliebten immer neue Vorzüge an ihr entdeckt.

Zum Beispiel erzählt ein Vielgereister von der Frische der Orangenhaine am Golf von Genua während der Glut des Sommers: welche Wonne, denken wir, diese Kühle mit der Geliebten zu genießen!

Oder einer unserer Freunde bricht auf der Jagd einen Arm: welche
Seligkeit, sich der Pflege einer geliebten Frau zu überlassen. Immer mit
6 ihr zusammen zu sein, ungehindert ihre Liebe vor Augen zu haben, das
muß doch beinahe dazu verleiten, den Schmerz zu segnen. Und man
kommt vom Krankenlager des Freundes zurück, ohne mehr an der engelhaften Güte der Geliebten zu zweifeln. Mit einem Worte, der bloße Gedanke an eine Vollkommenheit genügt, sie an dem geliebten Wesen alsbald zu erblicken.

Diese wundersame Erscheinung, die ich also Kristallbildung nennen will, hat ihre Begründung in der Natur, die uns ebenso die Sehnsucht nach Genuß eingibt, wie sie das Blut durch unsere Adern kreisen läßt, in dem Gefühl, daß sich der Genuß mit der Vollkommenheit der Geliebten steigert, und in dem Gedanken: »Sie ist mein.« Ein Wilder hat keine Zeit, zu dieser Verfeinerung zu kommen. Er genießt, aber seine Gedanken folgen bereits dem Damhirsche, der in den Wald flieht und mit dessen Fleisch er wieder neue Kräfte gewinnen muß, um nicht unter der Axt seines Feindes zu fallen.

Das andere Extrem der Kultur bildet ohne Zweifel die feinfühlige Frau, die sinnlichen Genuß nur bei dem Manne zu empfinden vermag, den sie liebt. Sie ist der volle Gegensatz zum Wilden. Bei den zivilisierten Völkern hat die Frau wenig Beschäftigung; dagegen ist der Wilde durch sein Tagewerk so in Anspruch genommen, daß er sein Weib wie ein Haustier behandelt. Auch unter den Tieren sind die Weibchen meistens um so glücklicher, je müheloser die Männchen ihren Lebensunterhalt aufbringen.

Aber verlassen wir den Urwald, um nach Paris zurückzukehren. Ein leidenschaftlicher Mensch sieht der Geliebten alle Vollkommenheiten an. Und doch ist er noch nicht mit ganzer Seele der ihre, denn der Mensch übersättigt sich leicht an allem Eintönigen, selbst am vollkom- 7
menen Glück. (Damit soll gesagt sein, ein und dieselbe Nuance des Seins hat immer nur einen Augenblick vollendeten Glückes; doch die Art und Weise zu sein, wechselt bei einem leidenschaftlichen Menschen zehnmal am Tage.) Um ihn ganz zu fesseln, kommt noch etwas anderes hinzu.

6. Es entstehen Zweifel.

Nach zehn- oder zwölfmaligem Sichsehen oder nach einer langen Reihe anderer Erlebnisse, die nur einen Augenblick oder viele Tage ausfüllen können, und die erst die Hoffnung erweckt und dann groß gezogen haben, überwindet der Liebende seine anfängliche Unruhe und vertraut seinem Glücke fester. Vielleicht schwebt ihm auch irgend ein Lehrsatz vor, der aber nur auf den Durchschnitt der Fälle anwendbar ist, wenn es gilt, leichtfertige Weiber zu erobern. Kurz, er verlangt ein greifbareres Unterpfand der Liebe und will sein Glück zum Siege führen.

Fühlt er sich zu siegesgewiß, so wird auf der anderen Seite mit Gleichgültigkeit, Kälte oder gar Entrüstung abgewehrt. Französinnen haben noch eine gewisse ironische Art, die zu sagen scheint: »Du bildest dir ein, weiter zu sein, als du bist!« So benimmt sich eine Frau, wenn Liebesrausch und Scham in ihr kämpfen und sie fürchtet, die letztere verletzt zu haben, oder einfach aus Vorsicht oder aus Gefallsucht.

Der Liebende beginnt dadurch an dem erhofften Erfolge zu zweifeln. Bitter ergeht er sich über die Gründe seiner Hoffnung, die er klar vor sich zu sehen vermeinte.

Er will sich wieder den anderen Zerstreuungen des Lebens in die Arme werfen, aber er findet sie schal. Das Bewußtsein, namenlos un- 8
glücklich zu sein, erfaßt ihn und damit eine tiefe Nachdenklichkeit.

7. Es beginnt die zweite Kristallbildung. Wie Diamanten bilden sich die Bestätigungen des Gedankens: »Sie liebt mich.«

In jeder Viertelstunde der Nacht, die dem ersten Zweifel folgt, und nach Augenblicken des tiefsten Unglücks redet sich der Verliebte ein: »Sie liebt mich doch«, und die Kristallbildung fördert immer neue Reize zutage, bis mit einem Male neuer Zweifel den Liebenden mit teuflischen Augen anstarrt und ihn wieder ganz niederdrückt. Seine Brust atmet kaum mehr; er fragt sich: »Liebt sie mich auch wirklich?« In diesem bald freudevollen, bald qualvollen Entweder-Oder fühlt der Verliebte lebhaft: »Sie würde mir Freuden gewähren, wie sie mir kein anderes Weib auf Erden geben kann.«

Gerade die Handgreiflichkeit dieser Wahrheit, wo wir gleichsam am äußersten Rande eines grausigen Abgrundes schreiten und mit einer Hand schon das seligste Glück erfassen, verleiht der zweiten Kristallbildung im Vergleiche zur ersten einen viel tieferen Gehalt.

Der Liebende schwankt beständig zwischen drei Gedanken hin und her:

1. Sie hat alle erdenklichen Vorzüge,

2. sie liebt mich,

3. wie fange ich es an, um von ihr den klarsten Beweis der Liebe zu erringen?

Ein herzzerreißender Augenblick einer jungen Liebe ist aber der, wo der Liebende merkt, daß er einen gründlichen Fehler begangen hat, und er ein Stück des entstandenen Kristalls wieder zerschlagen muß. Dann
9 zweifelt er an der Kristallbildung überhaupt.

3. Von der Hoffnung

Ein sehr geringer Grad von Hoffnung genügt zur Entstehung der Liebe.

Die Hoffnung kann alsdann nach kurzem Dasein wieder schwinden, trotzdem lebt die einmal erwachte Liebe weiter.

Bei einem Manne von festem, kühnem und ungestümem Charakter und einer durch die Wechselfälle des Lebens entwickelten Phantasie kann die Hoffnung gering sein; sie kann sogar völlig aufhören, ohne damit die Liebe zu töten.

Wenn ferner der Liebende an Unglück gewöhnt ist, wenn er von Natur zärtlich und nachdenklich ist, wenn er an den anderen Frauen verzweifelt und eine lebhafte Bewunderung für die eine hegt, so kann ihn kein gewöhnliches Vergnügen von der zweiten Kristallbildung abziehen. Lieber träumt er sich in das ganz ungewisse Glück hinein, ihr eines Tages doch zu gefallen, als daß er die noch so restlose Hingabe einer gewöhnlichen Frau annähme.

Jetzt, wohlgemerkt nicht später, könnte die angebetete Frau die Hoffnung des Liebenden allerdings nur auf die grausamste Weise vernichten, etwa indem sie ihn mit so offenkundiger Verachtung behandelte, daß er dadurch überhaupt in der Gesellschaft unmöglich würde.

Die Entwickelung der Liebe läßt zwischen den einzelnen Stufen mitunter beträchtliche Fristen zu. Ein größeres Maß von Hoffnung und besonders von immer neugenährter Hoffnung verlangt sie bei kalten, phlegmatischen und bei Verstandesmenschen. Ebenso ist es bei schon bejahrten Leuten. 10

Die zweite Kristallbildung entscheidet über die Dauer der Liebe, weil man dabei in jedem Augenblick sieht, daß es sich darum handelt, geliebt zu werden oder zu sterben. Wie könnte nach jener ununterbrochenen, durch die Gewohnheit der Liebe schon eingewurzelten Überzeugung der Gedanke Raum gewinnen, von der Liebe zu lassen? Je stärker ein Charakter ist, um so weniger ist er der Wankelmütigkeit unterworfen.

Die zweite Kristallbildung fehlt in der Regel bei Liebeleien mit Frauen, die sich zu schnell ergeben.

Sobald die Kristallbildungen, besonders die zweite stärkere, stattgefunden haben, ist der ursprüngliche Zweig den Augen Gleichgültiger nicht mehr wahrnehmbar, denn

1. er ist mit Vorzügen oder Diamanten geschmückt, die sie nicht sehen,
2. er ist mit Vorzügen geschmückt, die nicht für sie sind.

Ein früherer Freund seiner Geliebten rühmte jemandem die Vollkommenheit ihrer Reize. Dieses Lob und das lebhafte Aufflackern in den Augen des Freundes erweckten in ihm neue Kristalle. Was er so in einer Abendgesellschaft erfuhr, umspann ihn eine ganze Nacht mit Träumen.

Eine offenherzige Antwort, die mir Einblick in eine zärtliche, edle, feurige, oder wie man gemeiniglich sagt, romantische Seele gewährt, die das harmlose Vergnügen, einsam mit der Geliebten um Mitternacht durch den Park zu wandeln, über das Glück aller Könige setzt, verführt auch mich eine ganze Nacht zu Träumereien.[1]

Jemand sagt mir vielleicht, meine Geliebte sei prüde; ich möchte ihm antworten, die seine sei eine Dirne. 11

4. Kapitel

In einer unberührten Seele, zum Beispiel der eines jungen Mädchens, das in einem einsamen Schlosse auf dem Lande lebt, kann die geringste Anteilnahme an einem Manne eine schwache Bewunderung zur Folge haben und, falls sich die leiseste Hoffnung dazugesellt, Liebe und Kristallbildung hervorrufen.

In diesem Falle ist die Liebe anfangs eine Art angenehmen Zeitvertreibs.

Die Anteilnahme und die Hoffnung werden durch das Liebesbedürfnis und die Schwermut, die man mit sechzehn Jahren hat, kräftig unterstützt. Wir wissen zur Genüge, daß die Unruhe dieses Alters aus dem Durst nach Liebe entspringt; und es ist die Eigenschaft des Durstes, die Güte eines zufällig dargebotenen Trankes nicht allzu wählerisch zu prüfen.

Wiederholen wir das bisher Gesagte, so haben wir folgende sieben Stufen der Liebe:

1. Bewunderung,
2. sinnliche Gedanken,
3. Hoffnung,
4. Erwachen der Liebe,
5. erste Kristallbildung,
6. Zweifel,
7. zweite Kristallbildung.

Zwischen 1 und 2 kann ein Jahr vergehen, zwischen 2 und 3 ein Monat; wenn die Hoffnung nicht bald entsteht, verzichtet man unwillkürlich auf 2 wie auf eine Quelle des Leids.

12 Zwischen 3 und 4 ein Augenblick.

Zwischen 4 und 5 überhaupt kein Zeitraum. Höchstens könnte die Hingabe dazwischen liegen.

Zwischen 5 und 6 können je nach dem Grad von Ungestüm und der gewohnten Kühnheit eines Charakters ein paar Tage liegen; zwischen 6 und 7 ist kein Zeitraum.

5. Kapitel

Der Mensch tut von allen möglichen Dingen immer das, was ihm am meisten Vergnügen bereitet. Erst die Erziehung läßt in uns bei schlechten Handlungen das Gewissen schlagen, so daß die Furcht vor diesem Gefühle dem Bösen die Wage hält.

Die Liebe ist wie das Fieber. Sie entsteht und vergeht, ohne daß der Wille Gewalt darüber hat. Das ist ein Hauptunterschied zwischen der Liebe aus Galanterie und der Liebe aus Leidenschaft. Hat die Geliebte wirklich gute Eigenschaften, so verdanken wir das nur einem glücklichen Zufall.

Übrigens ist die Liebe in jedem Lebensalter möglich. Ich erinnere an die Leidenschaft der Frau du Deffant für den wenig anmutigen Horaz Walpole. Vielleicht findet sich dafür auch heutzutage manches andere und vor allem liebenswürdigere Beispiel.

Als untrügliche Beweise großer Leidenschaften lasse ich nur solche mit lächerlichen Folgen gelten. So ist ein Beweis der Liebe die Schüchternheit. Natürlich meine ich nicht die törichte Schüchternheit eines Abiturienten.

6. Die Kristallbildung

In der Liebe hört die Kristallbildung fast nie auf. Solange wir von der
Geliebten noch keine Beweise ihrer Liebe haben, geht die Kristallbildung 13
eigentlich nur in der Einbildung vor sich. Allein in der Phantasie schwebt uns die Begehrte in aller Vollkommenheit vor. Nach errungenem Siege werden unsere immer wiederkehrenden Zweifel in deutlicherer Weise beschwichtigt. Das Glück ist also nur zu Anfang eintönig, später bringt jeder Tag frische Blüten.

Wenn sich die geliebte Frau ihren leidenschaftlichen Gefühlen zügellos überläßt und den großen Fehler begeht, durch ungestüme Gunstbezeugungen jeden Zweifel in uns verscheuchen zu wollen,[2] so hält die Kristallbildung einen Augenblick inne. Wenn aber die Liebe etwas von ihrer Heftigkeit eingebüßt hat, das heißt, wenn sie nicht mehr fürchtet, dann gewinnt sie den wunderbaren Reiz vollkommener Hingabe und grenzenlosen Vertrauens. Eine süße Sorglosigkeit macht alle Mühsal des Lebens schwinden und verleiht seinen Freuden einen neuen Wert.

In der Verlassenheit fängt die Kristallbildung wieder an. Jede Regung unsrer Verehrung für die Geliebte, jeder Gedanke an das halbvergessene Glück, das sie uns zu gewähren vermag, läuft in die wehmütige Betrachtung aus: »Dieses Glück wird mir niemals wieder lachen und nur durch meine eigene Schuld ging es mir verloren.« Wenn wir unser Heil in anderen Eindrücken suchen, so vermag sie unser Herz nicht aufzunehmen. Unsere Phantasie mag uns den körperlichen Vorgang noch so gut vorführen, sie mag uns auf flüchtigem Pferd durch die Wälder von Devonshire dahinjagen lassen, wir sehen und fühlen doch deutlich, daß wir keine Freude daran hätten. Solche optische Täuschungen sind imstande, uns die Pistole in die Hand zu drücken.

14 Auch das Hasardspiel hat seine Kristallbildung durch die Pläne, was wir mit dem gewonnenen Gelde anfangen wollen.

Und die vom Adel zurückersehnte Glücksjagd am Hofe, die unter dem Namen der Legitimität betrieben wurde, war lediglich durch die Kristallbildung, die sie erregte, verführerisch. Jeder Höfling träumte von dem fabelhaften Glück eines Luynes oder Lauzun, und jede galante Dame sah im Geiste die Herzogskrone der Frau von Polignac vor sich.

Keine Regierung mit vernünftigen Grundsätzen wird je wieder solche Kristallbildungen zugeben. Ein Muster des nüchternsten Gegensatzes ist die Regierung der Vereinigten Staaten von Nordamerika. Auch ihren Nachbarn, den Indianern, war ja, wie wir gesehen haben, die Kristallbildung etwas Fremdes. Die Römer kannten sie ebensowenig und betätigten sie nur in der Liebe aus Sinnlichkeit.

Ebenso hat der Haß seine Kristallbildung. Sobald man hoffen kann, sich zu rächen, fängt man von neuem an zu hassen.

Ferner ist es nichts anderes als Kristallbildung, wenn irgend eine Lehre, die auf Absonderlichkeiten und unbeweisbaren Sätzen fußt, gerade bei den verschrobensten Leuten begeisterten Anklang findet. Selbst in der Mathematik gibt es eine Kristallbildung, – man denke an die Schüler Newtons im Jahre 1740, – besonders in solchen Köpfen, die nicht alle Glieder der Beweisführung dessen, was sie glauben, mit einem Blick zu überschauen vermögen.

Ein weiteres Beispiel dafür bietet das Mißgeschick der großen deutschen Philosophen, deren so oftmals laut verkündete Unsterblichkeit
15 keine dreißig oder vierzig Jahre überdauert.

In der Musik überläßt sich selbst der logische Mensch fanatisch den Gefühlen, weil man sich über ihr Warum keine Rechenschaft ablegen kann.

Gegen solche Übermacht kann man nicht mit Vernunftgründen ankämpfen.

7. Von den Unterschieden, welche die Entstehung der Liebe bei den beiden Geschlechtern zeitigt

Die Frauen fesseln sich durch ihre Hingabe. Wenn an und für sich neunzehn Zwanzigstel ihrer alltäglichen Träumereien der Liebe gelten, so gruppieren sich diese Träumereien, wenn sie alles hingegeben haben, nur noch um den einen Gedanken, jenen ungewöhnlichen, entscheidenden und ihrer schamhaften Natur zu wider laufenden Schritt zu rechtfertigen. Ein ähnlicher Vorgang ist beim Manne nicht vorhanden; infolgedessen lebt das Weib jene süßen Augenblicke in der Phantasie mit Muße immer und immer wieder durch.

Da die Liebe an festbewiesenen Dingen zweifelt, so ängstigt sich eine Frau, die vor der Hingabe geschworen hätte, ihr Verehrer sei über alles Gemeine erhaben, sobald sie ihm nichts mehr zu versagen hat, ob er nicht vielleicht nur ein Weib mehr auf die Liste seiner Eroberungen setzen wollte.

Jetzt erst entsteht die zweite Kristallbildung, die viel stärker ist als die erste, weil sie von Furcht begleitet wird.

Sie fehlt vollständig bei leichtfertigen Frauen, denen alle romantischen Gedanken fernliegen.

Das Weib glaubt sich von der Königin zur Sklavin erniedrigt. Dieser
Zustand der Seele und des Geistes wird durch die Betäubung der Nerven 16
begünstigt, die ihre Ursache im sinnlichen Genuß hat. Je seltener dieser ist, um so fühlbarer sind seine Folgen. Und dann: eine Frau träumt bei ihrer geistlosen Stickerei, die nur die Hände beschäftigt, von dem Geliebten, während er mit seiner Schwadron über die Ebene galoppiert und in Arrest kommt, wenn er eine falsche Bewegung kommandiert.

Ich glaube also, die zweite Kristallbildung ist deshalb bei den Frauen bedeutend stärker, weil Furcht und Zweifel ihnen näher liegen. Ferner werden bei ihnen Eitelkeit und guter Ruf in Mitleidenschaft gezogen, und vor allem haben sie weniger Zerstreuungen als die Männer.

Eine Frau ist nicht daran gewöhnt, sich durch den Verstand leiten zu lassen, während ich als Mann mich täglich sechs Stunden in meinem Berufe mit kalten und vernünftigen Dingen befassen muß. Aber auch abgesehen von der Liebe, haben die Frauen immer den Hang, sich ihrer Phantasie und einer zur Gewohnheit gewordenen Unlogik zu überlassen, und darum verblassen in ihren Augen auch die Fehler eines Geliebten viel rascher.

Die Frauen schätzen Gefühle aus leicht erklärlichen Gründen höher als den Verstand. Da sie nach unsern altmodischen Sitten in Familienangelegenheiten nicht mitzureden haben, so ist ihnen die Vernunft niemals zu etwas nütze, und sie lernen ihren Wert nirgends schätzen.

Sie ist ihnen vielmehr immer schädlich, denn sie tritt nur an sie heran, um ihnen ein Vergnügen von gestern zu schmälern oder ihnen morgen eins zu untersagen.

Überlasse einmal deiner Frau die Verwaltung von zweien deiner
17 Landgüter, und ich wette, die Bücher werden besser, als bei dir selbst, in Ordnung sein. Und du öder Tyrann hast dann höchstens das zweifelhafte Recht, dich zu beklagen, weil du nicht das Geschick hast, dich liebenswert zu machen. Sobald die Frauen sich mit allgemeinen Dingen beschäftigen, schenken sie ihnen, ohne es selbst zu merken, ihre Liebe. In Kleinigkeiten haben sie ihren Stolz, peinlicher und genauer als die Männer zu sein. Die Hälfte des Kleinhandels ruht in ihren Händen, die damit besser fertig werden als die ihrer Gatten. Und es ist eine allbekannte Tatsache, daß man in Gesprächen mit Frauen über geschäftliche Angelegenheiten nicht pedantisch genug sein kann.

Immer und überall dürsten sie nach Aufregungen; man denke an die
18 Leichenfeiern in Schottland.

8. Kapitel

This was her favoured fairy realm,
and here she erected her aerial palaces.

W. Scott,
Braut von Lammermoor

Ein junges Mädchen von achtzehn Jahren ist zu einer starken Kristallbildung noch nicht fähig und bei seiner geringen Lebenserfahrung zu zaghaft im Liebesbegehren, um mit der gleichen Leidenschaft zu lieben wie ein Weib mit achtundzwanzig Jahren.

Heute abend unterhielt ich mich hierüber mit einer geistreichen Dame, die gerade das Gegenteil behauptete. »Die Phantasie einer Achtzehnjährigen«, meinte sie, »ist noch nicht durch irgend eine schlimme Erfahrung ernüchtert und lodert noch im Feuer der ersten Jugend; sie macht sich natürlich vom Manne ein überschwengliches Bild. Jedesmal, wenn sie den Geliebten sieht, genießt sie nicht sein wirkliches Wesen, sondern 18
jenes bezaubernde Bild, das sie sich von ihm ersonnen hat. Später, wenn sie durch den ersten Geliebten und alle anderen Männer enttäuscht worden ist, hat die Erkenntnis der rauhen Wirklichkeit die Kraft zur Kristallbildung geschwächt, und das Mißtrauen hat der Phantasie die Schwingen gestutzt. Nie wieder vermag sie sich von einem Manne, und wenn er ein Muster seines Geschlechts wäre, ein gleich verführerisches Bild zu erdenken. Sie liebt nicht mehr mit der Glut der ersten Jugend. In der Liebe genießt man immer nur die Illusion, die man sich selbst schafft. Und wie die Vorstellung, die sich ein achtundzwanzigjähriges Weib vom Manne macht, nicht mehr so licht und hehr ist als die, die sich die erste Liebe einer Achtzehnjährigen erträumte, so ist auch die zweite Liebe immer an Schein und Wert geringer.«

»Nein, gnädige Frau«, entgegnete ich, »das Mißtrauen, das mit achtzehn Jahren nicht vorhanden ist, verleiht unzweifelhaft der späteren Liebe eine besondere Färbung. In der ersten Jugend gleicht die Liebe einem gewaltigen Strome, der alles mit seinen Fluten fortreißt und dem nichts Widerstand leistet. Eine feinfühlige Frau dagegen kennt sich mit achtundzwanzig Jahren genau. Sie weiß, daß man, falls überhaupt Glück irgendwo im Leben zu finden ist, zuerst bei der Liebe anfragen muß. In dem bedrängten Herzen entbrennt also ein harter Kampf zwischen

Liebe und Mißtrauen, so daß die Kristallbildung nur langsam vorwärts schreitet. Geht sie aber aus dieser schweren Prüfung, in der das Herz mit jedem Schlage die größten Gefahren besteht, als Siegerin hervor, so gerät sie tausendmal herrlicher und fester als bei der Liebe einer Acht-
19 zehnjährigen, die unter der Sonne der Jugend alles als glückliches und fröhliches Spiel auffaßt.«

»Die Liebe wird also weniger heiter, aber leidenschaftlicher sein.«[3]

Dieses Gespräch – es war in Bologna – widersprach dem, was mir so klar schien, und führte mich so recht zu der Einsicht, daß ein Mann eigentlich nichts Gescheites über die Vorgänge in der Tiefe der feinfühlenden Frauenseele zu sagen weiß. Eine Kokette durchschauen wir Männer eher, weil wir selbst sinnlich und eitel sind.

Die Verschiedenartigkeit in der Entstehung der Liebe bei den beiden Geschlechtern rührt entschieden aus dem ungleichen Wesen der Hoffnung her. Auf der männlichen Seite haben wir den Angriff, auf der weiblichen die Verteidigung; dort Verlangen, hier Verweigern; dort Ungestüm, hier Ängstlichkeit.

Der Mann denkt: »Werde ich ihr gefallen? Wird sie mir ihre Liebe gewähren?«

Die Frau dagegen: »Sagt er mir nur zum Scherz, daß er mich liebt? Ist sein Charakter beständig genug? Kann er für die Dauer seiner Gefühle bürgen?« Deshalb betrachten und behandeln viele Frauen einen dreiundzwanzigjährigen Jüngling wie ein Kind. Wenn er sechs Feldzüge mitgemacht hat, ändert sich alles; dann ist er ein junger Held.

Beim Manne hängt die Hoffnung einfach vom Benehmen der Geliebten ab, das leicht zu deuten ist. Bei der Frau dagegen muß sich die Hoffnung auf eine Charakterbeurteilung des geliebten Mannes stützen, die richtig zu treffen überaus schwierig ist.

Die meisten Männer begehren ein Liebeszeichen, das ihnen genügt,
20 um alle Zweifel zu verscheuchen. Die Frauen sind nicht so glücklich, solche Zeichen zu finden. Es ist das uralte Unglück des Lebens: was dem einen Sorglosigkeit und Glück bringt, bedeutet für den anderen Gefahr und Demütigung.

In der Liebe hat der Mann schlimmstenfalls mit heimlichem Seelenschmerz, die Frau aber mit dem allgemeinen Spott der Menge zu rechnen. Sie ist ängstlicher und das Gerede der Leute ist ihr viel wichtiger. Sie muß den bekannten Spruch von Beaumarchais beherzigen: »Sei schön, wenn du kannst, klug, wenn du willst, aber besonnen, das ist immer nötig.« Sie hat kein sicheres Mittel, das Gerede der Leute zu beschwichtigen, wenn sie einmal eine Blöße ihres Lebens offenbart hat.

Die Frauen müssen also mißtrauisch sein. Infolge ihrer Eigenart sind alle Regungen ihres Geistes auf den verschiedenen Stufen der entstehenden Liebe erheblich zarter, ängstlicher, langsamer und unbestimmter. Sie haben also mehr Neigung zur Beständigkeit und lassen von einer einmal begonnenen Kristallbildung nicht so leicht wieder ab.

Eine Frau, die ihren Geliebten erblickt, überlegt auf der Stelle oder überläßt sich völlig dem Liebesglück, bis das ungestüme Vorgehen des Mannes sie jäh veranlaßt, alle Freuden zu lassen und sich eilends zur Wehr zu setzen.

Die Rolle des Liebenden ist einfacher. Seine Augen suchen die Geliebte. Ein einziges Lächeln macht ihn überreich an Glück. Es zu erhaschen, ist sein unablässiges Bemühen. Jene Verse Dantes kommen mir in den Sinn (»Hölle«, V, 133 ff.):

»Wir lasen eines Tags zu unsrer Lust
Vom Lanzelott, wie Lieb' ihn hielt gebunden,
Wir beid' allein, uns keines Args bewußt. 21
Schon hatten sich die Augen oft gefunden
Bei unserm Lesen, oft erblaßten wir,
Doch eine Stelle hat uns überwunden:
Da, wo das heiß ersehnte Lächeln ihr
Zuerst geküßt wird von dem hohen Streiter,
Da küßte bebend meine Lippen mir
Er, der hinfort mein ewiger Begleiter.
Galeotto war das Buch und der es schrieb.
An jenem Tage lasen wir nicht weiter.«

Ein Mann betrachtet eine lange Belagerung als Demütigung, ein Weib aber als Ruhm. Eine Frau ist imstande zu lieben und doch mit dem Manne, der ihr gefällt, im Verlaufe eines ganzen Jahres keine zehn oder zwölf Worte zu reden. Sie führt gleichsam im Innern ihres Herzens Buch darüber, wie oft sie ihn gesehen hat: zweimal war er zugleich mit ihr im Theater, zweimal hat er bei einem Diner neben ihr gesessen, dreimal hat er sie auf der Straße gegrüßt. Eines Abends hat er ihr beim Spiel die Hand geküßt. Seitdem duldet sie es nicht mehr, unter keinem Vorwande und sogar auf die Gefahr hin, auffällig zu erscheinen, daß er ihr die Hand küßt. Bei einem Manne würde man ein derartiges Benehmen weibische Liebe nennen.

Ich gebe mir alle Mühe, sachlich zu sein. Ich zwinge mein Herz, stumm zu bleiben, wenn es auch glaubt, viel sagen zu müssen. Stets befürchte ich, daß ich nur Seufzer niedergeschrieben habe, wo ich die Wahrheit aufzuzeichnen wähnte.

9. Beispiele

Als Beweis für die Kristallbildung will ich ein paar kleine Geschichten
22 erzählen.

Eine junge Dame hört ihren Vetter Eduard, der eben aus einem Feldzuge heimkehrt, als einen äußerst vornehmen jungen Mann preisen. Man versichert ihr, er liebe sie schon vom Hörensagen, er wolle sie jedoch erst einmal sehen, ehe er sich erkläre und bei ihren Eltern um sie anhalte. Zufällig fällt ihr nun in der Kirche ein Fremder auf, den jemand Eduard ruft. Sie denkt nur noch an ihn und verliebt sich in ihn. Acht Tage später trifft der richtige Eduard ein; es ist ein anderer als der in der Kirche. Das Mädchen erbleicht und wäre für ihr Leben unglücklich, wenn man es zwänge, ihn zu heiraten. Dergleichen heißt bei gedankenlosen Menschen die Unvernunft der Liebe.

Ein freigebiger Mann erweist einem armen Mädchen mehrfach große Wohltaten. Er besitzt hervorragende Eigenschaften, und es will sich in der Tat Liebe entspinnen. Er trägt einen schlecht gebügelten Hut, und das Mädchen beobachtet seine Ungeschicklichkeit beim Reiten. Seufzend gesteht es sich ein, daß es die dargebrachte Neigung nicht zu erwidern vermag.

Jemand macht einer sehr achtbaren Dame der Gesellschaft den Hof. Da erfährt sie, daß ihr Verehrer ein lächerliches körperliches Mißgeschick gehabt habe. Er wird ihr nun unerträglich, obgleich sie niemals die Absicht gehabt hatte ihm je anzugehören, und obgleich sein verborgenes Gebrechen seinem Geiste und seiner Liebenswürdigkeit keinen Abbruch tut. Die Kristallbildung ist einfach unmöglich geworden.

Wenn ein Mensch imstande sein soll, das geliebte Wesen in Wonne zu vergöttern, gleichgültig, ob er es im Ardennerwalde oder auf irgend einem Balle gefunden hat, so muß es ihm zunächst als vollkommen er-
23 scheinen, wenn auch nicht in allen erdenklichen Beziehungen, so doch

in den sichtbaren. In jeder Hinsicht vollkommen erscheint uns das, was wir lieben, erst nach einigen Tagen der Kristallbildung. Das ist sehr einfach. Es genügt dann die bloße Vorstellung der Vollkommenheit, um sie dem geliebten Wesen wirklich anzusehen.

Wir sehen, wie weit die Schönheit zur Entstehung der Liebe nötig ist. Die Häßlichkeit darf nicht gerade zum Hindernis werden. Der Liebende kommt bald so weit, seine Geliebte, so wie sie ist, schön zu finden, ohne noch an den Begriff der idealen Schönheit zu denken.

Die von wahrer Schönheit verklärten Züge verheißen ihm bei der Betrachtung, wenn ich mich so ausdrücken darf, ein Maß des Glückes, das ich als Einheit bezeichnen will, und die Züge der Geliebten, so wie sie sind, verheißen ihm tausend Einheiten des Glücks.

Ehe die Liebe entsteht, ist Schönheit gleichsam das Aushängeschild. Wir werden durch die Lobpreisungen empfänglich gemacht, die man unserer künftigen Geliebten erteilt, und auf die Leidenschaft vorbereitet. Eine allgemeine lebhafte Bewunderung gibt der winzigsten Hoffnung den Ausschlag.

In der Liebe aus Galanterie, und vielleicht auch in den ersten fünf Minuten der Liebe aus Leidenschaft, legt eine Frau bei der Wahl des Geliebten mehr Wert auf die Art und Weise, wie ihn andere Frauen beurteilen, als darauf, wie sie ihn selber beurteilt. So erklärt sich der große Erfolg, den Fürsten und Offiziere haben.[4] Am Hofe Ludwigs des Vierzehnten waren die hübschen Damen auch noch in den alternden König verliebt.

Man muß sich wohl hüten, seine eigene Neigung zu jemandem eher zu verraten, als bis man sicher ist, daß man Teilnahme erregt hat. Man erweckt sonst Widerwillen, der das Aufkommen der Liebe für immer 24
vereitelt und höchstens im Groll der verletzten Eigenliebe Heilung findet.

Einfältigkeit berührt immer unsympathisch, desgleichen, wenn man dem ersten besten zulächelt. Daher ist in der großen Gesellschaft ein Anstrich von Blasiertheit angebracht. Er macht das vornehme Wesen aus. Man soll nichts einheimsen, was an einem zu niedrigen Aste hängt. In der Liebe achtet unsere Eitelkeit einen zu leichten Sieg gering, und der Mensch neigt zur Geringschätzung alles dessen, was ihm aufgedrängt wird.

10. Kapitel

Sobald die Kristallbildung einmal begonnen hat, genießt man mit Wonne jede neue Schönheit, die man an der Geliebten neu erblickt.

Was ist aber Schönheit anderes als eine Quelle der Lust?

Das Lustgefühl ist individuell verschieden und bei verschiedenen Menschen geradezu entgegengesetzt; daher erklärt es sich, daß einer etwas für schön hält, was dem anderen häßlich vorkommt.

Um das Wesen des Schönen zu erklären, müssen wir vorerst die Natur des Lustgefühls bei jedem Einzelwesen untersuchen.

Irgend jemand zum Beispiel beansprucht ein Weib, das gewisse gewagte Annäherungen duldet und durch die Art seines Lächelns das Recht zu sehr vergnüglichen Dingen zugesteht, ein Weib mit sinnlicher Phantasie, das seine Art von Sinnlichkeit herausfordert und ihm gestattet, sie zu betätigen. Er versteht unter Liebe offenbar nur Liebe aus Sinnlichkeit, fein Freund dagegen Liebe aus Leidenschaft. Selbstverständlich können beide auch nicht ein und derselben Meinung über den Begriff des Schönen sein.

Da wir nun eben entwickelt haben, daß Schönheit eine Quelle der Lust und daß Lust individuell ist und sich daher mannigfaltig äußert, so muß die Kristallbildung in der Seele eines Menschen stets dieselbe Färbung zeigen wie sein individuelles Lustgefühl.

Die Kristallbildung bei unserer Geliebten, oder sagen wir kurz ihre Schönheit, ist nichts anderes als der Inbegriff der Befriedigung aller Wünsche, die in uns bei ihrem Anblick nach und nach entstanden sind.

11. Kapitel

Warum genießen wir voll Entzücken jede neu entdeckte Schönheit an der Geliebten?

Weil uns jede neue Schönheit die volle Befriedigung eines Wunsches gewährt. Wollen wir unsere Geliebte zärtlich, so ist sie es; wollen wir sie dann stolz wie Corneilles Emilie, so scheint sie uns, obgleich beide Eigenschaften in einem Charakter unmöglich zu vereinbaren sind, augenblicklich die Seele einer Römerin zu haben. Darin steckt ein starker Beweis dafür, daß die Liebe die mächtigste aller Leidenschaften ist. Die anderen passen ihre Wünsche der kalten Wirklichkeit an; nur in der Liebe bemüht sich die Wirklichkeit, sich nach unseren Wünschen zu richten. Sie ist die Leidenschaft, in der das heftigste Verlangen auch den größten Genuß bedingt.

Das Glück hat gewisse Grundbedingungen, von denen jegliche Befriedigung der einzelnen Wünsche in hohem Maße abhängt.

1. Die Geliebte scheint uns zu gehören weil nur wir sie glücklich machen können.

2. Sie ist die Richterin unserer Vorzüge. Dieser Standpunkt war von
erheblicher Bedeutung an den galanten und ritterlichen Höfen Franz 26
des Ersten und Heinrichs des Zweiten, sowie an dem prunkvollen Hofe Ludwigs des Fünfzehnten. Unter einer besonnenen konstitutionellen Regierung geht den Frauen diese Art von Einfluß gänzlich verloren.

3. Sind wir romantisch veranlagt, so finden wir in den Armen der Geliebten Freuden, die um so überirdischer und über dem Schmutz gemeiner Gedanken um so erhabener sind, je höher unsere Seele hinausstrebt.

Die meisten jungen Franzosen sind mit achtzehn Jahren Schüler von Jean Jacques Rousseau. Das ist für ihr Glück von Bedeutung.

Mitten in diesen Wirrungen, die unser Verlangen nach Glück so irreführen, verlieren wir den Kopf.

Von dem Augenblick ab, wo man liebt, sieht selbst der Klügste kein Ding mehr so, wie es wirklich ist. Er achtet seine eigenen Vorzüge zu gering und überschätzt die geringfügigsten Gunstbezeugungen des geliebten Gegenstandes. Zweifel und Hoffnung erhalten mit einem Male etwas Romantisches. Wir schreiben nichts mehr dem Zufall zu, wir verlieren das Gefühl für Wahrscheinlichkeit und Unwahrscheinlichkeit, und Dinge der Phantasie werden zu Dingen der Wirklichkeit, um uns unserem Glücke näher zu bringen.

Ein erschreckliches Anzeichen, daß wir den Kopf verlieren, ist die Tatsache, daß wir irgend einen schwer erkennbaren Umstand gleichsam für weiß ansehen und somit zugunsten unserer Liebe deuten. Im nächsten Augenblick bemerken wir, daß er in Wirklichkeit schwarz aussieht, und trotzdem finden wir, daß er für unsere Liebe ein günstiges Zeichen ist.

In diesem Zustande, wo unser Herz tödlichen Ungewißheiten zum 27
Raube fällt, sehnen wir uns unsäglich nach einem Freunde. Aber für einen Liebenden gibt es keinen Freund mehr. Das wußte man bei Hofe.

Wir begehen Indiskretionen, die einzigen, die selbst eine feinfühlige Frau verzeihen kann.

12. Entstehung der Liebe; Gesellschaft und Unglück

Das Wunderlichste an der Leidenschaft der Liebe ist ihre Entstehung, der plötzliche närrische Wandel, der sich im Hirne eines Liebenden vollzieht.

Die große Gesellschaft mit ihren glänzenden Festen begünstigt die Liebe, insofern sie ihre Entstehung fördert.

Sie beginnt damit, die bloße Bewunderung in zärtliche Verehrung zu verwandeln.

Ein rascher Walzer in einem von tausend Kerzen erleuchteten Saale versetzt junge Herzen in einen Taumel, der die Zaghaftigkeit besiegt, das Bewußtsein der Kräfte steigert und den Mut zum Lieben gibt. Der Anblick eines liebenswerten Wesens genügt dazu nicht, im Gegenteil, gerade der vollendetste Liebreiz entmutigt zarte Seelen. Entweder bedürfen wir der Überzeugung, daß uns solch ein Geschöpf bereits liebt, oder irgend etwas muß uns seine Unnahbarkeit überwinden helfen.

Wer gerät auf den Einfall, sich in eine Königin zu verlieben, wenn sie uns nicht selbst dazu ermutigt?[5]

Nichts begünstigt die Entfaltung der Liebe mehr als eine langweilige Einsamkeit, die von ein paar seltenen, lang ersehnten Festlichkeiten unterbrochen wird. Gewandte Mütter mit Töchtern verstehen das.

28 Die wirkliche große Gesellschaft, wie sie am französischen Hofe bestand[6] und nach meiner Meinung seit 1780 nicht mehr (außer vielleicht noch am Petersburger Hofe) vorhanden ist, fördert die wahre Liebe wenig, weil sie die Einsamkeit und Muße, die zur Kristallbildung nötig sind, geradezu unmöglich macht.

Das Hofleben gibt Gelegenheit, zahlreiche Nuancen zu beobachten und zu betätigen, und oft wird solch eine flüchtige Wahrnehmung zum Ursprung unserer Bewunderung und Leidenschaft.[7]

Wenn zu dem durch die Liebe bereiteten Unglück noch anderweitiges Mißgeschick hinzutritt, (wenn zum Beispiel unsere Eitelkeit gekränkt wird, indem die Geliebte unseren berechtigten Stolz oder unser Ehrgefühl oder unsere persönliche Würde verletzt, oder wenn unser Unglück durch Krankheit, Geldverlegenheit oder durch politische Unduldsamkeit hervorgerufen ist,) so wird die Liebe nur scheinbar durch diese Widerwärtigkeiten vergrößert. In Wirklichkeit aber verhindern diese, indem sie unsere Gedanken nach anderer Richtung hin ablenken, in einer aufkeimenden Liebe die Kristallbildung und in der bereits erhörten Liebe das Entstehen kleiner Zweifel. Erst wenn das Unglück vorüber ist, kehrt die Wonne der Liebe zugleich mit ihrer Torheit zurück.

Beachtenswert ist es, daß Mißgeschick die Entstehung der Liebe bei leichtfertigen und wenig feinfühligen Charakteren erleichtert. Wenn das Unglück schon eingetreten ist, bevor die Liebe entstand, so fördert es diese insofern, als sich die Phantasie aus Ekel vor all den trübseligen
Bildern des Lebens nur noch der Kristallbildung widmet. 29

13. Kapitel

Eine weitere Erfahrung, die man mir vielleicht abstreiten wird, erwähne ich nur für die, die, ich möchte sagen, genug unglücklich waren, lange Jahre hindurch leidenschaftlich geliebt zu haben, während unbesiegbare Hindernisse ihrer Liebe entgegenstanden.

Der Anblick alles dessen, was in Kunst und Natur von auserlesener Schönheit ist, lenkt unsere Gedanken mit Blitzesschnelle auf unsere Geliebte. Durch einen mechanischen Vorgang, ähnlich dem in den Salzburger Bergwerken, der den Baumzweig mit Kristallen überdeckt, steht alles Schöne und Hehre in der Welt im Zusammenhang mit unserer Geliebten, und ein unerwarteter Anblick des Glückes füllt unsere Augen mit Tränen. So beleben sich gegenseitig die Liebe zum Schönen und die Liebe zum Weibe.

Es gehört zu den Leiden unseres Lebens, daß das Glück, die Geliebte zu sehen und mit ihr zu reden, keine zuverlässige Erinnerung in uns hinterläßt. Offenbar ist unsere Seele in ihrer Erregung zu verwirrt, um auf die Ursachen und Nebenumstände dieser Erregung zu achten. Sie ist in diesem Augenblicke reine Empfindung. Vielleicht gerade weil wir jene Freuden nicht nach Belieben zurückrufen können, wobei sie mehr und mehr verblassen würden, so kehren sie um so mächtiger wieder, sobald uns irgend etwas aus den Träumereien aufschreckt, die wir der Geliebten weihen, oder die Geliebte uns durch irgend einen Zusammenhang lebhaft in die Erinnerung gebracht wird (zum Beispiel durch Parfüme).

Dieses Empfinden ist so stark, daß es sich selbst auf meine Feindin
30 erstreckt, die täglich mit meiner Geliebten zusammenkommt. Wenn ich jene sehe, erinnert sie mich so sehr an Leonore, daß ich nicht fähig bin, sie in diesem Augenblicke zu hassen, wenn ich mich auch noch so bemühe.

O wunderliche Seltsamkeit unseres Herzens! Man könnte meinen, daß ein geliebtes Weib mehr Reiz ausströmt, als ihm in Wirklichkeit eigen ist. Das Bild der fernen Stadt, wo wir die Angebetete nur einen Augenblick lang gesehen haben, versetzt uns in eine tiefere und holdere Träumerei als ihre Anwesenheit selbst. So wirkt die Sprödigkeit.

Liebesträumereien kann man nicht festhalten. Ich habe beobachtet, daß ich einen guten Roman alle drei Jahre mit dem gleichen Genusse wieder lesen kann. Er bringt mich in eine, der besonderen Geschmacksrichtung, die mich augenblicklich beherrscht, entsprechende Stimmung, oder er gibt mir Abwechslung in meinen Ideen, wenn ich anders fühle. Ebenso höre ich dieselbe Musik mit Genuß wieder, wenn dabei das Gedächtnis nicht in Frage kommt. Nur die Phantasie allein darf angeregt werden. Wenn uns eine Oper bei der zwanzigsten Aufführung mehr Genuß bereitet, so liegt die Ursache darin, daß wir die Musik entweder besser verstehen, oder daß sie uns die Stimmung der ersten Aufführung wieder herzaubert.

Die neuen Gesichtspunkte, die mich ein Roman für die Kenntnis des menschlichen Herzens gewinnen läßt, rufen mir im Geiste frühere Erfahrungen sehr lebhaft zurück. Ich mache mir darüber am liebsten Randbemerkungen. So habe ich mein Vergnügen beim Lesen von Romanen daran, daß sie meine Kenntnis des menschlichen Wesens fördern und keineswegs an der träumerischen Stimmung, die den eigentlichen Genuß an einem Romane bildet. Diesen Zustand kann man nicht fest-
31 halten. Wenn man es versucht, so verscheucht man die Stimmung augenblicklich, denn man verfällt dann in philosophisches Zergliedern des Genusses und verscheucht sie dadurch für immer, denn nichts lähmt die Phantasie so sehr wie das Wachrufen der Erinnerung. Wenn ich zum Beispiel eine solche Randbemerkung wiederfinde, die meine Empfindungen beim Lesen von Scotts *Old Mortality* vor drei Jahren in Florenz widerspiegelt, so vertiefe ich mich sofort in die Vergangenheit meines Lebens, in einen Vergleich meines Glückszustandes von heute und damals, kurz in die höchste Philosophie, und das Sich-Hingeben an zarte Empfindungen ist auf lange Zeit vorbei.

Jeder echte Dichter, der eine rege Phantasie hat, ist scheu, das heißt, er fürchtet die Menschen, weil sie ihn in seinen köstlichen Stimmungen stören und ablenken. Ihm ist um seine innere Stimmung bange. Die Menschen mit ihren groben Wünschen wollen ihn aus den Gärten der Armida entführen und in einen gemeinen Sumpf treiben. Sie können sich ihm nicht anders bemerkbar machen als durch Belästigungen. Durch die Gewohnheit, seine Seele mit holden Träumen zu nähren, und durch seinen Abscheu vor allem Gemeinen ist der große Künstler der Liebe nie fern.

Je größer ein Mensch als Künstler ist, um so mehr sollte er danach trachten, sich durch Rang und Auszeichnungen gleichsam unnahbar zu machen.

14. Kapitel

Mitten in der gewaltigsten, unerfüllbarsten Leidenschaft kommen Augenblicke, in denen wir uns plötzlich einbilden, nicht mehr zu lieben.
Es gibt Süßwasserquellen mitten im Meere. Fast haben wir keine Freude 32
mehr daran, der Geliebten zu gedenken. Schon über ihre Abweisungen betrübt, fühlen wir uns auch noch deshalb unglücklich, weil uns die ganze übrige Welt schal geworden ist. Die trübseligste und mutloseste Niedergeschlagenheit löst eine Stimmung ab, die zweifellos erregt war, in der uns jedoch alles in einem neuen, leidenschaftlichen und bedeutungsvollen Lichte erschien.

Der Grund ist, daß der letzte Besuch bei der Geliebten uns in einen Zustand versetzt hat, den wir schon früher einmal mit allen Empfindungen unseres Herzens durchlebt haben, zum Beispiel, wenn die Geliebte lange Zeit kalt gegen uns war und uns diesmal besser behandelt; damit regt sie in uns genau dieselben Hoffnungen an, und zwar durch die nämlichen äußeren Zeichen, wie früher schon einmal. Vielleicht hat sie selbst keine Ahnung davon. Aber unsere Phantasie entsinnt sich der Erfahrungen und ihrer trüben Warnungen, und die Kristallbildung hört sofort auf.

15. Aus dem Tagebuche des Lisio Visconti

Heute abend habe ich gemerkt, daß gute Musik die Seele in genau dieselbe Stimmung bringt, wie wenn wir die Gegenwart unserer Geliebten genießen, daß sie uns also das offenbar höchste Glück auf Erden gewährt.

Wenn es allen Menschen wie mir geht, dann macht uns nichts für die Liebe empfänglicher als die Musik.

Ich habe schon im vergangenen Jahre in Neapel (1821) die Beobachtung gemacht, daß ausgezeichnete Musik – auch ein gutes Ballett, ich denke an »Othello« und »Die Vestalin«, Balletts von Viganò, – mich an
33 das denken macht, was tagsüber schon der Gegenstand meiner Träumereien war, und daß ich dabei meine besten Einfälle habe. Damals in Neapel hatte mich die Begeisterung für die Befreiung Griechenlands ergriffen. Nun, heute abend kann ich mir nicht verhehlen, daß ich das Unglück habe *of being too great an admirer of milady L***.*

Die Gewöhnung an Musik mit ihren Träumereien macht für die Liebe empfänglich. Eine zarte, wehmütige Melodie, vorausgesetzt, daß sie nicht zu dramatisch ist und die Phantasie nicht geradezu der Handlung zu folgen zwingt, wirkt durch die Erregung von Liebesgedanken wunderbar auf zärtliche und unglückliche Gemüter ein, so zum Beispiel die Klarinettenwendung zu Beginn des Quartetts im zweiten Aufzuge von Rossinis »Bianca und Falliero« und die Arie der Caporesi in der Mitte dieses Quartetts.

Ein glücklich Liebender ist entzückt von dem berühmten Duett aus Rossinis »Armida«, das die Eifersüchteleien der glücklichen Liebe und die köstlichen Augenblicke nach einer Wiederaussöhnung so trefflich schildert. Die Instrumentalmusik in der Mitte des Duetts, wo Rinaldo fliehen will, die mit staunenswerter Kunst den Kampf der Leidenschaften widerspiegelt, empfindet ein Liebender wie eine physische Einwirkung auf sein Herz, geradezu wie eine wirkliche Erschütterung. Meine eigenen Gefühle wage ich gar nicht zu bekennen; Nordländer würden mich für verrückt halten.

16. Die Schönheit wird durch die Liebe entthront

Wir lernen oft Frauen kennen, die unsre Geliebte an Schönheit übertreffen. Sie können dem Ideal der Schönheit nahe stehen, und doch ziehen 34
wir ihnen die Geliebte vor. Ist das denn wunderlich? Die Geliebte verspricht uns ja hundertmal mehr Glück. Selbst kleine Mängel, wie eine Blatternarbe im Gesicht, haben auf einen liebenden Mann eine rührende Wirkung und versenken ihn tief in Träumereien, schon wenn er jenes Zeichen an einer fremden Frau bemerkt. Wie erst an der Geliebten selbst? Hat er doch tausend Empfindungen angesichts dieser kleinen Narbe durchlebt. Es waren zumeist herrliche Empfindungen und immer von höchster Bedeutung für ihn. Sie treten mit schier unglaublicher Lebendigkeit von neuem auf, sobald er jenes Merkmal wiedererblickt, sei es auch nur im Gesicht eines fremden Weibes.

Wenn man so selbst die Häßlichkeit vorzieht und liebt, wird in solchen Fällen eben Häßlichkeit zur Schönheit. Die Schönheit ist nur ein Versprechen des Glückes. Das Glück eines Hellenen war grundverschieden von dem eines modernen Menschen. Das lehrt uns schon der Vergleich zwischen den Augen der Mediceischen Venus und denen der Magdalena von Pordenone (in der Villa Sommariva).

Jemand liebte leidenschaftlich eine sehr magere Frau mit einer Blatternarbe. Der Tod entriß sie ihm. Drei Jahre später machte er in Rom die Bekanntschaft zweier Damen, von denen die eine bildschön, die andere mager und blatternarbig, also recht häßlich war. Ich beobachtete, wie er nach Verlauf von acht Tagen die Häßliche liebte. In Erinnerung an seine frühere Geliebte übersah er ihre Häßlichkeit. Und in leicht verzeihlicher Gefallsucht brachte es die Häßliche zuwege, ihm das Blut ein wenig in Wallung zu bringen, was in solchen Fällen recht vorteilhaft
ist. (Wenn nämlich jemand der Liebe einer Frau sicher ist, fängt er an,
Betrachtungen anzustellen, ob sie hübsch ist oder nicht. Solange er über 35
ihre Gegenliebe noch im Zweifel ist, hat er keine Zeit, an ihre äußere Schönheit zu denken.)

Ein anderer lernt eine Frau kennen, durch deren Häßlichkeit er anfangs abgeschreckt wird. Nach und nach läßt ihn ihre Bescheidenheit und der Ausdruck ihrer Züge die Fehler ihres Gesichts vergessen. Er findet sie liebenswert und gibt die Möglichkeit zu, sie lieben zu können. Acht Tage später hofft er, sie zu gewinnen; nach weiteren acht Tagen zerstört sie ihm diese Hoffnung, und wieder acht Tage darauf ist er in sie vernarrt.

17. Kapitel

Im Theater macht man an beliebten Schauspielern eine ähnliche Beobachtung: die Zuschauer sehen nicht mehr ihre wirkliche Schönheit oder Häßlichkeit. Lekain, der mager und auffällig häßlich war, wußte in hohem Maße die Leidenschaften zu entfachen, ebenso Garrick. Es gibt verschiedene Gründe dafür; der hauptsächlichste ist der, daß man die wirklichen Züge und Bewegungen der Schauspieler nicht mehr sieht, sondern nur die Schönheit, die ihnen die Phantasie gewohnheitsmäßig verleiht, in dankbarer Erinnerung an alle schon früher gewährten Genüsse. So reizt uns schon das Gesicht eines bekannten Komikers zum Lachen, sobald er nur die Bühne betritt.

Ein junges Mädchen, das zum ersten Male ins *Théâtre français* geführt wurde, mochte allerdings während der ersten Szenen eine gewisse Abscheu vor Lekain empfinden. Bald aber brachte er es zum Weinen und zum Zittern. Anfangs wirkte wohl seine Häßlichkeit ein wenig störend, doch sehr bald wurde dieser Eindruck durch die allgemeine Begeisterung
36 und den für ein junges Herz erschütternden Eindruck verscheucht.[8] Nichts blieb von seiner Häßlichkeit übrig als ihr Ruf, und kaum dieser, denn man hörte Frauen enthusiastisch über Lekain ausrufen: »Wie schön ist er!«

Vergessen wir nicht, daß die Schönheit der Ausdruck des Charakters ist oder, mit anderen Worten, der innerlichen Eigenschaften, und daß sie infolgedessen leidenschaftslos ist. Wir bedürfen aber der Leidenschaft. Die Schönheit vermag uns nur Vermutungen über den Wert einer Frau einzugeben, am ersten die, daß sie kaltherzig sei. Dagegen ist das Antlitz einer Geliebten, das durch Blatternarben verunziert wird, holde Wirk-
37 lichkeit, die alle Vermutungen überflüssig macht.

18. Weitere Ausnahmen der Schönheit

Es gibt kluge und zärtliche Frauen von zaghafter und mißtrauischer Feinfühligkeit, die, wenn sie in Gesellschaft gewesen sind, am Tage darauf mit peinlicher Ängstlichkeit alles das tausendfach wieder überdenken, was sie gesagt oder auch nur angedeutet haben. Solche Frauen gewöhnen sich leicht an die Schönheitsfehler eines Mannes. Ungestört dadurch schenken sie ihm ihre Liebe.

Aus eben dem Grunde sind wir Männer sehr gleichgültig für den Grad der Schönheit einer Angebeteten, die uns kalt behandelt. Die Schönheit hat mit dem Gedeihen der Liebe kaum etwas zu schaffen. Wenn uns ein Freund, um uns zu kurieren, sagt, unsere Geliebte sei nicht hübsch, so geben wir ihm beinahe recht, und er wähnt, ein großes Werk vollbracht zu haben.

Mein Freund, der brave Kapitän Trab, hat mir heute abend den Eindruck geschildert, den einst Mirabeau auf ihn gemacht hat. Niemand,
der diesen großen Mann betrachtete, empfand einen unangenehmen 37
Eindruck, das heißt, keiner fand ihn häßlich. Durch seine packenden Worte hingerissen, schenkte man seine Aufmerksamkeit mit Genuß den *schönen* Zügen seines Gesichts. Da aber in seinem Gesicht fast nichts schön war – nach den Schönheitsgesetzen der Bildhauerkunst oder der Malerei – so war man achtsam auf das Eigentümliche einer anderen Schönheit, der des Ausdrucks. Während die Aufmerksamkeit alles vom künstlerischen Standpunkt Häßliche übersah, schmiegte sie sich um so liebevoller an die kleinsten Vorzüge an, zum Beispiel an die Schönheit seines vollen Haares. Hätte er Hörner gehabt, man hätte sie auch schön gefunden.

Das ist der Vorteil, wenn man in Mode ist. Sobald man die Schönheitsfehler an jemandem kennt und diese keinen eigentlichen Einfluß mehr auf uns ausüben, suchen wir folgende drei Arten von Schönheit an ihm zu entdecken:

1. im Volke den Reichtum,
2. in der Gesellschaft die körperliche oder geistige Eleganz,
3. im Hofleben das Streben nach Glück bei den Frauen. Meistens liegt eine Mischung aus allen dreien vor. Das Glück, das dem Reichtum zugeschrieben wird, verbindet sich mit der Verfeinerung des Genusses, der eine Folge der Eleganz ist, und alles zusammen fordert die Liebe

heraus. Auf die eine oder andere Weise wird die Phantasie durch das Neue angelockt. So findet man Gefallen an einem häßlichen Menschen, und mit der Zeit wird die Häßlichkeit zur Schönheit.[9]

Eine Tänzerin in Wien, Madame Viganò, die damals sehr in Mode war, kam im Jahre 1788 in andere Umstände, – und alsbald trugen die
38 Damen kleine Bäuche *à la* Viganò.

Im Kreislaufe der Anschauungen ist nichts häßlicher als eine überlebte Mode. Der schlechte Geschmack verwechselt die Mode, die immer das Neue liebt, mit dem ewig Schönen. Ein nach der Mode erbautes Haus ist in zehn Jahren altmodisch, aber in zweihundert Jahren, wenn jene Mode ganz vergessen ist, wirkt es gar nicht so häßlich. Liebende sind große Narren, wenn sie sich hübsch ankleiden. Beim Anblick des Geliebten haben Frauen mehr zu tun, als auf seine Kleidung zu achten. Man sieht den Geliebten, aber man mustert ihn nicht, sagt Rousseau. Wer es doch tut, liebt nicht aus Leidenschaft, sondern aus Galanterie. Ja, die strahlende Schönheit der Geliebten mißfällt uns fast; man sieht nur Schönheit, wo man Zärtlichkeit und Sehnsucht erblicken möchte. Das Sichputzen hat für die Liebe nur Wirkung bei jungen Mädchen, die im Elternhause ängstlich gehütet werden und oft nur mit den Augen lieben können.

Allabendlich zwingt das Auftreten einer hübschen Tänzerin die blasierten und phantasiearmen Lebemänner, die den ersten Rang des Opernhauses zieren, zur vollen Aufmerksamkeit. Durch ihre anmutigen, kühnen und eigenartigen Bewegungen erregt sie die Liebe aus Sinnlichkeit und verschafft ihnen vielleicht die einzige Kristallbildung, deren sie überhaupt noch fähig sind. So kommt es, daß ein ganz garstiges Frauenzimmer, das auf der Straße von verwöhnten Männern keines Blickes gewürdigt wird, es durch das immer wiederholte Auftreten auf der Bühne zuwege bringt, reiche Liebhaber zu fangen. Geoffroy nannte darum die Bühne den Thronsessel der Weiber. Je bekannter und verbrauchter eine Tänzerin ist, um so teurer wird sie. Es gibt ein Kulissen-
39 sprichwort: »Es will sie keiner geschenkt, so muß sie sich schon verkaufen.« Diese Sorte von Weibern stiehlt ihren Liebhabern die Leidenschaft und erregt sehr leicht die Liebe aus Eitelkeit.

Es ist so natürlich, daß man edle und liebenswürdige Gefühle mit dem Wesen einer an und für sich nicht verletzenden Schauspielerin verknüpft, wenn man sie jeden Abend zwei Stunden lang die idealsten Gefühle ausdrücken sieht und sonst nichts von ihr weiß. Später, wenn man in Beziehungen zu ihr tritt, rufen ihre Züge immer wieder so angenehme Erinnerungen wach, daß sich die Wirklichkeit ihrer manchmal wenig vornehmen Umgebung augenblicklich mit einem rührenden, romantischen Zauber umhüllt.

Mein Freund, der selige Baron von Bottmer, sagt in seinem Tagebuche: »Wenn ich als ganz junger Mensch, als mich noch die langweilige französische Tragödie begeisterte, das Glück hatte, mit Fräulein Olivier zu soupieren, ertappte ich mich fortwährend dabei, daß mein Herz voll Verehrung schlug und ich mit einer Königin zu sprechen wähnte. Manchmal habe ich tatsächlich in ihrer Nähe nicht recht gewußt, ob ich in eine Königin oder in ein hübsches Mädchen verliebt war.«

19. Kapitel

Vielleicht fühlen die Menschen, die zur Liebe aus Leidenschaft nicht fähig sind, die Wirkung der Schönheit am lebhaftesten. Wenigstens ist sie der stärkste Eindruck, den sie von einem Weibe empfangen können.

Ein Mann, der Herzklopfen hat, wenn er von weitem den weißseidenen Hut der Geliebten bemerkt, muß außerordentlich erstaunt sein, daß ihn die Begegnung mit der gefeiertsten Schönheit der Welt kalt läßt. Das Entzücken der anderen ärgert ihn fast. 40

Auffallend schöne Frauen erregen schon am zweiten Tage nicht mehr die gleiche Bewunderung. Das ist ein großes Unglück für sie und schreckt die Kristallbildung ab. Weil ihre Vorzüge allen Menschen sichtbar und eine äußerliche Auszeichnung sind, stehen auf der Liste ihrer Anbeter recht viele Dummköpfe, Prinzen, Millionäre usw.

20. Von der ersten Begegnung

Ein phantasiereiches Gemüt ist feinfühlig und mißtrauisch, selbst wenn es sehr naiv ist. Es ist vielleicht mißtrauisch, ohne es selbst zu wissen. Es hat so viele Enttäuschungen im Leben gefunden. Darum beleidigt bei der Vorstellung eines Menschen alles Vorbereitete und Feierliche die Phantasie und verhindert die Möglichkeit der Kristallbildung. Dagegen triumphiert die Liebe, wenn sich zwei Menschen zum ersten Male unter romantischen Umständen sehen. Nichts ist einfacher. Die Verwunderung, die uns noch lange an etwas Außergewöhnliches denken läßt, liefert schon die Hälfte der für die Kristallbildung erforderlichen Gehirntätigkeit.

Zur Erläuterung will ich den Anfang von Seraphines Liebschaften (Gil Blas, II, 142) anführen. Don Fernando erzählt von seiner Flucht, als er von den Häschern der Inquisition verfolgt wurde:

»Nachdem ich in völliger Dunkelheit und bei unaufhörlich strömendem Regen mehrere Hallen durcheilt hatte, geriet ich an einen Saal, dessen Tür offen stand. Ich trat ein und bemerkte, nachdem ich all die Pracht angestaunt hatte, an der einen Seite eine nur leicht angelehnte Tür. Ich öffnete sie und sah eine lange Flucht von Gemächern, von de-
41 nen nur das letzte erleuchtet war. Was soll ich tun? fragte ich mich selbst. Ich konnte meiner Neugier nicht widerstehen, ging vorwärts, durchschritt alle Zimmer und betrat das erleuchtete. Eine Kerze brannte in einem goldenen Leuchter auf einem Marmortische … Meine Blicke fanden ein Bett, dessen Vorhänge der Hitze wegen nur halb zugezogen waren. Darin lag etwas, das meine ganze Aufmerksamkeit gefangen nahm: eine junge Frau, die trotz des heftigen Gewitters draußen im tiefsten Schlummer lag … Ich näherte mich ihr, … ich war wie erstarrt, … und während ich mich an ihrem herrlichen Anblick weidete, erwachte sie. Man stelle sich ihr Erstaunen vor, in ihrem Schlafzimmer mitten in der Nacht einen fremden Mann zu erblicken. Sie zitterte vor mir und stieß einen Schrei aus. Ich gab mir die größte Mühe, sie zu beruhigen, sank auf die Knie und sagte zu ihr: ›Gnädige Frau, fürchten Sie nichts!‹ … Sie rief nach ihren Kammerfrauen … Durch das Erscheinen einer kleinen Zofe etwas beherzter geworden, fragte sie mich in stolzem Tone, wer ich wäre …«

Das ist eine erste Begegnung, die man nicht so leicht wieder vergißt. Wie töricht ist im Gegensatze hierzu die steife und rührselige Art, mit der man nach unseren heutigen Sitten einem jungen Mädchen seinen »Zukünftigen« vorstellt. Das ist eine von der Gesellschaft gebilligte Prostitution, eine Verletzung des Schamgefühls.

»Heute nachmittag, am 17. Februar 1790«, schreibt Chamfort (IV, 155), »habe ich einer sogenannten Familienzeremonie beigewohnt, das heißt, ehrbare und angesehene Leute aus achtbarem Gesellschaftskreise wünschten Fräulein von Marille, einem klugen und tugendhaften jungen
42 Mädchen, Glück, weil es den Vorzug hat, die Gattin eines Herrn R*** zu werden, eines kränklichen, unausstehlichen, unhöflichen und verblö-

deten, aber reichen alten Mannes. Heute bei der Unterzeichnung des Ehekontrakts haben sie sich zum dritten Male gesehen.«

»Nichts kennzeichnet die Ehrlosigkeit eines Jahrhunderts deutlicher als derartige Veranlassungen zu Glückwünschen, als die Lächerlichkeit einer solchen Feier und hinterher die prüde Grausamkeit und die ungeheure Verachtung, mit der dieselbe Gesellschaft eine auf diese Weise verheiratete, liebebedürftige, arme junge Frau bei der geringsten Unvorsichtigkeit verurteilt.«

Jede Zeremonie ist an sich unnatürlich und auf irgend einen Vorteil berechnet; die Hauptsache dabei ist das standesgemäße Auftreten. Darum ist sie eine Feindin der Phantasie. Diese kommt höchstens zur Geltung, indem sie, dem Zwecke der Zeremonie entgegen, das Lächerliche an ihr zu entdecken sucht. Daraus erklärt sich auch die magische Wirkung der geringsten boshaften Bemerkung. Ein junges, in seiner Schamhaftigkeit und Schüchternheit befangenes Mädchen kann während der feierlichen Vorstellung des Zukünftigen nichts anderes tun, als an die ihm zugeteilte Rolle denken. Das ist das sicherste Mittel, die Phantasie zu töten.

Es ist viel mehr gegen das Schamgefühl, wenn ein Mädchen mit einem Manne zu Bett geht, den es nur zweimal gesehen hat, nachdem es in der Kirche ein paar unverstandene Formeln angehört hat, als daß es sich wider Willen einem Manne hingibt, den es seit zwei Jahren anbetet.
Aber ich sage da Dinge, die niemand versteht. 43

Diese Schamlosigkeit ist die fruchtbare Quelle der Verworfenheit und des Unglücks unserer modernen Ehen. Sie nimmt dem jungen Mädchen vor der Ehe jede Freiheit und in der Ehe das Recht der Scheidung, wenn es sich getäuscht hat, oder richtiger, wenn es durch die aufgezwungene Wahl getäuscht worden ist. Blicken wir einmal nach Deutschland, dem Lande der glücklichen Ehen, wo eben eine Prinzessin, die Herzogin zu Sa***, ehrsam zum vierten Male heiratet und nicht verfehlt, zu dieser Hochzeit alle drei früheren Gatten einzuladen, mit denen sie auf freundschaftlichem Fuße steht. Welcher Gegensatz!

Eine einzige Scheidung, die einen Ehemann für seine Tyrannei bestraft, verhindert tausend schlechte Ehen. Scherzhaft ist es, daß in Rom die meisten getrennten Ehen zu finden sind.

Die Liebe sucht am Manne einen Gesichtsausdruck, der auf den ersten Blick zur Achtung und Anteilnahme zwingt.

21. Vom Vorurteil

Sehr gewitzigte Köpfe sind überaus empfänglich für Neugierde und Vorurteile. Am meisten bemerkbar ist das an Menschen, in denen das heilige Feuer, die Quelle der Leidenschaften, erloschen ist. Das ist eins der traurigsten Zeichen. Voreingenommenheiten hegen auch Abiturienten, die ins Leben treten. An beiden Gegenpolen des Lebens, sowohl bei zu viel als bei zu wenig Empfänglichkeit, ist man nicht natürlich genug, um den wahren Wert der Dinge herauszufühlen und den richtigen Eindruck zu gewinnen, den sie geben müssen. Die feurigen, über-
44 trieben feurigen Seelen lieben, wenn ich so sagen darf, auf Kredit. Sie jagen den Dingen entgegen, anstatt sie auf sich zukommen zu lassen.

Ehe der Eindruck, der eine natürliche Folge der Dinge ist, bis zu ihnen gelangt, idealisieren solche Menschen die Dinge von weitem und umkleiden sie, ehe sie sie wirklich erkennen, mit einem eingebildeten Reiz, dessen unerschöpflichen Born sie in ihrem Herzen tragen. Nähern sie sich dann den Dingen, so sehen sie sie nicht, wie sie in Wirklichkeit sind, sondern so, wie sie sie sich eingebildet haben. Sie wähnen etwas zu genießen und doch erlaben sie sich nur an einem Trugbilde. Aber eines Tages werden sie es müde, immer nur die Geber zu sein, und sie entdecken, daß das angebetete Idol »den Ball nicht zurückwirft«. Das Vorurteil ist dahin, und die Niederlage, die ihre Eigenliebe erlitten hat, läßt sie nunmehr den überschätzten Gegenstand ungerecht beurteilen.

22. Vom Blitzschlage

Die Romane des siebzehnten Jahrhunderts bezeichnen mit »Blitzschlag« eine seelische Erregung, die das Geschick des Helden und seiner Geliebten plötzlich und unabänderlich entscheidet.

Dieser Ausdruck ist eigentlich lächerlich, aber er meint etwas tatsächlich Vorhandenes.

Ich habe die liebenswürdige und vornehme Wilhelmine *** kennen gelernt. Sie war der angebetete Stern der Berliner Kavaliere und trotzdem sprach sie verächtlich von der Liebe und verspottete ihre Torheiten. Sie war umstrahlt von Jugend, Geist und Schönheit, ein Glückskind in jeder Beziehung; ein ungeheurer Reichtum gestattete ihr, alle ihre Eigenschaf-

ten frei zu entfalten, und es war, als ob die Schöpfung in ihr der Welt 45
ein seltenes Beispiel der Vereinigung von vollkommenem Glücke und persönlicher Würdigkeit geben wollte. Wilhelmine war dreiundzwanzig Jahre alt, ging seit Jahren bei Hofe ein und aus und hatte Persönlichkeiten von allerhöchster Geburt abgewiesen. Ihre bescheidene und unantastbare Tugend war sprichwörtlich geworden. Infolgedessen hatten es die liebenswürdigsten Männer aufgegeben, ihre Gunst zu erringen, und bewarben sich nur noch um ihre Freundschaft.

Eines Abends war sie auf einem Balle beim Prinzen Ferdinand und tanzte zehn Minuten mit einem jungen Hauptmann.

»Von diesem Augenblicke an«, schrieb sie später an eine Freundin, »war er der Herr meines Herzens und meiner selbst, und das in so hohem Grade, daß ich selbst erschrocken gewesen wäre, wenn mir das Glück, Hermann zu sehen, überhaupt Zeit gelassen hätte, noch an etwas anderes im Leben zu denken. Mein einziger Gedanke war der, zu beobachten, ob er mir einige Aufmerksamkeit schenkte.«

»Heute ist es mein einziger Trost, den ich im Gefühl meiner Mängel finden kann, mich in der Illusion zu wiegen, es sei eine höhere Macht gewesen, die mich mir selbst und der Vernunft geraubt hat. Mit Worten vermag ich es nicht annähernd richtig zu schildern, wie sehr sein bloßer Anblick mein ganzes Wesen verwirrte und umgestaltete. Ich erröte bei dem Gedanken, mit welcher Schnelligkeit und Heftigkeit ich mich zu ihm hingezogen fühlte. Wenn sein erstes Wort, als er schließlich mit mir sprach, gewesen wäre: ›Lieben Sie mich?‹, ich hätte nicht die Kraft
gehabt, ihm nicht mit ›Ja‹ zu antworten. Niemals hätte ich mir vorstellen 46
können, daß eine Empfindung so plötzlich und so unvorhergesehen sein könnte. Das ging so weit, daß ich einen Augenblick lang glaubte, ich sei verzaubert.

Unglücklicherweise weißt Du und alle Welt, liebe Freundin, wie sehr ich Hermann geliebt habe: nun wohl, er war mir nach einer Viertelstunde so lieb, daß er mir später nicht lieber werden konnte. Ich sah alle seine Fehler und verzieh sie ihm alle, wenn er mich nur liebte.

Kurz nachdem ich mit ihm getanzt hatte, ging der König fort, und Hermann, der zum diensthabenden Gefolge gehörte, mußte ihm folgen. Mit ihm schwand alles Leben um mich her. Es wäre vergeblich, wenn ich Dir die unermeßliche Langeweile schildern wollte, von der ich mich bedrückt fühlte, als ich ihn nicht mehr sah; ihr kam nur das heftige Verlangen gleich, einsam mit mir allein zu sein.

Endlich konnte ich fortgehen. Zu Hause schloß ich mich in meinem Zimmer ein und faßte den Entschluß, meine Leidenschaft zu bekämpfen. Ich glaubte, es würde mir gelingen. Ach, meine liebe Freundin, wie teuer habe ich an jenem Abend und den folgenden Tagen den Genuß bezahlt, mich für tugendhaft halten zu dürfen!«

Das ist die genaue Schilderung eines Vorfalles, der zum Tagesgespräch wurde, denn nach ein oder zwei Monaten war die arme Wilhelmine so unglücklich, daß ihre Leidenschaft allbekannt ward. Das war der Ursprung von so vielem Unglück, durch das sie so jung und auf so tragische Weise zugrunde ging, von eigener Hand oder von ihrem Geliebten vergiftet. Wir konnten an dem jungen Hauptmann nichts weiter ent-
47 decken, als daß er ein vorzüglicher Tänzer war. Er war heiter veranlagt, sehr selbstbewußt und gutmütig, gab sich viel mit der Halbwelt ab und war im übrigen von kleinem Adel, sehr arm und verkehrte nicht am Hofe.

Man darf nicht mißtrauisch sein, man muß sogar eine Abneigung gegen das Mißtrauen mitbringen, sozusagen guten Mut zum Wechselspiele des Lebens haben. Aus Überdruß an einem liebeleeren Leben und durch das Beispiel der anderen Frauen wider Willen bestochen, bildet sich die Seele einer Frau, die alle Ängste des Lebens überwunden hat und in dem traurigen Glück des Stolzes keine Befriedigung findet, unbewußt ein ideales Bild. Eines Tages begegnet sie einem Wesen, das diesem Bilde zu gleichen scheint. Sie merkt es an der Verwirrung ihres Herzens und weiht sich nun auf ewig dem so sehnsüchtig erträumten Herrn ihres Schicksals.

Die Frauen, die solchem Unglück verfallen, haben zu viel Seelengröße, um anders als aus Leidenschaft lieben zu können. Sie wären gerettet, wenn sie zur Liebe aus Galanterie herabsteigen könnten.

Da der Blitzschlag aus geheimem Überdruß an dem, was der Katechismus Tugend nennt, und aus der Langweile entspringt, die durch die Eintönigkeit der Vollkommenheit entsteht, so neige ich zu der Ansicht, daß er am häufigsten solche Männer trifft, die man in der Gesellschaft als Taugenichtse bezeichnet. Ich zweifle sehr, ob der gestrenge Cato je von einem Blitzstrahle getroffen wurde.

Der Blitzstrahl ist darum etwas Seltenes, weil er nur dann eintritt, wenn das Herz, das so im voraus liebt, nicht die geringste Ahnung von
48 seinem Zustande hat.

Eine durch Unglück mißtrauisch gewordene Frau ist zu einer solchen Revolution der Seele nicht fähig.

Nichts fördert Blitzschläge mehr als das Lob, das eine Frau vorher und durch Frauenmund dem Manne zollen hört, den der Blitzstrahl treffen wird.

Eine der komischsten Quellen von Liebesabenteuern sind falsche Blitzschläge. Eine gelangweilte, aber nicht feinfühlige Frau glaubt eines Abends, sich für ihr ganzes Leben verliebt zu haben. Sie ist stolz, endlich eine jener großen Wallungen gefunden zu haben, nach denen ihre Seele so lechzte. Am anderen Tage ist sie ratlos, wo sie sich verstecken und wie sie dem Unglücklichen aus dem Wege gehen soll, den sie gestern angebetet hat.

Menschen von Geist verstehen Blitzschläge vorauszusehen und zu ihren Gunsten auszunutzen.

Auch die Liebe aus Sinnlichkeit hat ihre Blitzschläge. So habe ich gestern beobachtet, wie die schönste und leichtlebigste Dame Berlins, mit der ich zusammen im Wagen fuhr, plötzlich errötete. Der schöne Leutnant Findorff war vorübergegangen. Sie verfiel in tiefe Träumerei und Unruhe. Abends im Theater gestand sie mir, daß sie närrisch verliebt sei und daß sie nur an Findorff denke, mit dem sie noch nie ein Wort gesprochen habe. Wenn es angängig wäre, sagte sie, so würde sie ihn holen lassen. Ihr hübsches Gesicht verriet alle Zeichen einer heftigen Leidenschaft. Das ging auch noch den folgenden Tag so; nach drei Tagen hatte sich Findorff täppisch betragen, und sie dachte nicht mehr an ihn. Einen Monat später war er ihr verhaßt. 49

23. Eine Reise in fremde Lande

Ich rate allen, die im Norden geboren sind, dieses Kapitel zu überschlagen. Es ist eine unverständliche Abhandlung über einige seltsame Erscheinungen am Orangenbaume, der nur in Italien und Spanien gedeiht und zu seiner richtigen Höhe wächst. Um anderswo verstanden zu werden, müßte ich die Tatsachen verkleinern.

Sicherlich würde ich das auch tun, wenn ich im geringsten darauf ausginge, ein Buch für den allgemeinen Geschmack zu schreiben. Da mir aber der Himmel literarische Begabung versagt hat, habe ich lediglich die Absicht, mit rein wissenschaftlicher Genauigkeit und Sachlichkeit gewisse Tatsachen zu beschreiben, deren unfreiwilliger Zeuge ich durch längeren Aufenthalt im Lande der Orangen geworden bin. Friedrich der Große und jeder andere bedeutende Nordländer, der nie Gelegenheit gehabt hat, Orangenbäume unter freiem Himmel zu sehen, würde sicherlich die folgenden Tatsachen bezweifeln, und zwar mit vollem Rechte. Ich sehe das sehr wohl ein und weiß auch, warum es so ist.

Meine offenherzige Erklärung könnte hochmütig klingen; darum füge ich folgende Betrachtung hinzu.

Wir schreiben auf gut Glück, jeder was er für wahr hält, und jeder versucht dabei, dem anderen Unwahrheiten nachzuweisen. Für mich sind unsere Bücher wie Lotterielose; mehr Wert haben sie wirklich nicht. Erst die Nachwelt, die sie entweder vergessen hat oder neu herausgibt, weiß, welches Los gewonnen hat. Bis dahin hat keiner von uns, die wir doch alle unser Bestes und das, was uns am wahrsten erschien, nieder-
50 geschrieben haben, irgendwelches Recht, sich über den anderen lustig zu machen, höchstens in drolliger Satire, denn die hat immer ihre Berechtigung, zumal wenn sie geistreich ist.

Nach dieser Einleitung will ich getrost an die Darlegung der Tatsachen gehen, die man nach meiner Überzeugung in Paris selten beobachtet hat. Paris ist zwar unbestritten die erste Stadt der Welt; aber Orangen trifft man dort nicht unter freiem Himmel an wie in Sorrent. Und in Sorrent war es, der Vaterstadt Tassos, am Golf von Neapel, in halber Höhe über dem Meere, in einer Lage, die noch malerischer ist als die von Neapel selbst, wo man keine Zeitungen wie den *Miroir* liest. Dort hat Lisio Visconti seine Beobachtungen gemacht und folgende Erfahrungen niedergeschrieben.

Wenn wir wissen, daß wir die Frau, die wir lieben, am Abend sehen werden, so macht die Erwartung dieses großen Glücks die Zeit bis dahin unerträglich. Ein verzehrendes Feuer läßt uns zwanzig Dinge anfangen und wieder beiseite legen. Alle Augenblicke sehen wir nach der Uhr und sind froh, sie einmal zehn Minuten lang nicht herausgezogen zu haben. Endlich schlägt die heißersehnte Stunde. Vor dem Hause der Geliebten, wenn wir schon an die Tür klopfen wollen, wünschen wir auf einmal, sie nicht anzutreffen; und doch würde uns das, wenn wir es uns richtig überlegen, betrüben. Mit einem Worte: die Erwartung, sie zu sehen, erhält plötzlich einen unangenehmen Beigeschmack.

Das sind Dinge, die den Philister zu dem Ausspruche veranlassen, die Liebe sei unvernünftig.

Der Grund ist, daß unsere Phantasie dem schönen Reich der Träume entrissen ist, wo nur Seligkeit herrscht, und wieder der rauhen Wirklichkeit gegenübersteht.

Eine zarte Seele weiß wohl, daß wir uns beim Anblicke der Geliebten 51
in einen Kampf einlassen, der bei der geringsten Zerstreutheit und Mutlosigkeit mit einer Niederlage enden muß. Dann sind uns für lange Zeit die Träumereien der Phantasie vergiftet und unser Selbstgefühl ist uns genommen. Man sagt sich: »Es gebricht mir an Geist, ich habe keinen Mut.« Aber niemand hat vor einem geliebten Wesen Mut, oder man liebt es schon nicht mehr recht.

Die geringe geistige Sammlung, die man trotz aller Mühe aus den Träumereien der Kristallbildung noch gerettet hat, ist schuld daran, daß man in den ersten Plaudereien mit der geliebten Frau eine Unmenge von Dingen heraussagt, die keinen Sinn haben oder gerade das Gegenteil dessen ausdrücken, was man denkt, oder, was noch viel schmerzlicher ist, daß man seine wahren Gefühle übertreibt und sie dadurch in ihren Augen lächerlich macht. Da einem ein unbestimmtes Gefühl sagt, daß man auf die eigenen Worte nicht genug achtet, so fängt man unbewußt an, seine Ausdrücke sorgfältiger zu wählen und zu künsteln. Schweigen will man auch nicht, weil Stillsein verlegen macht und man dann noch viel weniger an die Geliebte zu denken vermag. Man sagt also mit ernster Miene eine Menge von Dingen, die man gar nicht ernstlich glaubt und deren Wiederholung einen in starke Verlegenheit brächte; man versagt sich hartnäckig die Gegenwart der Geliebten, um noch mehr der ihre zu sein. Als ich zum ersten Male die Liebe kennen lernte, verleitete mich diese Verworrenheit meines Innern beinahe zu dem Wahne, daß ich gar nicht liebte.

Die Feigheit der Rekruten und ihr Mittel, der Angst dadurch Herr zu werden, daß sie blindlings in das stärkste Feuer hineinrennen, begreife
ich jetzt völlig. Wenn ich an die Unzahl von Dummheiten denke, die 52
ich seit zwei Jahren gesagt habe, nur um in solchen Augenblicken überhaupt etwas zu sagen, gerate ich in Verzweiflung.

Gerade das sollte in den Augen der Frauen ein untrügliches Merkmal sein, um Liebe aus Leidenschaft von Liebe aus Galanterie und zärtliche von »prosaischen« Naturen, wie Leonore zu sagen pflegte, zu unterscheiden.

In solchen entscheidenden Augenblicken gewinnen diese soviel, wie jene verlieren. Eine prosaische Seele erlangt dann gerade die erhöhte

Wärme, die ihr gewöhnlich fehlt, während die arme zärtliche Seele, übervoll von Empfindungen, bis zur Tollheit überreizt ist und dazu noch ihre Überreizung zu verbergen versucht. Durch die unaufhörlichen Anstrengungen, die eigenen Gefühle zu zügeln, verliert sie jede Spur von Kaltblütigkeit, deren sie doch bedarf, um ihren Vorteil wahrzunehmen. So hinterläßt sie schließlich eine Entfremdung bei der Geliebten, während die prosaische Seele einen großen Schritt weiter gekommen ist. Sowie das Wohl und Wehe einer Leidenschaft auf dem Spiele steht, ist eine feinsinnige und stolze Natur nie imstande, vor der Geliebten Beredsamkeit zu entfalten. Der mögliche Mißerfolg droht als zu ungeheures Unglück.

Die gewöhnliche Seele hingegen berechnet genau die Aussicht auf Erfolg, denkt nicht daran, sich den Schmerz über eine Abweisung vorher auszumalen, und noch stolz auf das, was sie so gemein macht, spottet sie über die empfindsamen Seelen, die bei allem Geist nicht die einfachsten, immer erfolgreichen Dinge zu sagen fähig sind. Eine zartdenkende Seele muß sich, weit entfernt, etwas mit Gewalt erobern zu können, mit dem Mitleid der Geliebten begnügen. Vor einer Frau von wahrer Fein-
53 fühligkeit erfaßt uns immer Reue, wenn wir uns in unnatürlicher Weise gezwungen haben, zu ihr von Liebe zu sprechen. Wir sehen beschämt und kalt aus und könnten Lügner zu sein scheinen, wenn sich unsere Leidenschaft nicht durch andere Anzeichen verriete. Weil wir Romane im Kopfe haben, martern wir uns damit ab, *dem* Ausdruck zu geben, was wir beständig so lebhaft und so bis ins kleinste empfinden. Ein Naturmensch läßt sich gar nicht auf solche mühseligen Versuche ein. Anstatt von Gefühlen zu sprechen, die ihn vor einer Viertelstunde beherrschten, und zu versuchen, ein allgemeines und zu Herzen gehendes Bild davon zu entwerfen, schildert er einfach und klar seine augenblicklichen Gefühle. Aber das können wir nicht. Wir künsteln, ohne dadurch irgend etwas zu erreichen; und da unseren Worten die überzeugende Kraft der wirklichen Empfindung fehlt und wir gar noch Erinnerungen hineinmischen, finden wir im entscheidenden Augenblick Dinge von demütigender Lächerlichkeit für angebracht und sprechen sie aus.

Wenn wir uns nach einer qualvollen Stunde mit vieler Mühe endlich aus dem Irrgarten der Phantasie herausfinden und einfach die Gegenwart der geliebten Frau zu genießen beginnen, dann schlägt zumeist gerade die Trennungsstunde. Alles das erscheint übertrieben. Und doch habe ich noch viel mehr beobachtet. Ich hatte einen Freund namens Salviati, der eine Dame abgöttisch liebte. Sie glaubte sich durch irgend eine Rücksichtslosigkeit, die er mir nie eingestanden hat, beleidigt und bestrafte ihn damit, daß er sie nur zweimal im Monat sehen durfte. Diese seltenen und heißersehnten Besuche machten ihn wie wahnsinnig, und nur durch seine große Charakterstärke verbarg er diese Anfälle nach außen. 54

Schon zu Beginn des Besuches beeinträchtigt einen der Gedanke an das Ende zu sehr, um richtig in die genießende Stimmung zu kommen. Man spricht viel, ohne zu hören, was man spricht; oft sagt man das Gegenteil von dem, was man denkt. Man verwickelt sich in Sätze, die man plötzlich wegen ihrer Lächerlichkeit abbrechen muß, wenn man wieder zu Vernunft und Sammlung kommt. Die Gewalt, die man sich antut, erweckt den Anschein der Kälte. Die Liebe verleugnet sich durch ihr eigenes Übermaß.

Fern von diesem Zustande, malte sich vorher die Phantasie die reizvollsten Plaudereien aus; man empfand die zärtlichsten und rührendsten Wallungen. Tagelang glaubte man an seinen Mut, so zu der Geliebten sprechen zu können. Aber am Tage vor dem erträumten Glück beginnt die Unruhe, und sie wächst in dem Maße, wie sich der gefürchtete Zeitpunkt nähert.

In dem Augenblick, wo man das Zimmer der geliebten Frau betritt, klammert man sich, um nicht die größten Dummheiten zu sagen oder zu machen, an den Vorsatz, stumm zu bleiben und sie nur anzuschauen, um wenigstens die Erinnerung an ihr Wesen heimzubringen. Aber durch ihre Gegenwart überkommt die Sinne eine Art Taumel. Wie ein Verrückter fühlt man sich zu Sonderlichkeiten verleitet; man hat die Empfindung, zwei Seelen zu haben; die eine befiehlt, irgend etwas zu tun, und die andere heißt es falsch. Man hat das verworrene Gefühl, daß der Zwang, sich vor Dummheiten in acht zu nehmen, das Blut etwas abkühlt, aber man vergißt dabei, daß die Besuchsstunde zu Ende geht und man das Unglück hat, die Geliebte auf vierzehn Tage verlassen zu müssen.

Wenn zufällig irgend ein langweiliger Mensch bei ihr sitzt und fade 55
Geschichten auftischt, so ist der arme Verliebte in unverständlicher Narrheit ganz Ohr, als ob es ihm darauf ankäme, so kostbare Augenblicke zu vergeuden. Die Stunde, die er sich so hold gedacht hatte, verrinnt mit Blitzesschnelle, und dabei lassen ihn tausend Kleinigkeiten mit unsagbarer Bitternis fühlen, wie fremd er der Geliebten geworden

ist. Er sieht sich inmitten von gleichgültigen Menschen, die ihr Besuch machen, und findet, daß er der einzige ist, der nicht über alle Einzelheiten ihrer Erlebnisse in den letzten Tagen Bescheid weiß. Endlich erhebt er sich, und während er sich kalt empfiehlt, überkommt ihn das schmerzvolle Bewußtsein, sie erst in vierzehn Tagen wiederzusehen. Kein Zweifel, er würde weniger leiden, wenn er die Geliebte nie wieder sähe. So und noch qualvoller ging es dem Herzog von Policastro, der alle halbe Jahre eine Reise von hundert Meilen unternehmen mußte, um in Lecce eine angebetete, aber eifersüchtig bewachte Geliebte auf eine Viertelstunde zu sehen.

Hieraus sieht man recht, daß der Wille keinen Einfluß auf die Liebe hat. Wie wäre sonst jemand so toll, Gleichgültigkeit zur Schau zu tragen, wenn er in der höchsten Aufregung über die Geliebte und über sich selbst ist? Der einzige Erfolg eines solchen Besuches ist eine Erneuerung der Kristallbildung.

Für Salviati war das Leben in Abschnitte von je vierzehn Tagen eingeteilt, deren Stimmung jedesmal durch die Färbung des Abends bestimmt wurde, an dem er die geliebte Frau sehen durfte. So war er zum Beispiel am einundzwanzigsten Mai überglücklich, und am vierten Juni ging er aus Angst vor der Versuchung, sich eine Kugel durch den Kopf
56 zu jagen, nicht nach Hause.

Übrigens habe ich an jenem Abend die Beobachtung gemacht, daß die Romanschreiber den Selbstmord sehr schlecht darstellen. Salviati sagte zu mir mit ruhiger Miene: »Ich bin durstig, ich muß dieses Glas Wasser trinken.« Ich kämpfte nicht gegen sein Vorhaben an, sondern sagte ihm Lebewohl. Da fing er an zu weinen.

Da die ganze Unterhaltung zweier Liebenden von Unruhe erfüllt ist, so wäre es unklug, voreilige Folgerungen aus einer Einzelheit derselben zu ziehen. Nur in unerwarteten Ausbrüchen zeigen sich unverhüllte Empfindungen; dann spricht die Stimme des Herzens. Höchstens kann man aus dem Gesamteindruck aller Reden irgend etwas folgern. Man muß aber bedenken, daß wir selbst in der höchsten Erregtheit meistens nicht die Zeit finden, die Erregung einer anderen Person zu beobachten, zumal wenn diese die Ursache unsrer Erregung ist.

24. Vom ersten Eindruck

Ich bin oft voller Bewunderung über die Feinheit und die Sicherheit im Urteile, mit denen Frauen gewisse kleine Züge erfassen, aber einen Augenblick später beobachte ich, wie sie einen Dummkopf in den Himmel heben, sich von einem faden Schwätzer zu Tränen rühren lassen oder geistloses, geziertes Gebaren als ernsten Charakterzug nehmen. Für solche Einfalt fehlt mir das Verständnis. Es muß da irgend ein allgemeines Gesetz geben, das ich nicht kenne.

Sie haben *einen* Vorzug an einem Manne entdeckt, sind über *eine* Einzelheit entzückt und lassen diese lebhaft auf sich einwirken, ohne für alles andere an ihm die geringste Teilnahme zu haben.

Ich habe zugesehen, wenn hervorragende Männer geistreichen Frauen 57
vorgestellt wurden. Immer war ein Körnchen Vorurteil im Spiele, das für den Eindruck der ersten Begegnung entscheidend war.

Wenn ich ein eigenes Erlebnis einfügen darf, so möchte ich erzählen, wie der liebenswürdige Oberst B*** der Frau von Struve in Königsberg vorgestellt wurde. Sie war eine ganz bedeutende Frau, und wir fragten uns gegenseitig: wird er Eindruck auf sie machen? Man wettet. Ich trete an Frau von Struve heran und berichte ihr, daß der Oberst seine Halsbinden zwei Tage hintereinander trage; am zweiten Tage pflege er sie nach der reinen Seite umzuwenden. Sie könne an seiner Binde die Querfalten bemerken. Nichts war unwahrer.

Kaum bin ich damit fertig, als jener reizende Mensch angemeldet wird. Der kleinste Pariser Stutzer hätte einen günstigeren Eindruck hervorgerufen. Ich erwähne, daß Frau von Struve ihren Mann liebte. Sie war eine ehrenwerte Frau; von galanten Beziehungen zwischen beiden konnte darum keine Rede sein, wenn auch beide füreinander wie geschaffen waren. Man sagte jener Frau nach, sie sei romantisch veranlagt, und ihn konnte nichts *mehr* reizen als gerade romantisch übertriebene Tugend. Sie hat ihn in jungen Jahren in den Tod getrieben.

Frauen haben die Gabe, in wunderbarer Weise alle Schattierungen der Liebe, die unmerkbarsten Schwankungen des Menschenherzens und die geringsten Regungen der Eigenliebe zu fühlen. In dieser Beziehung haben sie einen Sinn mehr als wir Männer. Das geht auch aus der Art hervor, wie sie Verwundete zu pflegen verstehen.

Vielleicht haben sie dafür kein rechtes Urteil über geistige Eigenschaf-
58 ten und den inneren Wert eines Menschen. Ich habe die Beobachtung gemacht, daß ausgezeichnete Frauen von einem geistvollen Manne entzückt waren und gleich darauf, fast in demselben Satze, einen der größten Hohlköpfe bewunderten. Das gab mir einen Stich wie einem Kenner, der zusieht, wie echte Diamanten für Straßsteine, und Straßsteine für echte gehalten werden, nur weil sie größer sind.

Ich habe daraus geschlossen, daß man Frauen gegenüber alles wagen muß. Dort wo der General Lasalle scheiterte, hatte ein bärtiger und fluchender Hauptmann Erfolg (in Posen, 1807). Sicherlich gibt es am Werte eines Mannes vieles, was die Frauen nicht ahnen.

Mit Vorliebe pflege ich nach Naturgesetzen zu suchen. Die Kraft der Nerven verbraucht sich bei Männern durch das Gehirn, bei Frauen durch das Herz. Deshalb sind sie empfindsamer. Uns tröstet die Arbeit und der Beruf, der unser ganzes Dasein ausfüllt; für die Frauen gibt es nur einen einzigen Trost: die Zerstreuung.

Mein Freund Appiani, der nur in seltenen Fällen die Tugend für möglich hält, war heute abend mit mir auf der Gedankenjagd. Ich sprach mit ihm über dieses Kapitel, und er meinte:

»Die Seelenstärke der Eponina, die sie bekanntlich durch die heldenhafte Aufopferung bewiesen hat, mit der sie ihrem Gatten in seiner unterirdischen Höhle das Leben erhielt und ihn vor dem Wahnsinn bewahrte, hätte sich bei einem friedlichen Zusammenleben in Rom in der Geschicklichkeit geäußert, mit der sie ihren Geliebten verheimlicht hatte.

59 Starke Seelen müssen eine Betätigung haben.«

25. Über das Schamgefühl

Die Frauen auf Madagaskar lassen ohne Bedenken das unverhüllt, was man hierzulande am meisten verbirgt; sie würden aber vor Scham vergehen, wenn sie ihre Arme entblößen sollten. Es ist klar, daß drei Viertel des Schamgefühls anerzogen sind. Und doch ist das Gesetz der Schamhaftigkeit vielleicht das einzige Geschenk der Kultur, das der Menschheit lediglich Glück gebracht hat.

Die Schamhaftigkeit ist das Wunderwerk der Kultur. Bei den wilden und halbbarbarischen Völkern gibt es nur Liebe aus Sinnlichkeit, und zwar gröbster Art. Erst die Schamhaftigkeit gesellt zu der Liebe die Phantasie und erweckt sie dadurch zum wahren Leben.

Gute Mütter erziehen ihren Töchtern von klein auf das Schamgefühl an, und zwar mit größter Eifersucht, gewissermaßen aus Korpsgeist. Damit sorgen sie schon für das Glück der künftigen Liebhaber ihrer Töchter.

Eine schüchterne und zartfühlende Frau empfindet die größte Pein, wenn sie sich in Gegenwart eines Mannes irgend etwas erlaubt hat, worüber sie erröten muß. Ich bin überzeugt, daß jede einigermaßen stolze Frau in solchen Augenblicken lieber tausendmal sterben möchte. Ein geringes Sichgehenlassen, vom geliebten Manne liebenswürdig aufgefaßt, gewährt für den Augenblick lebhaftes Vergnügen; argwöhnt aber eine Frau, daß er sie darum tadeln möchte oder daß er nicht wirklich darüber entzückt ist, so bleiben in ihrer Seele furchtbare Zweifel. Jede höher stehende Frau muß in ihrem ganzen Wesen unnahbar sein. Der Einsatz ist ja auch zu ungleich; sie setzt sich für ein geringfügiges Vergnügen, für den Vorteil, ein wenig liebreizender zu erscheinen, leichtsinnig allerlei Gefahren aus: brennender Reue und einem Schamgefühl, 60
das ihr sogar den Geliebten verleiden kann. Ein fröhlicher, ausgelassener und sorgloser Abend wird somit teuer bezahlt. Wenn sich eine Frau einen solchen Fehltritt vorzuwerfen hat, wird ihr der Anblick des Geliebten für viele Tage verhaßt. Kann man sich also über die Macht einer Gewohnheit bei den Frauen wundern, deren geringste Außerachtlassung sie mit dem Gefühle der größten Schmach büßen?

Die Schamhaftigkeit hat ihr Gutes, denn sie ist die Mutter der Liebe. Niemand kann ihr das abstreiten. Es ist das eine einfache Folge des Gefühlsmechanismus. Die Seele denkt an die Scham statt an ihr Begehren; sie versagt sich ihre Wünsche, denn Wünsche verleiten zu Taten.

Es ist verständlich, daß jede zartfühlende und stolze Frau – und die genannten beiden Eigenschaften sind wie Ursache und Wirkung meist unzertrennlich – eine gewohnheitsmäßige Kälte zur Schau trägt, die manche Leute irrtümlich für Prüderie ansehen.

Dieser Vorwurf hat um so mehr eine scheinbare Berechtigung, als es für eine Frau unendlich schwer ist, den richtigen Mittelweg einzuhalten. Eine Frau mit ein wenig Geist und viel Stolz muß bald zu der Erkenntnis gelangen, daß sie im Punkte der Schamhaftigkeit nie des Guten zu viel tun kann. Eine Engländerin fühlt sich schon beleidigt, wenn man in ihrer Gegenwart ein gewisses Kleidungsstück mit seinem richtigen Na-

men nennt. Sie hütet sich wohl, auf dem Lande des Abends gleichzeitig mit ihrem Manne den Salon zu verlassen. Und sie findet, was ihre Auffassung noch besser kennzeichnet, eine Verletzung der Schamhaftig-
61 keit darin, sich außer vor ihrem Gatten ausgelassen zu zeigen.[10] Vielleicht aus dieser übergroßen Rücksichtnahme läßt der vornehme Engländer sein häusliches Leben absichtlich so unbeschreiblich langweilig erscheinen. Übertriebener Stolz hat seine Schattenseiten. Nur die Religion und die aristokratische Lebensanschauung haben das grausame Gesetz: die Pflicht über alles.

Im Gegensatz dazu habe ich gefunden, als ich auf einer Reise mit einem Male von Plymouth nach Cadix und Sevilla kam, daß in Spanien die Wärme des Klimas und der Leidenschaften die nötige Zurückhaltung vergessen läßt. Ich habe sehr zärtliche Liebkosungen beobachtet, die man sich dort öffentlich erlaubte, die nicht etwa einen rührenden Eindruck auf mich machten, sondern gerade entgegengesetzte Empfindungen verursachten. Nichts berührt peinlicher.

Man muß den Zwang der den Frauen unter dem Namen der Schamhaftigkeit anerzogenen Gewohnheiten als etwas Unberechenbares ansehen. Gewöhnliche Frauen erheucheln übergroßes Schamgefühl, um sich den Anschein vornehmer Damen zu verleihen.

Die Macht der Schamhaftigkeit ist so groß, daß sich eine zartfühlende Frau dem geliebten Manne eher durch Zeichen als durch Worte verrät.

Die hübscheste, reichste und leichtlebigste Dame Bolognas hat mir gerade gestern abend erzählt, daß ein geckenhafter Franzose, ein netter Vertreter seines Volkes, den Einfall gehabt hat, sich unter ihrem Bette zu verstecken. Wahrscheinlich wollte er seine zahllosen lächerlichen Liebeserklärungen, mit denen er die Dame seit einem Monate verfolgt hatte, nicht umsonst gemacht haben. Indessen fehlte es diesem Helden
62 an Geistesgegenwart. Er wartete zwar, bis Frau M*** ihre Kammerzofe entlassen hatte, hatte aber nicht die Geduld, der Bedienung Zeit zum Einschlafen zu lassen. Frau M*** klingelte und ließ ihn unter dem Hohngelächter und den Schlägen von fünf oder sechs Dienern schimpflich hinausjagen.

»Wenn er nun zwei Stunden gewartet hätte?« fragte ich.

»Dann wäre ich in der unglücklichsten Lage gewesen. Er hätte mir sagen können: Wer wird daran zweifeln, daß ich nur auf Ihren Befehl hin hier bin?«

Nach meinem Besuche bei dieser hübschen Frau bin ich zu einer anderen Dame gegangen, der liebenswertesten meiner Bekanntschaft. Ihre außergewöhnliche Feinfühligkeit übertrifft, wenn das möglich ist, ihre rührende Schönheit. Ich treffe sie allein an und erzähle ihr das Erlebnis der Frau M***. Wir plaudern darüber und sie sagt:

»Hören Sie, wenn der Mann, der diese Tat gewagt hat, jener Dame schon vordem liebenswert erschienen ist, wird sie ihm verzeihen und ihn künftig lieben.«

Ich gestehe, daß ich über diesen Lichtstrahl, der unerwartet die Tiefe des menschlichen Herzens durchleuchtete, recht betroffen war. Erst nach einigem Stillschweigen vermochte ich zu fragen: »Hat ein Liebender aber den Mut, zu dem letzten Mittel, der Gewalttätigkeit, zu schreiten?«

Dieses Kapitel wäre viel inhaltsschwerer, wenn es eine Frau verfaßt hätte. Alles, was ich gesagt habe über die Sprödigkeit und den Stolz der Frau, über ihre anerzogene Schamhaftigkeit und deren Verletzungen, über gewisse Feinheiten des weiblichen Zartgefühls, Dinge, die meist lediglich auf Sinnesassoziationen beruhen, dem Manne fremd und oft in der Natur gar nicht begründet sind, alles das findet sich hier nur nach dem Hörensagen zusammengefaßt.[11] 63

In einem Augenblicke philosophischer Offenheit sagte mir eine Frau ungefähr folgendes:

»Wenn ich jemals meine Freiheit opfern sollte, muß der Mann, den ich schließlich wähle, meine Neigung für ihn um so höher schätzen, da er ja weiß, wie geizig ich allezeit mit den geringsten Gunstbezeugungen gewesen bin.«

Zugunsten dieses künftigen Geliebten, den sie vielleicht niemals finden wird, behandelt manche Frau jeden Mann, mit dem sie spricht, mit Kälte. Das ist die erste und zwar achtbare Übertreibung der Schamhaftigkeit; eine andere entspringt dem weiblichen Stolze, die dritte dem ihres Gatten.

Ich glaube, daß sich die Liebe oft in die Träumereien selbst der tugendhaftesten Frauen einschleicht. Sie haben das Recht dazu. Nicht zu lieben, wenn man vom Himmel mit einer für die Liebe geschaffenen Seele begnadet worden ist, heißt sich und andere eines großen Glückes berauben. Ebenso dürfte ein Orangenbaum aus Furcht, eine Sünde zu begehen, nicht blühen; und eine für die Liebe erschaffene Seele ist nicht imstande, ein andres Glück mit Freude zu genießen. Sie findet in den sogenannten Vergnügungen der Gesellschaft bald eine unsagbare Nichtigkeit. Oft meint sie, die Künste und die Schönheiten der Natur zu lieben, aber diese bestärken und steigern nur ihre Liebessehnsucht, und sie wird bald gewahr, daß alles Schöne in der Welt nur von dem Glücke redet, das sie sich versagen will.

Das einzige Tadelnswerte an der Schamhaftigkeit ist, daß sie zur gewohnheitsmäßigen Lüge verleitet. In dieser Hinsicht hat die leichtsinnige Frau einmal etwas vor der feinfühligen voraus. Eine leichtfertige Frau
64 sagt: »Lieber Freund, sobald Sie mir gefallen, werde ich es Ihnen sagen, und ich werde mehr Freude daran haben als Sie, denn ich schätze Sie sehr hoch.«

Eine meiner Freundinnen rief nach dem Siege ihres Geliebten in lebhafter Selbstzufriedenheit aus: »Wie bin ich glücklich, daß ich mich in den acht Jahren, seit ich mit meinem Gatten entzweit bin, niemandem hingegeben habe.«

In dieser Denkweise finde ich etwas Lächerliches, und doch erscheint die Freude jener Frau voll Leben und Frische.

Meine Männeraugen glauben neun besondere Eigentümlichkeiten an der Schamhaftigkeit zu unterscheiden.

Erstens: Eine Frau setzt viel gegen wenig aufs Spiel; deshalb muß sie sehr zurückhaltend sein, oft bis zur Unnatürlichkeit. Sie lacht zum Beispiel nicht über ganz ergötzliche Dinge. Es gehört aber viel Geist dazu, immer das richtige Maß von Schamgefühl zu zeigen.[12] Darum können viele Frauen, wenn sie unter sich sind, nicht genug zu hören bekommen, oder deutlicher gesprochen, sie verlangen dann nicht, daß die Erzählungen, die sie anhören, zu verschleiert sind, ja die Schleier können wegbleiben, je mehr sie in Weinlaune und Ausgelassenheit geraten.

Vielleicht ist es eine Wirkung der Schamhaftigkeit und der damit verbundenen tödlichen Langweile, daß die meisten Frauen am Manne die Unverschämtheit so hoch schätzen? Oder halten sie die Unverschämtheit für etwas Charaktervolles?

Zweitens: Mein Geliebter wird mich um so höher schätzen.

Drittens: Die Macht der Gewohnheit siegt selbst in Augenblicken der höchsten Leidenschaft.

65 *Viertens*: Die Schamhaftigkeit gewährt dem Liebenden sehr schmeichelhafte Freuden: sie läßt ihn empfinden, welche Gesetze eine Frau um seinetwillen verletzt.

Fünftens: Die Frauen fühlen die Lust der Sinne um so berauschender. Da sie eine mächtige Gewohnheit besiegen, ist ihr Gemüt um so erregter.

Graf Valmont findet sich nachts im Schlafgemach einer hübschen Frau; er erlebt dergleichen alle Wochen, die Frau vielleicht alle zwei Jahre einmal. Die Seltenheit und das Schamgefühl müssen also den Frauen viel lebhaftere Freuden gewähren.[13]

Sechstens: Schlimm ist es, daß die Schamhaftigkeit immer zu Lügen verleitet.

Siebentens: Übertriebene Schamhaftigkeit und ihre strengen Forderungen schrecken zarte und ängstliche Seelen[14] von der Liebe ab, gerade solche, die geschaffen sind, die köstlichste Liebe zu gewähren und zu empfangen.

Achtens: Feinfühlige Frauen, die noch nicht mehrere Liebhaber gehabt haben, hindert die Schamhaftigkeit, sich ungezwungen zu geben. Sie lassen sich deshalb ein wenig von solchen Freundinnen leiten, die sich nicht den gleichen Fehler vorzuwerfen haben. Sie sind allzu achtsam auf jede Einzelheit, anstatt sich blindlings ihrer Gewohnheit hinzugeben. Ihr empfindsames Schamgefühl verleiht ihren Bewegungen etwas Gezwungenes; weil sie mit Gewalt natürlich sein wollen, geht ihnen die Natürlichkeit verloren. Aber selbst ihrem linkischen Wesen haftet himmlische Anmut an.

Manchmal sieht die Freundschaft der Frauen wie Zärtlichkeit aus, weil sie in ihrer engelhaften Güte unbewußt kokett sind. Zu träge, ihre Traumwelt zu verlassen, scheuen sie die Mühe, auf eine Plauderei einzugehen, und statt einem Freunde irgend etwas Liebenswürdiges oder 66
Höfliches zu sagen, stützen sie sich lieber zärtlich auf seinen Arm.

Neuntens: Wenn Frauen schreiben, sie erreichen daher nur sehr selten einen erhabenen Ton. Ihre kleinsten Briefchen aber sind immer gefällig, weil sie nie wagen, ganz offen zu sein. Offen sein ist für sie dasselbe, wie ohne Hut ausgehen. Bei einem Manne dagegen kommt es sehr häufig vor, daß er ganz im Banne seiner Einbildungskraft schreibt, ohne an die Folgen zu denken.

Was folgt daraus?

Es ist ein verbreiteter Fehler, die Frauen als edlere und beweglichere Geschöpfe anzusehen, mit denen wir Männer nicht wetteifern könnten. Zu leicht vergessen wir, daß es zwei neue und eigenartige Gesetze sind, die außer den allgemein menschlichen Motiven jene beweglichen Wesen völlig beherrschen: der weibliche Stolz und die Schamhaftigkeit und die oft unverständlichen Gewohnheiten, die diese zur Folge haben.

26. Die Augensprache

Die Augen sind die Hauptwaffe der tugendsamen Koketterie. Mit einem einzigen Blicke läßt sich alles sagen, und doch kann man alles wieder ableugnen, denn Blicke sind keine Worte.

Das erinnert mich an den Grafen G***, den Mirabeau Roms. Die kleine liebenswürdige Regierung des Kirchenstaates hatte ihn eine eigenartige Redeweise gelehrt: er bewegte sich nur in abgerissenen Sätzen, die alles und nichts sagen konnten. Man verstand sehr wohl, was er meinte; aber wenn man seine Worte noch so wörtlich wiederholte,
67 konnte ihn doch niemand dadurch bloßstellen. Der Kardinal Lante pflegte von ihm zu sagen, er habe diese Gabe den Frauen abgesehen, und zwar den ehrbarsten unter ihnen. Diese weibliche Schelmerei ist eine grausame, aber gerechte Vergeltung für die Tyrannei der Männer.

27. Vom weiblichen Stolze

Die Frauen hören ihr ganzes Leben lang die Männer von angeblich wichtigen Dingen reden, von großem Geldgewinn, von Erfolgen im Kriege, von im Duell Gefallenen, von grausamen und bewunderungswürdigen Racheakten und von ähnlichen Dingen, die alle außerhalb der weiblichen Sphäre liegen.

Frauen, die eine stolze Seele haben, fühlen, daß sie diesen Dingen nichts von Belang entgegenzusetzen haben, und daß ihr Stolz eigentlich der Stütze entbehrt. Sie fühlen, daß in ihrer Brust ein Herz schlägt, das durch die Kraft und den Stolz seiner Empfindungen ihrer ganzen Umgebung überlegen ist, und doch sehen sie, daß die nichtigsten Männer mehr Selbstgefühl haben als sie. Sie merken, daß sie ihren Stolz nur in geringfügigen Dingen beweisen können oder doch nur in solchen, die nur einen Gefühlswert besitzen und über die kein Dritter richtet. Durch diesen kränkenden Gegensatz ihrer geringen Macht und ihrer stolzen Seele gequält, versuchen sie, ihre Schwäche durch die Lebhaftigkeit ihrer Äußerungen und durch die trotzige Hartnäckigkeit in der Durchführung ihrer Forderungen wettzumachen. Solche Frauen wähnen vor der völligen Hingabe, sobald sie ihren Geliebten erblicken, er führe etwas gegen sie im Schilde. Ihre Phantasie beunruhigt sich lebhaft über sein Vorgehen,

das doch schließlich nur das Zeichen seiner Liebe ist; sonst liebte er ja
nicht. Anstatt sich über die Empfindungen des Mannes, den sie selbst 68
lieben, zu freuen, fühlen sie sich durch ihn in ihrer Eitelkeit verletzt; kurz, selbst die zartesten Seelen sind, wenn sie lieben, genau so eitel und selbstsüchtig wie eine Straßendirne.

Eine Frau von hochherzigem Charakter setzt ihr Leben für den Geliebten tausendmal aufs Spiel und doch entzweit sie sich mit ihm wegen einer Kleinigkeit, die ihren Stolz verletzt. Das verlangt ihr Ehrgefühl. Napoleon ging zugrunde, weil er ein Dorf nicht aufgeben wollte.

Ich habe einen solchen Streit einmal länger als ein Jahr dauern sehen. Eine vornehme Frau hatte ihr ganzes Glück geopfert, nur damit ihr Geliebter nicht die Möglichkeit hatte, an ihrer Seelengröße und ihrem Stolze im geringsten zu zweifeln. Die Wiederversöhnung war nur das Werk des Zufalls und von seiten der Frau eine augenblickliche unüberwindliche Schwäche bei der Begegnung mit dem Geliebten. Sie glaubte ihn vierzig Meilen weit entfernt, und er traf sie an einem Orte, an dem er durchaus nicht erwarten konnte, sie zu sehen. Sie vermochte ihr erstes Entzücken nicht zu verbergen, und er war noch mehr überwältigt als sie; beinahe sanken sie beide voreinander auf die Knie, und niemals habe ich soviel Tränen vergießen sehen; das war die Wirkung des unerwarteten Glückes. Tränen sind die höchste Steigerung des Lächelns.

Der Herzog von Argyll bewies viel Menschenkenntnis bei der Zusammenkunft mit der Königin Karoline zu Richmond, indem er sich in einen Kampf mit dem weiblichen Stolze nicht einließ.[15] Je erhabener der Charakter einer Frau ist, um so stürmischer werden diese Kämpfe,

> »... wie der dunkelste Himmel
> Das schwerste Gewitter verkündet.«[16] 69

Kommt das vielleicht daher, daß eine Frau, je leidenschaftlicher sie im Laufe des Lebens die hervorragenden Eigenschaften des geliebten Mannes bewundert, sich in den grausamen Augenblicken, wo die Liebe in Haß umschlägt, desto heftiger dafür zu rächen sucht, daß er den anderen Menschen überlegen ist? Sie fürchtet, nun auch zu diesen gerechnet zu werden.

Es ist schon lange her, daß ich Richardsons langweilige »Clarissa« gelesen habe, aber ich glaube mich zu erinnern, daß sie aus weiblichem Stolze die Hand des Lovelace ausschlägt und den Tod vorzieht.

Die Schuld des Lovelace war groß, aber, wenn sie ihn ein wenig liebte, mußte sie eine Tat, die doch aus Liebe geschehen war, in ihrem Herzen verzeihen.

Dagegen erscheint mir Monima in Racines »Mithridates« als rührendes Beispiel weiblichen Zartgefühls. Wer errötet nicht vor Freude, wenn er von einer dieser Rolle gewachsenen Schauspielerin die Worte hört:

»Ich hatte diesen Liebesdrang besiegt, …
Da habt Ihr mich beredet und betrogen,
Und ich gestand …
Ich muß es nun ertragen;
Sucht die Erinnerung nicht zu verjagen!
Was schmählich ich verriet durch Euren Zwang,
Bleibt mir vor Augen, ach, mein Leben lang.
Ihr werdet zweifeln stets an meiner Treue,
Daß ich das Grab selbst jetzo minder scheue,
Als leben mit dem Mann, der das erzwang
Und solchen grausen Vorteil sich errang,
Der mich erröten läßt in ewgem Gram,
Erröten nicht aus Liebe, nein, aus Scham!«

Ich meine, in späteren Jahrhunderten wird man sagen: Die absolute Monarchie hatte den Vorteil, solche Charaktere zu erzeugen und solche Charakterschilderungen von großen Künstlern zu haben.

Und doch findet sich auch in den Republiken des Mittelalters ein wunderbares Beispiel jenes Zartgefühls, das meine Behauptung vom Einflusse der Regierungsform auf die Leidenschaften zu erschüttern scheint. Ich will es offen anführen. Es sind Dantes rührende Verse aus dem »Fegefeuer« (V, 130 ff.):

»Ach, wenn du wieder auf der Erde weilst,
Gedenke meiner dort: ich bin die Pia
Aus Siena, die in den Maremmen starb.
Der weiß es, der mir einstmals an die Hand
Den Eh'ring mit dem Edelsteine steckte.«

Die Frau, die mit soviel Zurückhaltung spricht, teilte heimlich das Schicksal der Desdemona und hätte das Verbrechen ihres Gatten ihren

Freunden, die sie auf der Erde zurückließ, durch *ein* Wort offenbaren können.

Nello della Pietra hatte die Hand der Madonna Pia erhalten, der einzigen Erbin der Tolomei, der reichsten und vornehmsten Familie von Siena. Ihre Schönheit, die in ganz Toskana bewundert wurde, verursachte im Herzen ihres Gatten Eifersucht, die, durch falsche Berichte und immer wiederholte Verdächtigungen geschürt, ihn zu einem schändlichen Plane verleitete. Es läßt sich jetzt schwer feststellen, ob seine Gattin so völlig schuldlos war, wie sie uns Dante schildert.

Nello brachte sie in die Maremmen von Volterra, die noch heute durch die Folgen der *aria cattiva* berüchtigt sind. Den Grund der Verbannung nach einem so gefährlichen Orte offenbarte er der unglückli- 71
chen Frau niemals. Sein Stolz verbot ihm jede laute Klage und jede Anklage. Einsam lebte er mit ihr in einem am Meeresgestade gelegenen verlassenen Turme, dessen Ruinen ich aufgesucht habe. Niemals brach er dort sein verachtungsvolles Schweigen, niemals gab er auf die Fragen der jungen Frau eine Antwort, niemals erhörte er ihr Flehen. Kaltblütig wartete er an ihrer Seite, bis die verpestete Luft ihre Wirkung getan hatte. Die giftigen Dünste der Sümpfe zerstörten bald die Züge des schönsten Frauenantlitzes, das die Welt in jenem Jahrhundert gesehen haben soll. Nach wenigen Monaten war sie tot. Einige alte Chronisten berichten, daß Nello ihre Ende mit dem Dolche beschleunigte. Jedenfalls starb sie in den Sümpfen auf gräßliche Weise, und nur die Art ihres Todes blieb selbst für ihre Zeitgenossen Geheimnis. Nello della Pietra überlebte sie, stumm bis zum Ende seiner Tage.

Es gibt nichts Edleres und Zarteres als die Art, wie die junge Pia zu Dante spricht. Sie wünscht, daß die Freunde, die sie so jung verlassen mußte, ihrer gedenken. Sie nennt sich und erwähnt ihren Gatten, aber ohne über seine unerhörte, nicht mehr gutzumachende grausame Tat im geringsten zu klagen. Dante deutet nur an, daß er die Geschichte ihres Todes kennt.

Solche Beständigkeit in stolzer Rache findet sich, glaube ich, nur in südlichen Ländern.

In Piemont war ich zufällig Zeuge einer ganz ähnlichen Tat; aber damals ahnte ich den Zusammenhang nicht. Ich war mit fünfundzwanzig Dragonern nach den Wäldern längs der Sesia geschickt worden, um Schmuggeleien nachzuspüren. Als ich gegen Abend in dieser wilden 72
und einsamen Gegend anlangte, entdeckte ich hinter Bäumen die Ruinen

eines alten Schlosses. Ich kam näher. Zu meinem größten Erstaunen war es bewohnt. Ich fand dort einen Landedelmann mit finsterem Gesicht, einen Mann von sechs Fuß Höhe und vierzig Jahre alt. Mürrisch wies er mir zwei Zimmer an. Dort musizierte ich mit meinem Wachtmeister. Nach ein paar Tagen entdeckten wir, daß unser Wirt eine Frau bewachte, die wir scherzweise Camilla tauften, ohne im entferntesten den schrecklichen wirklichen Sachverhalt zu durchschauen. Nach sechs Wochen starb sie. Mich erfaßte die traurige Neugier, die Tote im Sarge zu sehen, und ich bestach den Mönch, der bei ihr die Totenwache hielt. Gegen Mitternacht ging er unter dem Vorwande, Weihwasser zu sprengen, in die Kapelle und nahm mich mit. Ich sah dort eins jener stolzen Gesichter, die noch im Tode schön sind. Sie hatte eine große Adlernase, deren edle und zarte Linie ich nie vergessen kann. Ich verließ diesen trübseligen Ort und erst fünf Jahre nachher, als ein Teil meines Regiments den Kaiser bei seiner Krönung zum König von Italien begleitete, erfuhr ich den Zusammenhang der ganzen Geschichte. Jener eifersüchtige Gatte, Graf***, hatte eines Morgens am Bette seiner Frau eine englische Taschenuhr hängen gefunden, die einem jungen Manne der kleinen Stadt, in der sie wohnten, gehörte. Noch am selben Tage führte er seine Frau nach dem verfallenen Schlosse mitten in den Wäldern an der Sesia. Wie Nello della Pietra sprach er nie ein Wort. Wenn sie ihn um irgend etwas bat, zeigte er ihr kalt und schweigsam die englische Uhr, die er immer bei sich trug. So verbrachte er beinahe drei Jahre
73 einsam mit ihr. Dann starb sie schließlich aus Verzweiflung in der Blüte ihrer Jahre. Der Gatte suchte den Besitzer der Uhr zu erdolchen, stieß aber fehl und floh nach Genua, wo er sich einschiffte. Seitdem hat man keine Nachricht von ihm; seine Güter find verteilt worden.

Wenn man im Beisein einer stolzen Frau Ungerechtigkeiten geduldig hinnimmt, was einem im Soldatenleben beinahe zur Gewohnheit wird, ärgert man sie. Sie hält uns für einen Feigling und schmäht uns. Solche hochmütigen Naturen bevorzugen gern Männer, die sie unduldsam gegen andere Männer auftreten sehen. Das ist meiner Ansicht nach ihre schwache Seite, und oft muß man mit seinem Nachbar Streit anfangen, nur um mit der Geliebten keinen zu haben.

Miß Cornel, die berühmte Londoner Schauspielerin, erhielt eines Tages den Besuch eines reichen Obersten, der ihr nützlich war. Bei ihr befand sich gerade ein kleiner Liebhaber, der ihr nur angenehm war. »Herr Soundso«, stellte sie ihn erregt dem Obersten vor, »ist gekommen, um den Pony zu besichtigen, den ich verkaufen will.« – »Ich bin hier aus ganz anderem Grunde«, unterbrach sie stolz der kleine Geliebte, dessen sie überdrüssig zu werden begann. Und seit dieser Antwort liebte sie ihn mit neuentfachter Leidenschaft.[17] Stolze Frauen lieben den Stolz an ihrem Geliebten; er hindert sie, den eignen Stolz an ihm auszulassen.

Der Charakter des Herzogs von Lauzun (ich meine den von 1660)[18] ist für solche und vielleicht für alle vornehmen Frauen verführerisch, wenn sie ihm vom ersten Tage an den Mangel an Anmut verzeihen können. Für wahre Erhabenheit haben sie keinen Sinn; sie legen die Ruhe, die alles beobachtet, ohne sich über Einzelheiten aufzuregen, für
Kälte aus. Ich habe Damen am Hofe zu Saint-Cloud urteilen hören, 74
Napoleon sei ein trockener, prosaischer Mensch gewesen.[19] Der große Mann ist wie ein Adler: je höher er fliegt, um so kleiner erscheint er, und für seine Größe wird er durch die Einsamkeit seiner Seele gestraft.

Aus dem weiblichen Stolze entsteht das Gefühl für das, was die Frauen »Mangel an Zartgefühl« nennen. Ich glaube, es ist etwas ganz Ähnliches wie das, was die Könige als »Majestätsverbrechen« bezeichnen, ein Vergehen, das um so gefährlicher ist, je ahnungsloser man es begeht. Der zartfühlendste Liebende kann des Mangels an Zartgefühl bezichtigt werden, wenn er nicht sehr geistvoll ist, oder – was viel trostloser ist – wenn er sich dem größten Reize der Liebe hingibt: dem Glücke, gegen die Geliebte völlig natürlich zu sein und auf das, was er ihr sagt, nicht zu achten.

Das sind Dinge, von denen ein wohlerzogenes Herz keine Ahnung hat, und die man selbst erlebt haben muß, um sie zu glauben, denn wir Männer sind gewohnt, mit unseren Freunden gerecht und offen umzugehen.

Immer wieder muß man sich vergegenwärtigen, daß wir es mit Geschöpfen zu tun haben, die sich, wenn auch mit Unrecht, einbilden, uns an Charakterstärke nachzustehen, oder besser gesagt, die den Argwohn hegen, daß wir sie für minderwertig halten.

Der echte weibliche Stolz will sich vielleicht in der Größe der verursachten Empfindungen wiederfinden. Man verspottete eine Hofdame der Gemahlin Königs Franz des Ersten wegen der Leichtsinnigkeit ihres Geliebten, der sie gar nicht liebte, wie man sagte. Bald darauf erkrankte er und kehrte stumm geworden zum Hofe zurück. Nach zwei Jahren,

75 als man sich wunderte, daß sie ihn noch liebte, sagte sie zu ihm: »Sprechen Sie doch!« Und er sprach wieder.

28. Vom Mute der Frauen

> Ich sage euch, stolzer Templer, nicht
> in der wildesten Schlacht habt ihr mehr
> Todesmut gezeigt, als ein Weib hat, das
> für ihre Pflicht oder ihre Liebe leidet!
>
> *W. Scott, Ivanhoe*

Ich erinnere mich, in einem Geschichtswerke folgenden Satz gelesen zu haben: »Alle Männer verloren den Kopf, es war ein Moment, wo die Frauen unstreitig die Überlegenheit erlangten.«

Der Mut der Frau hat einen Rückhalt, der dem Manne fehlt. Sie fühlen sich durch ihren Geliebten in ihrer Eigenliebe verletzt und haben daher eine große Freude daran, im Drange der Gefahr es mit der Festigkeit eines Mannes aufnehmen zu können, der sie so oft durch seinen Stolz als Beschützer und durch seine Kraft verletzt hat. Die Macht dieses Genusses hebt sie über jede Furcht hinaus, gerade in Augenblicken, wo der Mann Schwäche zeigt. Wenn ein Mann auch einen derartigen Rückhalt zu solchem Zeitpunkte hätte, wäre er jeder Lage gewachsen. Denn die Furcht liegt nicht in der Gefahr, sondern in uns selbst.

Ich versuche durchaus nicht, den Mut der Frauen herabzusetzen. Ich weiß Fälle, wo sie den tapfersten Männern überlegen waren. Nur müssen sie einen Mann haben, den sie lieben. Da sie nur durch ihn empfinden, so wird selbst die unmittelbare persönliche Gefahr, mag sie noch so furchtbar sein, zur Rose, die sie für ihn brechen. So schildert Schiller die Maria Stuart. Auch bei Frauen, die nicht liebten, habe ich die kälteste,
76 bewundernswerteste Unerschrockenheit gefunden; es war als ob sie gar keine Nerven hätten. Ich glaube allerdings, sie wären nicht so tapfer, wenn sie wüßten, was es heißt, verwundet zu werden.

Der moralische Mut aber, der dem gewöhnlichen weit überlegen ist, zeigt sich in der Festigkeit einer Frau, die, ihrer Liebe widersteht; er ist das Bewundernswürdigste, was es auf Erden gibt. Alle anderen Beweise des Mutes sind hinfällig im Vergleich zu einem so sehr unnatürlichen und schmerzlichen Unterfangen. Vielleicht nehmen sie die Kraft dazu aus derselben Opferfreudigkeit, die ihnen die Schamhaftigkeit zur Pflicht macht.

Zum Unglück der Frauen bleiben die Beweise ihres Mutes meist verborgen und entziehen sich meist auch der Mittelbarkeit, und zu ihrem noch größeren Unglück brauchen sie ihren Mut meist zu ihren Ungunsten; die Prinzessin von Cleve hätte ihrem Gatten nichts sagen und sich dem Herrn von Nemours hingeben sollen.

Vielleicht ist es hauptsächlich der Stolz, der die Frauen veranlaßt, sich gut zu verteidigen; sie bilden sich ein, ihr Geliebter wolle sie nur aus Eitelkeit besitzen. Das ist eine kleinliche und klägliche Vorstellung; als ob ein Mann, der sich aus Liebe oft und mit Freuden selbst lächerlichen Situationen aussetzt, wohl die Zeit hätte, an seine Eitelkeit zu denken! Genau so sind die Mönche, die den Teufel auszutreiben wähnen und sich stolz mit ihren Kutten und Kasteiungen begnügen, ohne andern Lohn zu fordern.

Ich glaube, wenn Frau von Cleve ein Alter erreicht hätte, in dem man das Leben zu beurteilen beginnt und, einem die Wollust des Stolzes in ihrer ganzen Nichtigkeit erscheint, so hätte sie Reue empfunden und lieber wie Frau von Lafayette gelebt.[20]

Bologna, 3. August 1818 77

Eben habe ich hundert Seiten dieses Buches wieder durchgelesen. Ich habe eine recht armselige Darstellung von der wahren Liebe gegeben, der Liebe, die unsere ganze Seele beschäftigt und sie bald mit glücklichen, bald mit verzweifelten, aber stets erhabenen Bildern erfüllt und sie unempfindlich für alles andere in der Welt macht.

Ich weiß nicht, wie ich das in Worte fassen soll, was ich so klar sehe. Niemals habe ich schmerzlicher den Mangel an Begabung empfunden. Wie soll ich die Einfachheit der Taten und der Gedanken, den tiefen Ernst, den aufrichtigen Blick, der jede Gefühlsnuance so rein und restlos widerspiegelt, und vor allem – ich wiederhole es – jene göttliche Sorglosigkeit schildern, die sich um nichts kümmert als um die geliebte Frau? Ein »Ja« oder ein »Nein«, von einem liebenden Manne ausgesprochen, hat etwas Feierliches, das man sonst nirgends findet und zu anderer Zeit selbst an demselben Manne nicht.

Heute morgen um neun Uhr ritt ich an dem reizenden englischen Park des Marchese Zampieri vorüber, der auf den letzten Ausläufern jenes waldreichen Hügellandes liegt, an das sich Bologna anschmiegt

und von dem aus man einen herrlichen Blick auf die reiche grüne Lombardei, das schönste Land der Erde, hat. An einer Lorbeerbaumgruppe im Parke Zampieri, von wo aus man meinen Weg übersehen konnte, der nach dem Wasserfall des Reno bei Casa-Lecchio führt, bemerkte ich den Grafen Delfante. Er war tief in Träumereien versunken und erwiderte meinen Gruß nur zerstreut, obwohl wir den Abend vorher bis zwei Uhr nachts zusammen verbracht hatten. Ich ritt weiter nach
78 dem Wasserfall und über den Reno und kam schließlich nach ungefähr drei Stunden wieder am Park Zampieri vorbei, wo ich den Grafen immer noch stehen sah, genau in der gleichen Haltung, an eine hohe Pinie gelehnt, die über die Lorbeerbüsche hinwegragte. Ich fürchte, diese Einzelheiten sind zu einfach und nichtssagend. Delfante kam, Tränen in den Augen, auf mich zu und bat mich, niemandem von seiner starren Unbeweglichkeit zu erzählen. Ich war gerührt; ich schlug ihm vor, mit mir umzukehren und den Rest des Tages gemeinsam auf dem Lande zu verleben. Nach zwei Stunden hatte er mir alles gebeichtet. Er ist eine schöne Seele; aber wie kalt würde sich das lesen, was er mir gesagt hat.

Er glaubte, er würde nicht geliebt. Ich bin anderer Meinung. Zwar kann man in dem schönen Marmorantlitz der Gräfin Chigi, in deren Hause wir den Abend vorher gemeinsam verbracht hatten, nichts lesen. Nur manchmal verrät ein leichtes, plötzliches Erröten, das sie nicht verbergen kann, die Erregtheit ihrer Seele, in der übertriebener weiblicher Stolz und starke Leidenschaften streiten. Dann rötet sich sogar ihr Alabasterhals und ihre herrlichen, eines Canova würdigen Schultern, soweit sie sichtbar sind. Nun versteht sie zwar vortrefflich die Kunst, ihre schwarzen, schwermütigen Augen solchen Beobachtern zu entziehen, deren zu großen Scharfblick ihr Zartgefühl fürchtet. Aber doch habe ich gestern abend beobachtet, daß bei einer gewissen Bemerkung Delfantes eine plötzliche Röte sie ganz überflutete. Ihre große Seele fand ihn ihrer weniger würdig.

Aber auch, wenn ich mich in meinen Vermutungen über das Glück
79 Delfantes täuschen sollte, halte ich ihn, wenn ich von der Eitelkeit absehe, für glücklicher als mich, der ich nicht verliebt bin, wiewohl ich mich dem Anschein nach wie in Wirklichkeit in einer recht glücklichen Lage befinde.

29. Ein sonderbares und trauriges Schauspiel

Es ist eine Folge des weiblichen Stolzes, daß die Frauen wegen dummer Leute an geistvollen Menschen und wegen prosaischer Geldjäger und roher Kraftnaturen an edlen Seelen Rache üben. Das ist eine traurige Folge.

Die kleinlichen Erwägungen des Stolzes und die Rücksichtnahme auf die Gesellschaft haben manche Frau unglücklich gemacht, und die elterliche Eitelkeit hat manche in entsetzliche Verhältnisse gebracht. Das Schicksal hat ihnen nun als reichlichen Trost für all ihr Unglück glückliche Liebe und leidenschaftliche Gegenliebe zugedacht. Eines schönen Tages aber verfallen sie – ihren Feinden zuliebe – wieder in den gleichen sinnlosen Stolz, deren Opfer sie schon einmal waren. Sie töten das einzige Glück, das ihnen blieb, und machen sich selbst und den Geliebten unglücklich. Eine ihrer Freundinnen, die zehn stadtbekannte Liebesverhältnisse und nicht einmal eins nach dem andern gehabt hat, redet ihnen gewichtig ein, daß sie durch ihre Liebe in den Augen der Mitmenschen entehrt würden. Und gerade diese guten Mitmenschen, die sich immer nur zu Niederträchtigkeiten einstellen, sind es, die ihnen großmütig alle Jahre einen Liebhaber zuschreiben, weil das die Regel ist, wie sie sagen. Es ist ein Schauspiel, das die Seele betrübt: eine zartfühlende und überaus rücksichtsvolle Frau, ein Engel an Reinheit, flieht auf den Rat einer abgebrühten Kokette ihr unermeßliches, einziges und 80
letztes Glück, nur um in fleckenlos weißem Gewande vor einen groben Tölpel von Richter hintreten zu können, der seit hundert Jahren als blind bekannt ist und doch aus vollem Halse schreit: »Sie trägt ein schwarzes Kleid!«

30. Aus dem Tagebuche Salviatis

Ingenium nobis ipsa puella facit.

Properz

Aus Verzweiflung über das Unglück, in das mich die Liebe gebracht hat, verwünsche ich mein Dasein. Ich habe allen Mut verloren. Es ist trübes Regenwetter, ein später Frost hat die Natur wieder in den langen

Winter zurückgestoßen, aus dem sie endlich dem Lenz entgegenging. Schiassetti, ein verabschiedeter Oberst, ein vernünftiger und kaltblütiger Freund, ist da, um mir ein paar Stunden die Zeit zu vertreiben.

»Du müßtest die Liebe lassen.«

»Wie mache ich das? Ja, wenn es wieder Krieg gäbe, meine Leidenschaft.«

»Es ist ein großes Unglück für dich, daß du Leonore kennen gelernt hast!«

Beinahe stimme ich ihm zu, so niedergeschlagen und mutlos fühle ich mich, so sehr beherrscht mich heute die Melancholie. Wir haben zusammen darüber nachgegrübelt, aus welchem Beweggrunde eine ihrer Freundinnen mich bei ihr verleumdet haben könnte. Wir sind auf nichts gekommen als auf das alte neapolitanische Sprichwort: »Frauen, die Jugend und Liebe hinter sich haben, grollen um nichts.« – Soviel ist
81 sicher, jenes grausame Weib ist wütend auf mich. Einer ihrer Freunde sagt es. Ich könnte mich zwar schrecklich an ihr rächen, aber gegen ihren Haß habe ich nicht die geringste Waffe.

Schiassetti ist fort. Ich gehe in den Regen hinaus, ohne zu wissen, was nun wird. Meine Wohnung, mein Zimmer, das ich seit der ersten Zeit unserer Bekanntschaft bewohne, als ich sie alle Abende sah, ist mir unerträglich geworden. Jedes Bild an der Wand, jedes Möbel, alles erinnert mich an das Glück, das ich in ihrer Gegenwart träumte und nun für immer verloren habe.

Im kalten Regen laufe ich durch die Straßen; der Zufall – ich will es Zufall nennen – führt mich vor ihren Fenstern vorüber. Die Nacht kommt, ich stehe mit Tränen in den Augen und starre zum Fenster ihres Zimmers hinauf. Plötzlich wird ein Vorhang ein wenig beiseite geschoben, als ob jemand auf den Platz hinuntersehen wolle, und schnell wieder geschlossen. Ich fühle einen körperlichen Schmerz am Herzen. Meine Knie wanken, ich muß mich in die Vorhalle des Nachbarhauses flüchten. Tausend Gedanken durchfluten meine Seele: vielleicht hat der Zufall den Vorhang bewegt; wenn es aber ihre Hand war, die ihn so eilig wieder schloß?

Zweierlei ist das größte Unglück auf der Welt: eine unerfüllte Leidenschaft und das *dead blank*.

In meiner Liebe fühle ich, daß es ein paar Schritte von mir entfernt, aber außerhalb meines Machtbereiches, ein maßloses Glück gibt, das von einem Worte, einem Lächeln abhängt.

Ohne Leidenschaft wie Schiassetti, finde ich an trüben Tagen nirgends eine Spur von Glück, ich zweifle, daß es für mich welches gibt, ich falle dem Spleen anheim. Man sollte keine starken Leidenschaften haben, nur ein wenig Neugier und Eitelkeit. 82

Es ist jetzt zwei Uhr nachts. Seit ich die kleine Bewegung des Vorhangs gesehen habe, seit sechs Uhr abends, habe ich zehn Besuche gemacht und bin im Theater gewesen, überall schweigsam und in Gedanken versunken Den ganzen Abend habe ich mich mit der Frage gequält: »Hat sie in ihrer großen, so wenig begründeten Ungnade (wollte ich sie denn verletzen und gibt es in der Welt keine Entschuldigung dafür?) endlich wieder einen Augenblick Liebe für mich gefühlt?«

Der Unglückliche, der obige Bekenntnisse in seinen Petrarca geschrieben hat, ist bald darauf gestorben. Er war mein und Schiassettis bester Freund. Wir kannten alle seine Gedanken. Von ihm stammt, was in meinem Buche trübsinnig ist. Er war die eingefleischte Unklugheit. Übrigens war auch die Frau, derentwegen er so viele Torheiten beging, das interessanteste Wesen, das mir je begegnet ist. Schiassetti sagte mir: Glauben Sie denn, daß diese unglückliche Leidenschaft nur Nachteile für ihn gehabt hat? Zunächst lebte er in den denkbar schlechtesten Geldverhältnissen. Dieses Unglück, das ihn nach einer verwöhnten Jugendzeit von einem sehr mäßigen Vermögen abhängig machte, hätte ihn unter allen anderen Umständen zur Verzweiflung gebracht; so aber empfand er es kaum alle zwei Wochen einmal. Zweitens war diese Leidenschaft, was für einen Menschen von seiner geistigen Bedeutung ungleich wichtiger war, die erste richtige logische Schule, die er durchmachte. Das klingt sonderbar bei einem Manne, der am Hofe verkehrt hat, aber es erklärt auch seinen verwegenen Mut. Ohne mit einer Wimper zu zucken, hat er jene Stunde über sich ergehen lassen, die ihm alles raubte. Er war nur darüber erstaunt wie einst im russischen Feldzuge, 83
daß er keine außergewöhnlichen Empfindungen dabei hatte. Tatsächlich hat er niemals etwas so sehr gefürchtet, daß er nur zwei Tage daran hätte denken müssen. Nach Verlust dieses früheren Gleichmutes rang er nun seit zwei Jahren in jeder Minute nach Mut. Bis dahin wußte er nicht, was Gefahr ist.

Als er wegen seines unklugen Verhaltens und seiner Vertrauensseligkeit dazu verurteilt war, die Frau, die er liebte, nur zweimal im Monat zu sehen, haben wir gesehen, wie er freudetrunken ganze Nächte lang von ihr sprach, weil er einmal von ihr mit jener vornehmen Aufrichtigkeit aufgenommen worden war, die er an ihr anbetete. Er behauptete, Frau *** und er hätten besondere Seelen, die sich durch einen Blick verstünden. Er konnte es nicht fassen, daß die Geliebte dem spießbürgerlichen Klatsch, der ihm etwas Schlechtes nachsagte, irgendwelchen Wert beilegen konnte. Die Folge seines schönen Vertrauens zu einer von seinen Feinden umgebenen Frau war die, daß sie ihm ihre Türe verschloß.

»Frau *** gegenüber«, sagte ich ihm, »vergißt du deine Grundsätze. Man darf nur in den seltensten Fällen an Seelengröße glauben.«

»Glaubst du«, entgegnete er, »daß es in der Welt ein zweites Herz gibt, das besser zu dem ihren paßt? Gewiß, ich bezahle meine Leidenschaft zu Leonore mit dem Unglück, das ich in allen Unternehmungen meines äußeren Lebens habe, weil es mir an geduldigem Geschäftssinn fehlt und ich mich im Banne der augenblicklichen Eingebung zu Unvernünftigkeiten verleiten lasse.«

Man erkennt hierin den Schatten des Wahnsinns.

Für ihn war das Leben in Abschnitte von je vierzehn Tagen geteilt,
84 deren Stimmung jedesmal die Farbe des letzten Zusammenseins mit der geliebten Frau trug. Oft beobachtete ich, daß das Glück, das er aus einem anscheinend weniger kühlen Empfang schöpfte, im Vergleich zu seiner Traurigkeit über einen kalten Empfang, an Heftigkeit viel geringer war. Frau *** war mitunter auch nicht offen genug gegen ihn. Beides wagte ich ihm jedoch niemals vorzuhalten. Abgesehen davon, daß ihm sein Schmerz sehr tief ging und er ihn aus Zartgefühl niemandem, selbst seinen besten und selbstlosesten Freunden nicht, mitteilte, sah er in einem kühlen Empfang seiner Freundin den Sieg der prosaischen und ränkesüchtigen Seelen über die offenen und edelmütigen. Dann zweifelte er an der Tugend und besonders am Ruhme. Zu seinen Freunden sprach er nur noch von der traurigen Erkenntnis der Wahrheit, die er seiner Leidenschaft verdankte und die für den Philosophen einen gewissen Wert hatte. Neugierig beobachtete ich diesen seltsamen Menschen. Gewöhnlich findet man die Liebe aus Leidenschaft bei Leuten, die nach deutscher Art ein wenig einfältig sind, wie Schillers Don Carlos oder Rousseaus Saint-Preux.[21] Er hingegen war einer der charakterfestesten und gescheitesten Männer, die ich je kennen gelernt habe.

Ich glaube, er war nach einer kalten Aufnahme nur dann ruhig, wenn er Leonores kühles Benehmen rechtfertigen konnte. Sobald er fand, daß sie kein Recht hatte, ihn schlecht zu behandeln, war er trostlos unglücklich. Nie hätte ich eine jeder Eitelkeit so bare Liebe für möglich gehalten.

Unaufhörlich erging er sich vor uns in Lobpreisungen der Liebe. »Wenn mir eine übermenschliche Kraft sagte: Zerbrich dieses Uhrglas und Leonore ist für dich dasselbe wie vor drei Jahren, eine gleichgültige
Freundin, wahrhaftig, nie im Leben hätte ich den Mut, das Glas zu 85
zerbrechen.« Wenn ich ihn so törichte Sachen reden hörte, brachte ich es nicht fertig, ihm Vorwürfe zu machen.

Er fügte hinzu: »Wie am Ausgange des Mittelalters die Luthersche Reformation die Menschheit in ihren Grundlagen erschüttert und die Welt auf vernünftigem Untergrund erneuert und neu aufgebaut hat, so wird ein edler Mensch durch die Liebe erneuert und gefestigt. Dann erst legt er die Kinderschuhe des Lebens ab. Ohne diese Revolution bliebe er immer etwas schwerfällig und theatralisch. Erst seit ich liebe, habe ich Charaktergröße erlangt. Unsere militärische Erziehung ist so lächerlich. Obwohl ich zu leben verstand, war ich am Hofe Napoleons und in Moskau noch ein Kind. Ich erfüllte meine Pflichten, aber ich wußte nichts von jener heroischen Einfachheit, die die Frucht eines vollkommenen und willig gegebenen Opfers ist. Erst seit einem Jahre versteht mein Herz die Einfachheit der Römer des Titus Livius. Früher erschienen sie mir kalt im Vergleich mit unseren glänzenden Offizieren. Was jene für ihr Rom taten, fühle ich in meinem Herzen für Leonore. Wenn ich das Glück hätte, etwas für sie tun zu können, so wäre mein erster Wunsch der, es ihr zu verheimlichen. Das Verhalten eines Regulus und Decius war etwas vorher Vereinbartes, was ihnen keine plötzliche Überraschung bereiten konnte. Ich war klein, ehe ich liebte, gerade weil ich manchmal versucht war, mich groß zu finden. Ich empfand einen gewissen Willen, groß zu sein, und zollte mir dafür Beifall.«

»Auch im Hinblick auf das Gefühlsleben verdanken wir der Liebe alles. Nach den Tändeleien der ersten Jugend verschließt sich das Herz
der Sympathie. Tod oder Fernsein rauben uns die Jugendgespielen, wir 86
sind gezwungen, mit gleichgültigen Kameraden durch das Leben zu gehen, immer gleichsam die Elle in der Hand und Vorteil oder Eitelkeit im Auge. Nach und nach geht alles Zarte und Edle in der Seele aus Mangel an Pflege ein, und mit kaum dreißig Jahren ist ein Mann für alle zarten und feinen Empfindungen gefühllos wie ein Stein. Mitten in dieser dürren Wüste läßt die Liebe einen Quell von Empfindungen, frischer und reicher als in der Jugend, hervorsprudeln. Damals war es

eine ungewisse, törichte und ziellose Hoffnung ohne Opfermut, ohne beständige und tiefe Sehnsucht. Die Seele dürstete in jugendlichem Leichtsinn nach neuen Eindrücken und vernachlässigte heute, was sie gestern anbetete. Nichts dagegen ist zielbewußter, geheimnisvoller und ewiger sich selbst gleich als die Kristallbildung der Liebe. Damals hatten nur gefällige Dinge das Vorrecht, uns zu gefallen und nur auf kurze Zeit zu gefallen; jetzt haben selbst die gleichgültigsten Dinge einen rührenden Zusammenhang mit der Geliebten. Als ich einmal in eine große Stadt kam, die viele Meilen von Mailand, Leonorens Wohnort, entfernt liegt, hatte ich ein furchtsames und ängstliches Gefühl. An jeder Straßenecke fürchtete ich Alviza, ihrer Busenfreundin, zu begegnen, die ich persönlich gar nicht kannte. Alles hatte in meinen Augen ein geheimnisvolles und feierliches Aussehen. Als ich einen alten Gelehrten ansprach, schlug mein Herz heftig, und ich errötete, als man mir die Hausnummer von Leonores Freundin nannte.

Selbst die Härte der geliebten Frau ist voll unendlicher Anmut, wie man sie an ungeliebten Frauen nicht in den verführerischesten Augen-
87 blicken findet. Genau so wirken die großen Schattenflächen der Bilder Correggios; weit entfernt, wie bei anderen Malern, gleichgültige Teile zu sein, die aber nötig sind, um die Bilder besser herauszubringen und die Figuren mehr hervortreten zu lassen, haben sie bei ihm ihren besonderen bestrickenden Reiz und verführen zu holden Träumen.«

»Sicherlich bleibt das halbe Leben, gerade die schönere Hälfte, einem Manne fremd, der nicht leidenschaftlich geliebt hat.«

Er mußte die ganze Kraft seiner Beredsamkeit aufbieten, um dem besonnenen Schiassetti standhalten zu können, denn dieser sagte gewöhnlich: »Wenn Ihr glücklich sein wollt, gebt Euch mit einem friedsamen Leben und täglich einer kleinen Dosis Glück zufrieden haltet Euch vom Würfelspiel der großen Leidenschaften fern.« – »Dann mußt du mir erst deine Weisheit geben«, entgegnete Salviati.

Ich glaube, er hätte manchmal sehr gern den Lehren des verständigen Obersten folgen mögen; er kämpfte mit sich, und er glaubte damit Erfolg zu haben, aber das ging über seine Kraft. Und wie stark war doch seine Seele!

Wenn er auf der Straße einen weißseidenen Hut, ähnlich wie ihn Frau *** trug, von weitem erblickte, so hörte sein Herz auf zu klopfen, und er mußte sich gegen eine Mauer lehnen. Selbst in seinen trübsten Augenblicken gab ihm das Glück, ihr zu begegnen, jedesmal ein paar

freudetrunkene Stunden, auf die all sein Leid und alle klugen Einwendungen nichts vermochten.[22] Als er starb, waren wir uns darüber einig, daß sein Charakter in den zwei Jahren seiner hochherzigen und grenzenlosen Leidenschaft an edlen Eigenschaften viel gewonnen hatte. 88
Wenigstens in dieser Beziehung hatte er sich richtig beurteilt. Wäre er weiter am Leben geblieben und einigermaßen unter günstigen Umständen, so hätte er sich vielleicht einen Namen gemacht. Vielleicht auch wäre sein Verdienst gerade wegen seiner Einfachheit klanglos verhallt.

»O armer Mann,
Es ging dahin in seiner Todesstunde
Manch holder Traum und mancher Hoffnungsstern.
Wie schön er war, wie blond, wie stattlich groß,
Mit einer Heldennarbe auf der Stirne …«[23]

31. Von der Hingabe

Das größte Glück, das die Liebe gewährt, liegt im ersten Handdruck der Frau, die man liebt.

Das Glück der Liebe aus Galanterie dagegen ist realer, mehr ein gefälliges Spiel.

In der Liebe aus Leidenschaft beruht das höchste Glück nicht in der völligen Hingabe, sondern im letzten Schritt zu ihr. Dieses erinnerungslose Glück läßt sich nicht schildern.

Erregt kam Mortimer von einer weiten Reise zurück. Er betete Jenny an, die ihm auf seine Briefe nicht mehr geantwortet hatte. In London angekommen, nimmt er ein Pferd und reitet nach ihrem Landhause hinaus, um sie aufzusuchen. Er kommt hin. Sie ist im Park. Er eilt ihr nach, das Herz schlägt ihm heftig; er trifft sie, sie gibt ihm die Hand und begrüßt ihn verwirrt: da sieht er, daß sie ihn liebt. Wie sie zusammen durch die Alleen des Parkes wandeln, bleibt Jennys Kleid an einem Akazienstrauch hängen. Späterhin, nach einer Zeit des Glücks für Mortimer, wurde Jenny ihm untreu. Ich behauptete ihm gegenüber, 89
Jenny habe ihn nie geliebt. Als Beweis ihrer Liebe schilderte er mir nun die Art und Weise, wie sie ihn nach seiner Rückkehr vom Kontinent empfangen hatte. Irgendwelche Einzelheiten konnte er freilich nicht anführen. Er zuckte aber jedesmal zusammen, sobald er einen Akazien-

strauch sah. Das war in der Tat die einzige deutliche Erinnerung, die er an die glücklichste Stunde seines Lebens bewahrt hatte.[24]

Ein feinsinniger und freimütiger Mensch, ein ehemaliger Reiteroffizier, hat mir heute abend (am 20. September 1811) die Geschichte seiner Liebe anvertraut, während ein Unwetter unsere Barke auf dem Gardasee hin und her trieb. Ich will sein Vertrauen nicht weiter ausbeuten. Aber mit Recht entnehme ich seinen Bekenntnissen, daß der Augenblick der Hingabe jenen schönen Tagen im Mai gleicht, der köstlichen Zeit der schönsten Blumen. Es ist ein schicksalsvoller Augenblick, der mit einem Male die schönsten Hoffnungen brechen kann.

Man kann nicht genug die Natürlichkeit loben. Sie ist die einzige erlaubte Koketterie in einer ernsten Liebe, einer Wertherschen Leidenschaft, von der man nicht weiß, wohin sie führt. Gleichzeitig ist sie – ein glücklicher Zufall für die Tugend – die beste Taktik. Ein von echter Leidenschaft ergriffener Mann sagt ahnungslos bezaubernde Dinge, er spricht eine Sprache, die er selbst nicht versteht.

Es ist ein Unglück für einen Mann, im geringsten affektiert zu sein. Selbst wenn er liebt und wenn er noch so geistvoll ist, verliert er damit drei Viertel seiner Vorzüge. Läßt man sich auch nur einen Augenblick zur Geziertheit verleiten, so entsteht in der nächsten Minute immer das
90 Gefühl der Leere.

Die ganze Liebeskunst beruht meiner Ansicht nach darauf, immer genau den im Augenblick richtigen Gefühlston zu treffen, das heißt mit anderen Worten, seiner Seele Gehör zu geben. Das ist keineswegs leicht. Wenn ein Mann liebt und seine Geliebte sagt ihm etwas wahrhaft Beglückendes, so hat er nicht mehr die Kraft, ihr zu antworten. Diese Art von Schüchternheit ist der Prüfstein der Liebe aus Leidenschaft bei einem geistig hervorragenden Manne. Er verliert dadurch die Wirkung der unausgesprochenen Worte. Aber es ist besser, zu schweigen, als zu ungelegener Zeit Zärtliches zu sagen. Was vor zehn Sekunden angebracht gewesen wäre, ist es jetzt nicht mehr und wird zum Fehler. Allemal, wenn ich gegen diese Regel sündigte, indem ich etwas sagte, was mir drei Minuten vorher in den Sinn gekommen war und was ich hübsch fand, ließ die Geliebte es mich büßen.[25] Beim Weggehen sagte ich mir jedoch: sie hat recht. Das gehört zu den Dingen, die eine feinfühlige Frau auf das ärgste verletzen müssen, es ist eine Unanständigkeit des Gefühls. Lieber sehen sie eine gewisse Schwäche und Kälte nach. Da die Frauen nichts in der Welt mehr fürchten als die Falschheit des Geliebten, raubt ihnen die kleinste und geringste Unaufrichtigkeit sofort ihr ganzes Glück und verleitet sie zu Mißtrauen.

Ehrbare Frauen empfinden Widerwillen vor allem Ungestüm und aller Überraschung, obgleich darin Kennzeichen der Leidenschaft liegen. Ganz abgesehen davon, daß das Ungestüm ihr Schamgefühl verletzt, suchen sie sich davor zu schützen.

Wenn uns Eifersucht oder Mißfallen die Geliebte etwas entfremdet haben, kann man im allgemeinen über solche Dinge zu sprechen beginnen, die eine der Liebe günstige Stimmung hervorrufen. Nach den ersten 91
einleitenden Sätzen muß man Gelegenheit finden, genau das zu sagen, was einem die Seele zuflüstert, und man wird der Geliebten große Freude bereiten. Es ist ein Irrtum der meisten Männer, daß sie lieber irgend einen hübschen, geistreichen oder rührenden Gedanken anbringen wollen, als der Seele aus ihren Fesseln heraus zu jener Aufrichtigkeit und Natürlichkeit zu verhelfen, in der sie naiv ausspricht, was sie gerade empfindet. Wenn man dazu den Mut hat, wird man alsbald den Lohn in der Wiederversöhnung empfangen.

Solche schnelle und unbeabsichtigte Belohnung für eine der Geliebten bereitete Freude erhebt diese Leidenschaft weit über alle anderen.

Bei völliger Natürlichkeit wird das Glück zweier Menschen eins. Infolge der Zuneigung und anderer Gesetze unserer Natur ist es einfach das größte Glück, das es gibt.

Es ist keineswegs leicht, die Bedeutung des Wortes »Natürlichkeit«, der notwendigen Vorbedingung des Liebesglückes, klar auszudrücken. Unter »natürlich« versteht man, von der gewohnten Art und Weise des Benehmens nicht abzuweichen. Selbstverständlich darf man die Geliebte nie belügen, niemals das Geringste beschönigen und niemals die echte Wahrheit entstellen. Denn wenn man das tut, sind die Gedanken auf das Beschönigen gerichtet, und man antwortet nicht mehr, wie eine Klaviertaste unter dem Drucke der Hand, auf die Empfindung, die in ihren Augen liegt. Sie merkt das alsbald an einem gewissen Kältegefühl, das sich ihrer bemächtigt, und flüchtet nun ihrerseits in den Schutz der Koketterie. Vielleicht liegt hierin auch der verborgene Grund, weshalb
wir eine Frau von zu geringem Geiste nicht lieben mögen. Man kann 92
sich ihr gegenüber ungestraft verstellen, und sobald Verstellung einem aus Gewohnheit bequem geworden ist, verliert man ganz seine Natürlichkeit. Dann ist die Liebe keine Liebe mehr; sie sinkt zu einem gewöhnlichen Geschäft herab, nur mit dem Unterschiede, daß es sich, statt um

Geld, um Vergnügen oder die Befriedigung der Eitelkeit oder um beides zusammen dreht. Man kann aber nicht umhin, etwas Verachtung für eine Frau zu empfinden, mit der man ungestraft Komödie spielen darf. Infolgedessen läßt man sie gewöhnlich sitzen, sobald man etwas in jener Hinsicht Besseres findet. Gewohnheit und Pflicht binden manchmal dauernd; aber ich spreche nur von der freien Herzensneigung, deren Eigenart es ist, nach dem höchsten Genuß zu streben.

Ich komme auf das Wort »natürlich« zurück. Natürlichkeit und Gewohnheit sind zweierlei. Faßt man beide Worte im gleichen Sinne auf, so ist es klar, daß es um so schwerer ist, natürlich zu sein, je feinfühliger man ist; denn die Gewohnheit hat keinen allzu mächtigen Einfluß auf das Denken und Tun eines Mannes; er steht bei jeder Gelegenheit über ihr. Auf allen Blättern im Lebensbuche eines kalten Menschen steht dasselbe; nehmt seine Hand heute, nehmt sie morgen, sie fühlt sich immer gleich an.

Ein feinfühliger Mann, dessen Herz erregt ist, findet in sich nicht mehr die Richtschnur der Gewohnheit, die seine Handlungen leitet; wie kann er also einen Weg einschlagen, von dem er nichts weiß? Er fühlt die ungeheure Wichtigkeit jedes einzelnen Wortes, das er zu der Geliebten spricht; es scheint ihm, daß ein einziges Wort sein Schicksal ent-
93 scheiden kann. Sollte er da nicht versuchen, schön zu sprechen? Oder es nicht wenigstens fühlen, wenn er schön spricht? Aber dann gibt es schon keine Aufrichtigkeit mehr. Dann darf man keinen Anspruch auf Aufrichtigkeit erheben, jene Eigenschaft der Seelen, die sich nicht in sich zurückziehen. Man ist, was man kann, aber man fühlt, was man ist.

Ich glaube, daß wir damit bei dem äußersten Grade der Natürlichkcit angelangt sind, den das feinfühligste Herz in der Liebe erstreben kann.

Ein leidenschaftlicher Mann kann höchstens mit Aufbietung aller Kraft, gleichsam als letzte Rettung im Sturme, das Gelübde tun, niemals von der Wahrheit irgendwie abzuweichen und allezeit aufrichtig dem Zuge des Herzens zu folgen. Ist das Gespräch mit der Geliebten lebhaft und wechselnd, so darf er auf Augenblicke schöner Natürlichkeit hoffen, sonst kann er nur in solchen Stunden natürlich sein, wo er nicht allzu überschwenglich liebt.

In der Nähe der Geliebten ist man nicht einmal natürlich in seinen Bewegungen, die uns durch die Gewohnheit doch so tief in den Muskeln wurzeln. Wenn ich meiner Geliebten den Arm reiche, habe ich immer

das Gefühl zu stolpern und muß auf meine Füße aufpassen. Höchstens kann man sich vor absichtlicher Geziertheit bewahren; es genügt, wenn man sich bewußt ist, daß Mangel an Natürlichkeit den größten Nachteil bringt und leicht zur Quelle des größten Unglücks werden kann. Das Herz der geliebten Frau versteht das unsrige nicht mehr; wir verlieren jenen starken ungewollten Affekt der Offenherzigkeit, die wieder Offenherzigkeit erweckt. Es bleibt uns nun kein Mittel mehr, sie zu rühren, ich hätte beinahe gesagt, sie zu gewinnen. Ich will damit nicht etwa leugnen, daß eine der Liebe würdige Frau ihr Schicksal nicht in jenem schönen Wahlspruch des Efeus suchen dürfe, »der stirbt, wenn er sich 94
nicht anschmiegt«. Das ist ein Naturgesetz, aber es ist stets ein entscheidender Schritt zum Glück, wenn eine Frau das Glück des geliebten Mannes sein will. Ich bin der Meinung, daß eine verständige Frau erst dann ihrem Geliebten alles bewilligen darf, wenn sie sich nicht mehr verteidigen kann. Aber der leiseste Verdacht gegen die Aufrichtigkeit unseres Herzens gibt ihr sofort einen Teil ihrer Kraft zurück und verzögert ihre Niederlage mindestens um einen Tag.[26]

Immer einen kleinen Zweifel beschwichtigen zu müssen, das ist die Sehnsucht jedes Augenblicks, das ist die Sonne der glücklichen Liebe. Da die Furcht nie von ihr weicht, können auch ihre Freuden sich niemals erschöpfen. Grenzenloser Ernst ist das Eigenartige an diesem Glücke.

Ich brauche wohl nicht hinzuzufügen, daß es der Gipfel der Lächerlichkeit wäre, das alles auf die Liebe aus Galanterie zu übertragen.

32. Vom Vertrauen zu Freunden

Es gibt in der Welt keinen schneller bestraften Übermut als den, eine Liebe aus Leidenschaft einem intimen Freunde anzuvertrauen. Er weiß, daß, wenn wir die Wahrheit reden, unsere Freuden die seinen tausendfach übertreffen und in unseren Augen verächtlich machen.

Unter Frauen ist das noch viel schlimmer, weil es das Glück ihres Lebens ist, Leidenschaften zu entfachen, und weil die Vertraute es demselben Manne gewöhnlich schon nahegelegt hat, sie selbst zu lieben.

Andererseits gibt es für ein Wesen, das von diesem Fieber verzehrt wird, kein heftigeres geistiges Bedürfnis in der Welt als das nach einem Freunde, mit dem man die schrecklichen, immer wieder die Seele erfül- 95 lenden Zweifel erwägen könnte; denn in dieser furchtbaren Leidenschaft ist jedes Ding der Einbildung ein Ding der Wirklichkeit.

»Ein großer Charakterfehler«, hat mein unglücklicher Freund in sein Tagebuch geschrieben, »ein Fehler, den Napoleon nicht hatte, liegt darin, daß ich, wenn über die Vorteile einer Leidenschaft gestritten wird und eben etwas klar bewiesen worden ist, es nicht über mich gewinnen kann, hiervon wie von einer unerschütterlichen Tatsache weiterzugehen. Unwillkürlich und zu meinem größten Nachteile komme ich immer wieder darauf zu sprechen.«

Es ist leicht, im Ehrgeiz Mut zu haben. Die Kristallbildung, die durch die Sehnsucht nach dem Ziele nicht unterdrückt wird, dient dazu, den Mut zu festigen; in der Liebe steht sie ganz im Dienste des Wesens, dem gegenüber man gerade Mut haben sollte.

Eine Frau kann eine treulose Freundin finden, aber auch eine gelangweilte. Eine vornehme Dame von fünfunddreißig Jahren, die sich langweilt und von dem Bedürfnis gequält wird, etwas zu tun, und sei es zu intrigieren, die mißvergnügt über die Lauheit ihres Geliebten und ohne Aussicht auf eine neue Liebe ist, weiß nicht, was sie aus ungestümer Tatenlust anfangen soll. Sie hat keine andere Zerstreuung als Anfälle schlechter Laune und kann sehr leicht eine Beschäftigung, das heißt ein Vergnügen, einen Daseinszweck darin finden, einer wahren Leidenschaft verderblich zu werden, einer Leidenschaft, die ein Unbedachter für eine andere hegt, während ihr eigener Geliebter an ihrer Seite eingeschlafen ist.

Das ist der einzige Fall, wo Haß Glück bereitet, weil er für Arbeit
96 und Beschäftigung sorgt.

Anfangs verleiht das Vergnügen, überhaupt etwas zu tun, dieser Beschäftigung Reiz; dann, sobald sie in der Gesellschaft Argwohn erweckt hat, verleiht der Ehrgeiz ihr den Kitzel. Die Eifersucht auf eine Freundin verwandelt sich in Haß gegen ihren Geliebten. Wie könnte sonst eine Frau auch einen Mann, den sie nie gesehen hat, bis zur Wut hassen? Sie hütet sich, den Neid einzugestehen, denn zuvor müßte sie den Wert der anderen anerkennen. Es gibt Schmeichler, die sich nur dadurch in Gnaden behaupten, daß sie die gute Freundin lächerlich machen.

Die falsche Freundin, die sich Handlungen von der größten Niedertracht erlaubt, kann sich trotzdem einbilden, sie sei einzig von dem Wunsche beseelt, eine wertvolle Freundschaft nicht zu verlieren. Die gelangweilte Freundin sagt sich, daß die Freundschaft in einem von der

Liebe und ihren tödlichen Qualen erfaßten Herzen von selbst hinsterben muß. Liebe geht vor Freundschaft, deshalb kann diese sich nur durch Anvertrauung von Geheimnissen erhalten. Aber was fordert den Neid mehr heraus als solche Bekenntnisse? Unter Frauen finden sie nur dann eine leidliche Aufnahme, wenn sie von folgender offener Erklärung begleitet werden: »Meine liebe Freundin, in dem ebenso sinnlosen wie unversöhnlichen Kriege, zu dem uns die von unseren Tyrannen geschaffenen Vorurteile herausfordern, sei mir heute behilflich. Morgen will ich dir helfen.«

Vor dieser Ausnahme geht noch die wahre Freundschaft, die in der Kindheit entstanden und niemals durch Eifersucht getrübt worden ist.

Das Geständnis einer Liebe aus Leidenschaft wird nur unter Schuljun-
gen gut aufgenommen, die in die Liebe selbst verliebt sind, und von 97
jungen Mädchen, die von Neugierde und ungestilltem Zärtlichkeitsbedürfnis verzehrt werden. Vielleicht sind sie bereits von dem Instinkt beseelt, daß hier der große Inhalt des Lebens liegt und daß sie sich nicht früh genug damit beschäftigen können.

Jeder hat schon beobachtet, wie kleine dreijährige Mädchen die Pflichten der Galanterie gewissenhaft erfüllen.

Die Liebe aus Galanterie gewinnt durch Geständnisse, die Liebe aus Leidenschaft verliert durch sie.

Abgesehen von der Gefahr, sind Geständnisse überhaupt schwierig. Was in der Liebe aus Leidenschaft nicht ausgedrückt werden kann, weil die Sprache zu grob ist, um diese Nuancen wiederzugeben, ist doch nichtsdestoweniger vorhanden. Nur ist man bei der Beobachtung zarter Dinge sehr leicht Täuschungen ausgesetzt. Und in der Leidenschaft ist man ein schlechter Beobachter; man ist ungerecht gegen den Zufall.

Es ist immer das Weiseste, sein eigner Vertrauter zu sein. Man schreibe abends unter erdichtetem Namen, aber mit allen charakteristischen Einzelheiten, das Gespräch, das man eben mit seiner Geliebten geführt hat, und die Bedenken, die einen drücken, nieder. Wenn man Liebe aus Leidenschaft hegt, wird man in acht Tagen ein anderer Mann sein. Wenn man dann seine Bedenken wieder liest, kann man sich selbst den besten Rat erteilen.

Unter Männern, sobald ihrer mehr als zwei sind und Neid möglich wäre, erfordert es die Höflichkeit, nur von Liebe aus Sinnlichkeit zu sprechen. Man denke nur an das Ende von Herrendiners! Man trägt
Sonette von Baffo vor,[27] die ein unendliches Behagen hervorrufen, weil 98

jeder die Lobpreisungen seines Nachbars, der vielleicht nur lustig oder höflich sein will, wörtlich nimmt. Die zärtlichen Feinheiten Petrarcas oder französische Madrigale wären dagegen nicht am Platze.

33. Von der Eifersucht

Wenn man liebt, fügt man bei jedem neuen Gegenstand, der dem Auge oder dem Gedächtnisse auffällt, – gleichgültig, ob im Gedränge auf einer Tribüne beim aufmerksamen Zuhören einer Parlamentsverhandlung oder im feindlichen Feuer beim Angriff gegen eine Feldwache, – dem geistigen Bilde der Geliebten immer neue Vollkommenheiten hinzu oder ersinnt neue, zuerst großartig erscheinende Mittel, um ihre Liebe noch mehr zu gewinnen.

Jeder Schritt auf dem Wege der Phantasie bringt einen köstlichen Augenblick ein, und es ist nicht zu verwundern, wenn man sich in dieser Traumwelt verliert.

Sobald die Eifersucht aufkommt, bleibt diese Gewohnheit der Seele zwar die gleiche, äußert sich aber in ganz entgegengesetzter Wirkung. Jeder neue Diamant in der Krone der Geliebten, die vielleicht einen anderen liebt, gewährt uns nicht mehr himmlische Freuden, sondern verwundet uns tief das Herz. Eine Stimme ruft uns zu: »Diese Reize genießt nun der andere!«

Alles, was uns auffällt, hat jetzt nicht mehr seine frühere Wirkung, sondern bringt uns da, wo es vordem ein Mittel zur Steigerung der Liebe war, nur das Glück des Rivalen noch stärker zum Bewußtsein.

Wenn wir einer schönen Frau begegnen, die durch den Park galoppiert, so fällt uns ein, daß der andere wegen seiner schönen und flotten
99 Pferde berühmt ist.

In solchem Zustande verfällt man leicht in Wut. Man vergegenwärtigt sich nicht mehr, daß »in der Liebe der Besitz nichts, der Genuß alles ist«. Man überschätzt das Glück des anderen, man überschätzt den Übermut, zu dem ihn sein Glück verleitet, und man gerät dadurch in den qualvollsten Zustand und in grenzenloses Unglück, das noch durch einen Rest von Hoffnung vergiftet wird.

Das einzige Heilmittel ist vielleicht, das Glück des Rivalen aus nächster Nähe zu beobachten. Oft sieht man dann, wie er friedlich einnickt im Salon neben der Frau, bei deren bloßer Erinnerung, ja wenn wir auf der Straße nur einen dem ihrigen ähnlichen Hut von weitem erblicken, uns das Herz stillsteht.

Um den Rivalen aufmerksam zu machen, braucht man nur die Eifersucht sehen zu lassen. Das hätte aber den Erfolg, ihn über den Wert der Frau aufzuklären, die ihm den Vorzug gibt, und dann ist man vielleicht erst die Ursache seiner Liebe zu ihr.

Bei Begegnungen mit dem Rivalen gibt es keinen Mittelweg; entweder scherzt man mit ihm auf möglichst ungezwungene Weise, oder man jagt ihm Angst ein.

Da die Eifersucht das schlimmste aller Übel ist, findet man eine angenehme Zerstreuung darin, sein eigenes Leben aufs Spiel zu setzen. Dann ist unser Denken doch nicht durch und durch vergiftet und (infolge des oben geschilderten Vorganges) ganz in Nacht getaucht. Man kann sich bisweilen vorstellen, daß man den Rivalen tötet.

Nach dem militärischen Grundsatze, dem Feind nie Verstärkungen zukommen zu lassen, muß man die eigene Liebe vor dem Nebenbuhler verbergen und ihm unter vier Augen, wie aus Eitelkeit und ohne den fernsten Gedanken an Liebe, mit der größten Höflichkeit und der ruhigsten und einfachsten Miene sagen: »Mein Herr, ich weiß nicht, wie die 100
Leute auf den Einfall kommen, mir die kleine Soundso zuzuschreiben. Man hat sogar die Güte zu glauben, ich sei in sie verliebt. Wenn Sie sie haben wollen, trete ich sie Ihnen bereitwilligst ab; aber leider würde ich dabei eine sehr lächerliche Rolle spielen. In sechs Monaten geht es, wenn sie Ihnen dann noch gefällt. Heute aber verpflichtet mich die Ehre, die man, ich weiß selbst nicht warum, in dergleichen Dinge setzt, zu meinem lebhaften Bedauern, Ihnen zu sagen: wenn Sie nicht die Gewogenheit haben zu warten, bis die Reihe an Sie kommt, muß unbedingt einer von uns beiden fallen.«

Der Rivale ist höchstwahrscheinlich kein leidenschaftlich verliebter Mann und vielleicht ein sehr vernünftiger Mensch, der diesen Standpunkt durchaus anerkennt und sich beeilen wird, einem die in Frage stehende Frau abzutreten, wenn er selbst nur einen halbwegs ehrenvollen Rückzug finden kann.

Man muß nur jene Erklärung in sorglosem Tone vorbringen und den ganzen Vorfall diskret behandeln.

Der Schmerz, den die Eifersucht verursacht, ist darum so nagend, weil die Eitelkeit ihn nicht ertragen hilft, aber bei der eben genannten Methode findet ja gerade unsere Eitelkeit ihre Rechnung. Man kann sich immer noch für tapfer halten, wenn man sich auch nicht mehr für liebenswert halten darf.

Will man aber die ganze Sache nicht tragisch nehmen, so muß man verreisen und sich nicht allzufern mit irgend einer Tänzerin einlassen, deren Reize einen anscheinend auf der Durchreise gefesselt haben. Ist
101 der Rivale ein gewöhnlicher Mensch, so wird er uns für getröstet halten.

Oft ist es das ratsamste, ohne mit der Wimper zu zucken, ruhig abzuwarten, bis der Nebenbuhler der Geliebten durch seine eigene Albernheit langweilig wird. Denn außer bei einer großen Leidenschaft, die allmählich und in früher Jugend entstanden ist, wird keine gescheite Frau einen gewöhnlichen Menschen lange lieben.[28] Tritt die Eifersucht nach der völligen Hingabe ein, so muß noch scheinbare Gleichgültigkeit oder tatsächliche Untreue dazutreten. Die meisten Frauen, die sich von einem immer noch geliebten Manne beleidigt fühlen, gehen dann zu dem Manne über, auf den jener vorher grundlos eifersüchtig war. So wird aus dem Spiele Ernst.[29]

Ich bin auf Einzelheiten eingegangen, weil man in solchen Augenblicken der Eifersucht sehr oft den Kopf verliert. Schon lange niedergeschriebene Ratschläge sind nützlich, und da es hauptsächlich auf äußerliche Ruhe ankommt, ist es angebracht, sie in philosophischem Ton zu geben.

Da man nur so lange Gewalt über uns hat, als man uns die Hoffnung auf Dinge, die nur einen Leidenschaftswert haben, raubt oder läßt, so haben unsere Widersacher sofort keine Waffe mehr, wenn es uns gelingt, gleichgültig zu scheinen.

Hat man nichts zu tun, was einen ablenkt, und will man sich eine Freude und eine Linderung verschaffen, so wird man viel Genuß beim Lesen des »Othello« haben. Er wird uns an manchem irre machen, was uns bewiesen schien, und mit Entzücken werden unsere Augen bei jener Stelle des dritten Aktes verweilen:

»Ein wertlos Wort,
Vom Wind gebracht: der Eifersücht'ge nimmt's
102 Als heil'ges Evangelium auf.«

Ich habe empfunden, daß auch der Anblick eines schönen Meeres tröstlich ist. Walter Scott sagt in der »Braut von Lammermoor« – »Der Morgen, der ruhig und hell erwacht war, gab selbst der weiten Sumpflandschaft, die man vor der Burg landeinwärts erblickte, ein heiteres Ansehen. Auf der anderen Seite dehnte sich das ehrwürdige Meer, von tausend wogenden Silberwellen gekräuselt, in ernster, aber milder Hoheit bis zum äußersten Gesichtskreis hin aus. Das Menschenherz im aufgeregten Zustande liebt solche Bilder stiller Größe, und ihr mächtiger Einfluß begeistert zu edlen und guten Taten.«

Im Tagebuche Salviatis finde ich: »Ich sehe oft, und wie ich glaube, höchst törichterweise das ganze Leben mit dem Gefühl eines Ehrgeizigen oder eines braven Untertanen an, der während einer Schlacht einen Fuhrpark bewachen muß oder irgend einen andern Posten ohne Gefahr und Tätigkeit einnimmt.

Mit vierzig Jahren würde ich es bedauern, die Jahre der Liebe ohne tiefe Leidenschaft verbracht zu haben. Ich würde ein bitteres und herabstimmendes Mißbehagen empfinden, wenn ich zu spät entdeckte, daß ich so töricht war, mein Leben dahingehen zu lassen, ohne zu leben.

Gestern war ich drei Stunden lang bei der Frau, die ich liebe, mit einem Nebenbuhler zusammen, den sie absichtlich gut behandelte. Ohne Zweifel waren es für mich bittere Augenblicke, wenn ich ihre schönen Augen auf ihm ruhen sah, und als ich ging, fühlte ich in mir das namenloseste Unglück mit der letzten Hoffnung streiten. Welche nie erlebten Gefühle, welche lebendigen Gedanken, welche blitzschnellen Folgerungen! Trotz des Glückes meines Rivalen fühlte ich doch meine Liebe mit unbeschreiblichem Stolz und Entzücken turmhoch über die seine erhaben. 103
Ich sagte mir: Erblassen würden seine Wangen in feiger Furcht vor dem geringsten der Opfer, die meine Liebe freudig, ich kann sagen spielend brächte. Ohne zu zögern, könnte ich zum Beispiel mit der Hand in einen Hut fassen, um eines der beiden Lose zu ziehen: ›von ihr geliebt werden‹ oder ›sofort sterben‹. Dieses Gefühl ist so mit mir eins, daß ich dabei der liebenswürdigste Gesellschafter sein kann. Hätte man mir das vor zwei Jahren gesagt, so hätte ich gelacht.«

In der Schilderung der Reise der Kapitäne Lewis und Clarke nach den Missouriquellen im Jahre 1806 lese ich auf Seite 215:

»Die Ricaras sind arm, aber gut und großmütig. Wir hielten uns ziemlich lange in dreien ihrer Dörfer auf. Ihre Frauen sind schöner als bei den anderen Stämmen, auf die wir gestoßen sind, und lassen ihre Liebhaber nicht gern lange schmachten. Wir fanden einen neuen Beweis für die alte Wahrheit, daß man nur in die Welt hinauszugehen braucht, um zu sehen, wie wandelbar alles ist. Unter den Ricaras ist es eine große

Beleidigung, wenn eine Frau ohne Einwilligung ihres Gatten oder Bruders Liebesbewerbungen erhört, aber die Männer und Brüder sind hoch erfreut, wenn sie diese kleine Höflichkeit ihren Freunden erweisen dürfen.

Wir hatten einen Neger unter unseren Leuten. Er erregte viel Aufsehen bei diesem Volke, das zum erstenmal einen Menschen von seiner Hautfarbe sah. Bald war er der Günstling des schönen Geschlechtes, und wir bemerkten, daß die Männer, anstatt auf ihn eifersüchtig zu sein, entzückt waren, wenn sie ihn zu sich kommen sahen. Das Lächerlichste dabei war, daß man im Innern ihrer engen Hütte voreinander
104 nichts verbergen konnte.«

34. Weiteres über die Eifersucht

Die der Unbeständigkeit verdächtige Frau verläßt uns, weil wir die Kristallbildung in ihr gestört haben. Vielleicht ist sie unserer überdrüssig oder zu sicher geworden. Wir haben die Furcht in ihr erstickt, so daß die kleinen Zweifel der glücklichen Liebe nicht mehr erstehen können. Wir müssen sie wieder beunruhigen, dabei uns jedoch besonders vor abgeschmackten Beteuerungen hüten.

In der langen Zeit des Umganges mit ihr haben wir sicherlich bemerkt, auf welche Frau aus der Stadt oder aus der Gesellschaft sie am eifersüchtigsten ist und welche sie am meisten fürchtet. Dieser Frau muß man den Hof machen, aber ja nicht auffällig, sondern möglichst heimlich. Man muß es redlich zu verbergen suchen und nur auf die Augen des Hasses rechnen, die alles sehen und alles merken. Der tiefe Widerwille, den man Monatelang vor allen Frauen empfinden wird, erleichtert einem die Sache. Man muß sich vergegenwärtigen, daß man in der augenblicklichen Lage durch das Merkenlassen der eigenen Leidenschaft alles verdürbe. Man besuche also die geliebte Frau nur selten und trinke sein Glas Sekt in guter Gesellschaft.

Um über die Liebe der Geliebten zu urteilen, ist folgendes zu bedenken:

1. Je mehr sinnlicher Genuß in einem Liebesverhältnis an Stelle dessen tritt, was einstmals die Hingabe begründete, um so mehr wird diese Liebe der Unbeständigkeit und der Untreue zugänglich. Am deutlichsten

zeigt sich das bei einer Liebe, deren Entwicklung das Feuer der Jugend begünstigt hat.

2. Die Liebe zweier Liebenden ist fast nie die gleiche.[30] Die Liebe aus 105
Leidenschaft hat ihren Kreislauf; abwechselnd liebt der eine mehr als der andere. Oft wird einfache Galanterie oder Liebe aus Eitelkeit mit Liebe aus Leidenschaft erwidert, und meist ist es die Frau, die wahr liebt. Welche Art Liebe aber auch der eine der beiden Liebenden empfindet, sobald er eifersüchtig wird, verlangt er vom andern immer Liebe aus Leidenschaft, und die Eitelkeit erheuchelt in ihm alle Bedürfnisse eines zärtlichen Herzens.

In der Liebe aus Galanterie ist nichts verdrießlicher, als wenn sie durch Liebe aus Leidenschaft erwidert wird.

Oft leitet ein geistvoller Mann das Denken einer Frau, der er den Hof macht, zur Liebe hin und macht ihre Seele empfänglich. Sie behandelt ihn gütig, weil er ihr diese Freude bereitet. Er beginnt zu hoffen. Eines schönen Tages aber begegnet jener Frau der Mann, der ihr wirklich solche Empfindungen einflößt, wie sie der andere geschildert hat.

Ich weiß nicht, welchen Eindruck die Eifersucht eines Mannes auf das Herz der geliebten Frau macht. Die Eifersucht eines gleichgültigen Verliebten erregt sicherlich viel Abscheu, der sich bis zum Haß steigern kann, wenn der Gegenstand der Eifersucht liebenswerter als der Eifersüchtige ist. Denn, wie Frau von Coulanges sagt, man mag nur die Eifersucht des Mannes, auf den man selbst eifersüchtig sein könnte. Wenn man den Eifersüchtigen liebt, er aber kein Recht hat, es zu sein, so kann die Eifersucht jenen weiblichen Stolz verletzen, der so schwer zu behandeln und zu verstehen ist. Die Eifersucht kann stolzen Frauen gefallen, weil sie eine neue Art ist, dem Manne ihre Macht zu zeigen.

Die Eifersucht kann gefallen, weil sie eine neue Möglichkeit ist, die 106
Liebe zu beweisen. Überzarte Frauen freilich werden durch die Eifersucht in ihrem Schamgefühl verletzt.

Die Eifersucht kann gefallen als Beweis des Mutes des Liebenden. *Ferrum est quod amant.* Nur muß man auseinanderhalten, daß der »Mut« geliebt wird, nicht die »Tapferkeit« eines Turenne. Denn diese ist sehr gut im Verein mit einem kalten Herzen denkbar.

Es ist ein Gesetz der Kristallbildung, daß eine Frau dem betrogenen Manne das Geschehnis niemals eingestehen darf, wenn sie nicht alle Macht über ihn verlieren will.

So stark ist die Freude an dem idealen Bilde, das wir uns von einem geliebten Wesen gemacht haben, daß man vor dem verhängnisvollen Eingeständnis lieber (wie André Chénier sagt)

»... anstatt des Todes Selbstbetrug erwählt,
Der uns am Leben und im Leid erhält.«

In Frankreich ist eine kleine Geschichte von Fräulein von Sommery allbekannt, die, von ihrem Geliebten auf frischer Tat ertappt, ihm den Vorfall kühn abstritt und, als er darauf nicht eingehen wollte, sagte: »Ah, nun sehe ich klar, du liebst mich nicht mehr, denn du traust deinen Augen mehr als meinen Worten!«

Eine Wiederaussöhnung mit einer angebeteten Geliebten, die uns untreu war, heißt, eine in uns immer wieder auflebende Leidenschaft mit Dolchstößen zerstören. Die Liebe muß sterben, mag auch dabei unser Herz mit gräßlichen Schmerzen alle Stadien des Todeskampfes durchmachen. Das ist die unglücklichste Mischung der Liebesleidenschaft mit dem Leben. Man müßte die Kraft haben, der Geliebten fortan nur
107 noch ein Freund zu sein.

35. Von der Eifersucht bei den Frauen

Ich komme zu der Eifersucht bei den Frauen. Sie sind mißtrauisch, sie setzen viel mehr aufs Spiel als wir Männer, sie bringen der Liebe größere Opfer, sie haben weniger Zerstreuungen und vor allem weniger Mittel, die Handlungen ihres Geliebten auf die Wahrheit hin zu prüfen. Eine Frau fühlt sich durch die Eifersucht erniedrigt; sie glaubt sich im Verdachte, als ob sie einem Manne nachliefe; sie fürchtet, daß sie ihrem Geliebten zum Gespött werde und daß er sich gar über ihre zärtlichsten Äußerungen lustig mache. Sie muß auf Grausamkeit geraten, zumal sie ihre Nebenbuhlerin nicht mit gesetzlichen Mitteln umbringen kann.

Bei den Frauen ist die Eifersucht somit ein noch viel furchtbareres Leiden als bei Männern. Sie ist das Schlimmste, was das Menschenherz, ohne zu brechen, an ohnmächtiger Wut und Selbstverachtung zu ertragen vermag.

Ich kenne kein anderes Heilmittel für ein so grausames Leiden als den Tod dessen, der es verursacht hat, oder dessen, den es heimsucht.

Aus der »Geschichte der Frau de la Pommeraie« in Diderots *Jacques le Fataliste* kann man sich ein Bild der französischen Eifersucht machen. Larochefoucauld[31] sagt in seinen »Maximen«: »Man schämt sich einzugestehen, daß man Eifersucht empfindet, und doch ist man stolz darauf, sie gefühlt zu haben und dieses Gefühls fähig zu sein.« Die armen Frauen wagen es nicht einmal einzugestehen, wenn sie diese grausame Pein erleiden, so sehr macht sie die Eifersucht lächerlich. Eine so schmerzhafte Wunde kann niemals gänzlich vernarben.

Wenn sich die kalte Vernunft mit einem Schatten von Aussicht auf 108
Erfolg dem Feuer der Einbildungskraft aussetzen könnte, so würde ich den armen, von Eifersucht gequälten Frauen sagen: »Es ist ein gewaltiger Unterschied zwischen der Untreue der Männer und der euren. Bei euch ist diese Tat teils wirkliche Handlung, teils Symbol. Beim Manne bedeutet sie infolge unserer militärischen Erziehung gar nichts. Bei der Frau dagegen ist sie infolge des Schamgefühls das entscheidendste Zeichen der Ergebenheit. Für die Männer hat die schlechte Sitte sie gerade zur Notwendigkeit gemacht. Während der ganzen ersten Jugend veranlaßt uns das Beispiel der tonangebenden Kameraden, daß wir alle unsere Eitelkeit und den alleinigen Beweis unseres Wertes in der Zahl derartiger Erfolge sehen. Eure Erziehung läuft gerade auf das Gegenteil hinaus.«

Der Unterschied in der Untreue der beiden Geschlechter ist so wirklich und wahr, daß eine leidenschaftlich liebende Frau eine Untreue des Geliebten zu verzeihen vermag. Der Mann kann das unmöglich.

Das ist erfahrungsgemäß der Prüfstein der Liebe aus Leidenschaft und der Liebe aus Eitelkeit. Im Herzen einer Frau stirbt diese durch die Untreue des Geliebten, während sich jene verdoppelt.

Stolze Frauen verbergen ihre Eifersucht aus Hochmut. Sie verbringen lange Abende schweigsam und kalt mit dem Manne, den sie anbeten, dessen Verlust sie fürchten und in dessen Augen sie nicht mehr liebenswert zu sein glauben. Das muß eine der größten Qualen sein, und es ist die häufigste Ursache des Unglücks in der Liebe. Um solche unserer Achtung so würdige Frauen wieder zu heilen, muß der Mann einen seltsamen, aber wirkungsvollen Weg einschlagen, und vor allem darf er
sich nicht anmerken lassen, daß er weiß, wie die Dinge stehen. Zum 109
Beispiel muß er binnen vierundzwanzig Stunden eine große Reise mit ihr antreten.

36. Vom Ehrgeiz und der Eitelkeit in der Liebe[32]

Der Ehrgeiz ist eine Regung der Eitelkeit. Ich will nicht, daß mein Gegner den Vorrang vor mir hat. Dadurch mache ich diesen Gegner selbst zum Richter meines Wertes. Ich will auf sein Inneres einwirken. Dabei geht man aber weit über das verständige Maß hinaus.

Um seine eigene Übertreibung zu rechtfertigen, kommt man manchmal dahin, sich zu sagen, der Mitbewerber sei bestrebt, uns zum Narren zu halten.

Der Ehrgeiz ist eine Krankheit der Ehre. Man findet ihn sehr häufig in Monarchien, viel seltener in Ländern, wo man Handlungen nach dem Grade ihrer Nützlichkeit zu schätzen pflegt, wie in den Vereinigten Staaten von Nordamerika.

Jedermann, in Frankreich noch mehr als anderswo, fürchtet sich, zum Narren gehalten zu werden. Indessen wird dieser Ehrgeiz durch die Leichtfertigkeit des altfranzösischen höfischen Geistes daran behindert, in anderen Dingen großes Unheil anzustiften als in der Galanterie und in der Liebe aus Eitelkeit. Bedenkliche Schandtaten hat er nur in solchen monarchischen Ländern verursacht, wo das Klima den menschlichen Charakter verdüstert (in Portugal, in Piemont).

Der Provinzialfranzose macht sich eine lächerliche Vorstellung von dem, was in der Gesellschaft einen galanten Mann ausmacht. Er stellt
110 sich auf die Lauer und beobachtet so sein ganzes Leben lang. Je unkultivierter, desto ehrgeiziger ist er, und das macht ihn sogar in der Liebe lächerlich. Hierdurch und durch den Neid wird der Aufenthalt in Kleinstädten so unerträglich. Daran muß man hauptsächlich denken, wenn uns die malerische Lage einer Kleinstadt zur Bewunderung anregt. Unsere edelsten und vornehmsten Regungen werden durch längeren Aufenthalt in diesen Niederungen der Kultur gelähmt. Dazu reden die Spießbürger greulicherweise immer von der Verderbnis der Großstädte.

Dieser Ehrgeiz darf in der Liebe aus Leidenschaft nicht vorkommen. Nur der weibliche Stolz kennt ihn: »Wenn ich mich von meinem Geliebten schlecht behandeln lasse, wird er mich verachten und nicht mehr lieben.« Oder er steigert die Eifersucht bis zur Raserei.

Der Eifersüchtige will den Tod dessen, den er fürchtet. Ganz anders der Ehrgeizige: er will, daß sein Feind lebe, er soll nur Zeuge seines Triumphes werden.

Ein ehrgeiziger Mann empfindet es schmerzlich, wenn sein Rivale von der weiteren Mitbewerbung abläßt, denn möglicherweise sagt sich jener innerlich voll Übermut: »Wenn ich mich fernerhin mit ihr beschäftigte, würde ich über den andern siegen.«

Im Ehrgeiz denken wir nicht an das eigentliche Ziel, es handelt sich um den bloßen Sieg. So ist es bei den Liebeleien der kleinen Mädchen von der Oper. Sobald sie keine Rivalin mehr sehen, ist ihre angebliche Leidenschaft, derentwegen sie zum Fenster hinausspringen wollten, verraucht.

Im Gegensatz zur Liebe aus Leidenschaft vergeht die Liebe aus Eitelkeit sehr schnell. Es genügt, daß der Rivale durch einen entschiedenen
Schritt verrät, daß er nicht mehr mitkämpft. Ganz sicher bin ich mir 111
zwar über diese Behauptung nicht; ich kann nur ein Beispiel dafür anführen, das mich selbst im Zweifel läßt. Die Tatsache ist folgende.

Donna Diana ist ein junges Mädchen von dreiundzwanzig Jahren, die Tochter eines der reichsten und stolzesten Bürger Sevillas. Sie ist ohne Zweifel eine Schönheit, doch eine Schönheit in ihrer Art, und man spricht ihr sehr viel Geist und noch mehr Stolz zu. Sie liebte leidenschaftlich, wenigstens dem Anscheine nach, einen jungen Offizier, von dem ihre Familie nichts wissen wollte. Der junge Mann ging mit Morillo nach Amerika. Sie schrieben sich ohne Unterlaß. Eines Tages, während einer großen Gesellschaft bei der Mutter Dianas, platzte ein Dummkopf mit der Nachricht vom Tode jenes liebenswürdigen jungen Mannes heraus. Aller Augen wandten sich nach Diana; sie sagte nur die Worte: »Wie schade, so jung!« Wir hatten gerade an diesem Tage ein Stück des alten Massinger gelesen, das tragisch schließt, in dem aber die Heldin mit eben solcher scheinbaren Ruhe den Tod ihres Geliebten aufnimmt. Ich sah, wie die Mutter trotz ihres Stolzes und Hasses zitterte; der Vater ging hinaus, um seine Freude zu verbergen. Inmitten alles dessen und der fassungslosen Zuschauer, die den dummen Erzähler anstarrten, fuhr Donna Diana in völliger Ruhe fort, weiter zu plaudern, als wenn nichts gewesen wäre. Ihre erschreckte Mutter ließ sie durch ihre Kammerfrau beobachten, es schien sich an ihrem Wesen nichts geändert zu haben.

Zwei Jahre später machte ihr ein sehr schöner junger Mann den Hof. Auch diesmal und wieder aus dem gleichen Grunde, weil der Freier
nicht adlig ist, waren die Eltern entschieden gegen diese Heirat; Diana 112
erklärte, daß sie stattfinden werde. Es entwickelte sich ein Wettstreit der verletzten Eigenliebe zwischen dem jungen Mädchen und ihrem

Vater. Man verbot dem jungen Manne das Haus; man ließ Diana nicht mehr aufs Land und kaum noch in die Kirche; man nahm ihr mit peinlicher Sorgfalt alle Möglichkeiten, ihrem Geliebten zu begegnen. Er verkleidete sich und sah sie in langen Zwischenräumen. Sie wurde immer hartnäckiger und schlug die glänzendsten Partien, selbst einen Titel und eine große Stellung am Hofe Ferdinands des Siebenten aus. Die ganze Stadt sprach von dem Unglück der beiden Liebenden und ihrer heroischen Ausdauer. Endlich nahte sich die Mündigkeit Donna Dianas; sie gab ihrem Vater zu verstehen, daß sie von dem Rechte, über sich selbst zu verfügen, Gebrauch machen werde. Die Familie war nun in ihre letzten Verschanzungen zurückgedrängt und begann die Heiratsverhandlungen; als sie halb abgeschlossen waren, schlug der junge Mann bei einer feierlichen Zusammenkunft beider Familien nach sechs Jahren Ausdauer Dianas Hand aus.[33]

Eine Viertelstunde später merkte man Diana nichts mehr an. Sie war getröstet. Hatte sie aus Eigensinn geliebt? Oder war sie eine große Seele, zu stolz, um mit ihrem Schmerze der Welt ein Schauspiel zu bieten?

Oft läuft die Liebe aus Leidenschaft nur dann glücklich aus, wenn der Ehrgeiz der Eigenliebe mithilft. In diesem Falle erfüllen sich scheinbar alle Wünsche, so daß Klagen lächerlich und sinnlos erscheinen. Aber der Liebende hat niemanden, dem er seinen unglücklichen Zustand anvertrauen könnte. Er fühlt und vergegenwärtigt sich sein Unglück unaufhörlich. Das Geschehene ist, wenn ich so sagen darf, verflochten
113 mit schmeichelhaften Umständen und Tatsachen, die eine berückende Illusion geben können. Aber in den köstlichsten Augenblicken zeigt das Unglück sein Medusenhaupt, wie um den Liebenden herauszufordern und ihm das große Glück, von einem reizenden Geschöpf geliebt zu werden, recht fühlbar zu machen, und gleichzeitig, daß ihm jenes Glück niemals zuteil werden wird. Das ist, abgesehen von der Eifersucht, vielleicht die grausamste Qual.

Ich erinnere mich, daß in einer großen Stadt ein sanfter und zärtlicher Mann durch einen ähnlichen Zustand veranlaßt wurde, seine Geliebte zu ermorden, die ihn nur aus Ehrgeiz gegen ihre Schwester liebte. Er lud sie eines Abends zu einer Fahrt aufs Meer ein, in einem Boote, das er selbst vorbereitet hatte. Auf offener See zog er eine Klappe auf, das Boot sank und kehrte nie zurück.

Einem Sechzigjährigen fiel es ein, die launenhafteste, tollste, liebenswürdigste und wunderlichste Schauspielerin Londons, Miß Cornel, auszuhalten. Man sagte ihm: »Du bildest dir doch nicht etwa ein, daß sie dir treu bleibt?« – »Keineswegs«, meinte er, »aber sie wird mich lieben, vielleicht bis zur Raserei.« Tatsächlich hat sie ihn ein volles Jahr geliebt, zeitweise über das vernünftige Maß hinaus, und drei Monate hindurch gab sie ihm keinerlei Anlaß zu Klagen. Er hatte es verstanden, ihren Ehrgeiz seiner Tochter gegenüber zu entflammen; freilich ein recht abstoßender Kunstgriff.

Der Ehrgeiz feiert seine Siege in der Liebe aus Galanterie, deren Leitstern er ist. Erfahrungsgemäß ist er der beste Prüfstein zur Unterscheidung von Liebe aus Galanterie und Liebe aus Leidenschaft. Es ist eine alte Kriegsregel, die man jungen Leuten beim Eintritt ins Regiment
einprägt: »Wenn man einen Quartierzettel auf ein Haus erhält, in dem 114
zwei Schwestern leben, so soll man der einen den Hof machen, wenn man die andere haben will.« Bei den meisten jungen Spanierinnen, die der Liebe zugänglich sind, genügt es, um ihre Liebe zu entfachen, ruhig und bescheiden so zu tun, als ob für die Dame des Hauses kein Raum in unserem Herzen übrig sei. Diesen nützlichen Grundsatz habe ich von dem liebeserfahrenen General Lasalle. Er lehrt die gefährlichste Art des Angriffes auf die Eigenliebe.

Das glücklichste Bindemittel einer Ehe ist, abgesehen von der wahren Liebe, der Ehrgeiz und die Eigenliebe. Viele Gatten sichern sich auf Jahre hinaus die Liebe ihrer Frauen, wenn sie sich zwei Monate nach der Hochzeit eine kleine Geliebte halten.[34] Man erweckt damit die Gewohnheit, nur an einen einzigen Mann zu denken. Das Band der Familie macht sie bald unbesiegbar.

Um sich zu erklären, daß zu Zeiten und am Hofe Ludwigs des Fünfzehnten eine große Dame, Frau von Choiseul, ihren Gatten anbetete, muß man wissen, daß er reges Interesse für ihre Schwester, die Herzogin von Gramont, hegte.

Selbst eine vernachlässigte Geliebte raubt uns die Ruhe, sobald sie uns merken läßt, daß sie einen andern vorzieht; sie entflammt unser Herz wieder zur Leidenschaft.

Der Mut ist beim Italiener ein Wutanfall, beim Deutschen ein Moment der Begeisterung, beim Spanier ein Ausdruck des Stolzes. Wenn es eine Nation gäbe, wo der Mut lediglich auf dem Ehrgeiz beruhte, der unter den einzelnen Soldaten jeder Kompagnie und unter den einzelnen Regimentern jeder Division herrscht, dann hätte man bei einer allgemeinen

Flucht kein Mittel mehr, die Armee eines solchen Volkes zum Stehen
115 zu bringen.

»Man braucht nur irgend eine Reiseschilderung über die Indianer Nordamerikas aufzuschlagen«, sagt ein vortrefflicher französischer Philosoph,[35] »um zu wissen, daß es das gewöhnliche Los eines Kriegsgefangenen ist, nicht nur lebendig verbrannt und verzehrt, sondern vorher an einen Marterpfahl gebunden zu werden, vor dem ein Holzfeuer brennt, und stundenlang alle Qualen zu erdulden, die die Wut an wilder und durchtriebener Grausamkeit nur auszudenken vermag. Man muß lesen, was die Reisenden, die Zeugen solcher gräßlichen Szenen gewesen sind, von der kannibalischen Freude der Zuschauer erzählen und vor allem von der Tollheit der Weiber und Kinder und von ihrem wilden Vergnügen, sich in Grausamkeit zu überbieten. Man muß lesen, was sie über die heldenhafte Festigkeit und die unerschütterliche Kaltblütigkeit des Gefangenen berichten, der kein Zeichen seiner Schmerzen von sich gibt, sondern vielmehr seine Henker mit dem heldenmütigsten Stolze, der bittersten Ironie und dem übermütigsten Hohn herausfordert. Er besingt seine eigenen Taten, zählt die von ihm getöteten Verwandten und Freunde der Zuschauer auf, schildert die ihnen bereiteten Todesqualen und beschuldigt alle, die ihn umringen, der Feigheit, der Kleinmütigkeit und der Unkenntnis im Martern, bis er in Fetzen zerfällt und noch lebend, gleichsam vor seinen eigenen Augen, von seinen vor Wut rasenden Feinden verschlungen wird; der letzte Hauch seiner Stimme erstickt in den letzten Schmähworten. Dergleichen klingt für Kulturmenschen unglaublich, es wird unseren unerschrockensten Infanteriehauptleuten wie eine Fabel vorkommen und eines Tages wird die Nachwelt
116 daran zweifeln.«

Diese physiologisch wunderliche Erscheinung erklärt sich aus einem besonderen Seelenzustande des Gefangenen, der zwischen sich und der Masse seiner Henker einen Kampf der Eigenliebe und einen Wettstreit der Eitelkeit anstiftet.

Unsere braven Militärärzte haben oft beobachtet, daß Verwundete, die in ihrem gewöhnlichen Geistes- und Nervenzustande während einer Operation vor Schmerzen laut aufgebrüllt hätten, Ruhe und Seelengröße zeigten, wenn man sie in richtiger Weise vorbereitet hatte. Man mußte ihr Ehrgefühl reizen und erst mit gleichgültigen, dann mit herausfordernden Worten behaupten, daß sie wohl nicht imstande seien, die Operation ohne lautes Geschrei zu ertragen.

37. Vom Streit in der Liebe

Es gibt zwei Arten von Streit in der Liebe, je nachdem der Streitsüchtige liebt oder nicht liebt.

Besitzt der eine der beiden Liebenden zu viele Vorzüge, die von beiden gleich geschätzt werden, so muß die Liebe des andern sterben, denn die Furcht vor Verachtung wird der Kristallbildung früher oder später plötzlich ein Ende bereiten.

Nichts ist dem Durchschnittsmenschen verhaßter als geistige Überlegenheit. In der heutigen Welt liegt hier die Quelle alles Hasses, und wenn wir dieser Ursache nicht die furchtbarsten Folgen verdanken, so liegt das einfach daran, daß die Leute, die der Haß trennt, nicht eng zusammenleben müssen. Wie ist das aber in der Liebe, wo jene Überlegenheit, besonders auf der Seite des Überlegenen, natürlicherweise nicht durch soziale Vorsichtsmaßregeln verdeckt wird? 117

Um die Leidenschaft rege zu erhalten, muß der Unterlegene den andern schlecht behandeln, sonst kann dieser nicht das Geringste mehr tun, ohne daß sich jener beleidigt fühlt.

Der Überlegene hingegen macht sich Illusionen. Seine Liebe ist nicht der geringsten Gefahr ausgesetzt, denn alle Schwächen an einem geliebten Menschen machen ihn uns nur teurer.

Unmittelbar nach der Liebe aus Leidenschaft kommt bei Menschen von gleichen geistigen Fähigkeiten in Hinsicht auf die Dauer die streitsüchtige Liebe, in welcher der Streitsüchtige nicht liebt. Beispiele hierzu liefern die Anekdoten von der Herzogin von Berry in den Memoiren von Duclos.

Die streitsüchtige Liebe kann länger währen als selbst die Liebe aus Leidenschaft, weil sie ihrer Natur nach eng mit den alten Gewohnheiten verbunden ist, die den prosaischen und selbstsüchtigen Elementen im Menschen entsprechen und bis zum Grabe seine unzertrennlichen Begleiter sind. Aber sie ist keine aufrichtige Liebe mehr, sondern eine von der Liebe gezeitigte Gewohnheit, die mit jener Leidenschaft nichts als die Erinnerung und den sinnlichen Genuß gemeinsam hat. Diese Gewohnheit bedingt immer eine unedle Seele. Tagtäglich spielt sich ein kleines Schauspiel: »Wird er mich schelten?« ab, durch das die Phantasie gerade so beschäftigt wird wie in der Liebe aus Leidenschaft, wo sie jeden Tag eines neuen Beweises der Zärtlichkeit bedarf.

Unter Umständen weigert sich der Stolz, sich an eine solche Art von Zuneigung zu gewöhnen; dann tötet der Stolz nach einigen stürmischen Monaten die Liebe. Aber man kann beobachten, daß edle Leidenschaft
118 lange kämpft, ehe sie flieht. Die kleinen Streitfälle der glücklichen Liebe können ein Herz, das trotz schlechter Behandlung noch liebt, lange täuschen. Einige zärtliche Versöhnungen machen den Übergang erträglicher. Zur Entschuldigung des Mannes den man so sehr geliebt hat, bildet man sich ein, er trage einen geheimen Kummer oder irgend ein Mißgeschick. Schließlich gewöhnt man sich daran, ausgezankt zu werden. Wo könnte man auch, außer in der Liebe aus Leidenschaft, außer beim Hasardspiel oder im Besitze unumschränkter Macht, eine gleich stark sprudelnde, nie versiegende Quelle der Beschäftigung finden? Nach dem Tode des Streitsüchtigen sieht man, wie das Opfer, das ihn überlebt, untröstlich bleibt. Darin beruht das Bindemittel vieler bürgerlicher Ehen. Der Ausgescholtene hört den ganzen Tag von dem reden, was er am meisten liebt.

Es gibt auch eine falsche Art von streitsüchtiger Liebe. Ich entnehme dem Briefe einer ausgesucht geistreichen Dame die Stelle:

»Ein kleiner Zweifel, den man täglich beschwichtigen muß, gibt der Liebe aus Leidenschaft immer neue Nahrung … Da die immer rege Furcht niemals schwindet, können auch ihre Freuden nie langweilig werden.«

Bei mürrischen, schlecht erzogenen oder von Natur sehr heftigen Menschen kommen jene kleinen Zweifel, die Beschwichtigung verlangen, und jene leichten Befürchtungen durch Zank und Streit zum Ausbruch.

Besitzt die geliebte Person nicht sehr große Empfindsamkeit, die Frucht sorgfältiger Erziehung, so findet sie in einer solchen Liebe viel Anregung, also viel Annehmlichkeit. Ja, trotz vorhandenem Zartgefühl ist es gar nicht unmöglich, daß sie den Wüterich noch mehr liebt, da
119 sie sieht, wie er selbst das erste Opfer seiner Heftigkeit ist. Lord Mortimer bedauerte, wenn seine Geliebte heftig wurde, höchstens die Leuchter, die sie ihm an den Kopf warf. In der Tat, wenn der eigene Stolz solche Gefühlsausbrüche verzeiht und zuläßt, so muß man zugeben, daß der Langeweile, diesem großen Feinde glücklicher Menschen, dadurch gewaltiger Abbruch geschieht.

Saint-Simon, der einzige Historiker, den Frankreich gehabt hat, erzählt (Band V, Seite 43):

»Nach allerlei flüchtigen Liebeleien verliebte sich die Herzogin von Berry sterblich in Herrn von Rions, einen jüngeren Sohn des Hauses Aydie, ein Schwesterkind der Frau von Biron. Er war weder hübsch noch geistreich, ein plumper Bursche, untersetzt, pausbäckig und blaß, mit Finnen im Gesicht, eine wahre Mißgeburt; nur schöne Zähne besaß er. Nie hätte er geglaubt, eine Leidenschaft zu erwecken, die zügellos wurde und kein Ende fand, wenn sie auch ein paar anderweitige Liebschaften und kleine Seitensprünge nicht verhinderte. Er hatte kein Vermögen, nur eine Menge Geschwister, die auch nichts hatten. Ein Herr von Pons, dessen Gattin Hofdame der Herzogin von Berry war, stammte aus derselben Gegend und war mit ihm verwandt. Er hatte den jungen Mann, der Dragonerleutnant war, kommen lassen, um vielleicht etwas aus ihm zu machen. Kaum war er da, so fand er schon Gefallen und wurde Herr im Palais Luxemburg.

Herr von Lauzun, sein Großonkel, lachte im stillen darüber. Er war entzückt und sah in Rions sich selbst wieder im Palais Luxemburg zu Zeiten von Mademoiselle. Er wurde sein Lehrmeister, und Rions, der von Natur sanft, höflich und ehrerbietig war, ein guter, braver Junge,
hörte ihm eifrig zu. Bald aber erkannte er die Macht seiner Reize, die 120
eben nur die eigenartige Phantasie dieser Fürstin fesseln konnten. Ohne seine Stellung gegen irgendwen zu mißbrauchen, machte er sich bei aller Welt beliebt. Die Herzogin behandelte er genau so, wie Herr von Lauzun Mademoiselle behandelt hatte. Bald war er mit kostbaren Spitzen und Kleidern versehen, mit Geld, wertvollen Schuhschnallen und Juwelen überschüttet. Er wußte sich begehrlich zu machen und gefiel sich darin, die Eifersucht der Herzogin zu erregen und selbst eifersüchtig zu scheinen. Oft brachte er sie zum Weinen und bald beherrschte er sie so, daß sie nichts, nicht einmal die gleichgültigsten Dinge, ohne seine Erlaubnis tat. Wenn sie in die Oper gehen wollte, hieß er sie zu Hause bleiben; oder auch, wenn sie nicht wollte, mußte sie gehen. Er nötigte sie, Damen, die sie nicht leiden konnte oder auf die sie eifersüchtig war, Wohltaten zu erweisen oder Leuten, die sie gern hatte, auf die er sich aber eifersüchtig stellte, Böses zu tun. Selbst in ihrer Kleidung hatte sie nicht die geringste Freiheit; es machte ihm Vergnügen, ihr eine andere Frisur anzuordnen oder sie die Toilette wechseln zu lassen, wenn sie gerade mit dem Ankleiden fertig war, und das so oft und manchmal so öffentlich, daß er sie daran gewöhnte, abends seine Befehle für ihre Kleidung und ihre Beschäftigung am nächsten Tage einzuholen. Am

andern Tage änderte er aber alles, so daß die Herzogin nur noch mehr
weinte. Schließlich kam sie dahin, ihm durch vertraute Diener Zettel
zu schicken, denn er wohnte beinahe von Anfang an im Luxemburg.
Diese Zettel gingen während des Ankleidens mehrere Male hin und her,
um festzustellen, was für Bänder, welches Kleid, welchen Schmuck sie
wählen solle. Und fast alltäglich bestimmte er gerade das, was sie nicht
121 tragen wollte. Wenn sie sich mitunter die geringste Freiheit ohne seine
Genehmigung herauszunehmen wagte, behandelte er sie wie eine Magd,
und oft weinte sie dann tagelang.

Diese so hochmütige Prinzessin, die sich darin gefiel, den maßlosesten Stolz zur Schau zu tragen und zu betätigen, ließ sich herab, mit ihm und mit Leuten ohne Namen heimliche Gastmähler abzuhalten, sie, die sonst nur mit Prinzen von Geblüt zu speisen pflegte. Der Jesuit Riglet, den sie schon als Kind kannte und der sie erzogen hatte, wurde zu diesen Gastereien hinzugezogen, ohne daß er Scham oder die Herzogin Verlegenheit darüber empfunden hätte. Frau von Mouchy war ihre Vertraute bei allen diesen Sonderlichkeiten; sie und Rions luden die Gäste ein und bestimmten die Tage; sie war es, die die Liebenden wieder miteinander aussöhnte. Und dieses Treiben war im Luxemburg allbekannt; jedermann wandte sich an Rions, der seinerseits darauf bedacht war, mit allen auf gutem Fuße zu stehen und seine gewohnte würdevolle Miene nur vor seiner Herzogin offen fallen ließ. In aller Gegenwart gab er ihr grobe Antworten, so daß die Umstehenden wegblickten, und die Herzogin, die ihre leidenschaftlichen Gefühle für ihn kaum verbarg, errötete.«

Rions war für die Herzogin ein fürstliches Mittel gegen die Langeweile.

Eine berühmte Frau sagte einmal ohne Zusammenhang zum General
Bonaparte, der damals ein ruhmvoller junger Held war und sich noch
nicht an der Freiheit vergangen hatte: »General, Ihnen kann eine Frau
nur Gattin oder Schwester sein!« Der Held verstand das Kompliment
122 nicht.

Solche Frauen lieben es, von ihrem Liebhaber verachtet zu werden; sie lieben ihn nur, wenn er grausam ist.

38. Von den Heilmitteln der Liebe

Der Sprung vom leukadischen Felsen ist ein schönes Gleichnis aus dem klassischen Altertum. In der Tat gibt es kaum ein Heilmittel gegen die Liebe. Es bedarf nicht nur der Gefahr, die des Menschen Aufmerksamkeit lebhaft auf seine Selbsterhaltung richtet,[36] sondern auch, was viel schwieriger ist, einer andauernden, nervenreizenden Gefahr, deren Abwehr Geschicklichkeit verlangt, um dem Gedanken an die Selbsterhaltung Zeit zur Entwicklung zu lassen. Dazu genügt allenfalls ein sechzehntägiger Sturm, wie ihn Byrons Don Juan erlebt, oder ein Schiffbruch wie der Cochelets bei den Mauren. Sonst gewöhnt man sich sehr rasch an die Gefahr und man beginnt sogar an die Geliebte mit noch größerem Entzücken zu denken, wenn man zwanzig Schritte vom Feind entfernt auf Vorposten steht.

Ich habe unaufhörlich wiederholt, daß einem aufrichtig liebenden Manne alle Gebilde seiner Phantasie entweder Genuß oder Furcht einflößen, während es in der Natur nichts für ihn gibt, das ihm nicht von der Geliebten spricht. Nun aber sind Genuß und Furcht Beschäftigungen, die uns ganz in Anspruch nehmen und vor denen alle anderen verblassen.

Ein Freund, der dem Liebeskranken Heilung verschaffen will, muß sich vor allem immer auf die Seite der geliebten Frau stellen. Aber Freunde, die mehr Eifer als Geist besitzen, schlagen gewöhnlich den entgegengesetzten Weg ein. Mit lächerlich ungleichen Waffen greifen sie jenes Werk lieblicher Illusionen an, das ich Kristallbildung genannt 123
habe.

Der helfende Freund muß im Auge behalten, daß ein Liebender, dem man das Unglaublichste zu glauben zumutet, es entweder ruhig hinnehmen oder auf alles, was ihn ans Leben kettet, verzichten muß. Er wird alles anhören und doch, wenn er noch so geistvoll ist, die offenkundigsten Laster und die schlimmste Untreue der Geliebten in Abrede stellen. Darum ist in der Liebe aus Leidenschaft nach kurzer Zeit alles verzeihlich.

Bei Verstandesmenschen und kalten Naturen müssen erst mehrere Monate der Leidenschaft vergangen sein, ehe sie Fehler bemerken dürfen und ruhig hinnehmen.

Der heilende Freund darf den Liebenden keinesfalls auf grobe und deutliche Art zu zerstreuen suchen, er muß vielmehr bis zum Überdruß von seiner Liebe und seiner Geliebten sprechen und gleichzeitig dicht um ihn herum eine Menge kleiner Ereignisse sich abspielen lassen. Eine einsame Reise ist kein Heilmittel. Ich habe einmal fast alle Tage geweint. Und nichts erinnert zärtlicher an die Geliebte als Gegensätze. »Gerade in den glänzendsten Salons in Paris, mitten unter den ob ihres Liebreizes gerühmten Frauen habe ich meine arme einsame trauernde Geliebte in ihrem armseligen Hause fern in der Romagna am glühendsten geliebt«, bekennt Salviati.

Ich erspähte auf der kostbaren Stutzuhr des glänzenden Salons, in den ich verbannt war, die Stunde, wo sie zu Fuß und im Regen ausging, um ihre Freundin zu besuchen. Während ich sie zu vergessen suchte, machte ich die Beobachtung, daß Gegensätze die Quelle von Erinnerun-
124 gen sind, die wohl weniger lebhaft, aber viel himmlischer sind als die an Orten, wo man der Geliebten einstmals begegnet ist.

Wenn die Abwesenheit etwas nützen soll, muß der heilende Freund immer zur Stelle sein und den Liebenden auf alle möglichen Gedanken über die Ereignisse seiner Liebe bringen. Er muß diese Gedanken durch ihre Länge oder durch ihren ungünstigen Zeitpunkt langweilig zu machen und ihnen sozusagen die Wirkung eines Gemeinplatzes zu geben suchen; zum Beispiel, indem er nach einem fröhlichen Mahle bei gutem Wein plötzlich wehmütig und gefühlvoll wird.

Darum ist es so schwer, eine Frau, bei der wir glücklich waren, zu vergessen, weil es gewisse Augenblicke gibt, die unsere Phantasie unermüdlich immer wieder zurückruft und vergoldet.

Ich spreche nicht vom Stolze, diesem grausamen und allmächtigen Heilmittel; es steht zarten Seelen nicht zu Gebote.

Die ersten Szenen in Shakespeares »Romeo und Julia« sind ein bewundernswertes Gemälde. Welch ein großer Unterschied ist zwischen dem Manne, der sich traurig sagt: »*She hath forsworn to love!*« und dem, der auf dem Höhepunkt des Glückes ausruft: »*Come what sorrow can!*«

39. Kapitel

Ihre Leidenschaft wird erlöschen wie eine
Lampe, deren Flamme keine Nahrung erhält.

Scott, Braut von Lammermoor

Der heilende Freund muß sich wohl vor schlechten Gründen hüten, zum Beispiel darf er nie von Undankbarkeit reden. Man belebt die
Kristallbildung wieder, wenn man ihr einen Sieg und eine neue Freude 125
verschafft.

In der Liebe gibt es keine Undankbarkeit. Eine wirkliche Freude macht auch die scheinbar größten Opfer und noch weit mehr bezahlt. Es gibt nur ein Unrecht, Mangel an Offenheit. Man muß den Zustand seines Herzens richtig beurteilen.

Sobald der heilende Freund die Liebe in der Front angreift, antwortet der Liebende: »Lieben, und selbst unter dem Zorne der Geliebten, ist nichts anderes – um zu deinem Geschäftston herabzusteigen – als ein Lotterielos besitzen, dessen Gewinst tausendfach über allem steht, was du mir bieten kannst in deiner Welt voll Gleichgültigkeit und Eigennutz. Man muß sehr viel und sehr kleinliche Eitelkeit besitzen, um sich deshalb glücklich zu fühlen, weil man freundliche Aufnahme findet. Keineswegs tadle ich die Menschen, die in ihrem Kreise so handeln. Aber bei Leonore habe ich eine andere Welt gefunden, in der alles göttlich, zart und edel war. Der erhabenste und unglaublichste Ruhm eurer Welt galt uns in unseren Gesprächen nur als etwas Gewöhnliches und Alltägliches. Laß mir darum wenigstens den *Traum* des Glückes, mein Dasein an der Seite eines solchen Wesens zu verbringen. Obwohl ich sehe, daß mich die Verleumdung zugrunde gerichtet hat, und ich keine Hoffnung mehr habe, will ich ihr wenigstens meine Rache opfern.«

Man kann die Liebe nur in ihrem Entstehen aufhalten. Außer einer schnellen Abreise und den unvermeidlichen Zerstreuungen der Gesellschaft gibt es noch verschiedene kleine Kniffe, die der heilende Freund
anwenden kann. Zum Beispiel wird er wie zufällig in unserer Gegenwart 126
die Bemerkung machen, die geliebte Frau bezeige uns – abgesehen von der Ursache des ganzen Zwistes – nicht die Rücksichten der Höflichkeit und Achtung, die sie einem Nebenbuhler zukommen lasse. Die geringsten Tatsachen genügen dazu, denn in der Liebe ist alles »Beweis«; zum

Beispiel, wenn sie uns nicht den Arm gibt, um sich zu ihrer Loge führen zu lassen, so wird dieses Nichts von einem leidenschaftlich bewegten Herzen tragisch genommen. Es schwächt die Kristallbildung ab, vergiftet die Quelle der Liebe und kann sie sogar verschütten.

Man kann der Frau, die mit unserem Freunde schlecht umgeht, einen lächerlichen körperlichen Fehler nachsagen, der sich unmöglich feststellen läßt. Wenn der Liebende die Verleumdung nachweisen könnte, so würde sie, selbst wenn er sie begründet fände, durch die Macht der Einbildung doch hinfällig werden und bald ganz vergessen sein. Nur die Phantasie kann sich selbst Trotz bieten. Heinrich der Dritte wußte das sehr gut, als er die berühmte Herzogin von Montpensier verleumdete.

Wenn man ein junges Mädchen vor der Liebe bewahren will, muß man also hauptsächlich seine Phantasie behüten. Je höher sein Geist, je edler und großmütiger seine Seele, je mehr es – mit einem Wort – unserer Achtung wert ist, um so größerer Gefahr geht es entgegen.

Es ist immer für ein junges Wesen gefährlich, wenn man duldet, daß sich seine Erinnerungen zu häufig und mit zuviel Wohlgefallen an einen bestimmten Menschen heften. Wenn Dankbarkeit, Bewunderung oder Neugierde die Fäden der Erinnerung fester knüpfen, so ist das Verderben fast unabwendbar. Je langweiliger das alltägliche Leben ist, um so
127 wirksamer sind die Gifte, die Dankbarkeit, Bewunderung und Neugierde heißen. Dann hilft nur eine schnelle, rechtzeitige und energische Zerstreuung.

Daher ist ein wenig Rauheit und Sich gehenlassen beim ersten Zusammentreffen, auf natürliche Weise gegeben, das sicherste Mittel, sich bei
128 einer geistvollen Frau Respekt zu verschaffen.

Zweites Buch

Die Liebe bei den verschiedenen Völkern

40. Allgemeines

Immer trägt alle Phantasie und Liebe eines Menschen die Farbe eines der sechs Temperamente; sie ist:

sanguinisch in Frankreich (Herr von Francueil, Memoiren der Frau von Epinay),

cholerisch in Spanien (Lauzun oder Peguilhen in den Memoiren von Saint-Simon),

melancholisch in Deutschland (Schillers Don Carlos),

phlegmatisch in Holland,

nervös (Voltaire),

athletisch (Milon von Kroton).[37]

Wenn der Einfluß des Temperaments schon im Ehrgefühl, im Geiz und in der Freundschaft hervortritt, so muß er sich erst recht in der Liebe geltend machen, die eine starke Beimischung vom Physischen hat.

Nehmen wir an, daß jede Liebe sich einer der von mir im ersten Buche aufgestellten Arten zurechnen läßt, zu der

Liebe aus Leidenschaft (Julie von Etanges),

Liebe aus Galanterie,

Liebe aus Eitelkeit,

Liebe aus Sinnlichkeit.

Lassen wir nun diese vier Arten der Liebe sich mit den sechs Spielarten des Temperaments mischen. Tiberius hatte nicht die tolle Phantasie
Heinrichs des Achten. Betrachten wir alsdann alle die Mischungen, die 130
von der Verschiedenheit der Lebensweise infolge der Regierungsform oder des Volkscharakters abhängig sind; und zwar unterscheide ich da

1. den asiatischen Despotismus, zum Beispiel in Konstantinopel,

2. die absolute Monarchie, wie unter Ludwig dem Vierzehnten,

3. die durch eine Verfassung verdeckte Aristokratie: die Beherrschung eines Volkes zugunsten der Reichen, wie in England, und unter einer sozusagen biblischen Moral,

4. die konstitutionelle Monarchie,

5. die föderative Republik oder die Herrschaft aller, wie in den Vereinigten Staaten von Nordamerika,

6. den Staat im Zustande der Revolution, wie in Spanien, Portugal und Frankreich. Dieser Zustand eines Landes erweckt in jedem Staatsangehörigen eine lebhafte Leidenschaft, er begünstigt die Natürlichkeit der Sitten, vernichtet die Albernheiten und Scheintugenden der Konvention, die bornierten Standesvorurteile, verleiht der Jugend Ernst, läßt sie die »Liebe aus Eitelkeit« verachten und die bloße Galanterie vernachlässigen.

Dieser Zustand kann lange andauern und so die Lebensgewohnheiten eines ganzen Geschlechts bestimmen. In Frankreich begann er 1788, wurde 1802 unterbrochen, setzte sich 1815 fort und wird wer weiß wann enden.

Außer diesen allgemeinen Gesichtspunkten zur Betrachtung der Liebe kommen noch die Unterschiede des Alters und schließlich die individuellen Eigentümlichkeiten hinzu.

131 Zum Beispiel könnte ich sagen:

Ich habe in Dresden am Grafen Wolfstein die Liebe aus Eitelkeit, das melancholische Temperament, die monarchische Lebensweise, das Alter von dreißig Jahren und gewisse individuelle Eigentümlichkeiten gefunden.

Diese Art, die Dinge zu sehen, kürzt ab und ermöglicht, was unerläßlich und sehr schwer ist, ein unparteiisches Urteil.

Wie aber der Mensch in der Physiologie fast nichts über sich selbst weiß, außer durch die vergleichende Anatomie, so können wir bei den Leidenschaften, der Eitelkeit und verschiedenen anderen Ursachen von Illusionen über das, was in uns vorgeht, nur durch die Schwächen aufgeklärt werden, die wir an anderen beobachtet haben. Wenn mein Buch überhaupt irgend einen Nutzen bringen sollte, so wäre es der, daß es zu solchen Vergleichen anregt. Um das zu tun, will ich versuchen, einige Hauptzüge des Charakters der Liebe bei den verschiedenen Völkern zu skizzieren.

Wenn ich dabei häufig Italien erwähne, so bitte ich um Nachsicht; bei dem gegenwärtigen Sittenzustande von Europa ist es das einzige Land, wo sich die von mir beschriebene Pflanze in voller Freiheit entwickelt. In Frankreich ist es die Eitelkeit, in Deutschland eine anspruchsvolle, höchst lächerliche Philosophie, in England ein ängstlicher, leidender, rachsüchtiger Stolz, der die echte Liebe quält und unterdrückt oder in eine barocke Richtung drängt.

41. In Frankreich

Ich suche mich von jeglichem Vorurteil frei zu machen und nichts als kalter Philosoph zu sein. 132

In Frankreich sind die Frauen durch die Erziehung der liebenswürdigen Franzosen, die nur Eitelkeit und sinnliches Begehren kennen, weniger tatkräftig, weniger energisch, weniger gefürchtet und besonders weniger geliebt als die Frauen Spaniens und Italiens.

Die Macht einer Frau steht im unmittelbaren Verhältnis zu dem Unglück, das sie über ihren Geliebten zu bringen vermag. Wenn jedoch allein die Eitelkeit entscheidet, so ist eine Frau höchstens nützlich, niemals notwendig. Das Schmeichelhafte des Erfolgs aber liegt im Erringen, nicht im Besitzen. Für lediglich sinnliche Bedürfnisse gibt es Dirnen, und nicht ohne Grund sind die Dirnen Frankreichs reizend, die Spaniens höchst übel. In Frankreich können Dirnen den meisten Männern ebensoviel Glück gewähren als ehrbare Frauen, das heißt Glück ohne Liebe, und etwas schätzt ein Franzose immer höher als seine Geliebte: seine Eitelkeit.

Ein junger Pariser sieht in der Geliebten eine Art Sklavin, die vor allem den Zweck hat, ihm die Freuden der Eitelkeit zu gewähren. Wenn sie den Geboten dieser maßgebenden Leidenschaft nicht mehr entspricht, verläßt er sie und ist obendrein noch sehr zufrieden mit sich selbst, wenn er seinen Freunden erzählen kann, auf welche überlegene Weise und unter welchen pikanten Umständen er sich ihrer entledigt hat.

Ein Franzose (Meilhan), der sein Land sehr gut kennt, sagt: »In Frankreich sind große Leidenschaften ebenso selten, wie große Männer.«

Es fehlt der französischen Sprache an Wörtern, um auszudrücken, wie durchaus unmöglich für einen Franzosen die Rolle eines verlassenen Liebhabers ist, dessen Schicksal und Verzweiflung die ganze Stadt kennt und teilnehmend verfolgt. In Venedig und Bologna ist das nichts Unge- 133
wöhnliches.

Wenn man in Paris Liebe finden will, so muß man zu den Klassen niedersteigen, wo die Energie durch den Mangel an Erziehung und Eitelkeit und den Kampf um die wirklichen Bedürfnisse des Lebens noch nicht so gebrochen ist.

Eine große ungestillte Sehnsucht verraten heißt eine Niederlage eingestehen, ein Bekenntnis, das in Frankreich ganz unmöglich wäre und nur unter ganz gewöhnlichen Leuten vorkommt; man würde sich dadurch allerlei schlechten Witzen aussetzen. Daher das übertriebene Lob der Dirnen im Munde der französischen Jugend, die sich vor ihrem eigenen Herzen fürchtet. Die maßlose, plumpe Angst, sich unter seiner Würde zu zeigen, ist das leitende Element der Unterhaltung der Provinzler. Es ist historisch, daß einer, der die Ermordung des Herzogs von Berry als Neuigkeit hörte, die Antwort gegeben hat: »Das wußte ich schon«, – nur aus Furcht, dem, der etwas Neues erzählt, eben dadurch nachzustehen.

Im Mittelalter stählte die Gegenwart der Gefahr die Herzen. Wenn ich mich nicht irre, liegt hierin ein Grund für die erstaunliche Überlegenheit der Männer des Cinquecento. Die Originalität, bei uns selten, lächerlich, gefahrvoll und häufig unnatürlich, war damals alltäglich und ungeschminkt. Länder, wo die Gefahr noch heute mit eiserner Hand droht, wie Korsika,[38] Spanien und Italien, bringen immer noch große Männer hervor. In diesen Himmelsstrichen, wo die Glut der Sonne während dreier Monate im Jahre die Galle reizt, fehlt es meist nur an
134 der Verwendung der Spannkraft, in Paris fehlt diese Spannkraft selbst.

Viele unserer jungen Leute, die sonst in Montmirail und im *Bois de Boulogne* so unternehmungslustig sind, fürchten sich vor der Liebe, und aus richtiger Verzagtheit meiden sie den Anblick eines jungen Mädchens, das sie hübsch finden. Wenn sie daran denken, was in Romanen als Pflicht eines Liebenden bezeichnet wird, sind sie starr. Diese kalten Seelen verstehen nicht, daß der Sturm der Leidenschaft, der die Wogen im Meer aufjagt, auch die Segel des Schiffes schwellt und ihnen die Kraft verleiht, den Sturm zu besiegen.

Die Liebe ist eine köstliche Blume, aber man muß den Mut haben, sie am grausigen Rand eines Abgrundes zu pflücken. Außer der Lächerlichkeit sieht die Liebe immer das Schrecknis, von der Geliebten verlassen zu werden. Dann bleibt für das ganze Leben nichts übrig als ein *dead blank.*

Die Vollkommenheit der Kultur bestünde darin, die feinen Genüsse des neunzehnten Jahrhunderts mit häufigeren Gefahren zu vereinen. Die Genüsse des Privatlebens müßten sich ins Unendliche steigern, je häufiger man sich der Gefahr aussetzte. Ich denke dabei nicht nur an kriegerische Gefahren. Ich wünsche solche Gefahren zu jedem Zeitpunkt, in jeder Form, für alle Lebenskreise; sie müßten den Inhalt des Lebens ausmachen wie im Mittelalter. Der Gefahr, wie sie von unserer Kultur präpariert und zugestutzt wird, ist auch der langweiligste und schwächste Charakter gewachsen.

Ich finde in O'Mearas Buch *A voice from Saint-Helena* (II, 94) die Worte eines großen Mannes:

»Murat erhält den Befehl: Gehen Sie zur Vernichtung der sieben oder acht feindlichen Regimenter vor, die dort unten in der Ebene am
Kirchdorf stehen! Im Augenblick war er wie ein Blitz auf und davon, 135
und so wenig Kavallerie er auch führte, die feindlichen Regimenter waren bald zersprengt, vernichtet und verschwunden. Überläßt man diesen Mann aber sich selbst, so hat man einen Schwachkopf ohne Urteil. Es ist mir unbegreiflich, wie ein so tapferer Mann so feig sein kann. Nur vor dem Feinde war er tapfer, dort aber gewiß der glänzendste und mutigste Soldat von ganz Europa.

Er war auf dem Schlachtfelde ein Held, ein Saladin, ein Richard Löwenherz. Machte man ihn zum König oder setzte man ihn in einen Ministerrat, so war er nichts als ein Feigling ohne Willen und Urteil. Murat und Ney sind die tapfersten Männer, die ich gekannt habe.«

42. Noch einmal Frankreich

Frankreich nimmt in der Anlage dieses Buches viel Raum ein, weil Paris dank der Überlegenheit seiner Literatur und seiner Sprache der Salon Europas ist und bleiben wird.

Drei Viertel aller Liebesbriefe in Wien wie in London werden französisch geschrieben oder sind voll von französischen Wendungen und Worten und Gott weiß in was für einem Französisch.[39]

Mir scheint, es sind zwei Ursachen, die Frankreich hinsichtlich der großen Leidenschaften der Originalität beraubt haben:

1. Das echte Ehrgefühl oder der Wunsch, Bayard zu gleichen, um in der Gesellschaft Ansehen zu genießen und täglich seine Eitelkeit befriedigt zu sehen.

2. Das falsche Ehrgefühl oder der Wunsch, Leuten von gutem Ton aus der ersten Pariser Gesellschaft zu gleichen, zum Beispiel in der

136 Kunst, in einen Salon einzutreten, einen Rivalen seine Abneigung merken zu lassen oder sich mit seiner Geliebten zu überwerfen.

Das falsche Ehrgefühl bietet unserer Eitelkeit weit mehr Genuß als das echte, schon an und für sich, weil es jedem Einfaltspinsel verständlich ist, dann aber auch, weil es sich den täglichen und selbst stündlichen Handlungen anpaßt. Man kann beobachten, daß Leute mit diesem falschen Ehrgefühl in der Gesellschaft sehr gut aufgenommen werden, während das Gegenteil unmöglich ist.

Der Ton der großen Gesellschaft verlangt:

1. Alle großen Interessen mit Ironie zu behandeln. Nichts ist natürlicher; früher konnten Leute aus der wirklich großen Gesellschaft durch nichts innerlich berührt werden; sie hatten gar nicht die Zeit dazu. Der Landaufenthalt ändert das. Überdies geht es einem Franzosen gegen die Natur, sich eine Bewunderung anmerken zu lassen. Er würde sich dadurch etwas vergeben, nicht nur vor dem Bewunderten, sondern besonders vor seinem Nachbar, falls es diesem einfiele, über den Gegenstand der Bewunderung zu spotten.

In Deutschland, Italien und Spanien hingegen liegt in der Bewunderung Aufrichtigkeit und Glück. Dort ist der Bewunderer auf seine Empfindung stolz und bedauert den Auszischer; ich sage nicht den *Spötter*, denn den gibt es nicht in Ländern, wo die einzige Lächerlichkeit die ist, den Weg zum Glück, nicht aber die Nachäffung fremder Manieren, zu verfehlen. Im Süden erzeugt das Mißtrauen und die Befürchtung, im wirklich empfundenen Genuß gestört zu werden, eine angeborene Bewunderung für Luxus und Pracht. Man sehe sich eine *funzione* in
137 Cadix an; das steigert sich bis zum Wahnsinn.[40]

2. Ein Franzose hält sich für den unglücklichsten und lächerlichsten Menschen, wenn er gezwungen ist, einsam zu sein. Aber was ist Liebe ohne Einsamkeit?

3. Ein leidenschaftlicher Mensch denkt nur an sich; ein Mensch, der nach Beachtung trachtet, denkt nur an andere. Mehr noch: vor 1789 fand man in Frankreich persönliche Sicherheit nur, wenn man einem Stande, zum Beispiel dem Richterstande, angehörte und von den Angehörigen dieses Standes beschützt wurde.[41] Die Meinung eines Nachbarn war also ein wesentlicher und notwendiger Teil des Glückes. Am Hofe war das noch mehr der Fall als in der Stadt Paris.

Man kann sich leicht vorstellen, welchen Einfluß solche Anschauungen, – die allerdings nach und nach außer Kraft treten, doch in Frankreich noch für ein Jahrhundert ausreichen, – auf die großen Leidenschaften ausüben.

Ich kann mir einen Menschen vorstellen, der sich aus dem Fenster stürzt, dabei aber in gefälliger Haltung unten auf dem Pflaster anzulangen bestrebt ist.

In der Leidenschaft gleicht ein Mann sich selbst und keinem anderen, was in Frankreich die Quelle aller Lächerlichleiten bildet. Zudem beleidigt man die anderen, und das verleiht der Lächerlichkeit noch Flügel.

43. In Italien

In Italien beruht das Glück darin, sich der Eingebung des Augenblicks zu überlassen, ein Glück, das bis zu einem gewissen Grade auch in Deutschland und England heimisch ist.

Dazu ist Italien ein Land, wo die Nützlichkeit, die Tugend der mittelalterlichen Republiken, noch nicht durch monarchische Ehr- und Tu- 138
gendbegriffe entthront ist und wo das wahre Ehrgefühl dem falschen noch nicht Platz gemacht hat. Man fragt sich nicht: Was denkt mein Nächster von meinem Glücke? Denn Herzensglück hat mit der Eitelkeit nichts zu schaffen, es ist unsichtbar. Der beste Beweis dafür ist, daß Frankreich das Land ist, wo die wenigsten Liebesheiraten vorkommen. Es kommt dagegen häufig vor, daß große englische Schauspielerinnen die Bühne verlassen und sich reich verheiraten.

Ein anderer Vorteil Italiens ist die ungestörte Muße unter einem wundervollen Himmel, die für die Schönheit in allen Gestalten empfänglich macht. Es kommt ein übertriebenes, dennoch vernünftiges Mißtrauen hinzu, das die Einsamkeit erhöht und den Reiz völliger Hingabe verdoppelt; außerdem liest man wenig, weder Romane noch andere Bücher, und überläßt sich um so mehr den Eingebungen des Augenblicks; endlich erweckt die Leidenschaft für Musik eine der Liebe verwandte Seelenstimmung.

In Frankreich gab es gegen 1770 kein Mißtrauen; es gehörte zum guten Ton, öffentlich zu leben und zu sterben. Wie die Herzogin von Luxemburg mit hundert Freunden vertraut war, so gab es auch sonst weder eigentliche Vertrautheit, noch Freundschaft mehr.

In Italien, wo eine Leidenschaft kein sehr seltenes Vorrecht ist, hat sie auch nichts Lächerliches an sich,[42] und man hört in den Salons ganz

laut allgemeine Liebesregeln entwickeln. Jedermann weiß Bescheid über die Symptome und den Verlauf dieser Krankheit und beschäftigt sich reichlich damit. Man sagt zu einem Verlassenen: »Sechs Monate werden
139 Sie untröstlich sein, dann aber gesunden wie der und der.«

In Italien ist die öffentliche Meinung eine ergebene Dienerin der Leidenschaften. Der ungeschminkte Genuß übt dort dieselbe Macht aus, die anderswo in den Händen der Gesellschaft liegt. Einfach, weil die Gesellschaft dem Volke fast kein Vergnügen bereitet und dieses keine Zeit zur Eitelkeit hat. Die Gelangweilten tadeln zwar die Leidenschaften, aber man lacht sie aus. Südlich der Alpen ist die Gesellschaft ein Despot ohne Kerker.

In Paris, wo die Ehre gebietet, mit dem Degen in der Faust, oder – wenn man das kann – mit geistreichen Reden alle Tore eines jeden großen zugestandenen Interesses zu verteidigen, ist es weit bequemer, seine Zuflucht zur Ironie zu nehmen.

Einige junge Leute haben ein anderes Teil erwählt und sich zu Schülern J.J. Rousseaus und der Frau von Staël aufgeworfen. Seit die Ironie etwas Gewöhnliches geworden ist, sind sie gefühlvoll. Übrigens liegen die Verhältnisse seit 1789 zugunsten der Nützlichkeit oder des individuellen Empfindens und gegen den Ehrbegriff oder die Herrschaft der öffentlichen Meinung. Die Parlamente geben ein Beispiel, alles zu diskutieren, selbst den Scherz. Indem das Volk ernster wird, verliert die Galanterie den Boden.

Ich muß als Franzose sagen, daß der Reichtum eines Landes nicht in einer geringen Zahl riesiger Vermögen besteht, sondern in der Masse der mittleren Vermögen. In Frankreich sind die Leidenschaften selten, aber die Galanterie ist anmutiger und feiner, daher hat sie auch mehr Glück zur Folge.

Ein römischer Künstler schrieb aus Paris:

»Ich fühle mich hier gar nicht wohl; ich glaube, es liegt daran, daß
140 ich nicht nach Herzenslust lieben kann. Hier verbraucht sich die Empfindung tropfenweise, in dem Maße, wie sie hervorquillt, und in einer Weise, die bei mir wenigstens die Quelle schwächt. In Rom bei den wenig aufregenden täglichen Ereignissen und der Langeweile des Außenlebens sammelt sich die Empfindungsfähigkeit zugunsten der Leidenschaften an.«

44. In Rom

Nur in Rom kommt es vor, daß eine anständige Frau, die Pferde und Wagen hat, vor einer anderen, einer einfachen Bekannten, so recht ihr Herz ausschüttet, wie ich es heute vormittag erlebt habe. »Ach, meine liebe Freundin, verliebe dich nie in den Fabio Vitteleschi. Lieber kannst du deine Liebe einem Straßenräuber schenken. Trotz seines sanften und gemessenen Benehmens bringt er es fertig, dir einen Dolch ins Herz zu bohren und dich dabei mit liebenswürdigem Lächeln zu fragen: Liebchen, tut es weh?« – So geschehen am 30. September 1819 in Gegenwart eines hübschen fünfzehnjährigen, übrigens sehr geweckten Mädchens, der Tochter jener Dame, die den guten Rat empfing.

Die Natürlichkeit der südlichen Liebenswürdigkeit ist nichts als die einfache Entwicklung einer großangelegten Natur, die durch den doppelten Mangel an guter Erziehung und an bedeutenden Ereignissen begünstigt wird. Wenn ein Nordländer das Unglück hat, nicht von Anfang an dadurch abgestoßen zu werden, so kommen ihm nach Verlauf eines Jahres die Frauen aller anderen Länder unausstehlich vor.

Er sieht die niedlichen Französinnen, die in den ersten drei Tagen recht liebenswürdig und verführerisch, aber schon am vierten langweilig sind; sobald man nämlich dahinter kommt, daß all ihr Liebreiz vorher 141
einstudiert und angelernt ist und für jedermann und jeden Tag ewig derselbe bleibt.

Er sieht die deutschen Frauen, die im Gegensatz zu den Französinnen so natürlich sind und sich so leidenschaftlich ihrer Phantasie hingeben, aber doch bei aller ihrer Natürlichkeit oft innerlich arm, einfältig und rührselig sind. Der Ausspruch des Grafen Almaviva scheint in Deutschland niedergeschrieben zu sein: »Und man ist höchst erstaunt, eines schönen Abends Übersättigung zu finden, wo man das Glück sucht.«

In Rom darf der Fremde nicht vergessen, daß in einem Lande, wo alles natürlich ist, das Schlechte viel schwärzer erscheint als anderwärts. Um nur von den Männern[43] zu reden, so sieht man hier in der Gesellschaft Ungeheuer auftauchen, die sich wo anders verstecken müßten. Es sind Menschen, die gleichmäßig leidenschaftlich, scharfblickend und feige sind. Ein böses Geschick hat sie zum Beispiel aus irgend einem Anlaß in die Nähe einer Frau geführt; wahnsinnig verliebt, trinken sie

den Kelch des Leids, einen andern bevorzugt zu sehen, bis zur Hefe aus. Ihre Gegenwart hat nur den einen Zweck, diesem glücklicheren Geliebten entgegenzuarbeiten. Nichts entgeht ihnen, und alle Welt sieht, daß ihnen nichts entgeht. Aber allem Ehrgefühl zum Trotz fahren sie fort, die Frau, ihren Geliebten und sich selbst zu quälen, und niemand tadelt sie, denn »sie tun, was ihnen Vergnügen macht«. Eines Abends gibt ihnen der Liebhaber, zum äußersten gebracht, einen Fußtritt; am nächsten Morgen bitten sie ihn sehr um Entschuldigung und beginnen von neuem, beständig und unerschütterlich, die Frau, den Geliebten
142 und sich selbst zu peinigen. Man schaudert bei dem Gedanken, welche Fülle von Unglück diese niedrigen Seelen täglich hinnehmen müssen, und ohne Zweifel ist nur ein Gran Feigheit weniger nötig, um sie zu Giftmischern zu machen.

Es ist auch nur in Italien möglich, daß junge Lebemänner, die Millionäre sind, Tänzerinnen großer Bühnen vor den Augen der ganzen Stadt mit dreißig Soldi (etwas über eine Mark) jeden Tag großartig aushalten. Zwei Brüder, schöne, junge Leute, leidenschaftliche Jäger und Pferdeliebhaber, sind auf einen Fremden eifersüchtig. Statt aber zu ihm zu gehen und ihre Beschwerden offen anzubringen, verbreiten sie heimlich ungünstige Gerüchte über den armen Fremden. In Frankreich würde die öffentliche Meinung solche Leute zwingen, entweder ihre Verdächtigungen zu beweisen oder dem Fremden Genugtuung zu geben. Hier gilt die öffentliche Meinung und die Verachtung nichts. Ein Reicher ist sicher, überall gut aufgenommen zu werden. Ein Millionär, der sich in Paris unmöglich gemacht hat, kann in aller Ruhe nach Rom pilgern. Dort wird er genau so hoch eingeschätzt werden wie seine Scudi.

45. Ein Tag in Florenz

Heute abend, am 12. Februar 1819, sprach ich in einer Loge mit einem Herrn, der irgend ein Anliegen an einen fünfzigjährigen Beamten hatte. Seine erste Frage war: »Wer ist seine Geliebte? *Chi avvicina adesso?*« – Hier sind alle solche Verhältnisse vollkommen bekannt, sie haben ihre Gesetze und es gibt eine anerkannte Art, sich dabei zu benehmen, die sich ohne Rücksicht auf das Herkommen fast nur auf die Billigkeit
143 stützt. Andernfalls ist man ein *porco.*

»Was gibt's Neues?« fragte mich gestern ein Freund, der aus Volterra kam. Nach einem kräftigen Stoßseufzer über Napoleon und die Engländer fährt man im Ton der lebhaftesten Teilnahme fort: »Die Vitteleschi hat ihren Liebhaber gewechselt; der arme Gherardesca ist in Verzweiflung.« – »Wen hat sie nun?« – »Den Montegalli, den schönen Offizier mit dem Schnurrbart, der die Prinzessin Colonna hatte. Sehen Sie, da unten im Parkett steht er wie angenagelt unter ihrer Loge. Dort bleibt er den ganzen Abend, denn ihr Mann will ihn nicht in seinem Hause sehen. Und dort am Eingang sehen Sie den armen Gherardesca, wie er trübselig auf und ab spaziert und von fern die Blicke zählt, die seine Ungetreue seinem Nachfolger zuwirft. Er ist ein ganz anderer Mensch geworden und in heller Verzweiflung. Umsonst wollen seine Freunde ihn nach Paris oder London schicken. Schon der Gedanke, Florenz zu verlassen, heißt für ihn Sterben. Das hat er selbst gesagt.«

Jedes Jahr gibt es in der großen Gesellschaft zwanzig ähnliche Verzweiflungsfälle; einige habe ich drei bis vier Jahre andauern sehen. Diese armen Teufel sind ohne jede Scheu und ziehen alle Welt ins Vertrauen. Übrigens hat man hier wenig Gesellschaft, und vollends, wenn man liebt, sucht man sie kaum mehr auf. Man darf nicht glauben, daß die großen Leidenschaften und die schönen Seelen irgendwo, selbst in Italien, etwas Gewöhnliches seien. Nur brennen dort die Herzen heller und die tausend kleinen menschlichen Eitelkeiten schießen dort nicht so ins Kraut, und darum blühen selbst geringeren Liebschaften herrliche Freuden. So habe ich dort sogar bei der Liebe aus Laune Wonnen und Augenblicke des Rausches beobachtet, wie sie die heftigste Leidenschaft unter dem Breitengrade von Paris niemals zeitigt. Dafür 144
hat dasselbe Paris die Welt mit Voltaire und Molière und so vielen anderen geistig hervorragenden Männern beglückt. Man darf nicht alles auf einmal haben wollen, und es wäre ein Mangel an Geist, sich darüber zu ärgern.

Ich habe heute abend erkannt, daß es im Italienischen besondere Bezeichnungen für tausend Dinge der Liebe gibt, die in anderen Sprachen endlose Umschreibungen erfordern; zum Beispiel gibt es einen feststehenden Ausdruck für die schnelle Wendung, die man macht, wenn man vom Parkett aus mit dem Glase nach der Loge der Frau, die man begehrt, hinaufsieht, und ihr Gatte oder Liebhaber nähert sich gerade der Brüstung der Loge.

Die Hauptcharakterzüge dieses Volkes sind:

1. Die zur Gewohnheit gewordene Aufmerksamkeit im Dienst ernster Leidenschaften macht schwerfällig; das ist der charakteristische Unterschied zwischen einem Franzosen und einem Italiener. Man muß einen Italiener beim Einsteigen in einen Postwagen, oder wenn er etwas bezahlt, beobachten, da gibt es keine *furia francese.* Deshalb erscheint der gewöhnlichste Franzose, wenn er nicht gerade ein beschränkter Kerl ist, einer Italienerin immer wie ein höheres Wesen.

2. Alle Welt unterhält Liebschaften, und nicht nur heimlich wie in Frankreich. Der Gatte ist der beste Freund des Liebhabers.

3. Kein Mensch liest.

4. Es gibt keine Gesellschaft. Um sein Leben auszufüllen und Beschäftigung zu haben, verlangt man etwas mehr als eine zweistündige Plau-
145 derei und Befriedigung seiner Eitelkeit in dem oder dem Salon. Das Wort *causerie* läßt sich nicht ins Italienische übersetzen. Man redet, wenn man im Dienste einer Leidenschaft zu reden hat, aber selten spricht man, um gut und über alles mögliche zu plaudern.

5. Es gibt in Italien nichts Lächerliches.

In Frankreich suchen zwei Menschen immer das gleiche Vorbild nachzuahmen, und die Art und Weise, wie das dem einen gelingt, unterliegt stets dem Urteil des andern.[44] In Italien weiß ich nicht, ob ein eigentümliches Betragen dem, der es an den Tag legt, nicht Vergnügen macht und ob es dem, der es wahrnimmt, nicht vielleicht auch welches bereitet.

Was in Sprache und Benehmen in Rom für unnatürlich gilt, erscheint wohlanständig oder unauffällig in Florenz. Man spricht in Lyon dasselbe Französisch wie in Nantes. Aber der venezianische, neapolitanische, genueser und piemonteser Dialekt sind wie vollkommen untereinander verschiedene Sprachen, und doch werden sie von Leuten gesprochen, die übereingekommen sind, in Druckwerken nur die in Rom übliche Sprache anzuwenden. Nichts wäre sinnloser als ein Lustspiel, dessen Ort der Handlung Mailand wäre und dessen Personen römisch sprächen. Die italienische Sprache, die sich viel mehr für den Gesang als zum Sprechen eignet, kann sich gegen die Klarheit des Französischen nur durch die Musik halten.

In Italien erhöht die Furcht vor dem Pascha und seinen Spionen den Wert des Nützlichen. Auf keinen Fall gibt es falsches Ehrgefühl. Es wird durch einen gewissen kleinlichen Haß auf die Gesellschaft, den soge-

nannten *petegolismo,* ersetzt. In den bürgerlichen Kreisen Frankreichs 146
wirken alle Verfehlungen gegen jenes Ehrgefühl lächerlich.[45]

6. Der Partikularismus.

Jener Stolz, der uns dazu führt, die Achtung unserer Mitbürger zu erstreben und sich mit ihnen eins zu fühlen, ward um 1550 durch den eifersüchtigen Despotismus der kleinen italienischen Fürsten von allen edleren Bestrebungen abgedrängt und so zum Anlaß eines Zerrbilds von Patriotismus, einer barbarischen Mischung von Wahnsinn und Dummheit, die selbst die gescheitesten Köpfe ansteckt. Turgot, der *soldat-laboureur*[46] jener Zeit, hat dafür gelegentlich der Belagerung von Calais die Bezeichnung *le patriotisme d'antichambre* erfunden.

Ein Fremder macht sich, um ein Beispiel anzuführen, selbst bei hübschen Frauen mißliebig, wenn er sich einfallen läßt, an dem Maler oder dem Dichter der Stadt einen Tadel zu finden. Man sagt ihm ganz ernstlich und sehr deutlich, daß man nicht zu ihnen zu kommen brauche, um sich über sie zu mokieren.

In Florenz sagt man *il nostro Benvenuti,* in Brescia *il nostro Arici,* und man legt auf das Wort *nostro* eine gewisse salbungsvolle und doch recht lächerliche Betonung, die genau so klingt, wie wenn der *Miroir* von der französischen Nationalmusik oder von Monsigny als »dem Musiker Europas« spricht.

Um diesen trefflichen Patrioten nicht ins Gesicht zu lachen, muß man daran denken, daß infolge der mittelalterlichen, durch die blutdürstige Politik der Päpste noch geschürten Fehden jede Stadt ihre Nachbarstadt tödlich haßte. Der Name der einen Stadt war in der anderen
immer gleichbedeutend mit irgend einem groben Tadel. Die Päpste ha- 147
ben es verstanden, das schöne Italien zum Heimatlande des Hasses zu machen.

Dieser Partikularismus ist die große geistige Wunde Italiens, ein tödliches Fieber, dessen unheilvolle Folgen sich noch bemerkbar machen werden, wenn das Joch der lächerlichen Kleinstaaterei längst abgeschüttelt ist. Er kommt namentlich in dem unauslöschlichen Hasse gegen alles Ausländische zum Ausdruck. So schimpfen sie auf die Deutschen und werden ganz wütend, wenn man ihnen sagt: »Was hat das Italien des achtzehnten Jahrhunderts Friedrich dem Großen Ebenbürtiges hervorgebracht? Wo habt ihr Gartenanlagen, die auch nur einigermaßen dem kleinsten deutschen Englischen Garten vergleichbar wären, ihr, die ihr doch bei eurem Klima wirklich Schatten nötig hättet?«

7. Im Gegensatz zum Engländer und Franzosen fehlt dem Italiener der Sinn für innere Politik. Der Adel, der mit den Pfaffen gemeinsame Sache macht, ist ihm alter Mummenschanz, über den er lacht. Ein Italiener muß sich lange in Frankreich aufhalten, ehe er begreift, daß ein Tuchhändler konservativ sein kann.

8. Als letzten Charakterzug nenne ich die Unduldsamkeit in der Unterhaltung und die zornige Aufwallung des Italieners, wenn er dem Gegner nicht sofort mit Gegenbeweisen kommen kann. Dann sieht man ihn bleich werden. Es ist das ein Zeichen von feinster Empfindlichkeit, aber kein liebenswürdiges, somit gerade ein untrügliches. Solche Beweise sind mir immer die liebsten.

Ich wollte die »ewige Liebe« kennen lernen, und nach mancherlei Schwierigkeiten habe ich es erreicht, heute abend dem Cavaliere C***
148 und seiner seit fünfundzwanzig Jahren geliebten Freundin vorgestellt zu werden. Gerührt habe ich die Loge dieses liebenswürdigen Greisenpaares wieder verlassen. Das ist die Kunst, glücklich zu sein, von der die Jugend meist nichts versteht.

Vor zwei Monaten besuchte ich Monsignore R*** in seinem Landhause, wo er mit Frau D***, seiner *avvicina,* wie man sagt, seit vierunddreißig Jahren lebt. Sie ist noch schön, aber es schwebt eine gewisse Schwermut über beiden, die man durch den Verlust eines ehedem durch den Gatten der Frau D*** vergifteten Sohnes erklärt. Hier ist Liebe etwas anderes als in Paris, wo man eine Geliebte nur alle Wochen eine Viertelstunde besucht und sonst höchstens einen Blick oder Händedruck von ihr erhascht. Der Liebende, der glücklich Liebende, verlebt vier bis fünf Stunden Tag für Tag mit der geliebten Frau. Er spricht mit ihr von seinen Geschäften, seinem Park, seinen Jagdabenteuern, seiner Beförderung und von tausenderlei. Es ist das vollständigste und zärtlichste Zusammenleben. Er duzt sie in Gegenwart ihres Gatten und überall.

Ein sehr ehrgeiziger junger Italiener wurde zum Gesandten in Wien ernannt, konnte sich aber nicht in das Fernsein schicken. Nach sechs Monaten verzichtete er auf seine hohe Stellung und kehrte zurück, um in der Loge seiner Freundin glücklich zu sein.

Ein solcher ständiger Verkehr wäre in Frankreich lästig, wo man in der Gesellschaft unbedingt eine gewisse Rolle spielen muß und uns unsere Geliebte mit Recht sagt: »Herr Soundso, heute abend sind Sie gräßlich, Sie sagen ja gar nichts.« In Italien handelt es sich nur darum,

daß man der geliebten Frau alles sagt, was einem in den Sinn kommt; man muß geradezu laut denken. Es gibt eine gewisse nervöse Folge der 149
Offenheit und Vertrautheit, die wieder Offenheit erweckt und die man ohne solche nicht erntet. Diese Liebe besitzt freilich den großen Nachteil, daß sie alle anderen Liebhabereien lahmlegt und alle anderen Lebensbetätigungen nichtig erscheinen läßt. Diese Liebe ist der beste Ersatz der Leidenschaft.

In Bologna gibt es in der Gesellschaft nichts Verächtliches. In Paris ist die Rolle des hintergangenen Ehemannes abscheulich. Hier in Bologna ist nichts dabei: es gibt keine betrogenen Ehemänner. Die Sitten sind wohl die gleichen, nur fehlt der Haß. Der Liebhaber der Frau ist immer der Freund des Gatten, und diese Freundschaft, gefestigt durch gegenseitige Dienste, überlebt oft alle anderen Beziehungen. Meistens dauern solche Liebesverhältnisse fünf bis sechs Jahre, mitunter länger. Am Ende verläßt man sich, wenn man sich nichts mehr zu sagen weiß, und nach einem Monat des Bruches verliert sich alle Bitterkeit.

Die alte Mode der *cavalieri serventi,* die in Italien durch Philipp den Zweiten mit dem spanischen Stolz und den spanischen Sitten eingeführt wurde, hat sich in den großen Städten ganz verloren. Napoleon hat in Oberitalien und selbst in Neapel der Sittenlosigkeit ein Ende gemacht.

46. Von der deutschen Liebe

Wenn der Italiener, der immer zwischen Haß und Liebe schwankt, von der Leidenschaft und der Franzose von der Eitelkeit lebt, so leben die guten einfachen Nachkommen der alten Germanen von der Phantasie. Kaum sind sie aus den unmittelbarsten und für ihren Lebensunterhalt 150
nötigsten sozialen Interessen heraus, so sieht man mit Erstaunen, wie sie sich in ihre Philosophie vergraben. Es ist das eine Art von sanfter, liebenswürdiger und vor allem unschädlicher Narrheit.

Ich will, nicht ganz aus dem Gedächtnis, aber nach flüchtigen Aufzeichnungen, ein Werk zitieren, das, wenngleich in oppositionellem Sinne geschrieben, dennoch den militärischen Geist in allen seinen Auswüchsen – nicht ohne Bewunderung – recht vorzüglich charakterisiert. Es ist »Die Reise in Österreich« von Cadet-Gassicourt (1809). Was hätte der edle und heldenmütige General Desaix gesagt, wenn er erlebt hätte, daß das reine Heldentum von 1795 zu solch' abscheulichem Egoismus geführt hat?

Zwei Freunde stehen zusammen bei einer Batterie während der Schlacht bei Talavera, der eine als Hauptmann und Batteriechef, der andere als Oberleutnant. Eine Kanonenkugel kommt geflogen und streckt den Hauptmann zu Boden. »Famos!« ruft der Oberleutnant ganz vergnügt, »Franz ist tot, nun bin ich Batteriechef!« – »Noch nicht ganz!« sagt Franz und steht wieder auf; das dicht neben ihm eingeschlagene Geschoß hatte ihn nur betäubt. Der Oberleutnant wie der Hauptmann waren die besten Menschen von der Welt, keineswegs bösartig, nicht besonders begabt und toll vernarrt in den Kaiser, aber die Ehrsucht und der gierige Egoismus, den Napoleon zu erwecken verstand und mit dem Namen *gloire* vergoldete, hatte die Humanität in ihnen ertötet.

Angesichts dieses rauhen Schauspiels, mitten unter solchen Männern, die sich bei den Paraden von Schönbrunn um einen Blick des Kaisers oder einen Baronstitel stritten, schildert der Arzt Napoleons die deutsche
151 Liebe (Seite 188) folgendermaßen:

»Nichts ist gefälliger und süßer als eine Österreicherin. Bei ihr ist die Liebe ein Kult, und wenn sie zu einem Franzosen eine Neigung fühlt, betet sie ihn mit grenzenloser Inbrunst an.

Es gibt überall leichtsinnige und launenhafte Frauen, aber im allgemeinen sind die Wienerinnen treu und gar nicht kokett. Wenn ich sage treu, so meine ich dem Geliebten ihrer Wahl, denn die Ehemänner sind in Wien wie überall …

Die schönste Frau Wiens hat die Huldigungen eines meiner Freunde, des Hauptmanns M*** im Hauptquartier des Kaisers, angenommen. Er ist ein hübscher und gescheiter junger Mann, aber sicherlich bietet weder seine Erscheinung, noch sein Gesicht etwas besonders Bemerkenswertes.

Seit einigen Tagen erregt seine junge Freundin das größte Aufsehen unter unseren glänzenden Generalstabsoffizieren, die ihre Zeit damit totschlagen, alle Winkel Wiens zu durchstöbern. Es gilt, der Kühnste zu sein; alle Kriegslisten werden angewandt; das Haus dieser Schönen ist von den hübschesten und reichsten Offizieren in Belagerungszustand versetzt. Die Junker wie die glänzenden Obersten, die Gardegenerale, ja selbst Fürsten vergeuden ihre Zeit unter ihren Fenstern. Keiner hat Erfolg. In Paris oder in Mailand waren diese Fürsten nicht gewohnt, grausame Frauenherzen zu finden. Als ich über das Mißgeschick dieser Herren mit jener reizenden Frau belustigt plauderte, sagte sie zu mir:

›Aber, mein Gott, wissen Sie denn nicht, daß ich den Hauptmann M*** liebe?‹«

(Seite 390:) »Als wir in Schönbrunn lagen, bemerkte ich, daß zwei
jüngere Herren aus der Umgebung des Kaisers niemanden in ihrer 152
Wiener Wohnung empfingen. Wir neckten die beiden mehrfach wegen dieser Heimlichtuerei. Eines Tages sagte der eine zu mir: ›Ich möchte kein Geheimnis vor Ihnen haben. Eine junge Frau aus der Stadt ist meine Geliebte geworden, unter der Bedingung, daß sie niemals meine Wohnung zu verlassen braucht und daß ich ohne ihre Einwilligung niemanden empfange.‹ Ich war neugierig, diese freiwillige Klausnerin kennen zu lernen, und da mir mein Beruf als Arzt ganz wie im Orient einen anständigen Vorwand gab, nahm ich eine Einladung zum Frühstück bei meinem Freunde an. Ich fand eine sehr verliebte Frau, die eifrig im Haushalt beschäftigt war und trotz des verlockenden Wetters kein Verlangen trug, auszugehen; sie war übrigens überzeugt, daß sie ihr Geliebter mit nach Frankreich nehmen würde.

»Der andere junge Herr, den man niemals in seiner Stadtwohnung antraf, vertraute mir kurz darauf etwas Ähnliches an. Auch seine Schöne sah ich auf gleiche Weise. Sie war blond, sehr hübsch und schön gewachsen.

Die eine, achtzehn Jahre alt, war die Tochter eines wohlhabenden Gastwirts, die andere, ungefähr vierundzwanzig Jahre alt, die Gattin eines österreichischen Offiziers, der in der Armee des Erzherzogs Johann am Feldzuge teilnahm. Ihre Liebe ging bis zum Heroismus. Ihr Geliebter wurde ihr nicht nur untreu, er kam sogar in die Lage, ihr ein sehr mißliches Geständnis machen zu müssen. Sie pflegte ihn mit vollkommener Hingabe, und durch die schwere Krankheit ihres Geliebten und die Gefahr, in der er schwebte, eng an ihn gefesselt, liebte sie ihn darum nur noch inniger als vorher.

Man versteht, daß ich als Fremdling und Eroberer, zumal sich die 153
ganze vornehme Gesellschaft Wiens bei unserem Anmarsche auf ihre Landgüter nach Ungarn zurückgezogen hatte, keine Gelegenheit hatte, die Liebe in den obersten Klassen zu beobachten, aber ich habe genug gesehen, um mich zu überzeugen, daß sie anders ist als die Liebe in Paris.«

Dieses Gefühl wird von den Deutschen als eine Tugend angesehen, als eine Äußerung des Göttlichen, als etwas Mystisches. Es ist nicht lebhaft, heftig, eifersüchtig, herrisch wie im Herzen einer Italienerin; es ist innig und ähnelt dem Illuminismus; es ist meilenweit entfernt von der englischen Liebe.

Vor einigen Jahren überfiel ein Leipziger Schneider in einem Anfall von Eifersucht seinen Nebenbuhler in einem öffentlichen Garten und erdolchte ihn. Er wurde zum Tode verurteilt. Die Moralisten jener Stadt stritten, gutmütig und leicht erregbar wie die Deutschen sind, (es ist das eine Charakterschwäche an ihnen,) über das Urteil, fanden es streng und bemitleideten sein Los. Aber das Urteil war nicht rückgängig zu machen. Am Tage der Hinrichtung erschienen alle jungen Mädchen Leipzigs in weißen Kleidern und gaben dem Schneider Blumen streuend das Geleit bis zum Schafott.

Kein Mensch fand diese Feierlichkeit merkwürdig. Freilich könnte man diesem Lande, das sich selbst für das Land der Denker hält, vorwerfen, es verherrliche damit den Mord. Aber es war eine Zeremonie und eine solche wird in Deutschland sicherlich niemals lächerlich gefunden. Man denke nur an das Hofzeremoniell der kleinen Fürsten, über das wir uns totlachen, das aber in Meiningen und Köthen überaus imposant erscheint.

154 Der Unterschied zwischen den Deutschen und allen anderen Völkern ist der: Nachdenken beruhigt sie nicht, sondern regt sie auf. Und zweitens trachten sie auf Tod und Leben nach Charakter.

Das Hofleben, das der Liebe und ihrer Entwicklung anderswo so vorteilhaft ist, stumpft sie in Deutschland ab. Man macht sich keinen Begriff von dem Ozean sinnloser Kleinigkeiten und Kleinlichkeiten, die an deutschen Höfen selbst bei den besten Fürsten gang und gäbe sind.[47]

Wenn wir mit unserem Stabe in eine deutsche Stadt einrückten, trafen die Damen der Gegend im Laufe von vierzehn Tagen ihre Wahl. Bei dieser Wahl blieb es. Und ich habe sagen hören, die Franzosen seien die Klippe gewesen, an der manche bisher unbescholtene Tugend gescheitert sei.

Die jungen Deutschen, denen ich in Dresden, Göttingen, Königsberg und anderen Orten begegnet bin, waren im Dunstkreis jener angeblich philosophischen Systeme aufgewachsen, die nichts als dunkle, schlecht geschriebene Poesie, aber in moralischer Hinsicht von hoher und heiliger Erhabenheit sind. Es scheint mir, daß die Deutschen von ihrem Mittelalter nicht das Republikanertum, das Mißtrauen und den Dolchstoß wie die Italiener geerbt haben, sondern eine starke Neigung zur Begeisterung und zur Treue. Aus diesem Grunde haben sie alle zehn Jahre einen großen Mann, der alle anderen verdunkelt. Ich denke an Kant, Schelling und Fichte, und erinnere an den Begeisterungstaumel für die Tragödie »Das Kreuz an der Ostsee«,[48] die den »Wilhelm Tell« in den Schatten stellte.

Luther hat den moralischen Sinn mit mächtiger Stimme aufgerüttelt, und die Deutschen haben sich, ihrem Gewissen getreu, dreißig Jahre 155
lang herumgeschlagen. Eine schöne und beachtenswerte Treue, so sinnlos der Glaube an und für sich ist.

Ihre geheimnisvolle Begeisterung für die Frauen und die Liebe hat schon Tacitus gerühmt, wenn dieser Schriftsteller nicht etwa lediglich eine Satire auf Rom hat verfassen wollen.[49]

Man braucht nur hundert Meilen durch Deutschland zu reisen, und man erkennt bereits in diesem uneinigen und zerstückelten Volke eine tiefe Begeisterung, die eher sanft und zart, als feurig und ungestüm ist.

Einen weiteren Beweis für diese allen Deutschen gemeinsame Neigung sehe ich im österreichischen Gesetzbuch, das für die Bestrafung fast aller Verbrechen das Geständnis des Verbrechers verlangt. Es ist für ein Volk berechnet, wo Verbrechen selten und eher eine Tat des Wahnsinns schwächlicher Naturen als die Folge eines mutigen, wohlüberlegten und in beständiger Fehde mit der Gesellschaft liegenden Geistes sind. Italien braucht entgegengesetzte Gesetze; man will jene dahin verpflanzen, aber es wäre ein großer Fehler.

Ich habe in Italien deutsche Richter in Verzweiflung gesehen, wenn sie Todesurteile oder schwere Gefangenschaft ohne Geständnis des Schuldigen verhängen mußten.

47. In England

Ich habe in letzter Zeit viel mit den Tänzerinnen vom Theater *del Sol* in Valencia verkehrt. Man versichert mir, verschiedene unter ihnen seien sehr keusch, weil nämlich ihre Beschäftigung zu ermüdend ist. Viganò läßt sie das Ballett in der »Jüdin von Toledo« alle Tage von
zehn Uhr vormittags bis vier Uhr nachmittags und von Mitternacht bis 156
drei Uhr morgens proben. Außerdem müssen sie alle Abende zweimal tanzen.

Das hat mich an Rousseau erinnert, der Emil viel zu gehen empfiehlt. Als ich heute um Mitternacht mit den kleinen Tänzerinnen in der Frische am Meeresstrand einen Spaziergang machte, kam mir in den Sinn, wie unbekannt dieser überirdische Genuß der frischen Seebrise unter dem Himmel von Valencia beim Anblick der schimmernden, hier so nahen Sterne in unserem traurigen, nebligen Norden ist. Er allein lohnt schon eine Reise von vielen hundert Meilen, er verhindert durch die Fülle der Empfindungen das Denken. Mir fiel ein, daß die Enthaltsamkeit meiner kleinen Tänzerinnen sehr gut erklärt, warum der männliche Stolz in England den Weg des Trunkes geht, um Haremssitten inmitten eines Kulturvolkes langsam wieder einzuführen. Man weiß, daß manche junge Engländerin trotz ihrer Schönheit und ihres reizenden Gesichtsausdruckes in geistiger Hinsicht recht zu wünschen übrig läßt. Trotz der Freiheit auf dieser Insel und der bewundernswerten Eigenart des Volkscharakters fehlt es den Engländerinnen an anregenden und ursprünglichen Gedanken. Oft haben sie nichts Bemerkenswertes als die Verschrobenheit ihres Zartgefühls. Das ist leicht erklärlich; in England ist die Schamhaftigkeit der Frauen der Stolz ihrer Ehemänner. Aber so unterwürfig eine Sklavin auch sein mag, ihre Gesellschaft wird doch bald zur Last. Daher kommt für die Männer die Notwendigkeit, sich allabendlich stumpfsinnig zu betrinken, statt wie in Italien die Abende mit der Geliebten zu verbringen. In England unternehmen reiche Leute, die sich zu Hause langweilen, unter dem Vorwande einer notwendigen
157 Leibesübung einen vier- bis fünfstündigen Marsch, als ob der Mensch auf die Welt gekommen wäre, um zu laufen. Sie verbrauchen so ihre Nervenkraft mit den Beinen, statt mit dem Herzen. Bei alledem wagen sie von weiblichem Zartgefühl zu sprechen und Spanien und Italien gering zu schätzen.

Niemand hingegen ist beschäftigungsloser als die jungen Italiener. Alle Bewegung, die ihre Empfindlichkeit beeinträchtigen würde, ist ihnen unangenehm. Höchstens machen sie von Zeit zu Zeit einen halbstündigen Spaziergang, weil er ihrer Gesundheit dienlich ist. Was die Frauen anbetrifft, so läuft eine Römerin in einem ganzen Jahr weniger als eine junge Miß in einer Woche.

Mir scheint, daß der Stolz des englischen Ehemannes die Eitelkeit seiner armen Frau sehr geschickt auf die Spitze treibt. Er redet ihr vor allem ein, daß man nie *gewöhnlich* sein darf, und die Mütter, die ihre Töchter daraufhin zustutzen, einen Gatten zu finden, haben diesen Gedanken gut verstanden. Deshalb ist auch die Mode im vernünftigen England viel geschmackloser und herrischer als im leichtfertigen Frankreich. In England ist sie eine Pflicht, in Paris ein Genuß. Die Ehemänner gestatten ihren Frauen gern diese aristokratische Narrheit als Entschädigung für den unendlichen Stumpfsinn, den sie ihnen auferlegen.

Vorzüglich finde ich in den einst berühmten Romanen der Miß Burney die Schilderung der gesellschaftlichen Zustände unter den englischen Frauen, wie sie der wortkarge Dünkel der Männer verschuldet hat. Da es *gewöhnlich* ist, um ein Glas Wasser zu bitten, wenn man durstig ist, so verdursten die Heldinnen der Miß Burney lieber. Um das Gewöhnliche zu meiden, fällt man in die schauderhafteste Ziererei. 158

Ich vergleiche die Vorsicht eines jungen Engländers von zwanzig Jahren mit dem tiefen Mißtrauen eines gleichalterigen Italieners. Der Italiener wird dazu gezwungen, um sich persönlich zu sichern, er legt aber sein Mißtrauen ab oder vergißt es wenigstens, sobald er vertraut wird, während sich Vorsicht und Hochmut beim jungen Engländer gerade inmitten der augenscheinlich zärtlichsten Gesellschaft verdoppeln.

Wohlgemerkt zwingt das Los des Silvio Pellico und hundert anderer den Italiener zum Mißtrauen, während die Vorsicht des jungen Engländers nur durch die übertriebene und krankhafte Empfindlichkeit seiner Eitelkeit verursacht wird. Der Franzose, der in seiner Denkweise jederzeit verbindlich ist, sagt seiner Geliebten alles. Das ist eine Gewohnheit bei ihm, ohne die er nicht ungezwungen wäre, und er weiß, daß es ohne Ungezwungenheit keine Anmut gibt.

Nur mit Schmerz und mit Tränen im Auge habe ich gewagt, das Vorstehende niederzuschreiben. Da ich aber auch einem Könige nicht schmeicheln würde, warum sollte ich da von einem Lande nicht sagen, was ich denke, wenn es auch *of course* vielleicht recht ungereimt ist, weil ich gerade diesem Lande das Leben der liebenswürdigsten Frau danke, die ich kennen gelernt habe?

Mit Befriedigung will ich hinzufügen, daß unter dieser Art von Sitten und unter so vielen Engländerinnen, die das geistige Opfer des männlichen Dünkels sind, doch eine ausgesprochene Originalität lebt, daß eine vornehme Familie, die über diese trübselige Beschränktheit erhaben ist, bezaubernde Charaktere hervorzubringen vermag. Aber wie unbezeichnend ist doch das Wort »bezaubernd« trotz seines Ursprungs, um das wiederzugeben, was ich damit ausdrücken möchte. Die sanfte Imogen 159 und die holde Ophelia haben sicherlich in England lebendige Urbilder; aber diese Wesen genießen durchaus nicht die hohe Verehrung, die der »fashionablen« Engländerin einmütig gezollt wird, deren Bestimmung es ist, allen Anforderungen des Herkommens voll zu entsprechen und einem Gatten den Genuß des krankhaftesten aristokratischen Dünkels und eines sterbenslangweiligen Glückes zu gewähren.[50]

In der langen Flucht von fünfzehn bis zwanzig kühlen und lauschigen Gemächern, in denen die italienischen Damen nichtstuend ihr Dasein verträumen, lauschen sie den halben Tag lang den Worten der Liebe und der Musik. Abends im Theater im Dunkel der Logen hören sie wiederum die Sprache der Musik und der Liebe.

So ist neben dem Klima die Lebensweise in Spanien und Italien der Musik und der Liebe ebenso günstig, wie sie ihnen in England feindlich ist.

Ich tadle und lobe nicht, ich beobachte.

48. In Irland und Schottland

Ich liebe Irland zu sehr und ich habe mich dort zu wenig aufgehalten, um davon zu sprechen. Ich bediene mich der Beobachtungen eines Freundes.

Der gegenwärtige Zustand Irlands ist heute (1822) zum zwanzigsten Male seit zwei Jahrhunderten in jener eigentümlichen Phase, die mutigen Entschlüssen so förderlich und der Langeweile so feindlich ist, in einem Zustand, in dem sich Leute, die eben noch fröhlich zusammen frühstücken, zwei Stunden später auf einem Schlachtfelde wieder begegnen können. Nichts entspricht kräftiger und unmittelbarer der den zarten
160 Leidenschaften günstigen Seelenstimmung, der Natürlichkeit. Nichts schützt mehr vor den beiden größten englischen Lastern, dem *cant* und der *bashfulness* (Heuchelei und Ängstlichkeit aus krankhaftem Stolz).

Man muß Irland für sehr unglücklich halten, da es seit zwei Jahrhunderten unter der feigen und grausamen Gewaltherrschaft Englands blutet. Es tritt in dem moralischen Zustande Irlands ein Schreckensgespenst hinzu, der Priester …

Seit zwei Jahrhunderten wird Irland ungefähr so schlecht regiert wie Sizilien. Und doch ist Sizilien das bei weitem glücklichere Land von beiden, die zugunsten weniger von Narren beherrscht werden. Seine

Regierung läßt ihm wenigstens die Liebe und das Vergnügen. Sie hätte ihm diese wie alles andere wohl auch geraubt, aber glücklicherweise gibt es in Sizilien nur wenig von jenem moralischen Übel, das den Namen Gesetz und Regierung trägt. Ich bezeichne als moralisches Übel jede Regierung, die nicht zwei Kammern hat. Die einzige Ausnahme davon ist die, wenn das Staatsoberhaupt ein Muster an Redlichkeit ist wie zum Beispiel in Sachsen.[51]

Die alten Leute und die Priester machen die Gesetze und halten auf ihre Ausübung; das erkennt man an der vielfach lächerlichen Eifersucht, mit der auf den britischen Inseln das Vergnügen verfolgt wird. Das Volk könnte zu seiner Regierung wie Diogenes zu Alexander sagen: »Geh mir ein wenig aus der Sonne!«

Durch Gesetze, Vorschriften, Gegenvorschriften und Strafverfügungen hat die Regierung in Irland die Kartoffel eingeführt. Die Bevölkerung Irlands übertrifft an Zahl bedeutend die Siziliens; das heißt, man hat ein paar Millionen rechtloser dummer Bauern gezwungen, in Arbeit 161
und Elend vierzig oder fünfzig Jahre hindurch ein unglückliches Leben in den Sümpfen des alten Erin zu fristen und dabei pünktlich den Zehnten zu zahlen. Ein hohes Wunder! In der heidnischen Religion hätten diese armen Teufel wenigstens ein Glück genossen, so aber müssen sie auch noch den heiligen Patrick anbeten.

In Irland sieht man nichts weiter als Bauern, die unglücklicher sind als Wilde. Nur sind es, statt zehntausend wie im Naturzustande, acht Millionen[52] geworden, die fünfhundert *Absentees* in London oder Paris ein Leben in Überfluß ermöglichen.

In Schottland ist die Gesellschaft unendlich fortgeschrittener; dort ist die Regierung in vielen Beziehungen gut; Verbrechen sind selten, es gibt Bücher und keine Bischöfe. Die zarten Leidenschaften kommen dort viel besser zur Entwicklung. Wir brauchen also weiter keine trüben Betrachtungen anzustellen und dürfen zum Lächerlichen übergehen.

Man sieht den schottischen Frauen eine tiefe Melancholie an. Besonders verführerisch wirkt sie auf dem Balle, wo sie dem Feuer und dem leidenschaftlichen Eifer bei ihren Nationaltänzen etwas eigenartig Pikantes hinzufügt. Edinburg hat noch einen zweiten Vorteil, weil es sich der gemeinen Großmacht des Goldes entzogen hat. Hierdurch und durch die seltsame, wilde Schönheit ihrer Lage bildet diese Stadt den vollen Gegensatz zu London. Wie Rom erscheint das schöne Edinburg als der richtige Ort zu einem beschaulichen Dasein. Der rastlose Wirbel und

die unruhigen Forderungen des täglichen Lebens mit seinen Vor- und Nachteilen gehören nach London. Edinburg scheint mir seinen Tribut an den Teufel durch einen geringen Hang zur Pedanterie zu zahlen.
162 Die Zeiten, wo Maria Stuart im alten Holyrood Hof hielt und Riccio in ihren Armen ermordet wurde, waren für die Liebe günstiger als die, (darin werden mir alle Frauen recht geben,) wo man lange und sogar in ihrer Gegenwart darüber streitet, ob dem neptunischen oder vulkanischen System der Vorrang zu geben sei. Lieber ist mir noch ein Gespräch über die neue Uniform, die der König der Garde verliehen hat, oder über die Herrn B*** entgangene Lordschaft, Dinge, die London bei meinem dortigen Aufenthalt gerade beschäftigten, als eine Unterhaltung von den besten Forschungen über die Natur der Felsen …

Ich will nichts über den schrecklichen schottischen Sonntag sagen, gegen den einer in London wie ein Vergnügungsausflug erscheint. Dieser Tag, der zur Ehre des Himmels bestimmt ist, ist das beste Bild der Hölle, das ich je auf Erden erblickt habe. »Wir wollen nicht so schnell laufen«, sagte ein Schotte zu einem ihm befreundeten Franzosen auf dem Heimweg von der Kirche, »sonst sieht es aus, als gingen wir spazieren.«

Irland ist von allen drei Ländern dasjenige, wo sich, wie mir scheint, am wenigsten Heuchelei findet. In Irland findet man eine ausgelassene und sehr liebenswürdige Lebhaftigkeit. In Schottland hält man den Sonntag streng ein, aber am Montag tanzt man mit einer Freude und einer Hingabe, wie man sie in London nicht kennt. Es gibt viel Liebe unter der Landbevölkerung Schottlands. Die Allmacht der Phantasie hat dieses Land im sechzehnten Jahrhundert französisiert.

Der furchtbare Fehler der englischen Gesellschaft, der an einem einzigen Tage mehr Trübsal heraufbeschwört als Verschuldung und ihre Folgen, ja als selbst der tödliche Kampf zwischen reich und arm, ist in
163 einem Satze ausgedrückt, den ich in diesem Herbst in Croydon vor dem schönen Standbild des Bischofs hörte: »In der Gesellschaft will sich kein Mann in den Vordergrund stellen, aus Furcht, in seinen Erwartungen getäuscht zu werden.«

Man kann sich vorstellen, welche Gesetze solche Männer unter dem Namen der Schamhaftigkeit ihren Frauen und ihren Geliebten aufdrängen müssen.

49. Die Liebe in den Vereinigten Staaten

Eine freie Regierung ist eine Regierung, die ihren Bürgern nichts Böses zufügt, sondern ihnen im Gegenteil Sicherheit und Ruhe gewährt. Trotzdem ist der Weg von diesem Zustande bis zum Glücke noch weit; der Mensch muß es in sich selbst finden, denn nur eine gewöhnliche Seele kann sich im Genusse der Sicherheit und Ruhe völlig glücklich fühlen. In Europa, besonders in Italien, ist man sich darüber nicht recht klar. Da wir an Regierungen gewöhnt sind, die uns Schlimmes antun, erscheint uns die Befreiung davon als das höchste Glück. Wir gleichen in dieser Hinsicht Kranken, die sich unter schrecklichen Leiden abquälen. Das Beispiel Amerikas zeigt den Gegensatz. Dort versieht die Regierung ihr Amt vorzüglich, ohne irgend jemandem zu schaden. Aber als ob das Geschick unsere ganze Philosophie Lügen strafen und irre machen oder vielmehr der Unkenntnis über die Grundlagen der Menschennatur beschuldigen wollte, sehen wir, so fern uns auch bei unseren unglücklichen europäischen Zuständen seit Jahrhunderten jede wirkliche Erfahrung ist, doch ein, daß es den Amerikanern trotz ihrer vorteilhaften Regierung innerlich an etwas fehlt. Man möchte sagen, daß die Quelle
des Gefühls bei ihnen versiegt sei. Sie sind gerecht, sie sind vernünftig, 164
aber keineswegs glücklich.

Volney erzählt, daß er einmal auf dem Lande im Hause eines biederen Amerikaners war, eines wohlhabenden und von bereits erwachsenen Kindern umgebenen Mannes, als ein junger Mensch eintrat. »Guten Tag, William«, sagte der Familienvater, »setze dich.« Der Reisende fragte, wer der junge Mann sei. »Mein Zweitältester.« – »Woher kommt er?« – »Aus Canton.« – Die Rückkehr eines Sohnes vom andern Ende der Welt verursachte keine größere Erregung.

Alle Aufmerksamkeit scheint auf die vernünftige Regelung des Lebens und auf die Beseitigung aller Störungen gerichtet zu sein. Ist man endlich so weit, die Frucht so vieler Sorgen und eines so lange bewährten Ordnungssinnes zu pflücken, dann reicht das Leben zum Genuß nicht mehr aus.

Man kann sagen, die Söhne Penns haben nie jenen Vers gelesen, der ihre Geschichte zu sein scheint:

»*Et propter vitam vivendi perdere causas.*«

Die jungen Leute beiderlei Geschlechts unternehmen im Winter, der wie in Rußland die heitere Zeit des Landes ist, Tag und Nacht Schlittenfahrten miteinander und sind meilenweit unterwegs, lustig und ohne Beaufsichtigung. Aber niemals entsteht Schlimmes dabei.

Es gibt dort einen sozusagen physischen Frohsinn, der mit dem Feuer der Jugend, das heißt mit kaum fünfundzwanzig Jahren, dahin ist, aber keine genußbringenden Leidenschaften. Man ist in den Vereinigten Staaten so sehr an die Vernunft gewöhnt, daß eine Kristallbildung
165 unmöglich ist.

Ich bewundere dieses Glück, aber ich fühle keinen Neid. Es ist wie das Glück einer fremdartigen, untergeordneten Art von Wesen. Von Florida und Mittelamerika vermute ich Besseres.

Meine Ansichten über Nordamerika werden bestärkt durch den völligen Mangel an Künstlern und Schriftstellern. Die Vereinigten Staaten haben uns noch keine Tragödie, kein Gemälde und keine Lebensbeschreibung Washingtons herübergeschickt.

50. In Spanien

Andalusien ist eine der lieblichsten Stätten, die sich die Lebensfreude auf Erden zum Wohnsitz erwählt hat. Als die Mauren Andalusien verließen, haben sie dort ihre Baukunst und beinahe auch ihre Sitten zurückgelassen. Da ich über letztere unmöglich in der Sprache der Frau von Sévigné sprechen kann, so will ich wenigstens von der maurischen Bauweise erwähnen, daß ihr Hauptmerkmal darin besteht, jedes Haus mit einem kleinen Garten zu versehen, der von eleganten, schlanken Säulen umschlossen wird. Hier unter diesen Säulenhallen herrscht köstlicher Schatten, wenn draußen die unerträgliche Sommerhitze brütet und das Thermometer wochenlang 30° Reaumur zeigt. In der Mitte des Gärtchens befindet sich in der Regel ein Springbrunnen, dessen eintöniges, liebliches Plätschern das einzige Geräusch ist, das diese reizende Heimlichkeit belebt. Das Marmorbecken ist von einem Dutzend Orangen- und Lorbeerbäumen umgeben. Ein dichtes Zelttuch überdeckt das ganze Gärtchen und schützt es gegen die Strahlen und das Licht der Sonne, gestattet aber leichten Brisen, die um Mittag von den Bergen
166 herwehen, das Eindringen.

In diesem Raume leben die reizenden Andalusierinnen und empfangen sie ihre Besuche in einem einfachen schwarzen Seidenkleide, mit gleichfarbigen Fransen besetzt, das einen entzückenden Spann sehen läßt. Ihr Gang ist leicht und lebhaft, ihre Hautfarbe blaß, und in ihren Augen spiegeln sich die flüchtigsten Schattierungen zärtlichster und wildester Leidenschaft. So treten sie uns entgegen, diese himmlischen Geschöpfe, die ich hier nicht leibhaftig schildern kann.

Ich betrachte das spanische Volk als die lebendige Verkörperung des Mittelalters. Es weiß nichts von einer Unzahl kleiner Wahrheiten, auf die seine Nachbarn kindisch eitel sind, aber es ist um so vertrauter mit den großen und hat genug Charakter und Geist, um ihnen bis in die entferntesten Winkel zu folgen. Der spanische Charakter bildet ein schönes Gegenstück zu dem französischen Geiste; hart, jäh, wenig elegant, voll wilden Stolzes, immer rücksichtslos gegen andere, verhält er sich genau wie das fünfzehnte zum achtzehnten Jahrhundert.

Spanien reizt mich zu einem Vergleiche; das einzige Land, das Napoleon zu widerstehen verstand, erscheint mir durchaus frei von falscher Ehre und von allem, was am Ehrgefühl töricht ist. Man hat dort keine glänzenden Paraden, ändert nicht alle halbe Jahre die Uniformen und trägt keine Riesensporen.[53]

51. Über die Liebe in der Provence bis zur Eroberung von Toulouse durch die nordischen Barbaren im Jahre 1328

Die Liebe erfuhr in der Provence von 1100 bis 1328 eine sonderbare Entwicklung. Es gab anerkannte Gesetze für die Liebesbeziehungen
zwischen beiden Geschlechtern, die gleich streng und genau befolgt 167
wurden wie vielleicht heute die Gesetze der Ehre. Die geheiligten Rechte der Ehe traten vor ihnen völlig in den Hintergrund, Heuchelei war etwas Unbekanntes, und da die Gesetze die menschliche Natur nahmen, wie sie ist, mußten sie viel Glück hervorbringen.

Es gab eine ganz bestimmte Form, sich in eine Frau verliebt zu erklären, und ebenso eine, als Liebhaber angenommen zu werden. Nach einer gewissen Zeit vorschriftsmäßiger Huldigung war es gestattet, der Geliebten die Hand zu küssen. Die noch junge Gesellschaft gefiel sich in Förmlichkeiten und feierlichen Gebräuchen, die, damals ein Zeichen von Bildung, heute sterbenslangweilig wären. Der gleiche Charakter tritt in der provenzalischen Sprache zutage, in der Künstelei und Geziertheit ihrer Verse, in den männlichen und weiblichen Wörtern für die Bezeichnung ein und desselben Gegenstandes, endlich in der auffällig großen Zahl ihrer Dichter. Alles, was in der Gesellschaft Form ist, was heute so geschmacklos erscheint, hatte damals die ganze Frische und Kraft der Neuheit.

Nach dem Handkusse rückte man Grad für Grad auf, je nach Verdienst und ohne Bevorzugung. Wohlgemerkt, wenn auch die *Ehemänner* nie in Frage kamen, so gab es anderseits für die förmliche Annäherung der *Liebhaber* eine Grenze dicht an den Wonnen der zärtlichsten Freundschaft zwischen Menschen verschiedenen Geschlechts.[54] Erst nach mehreren Monaten oder Jahren der Prüfung, wenn eine Frau über den Charakter und die Verschwiegenheit eines Mannes völlig sicher war, und dieser die äußeren Formen und die Ungezwungenheit der zärtlichsten Freundschaft mit ihr teilte, mochte solche Freundschaft die Tugend
168 stark beunruhigen.

Ich sprach von Bevorzugung, das heißt, eine Frau konnte mehrere Liebhaber, jedoch nur einen ersten Liebhaber haben. Anscheinend kamen die anderen nicht viel über den Freundschaftsgrad des Handkusses und des täglichen Besuches hinaus. Alles, was uns von jener seltsamen Kultur übrig geblieben ist, besteht in Versen, und zwar in Versen barockster und schwierigster Art. Man darf sich nicht wundern, wenn unsere auf die Balladen der Troubadoure gestützte Kenntnis unklar und wenig genau ist. Man hat sogar einen Heiratsvertrag in Versen gefunden. Nach der Eroberung von 1328 ordneten die Päpste zu wiederholten Malen an, daß alle Handschriften in der Landessprache als ketzerhaft verbrannt würden. Die römische Arglist verkündete das Lateinische als einzig und allein eines so geistvollen Volkes würdige Sprache.

Auf den ersten Blick scheint so viel Öffentliches und Förmliches in der Liebe nicht im Einklang mit der wahren Leidenschaft zu stehen. Wenn die Dame zu ihrem Ritter sagte: »Geht aus Liebe zu mir und besucht das heilige Grab zu Jerusalem, bleibt dort drei Jahre und kehrt dann zurück!« so machte sich jener sofort auf den Weg; ein Augenblick des Zögerns hätte ihn mit gleicher Schande bedeckt wie heutzutage eine Schwäche in Ehrensachen.

Die Sprache jener Zeit besaß eine große Feinheit, um die flüchtigsten Schattierungen der Empfindung auszudrücken. Ein weiteres Zeichen dafür, daß die Sitten auf dem Wege der wahren Kultur weit vorgeschritten waren, ist der Umstand, daß zu einer Zeit, wo die Schrecken des Mittelalters und des Lehnswesens mit ihrer rohen Gewalt kaum überwunden waren, das schwache Geschlecht weniger geknechtet wurde, als
es heutzutage von Rechts wegen geschieht. Vielmehr finden wir die ar- 169
men schwachen Wesen, die in der Liebe das Höchste zu verlieren haben und deren Anmut so rasch verwelkt, als Herrinnen des Geschickes der Männer, die sich ihnen nähern. Eine dreijährige Verbannung nach Palästina, der Übergang von einer lebensfreudigen Kultur zum Fanatismus und den Mühsalen eines Kreuzzuges muß für jeden, der nicht gerade ein überspannter Christ war, ein äußerst harter Frondienst gewesen sein.

Was kann heute eine Frau ihrem Geliebten antun, wenn er sie feig verläßt? Darauf gibt es meiner Ansicht nach nur eine Antwort: eine Frau, die auf sich hält, darf keinen Liebhaber haben. Die Vorsicht rät also heutzutage den Frauen mit Recht viel mehr von der Liebe aus Leidenschaft ab. Aber rät ihnen nicht dafür eine andere Vorsicht, die ich nicht im geringsten billige, sich in der Liebe aus Sinnlichkeit zu entschädigen? Demnach hat die Tugend durch unsere Heuchelei und unsere Entsagung[55] durchaus nichts gewonnen, denn die Natur wird niemals ungestraft unterdrückt, nur das irdische Glück und die edelmütigen Regungen haben eine unendliche Einbuße erlitten.

Ein Liebender, der nach zehnjährigen vertrauten Beziehungen seine arme Geliebte verläßt, weil er die Spuren ihrer zweiunddreißig Jahre bemerkt, hätte in der liebereichen Provence seine Ehre verloren. Er hätte keinen anderen Ausweg gehabt, als sich in die Einsamkeit eines Klosters zu vergraben. Schon das eigene Wohl gebot also einem, wenn auch nicht edelherzigen, so doch vorsichtigen Manne, nicht mehr Leidenschaft zu heucheln, als er empfand.

Alles das ahnen wir nur, da wir zu wenig Denkmäler haben, die uns
Genaues überliefern. Ein Gesamturteil über jene Kultur kann man sich 170
aber aus verschiedenen Einzelheiten zusammenstellen.

Ich erinnere an eine bekannte Anekdote. Ein Troubadour hatte seine Dame verletzt. Nachdem sie ihm zwei Jahre lang nicht die geringste Hoffnung gegeben hatte, würdigte sie endlich seine zahllosen Sendungen einer Antwort und ließ ihm sagen, wenn er sich einen Fingernagel abrisse und ihr den Nagel durch fünfzig liebende und treue Kavaliere überreichen ließe, würde sie ihm vielleicht verzeihen. Der Troubadour unterzog sich unverweilt dem schmerzhaften Verfahren, und fünfzig bei ihren Damen glückliche Ritter erschienen, um der beleidigten Schönen den Nagel unter allem nur möglichen Pomp zu überreichen. Das war eine ebenso eindrucksvolle Feierlichkeit wie der Einzug eines Prinzen von Geblüt in eine Stadt des Königreiches. Der Liebende zog im Büßergewand von weitem hinter seinem Nagel her. Nach der ganzen langen Feierlichkeit geruhte die Dame dem Troubadour zu verzeihen. Er wurde wieder all der Wonnen seines früheren Glückes teilhaftig, und die Geschichte läßt die beiden noch viele glückliche Jahre zusammen verleben. Die zwei Jahre der ertragenen Ungnade beweisen eine wahre Leidenschaft, oder, wenn sie vorher nicht mit der gleichen Innigkeit vorhanden war, war sie es dadurch sicherlich geworden.

Zwanzig andere Geschichten, die ich anführen könnte, zeigen immer wieder eine liebenswürdige, geistreiche und von beiden Geschlechtern nach den Forderungen der Gerechtigkeit gepflegte Galanterie. Ich sagte Galanterie, denn zu allen Zeiten ist die Liebe aus Leidenschaft eine mehr seltsame als häufige Ausnahme gewesen, die sich keine Gesetze aufdrän-
171 gen läßt. In der Provence war alles, was sonst Berechnung ist oder von der Entscheidung des Verstandes abhängt, auf die Gerechtigkeit und Gleichberechtigung beider Geschlechter begründet. Dadurch – und das bewundere ich am meisten – wurde viel Unglück ferngehalten. Im Gegensatz dazu verstieg sich der Absolutismus unter Ludwig dem Fünfzehnten dazu, Ruchlosigkeit und Schlechtigkeit in Dingen der Liebe zur Mode zu machen.[56]

Obgleich die hübsche provenzalische Sprache, die so reich an Zartheiten und durch die Poesie so fein geschliffen ist, wahrscheinlich nicht die Sprache des Volkes war, so waren die Sitten der Vornehmen doch bis auf das untere Volk durchgedrungen, das in der Provence bei seinem damaligen Wohlstande durchaus nicht roh war. Es genoß die ersten Freuden eines blühenden und sehr einträglichen Handels. Die Küstenbewohner des Mittelmeeres hatten bereits im neunten Jahrhundert entdeckt, daß es weniger beschwerlich und doch ebenso unterhaltend sei, ein paar Barken auf dem Meere aufs Spiel zu setzen, als im Gefolge irgend eines kleinen Feudalherrn die Reisenden auf der benachbarten Heerstraße zu plündern. Bald danach sahen die Provenzalen des zehnten

Jahrhunderts bei den Arabern, daß es süßere Freuden gibt als Raub, Gewalttat und Kampf.

Man muß das Mittelmeer als den Herd der europäischen Kultur betrachten. Die glücklichen Gestade dieses schönen Meeres waren schon durch das Klima begünstigt, noch mehr durch das mühelose Leben ihrer Bewohner und durch das völlige Fehlen des Düsteren in Glauben und Gesetz. Der überaus heitere Geist der damaligen Provenzalen war durch die Annahme des Christentums nicht verdrängt worden. 172

Wir sehen ein lebhaftes Bild von ähnlicher Wirkung aus gleicher Ursache in den Städten Italiens, deren Geschichte uns in deutlicherer Weise überliefert worden ist und die dabei noch das große Glück hatten, uns einen Dante, einen Petrarca und die Denkmäler ihrer Malerei zu hinterlassen.

Die Provenzalen haben uns keine große Dichtung wie die »Göttliche Komödie« vermacht, in der sich alle Eigentümlichkeiten der Sitten jener Zeit spiegeln. Vielleicht hatten sie weniger Leidenschaft, aber viel mehr heiteren Sinn als die Italiener. Sie hatten von ihren Nachbarn, den Mauren in Spanien, die freudige Lebensanschauung. Die Liebe herrschte mit ihrer Fröhlichkeit, ihren Festen und ihren Freuden in den Burgen der glücklichen Provence.

Wir hören im Opernhause das Finale einer schönen komischen Oper von Rossini. Alles auf der Bühne ist Heiterkeit, Schönheit, ideale Herrlichkeit. Wir sind den häßlichen Seiten der menschlichen Natur weit entrückt. Die Oper ist zu Ende, der Vorhang fällt, die Zuschauer gehen, der Kronleuchter wird hochgezogen, die Lampen erlöschen. Schlechter Geruch erfüllt den Raum. Der Vorhang erhebt sich wieder zur Hälfte, man sieht schmutzige, schlecht gekleidete Arbeiter auf der Bühne hin und her laufen. Sie machen sich in widerwärtiger Weise zu schaffen und stehen da, wo eben noch junge reizende Mädchen in ihrer Anmut waren …

Ähnlich war für das Königreich Provence die Wirkung der Eroberung von Toulouse durch das Heer der Kreuzefahrer. An Stelle der Liebe, der Anmut und Lebenslust traten nordische Barbarei und der heilige Dominicus. Ich will diese Seiten nicht mit haarsträubenden Erzählungen von den Schrecknissen der Inquisition in ihrer ersten Blüte schänden. 173
Diese Barbaren waren unsere Vorfahren; sie mordeten und plünderten alles; sie zertrümmerten aus Zerstörungslust, was sie nicht wegschleppen konnten; eine wilde Wut gegen alles, was eine Spur von Kultur verriet,

beseelte sie, und ihre Raserei wurde besonders dadurch, daß sie kein Wort jener schönen Sprache des Südens verstanden, noch verdoppelt. Sehr abergläubisch und unter dem schrecklichen Einfluß des heiligen Dominicus, glaubten sie sich durch die Hinmordung von Provenzalen den Himmel zu erwerben. Für diese war nun alles zu Ende; es gab keine Liebe, keine Fröhlichkeit, keine Poesie mehr; in kaum zwanzig Jahren nach der Eroberung waren sie ebenso barbarisch und roh wie die Franzosen, wie unsere Väter.[57]

52. In der Provence im zwölften Jahrhundert

Ich will eine kleine Geschichte aus einer provenzalischen Handschrift[58] in der Übersetzung wiedergeben. Die Tatsachen darin haben sich gegen das Jahr 1180 ereignet, die Niederschrift stammt aus der Zeit um 1250. Die Geschichte ist jedenfalls sehr bekannt. Die Sitten spiegeln sich im Stil völlig wider, und ich bitte mir deshalb zu gestatten, Wort für Wort ohne die geringste Rücksicht auf die Eleganz der heutigen Sprache zu übersetzen.

»Herr Raimund von Roussillon war ein wackerer Ritter, wie bekannt, und hatte zur Frau Madonna Margarete, die schönste Frau ihrer Zeit, hochbegabt in allen guten Eigenschaften, aller Tugend und aller Höfischkeit. Es begab sich, daß Wilhelm von Cabestaing, eines armen Ritters Sohn von der Burg Cabestaing, an den Hof des Herrn Raimund von
174 Roussillon kam, sich ihm anbot und ihn bat, am Hofe als Junker bleiben zu dürfen. Herr Raimund fand ihn hübsch und gefällig, hieß ihn willkommen und lud ihn ein, an seinem Hofe zu verweilen. So blieb Wilhelm bei ihm und wußte sich so artig zu benehmen, daß groß und klein ihn liebte; er verstand sich derartig hervorzutun, daß ihn Herr Raimund zum Pagen der Madonna Margarete, seiner Frau, bestellte. Und so geschah es. Nun mühte sich Wilhelm, noch würdiger zu werden in Worten und Werken. Aber, wie so oft, fand es sich, daß die Liebe Madonna Margarete erfaßte und ihr Sinnen entflammte. So sehr gefiel ihr das Tun Wilhelms, seine Rede und sein Wesen, daß sie sich eines Tages nicht enthalten konnte, zu ihm zu sagen: »Wohlan, Wilhelm, sage mir, wenn eine Frau sich den Anschein gäbe, dich zu lieben, wagtest du sie wieder zu lieben?« – Wilhelm verstand sie und antwortete freimütig: »Gewiß, Herrin, ich würde es tun, aber nur, wenn der Anschein

Wahrheit wäre.« – »Beim heiligen Johannes«, sagte die Dame, »du hast gesprochen wie ein Mann. Aber jetzt will ich dich prüfen, ob du vermagst zu sehen und zu erkennen, was am Schein wahr oder unwahr ist.«

Als Wilhelm diese Worte vernommen hatte, erwiderte er: »Herrin, es geschehe, wie es euch gefällt.«

Er begann nachdenklich zu werden, und Amor suchte alsbald Fehde mit ihm. Die Gedanken, die Amor den Seinen sendet, trafen ihn bis in das tiefste Herz, und von da an ward er ein Diener der Minne und fing an, kleine artige, frohe Lieder, Tanzweisen und Gesänge zu dichten, wodurch er sehr gefiel und am meisten der, für die er sang. Amor aber, der seine Vasallen belohnt, so es ihm gefällt, wollte Wilhelm den gebührlichen Lohn erteilen. Und alsbald erfüllte er die Dame mit so viel Sinnen 175
und Sehnen der Liebe, daß sie nicht Tag noch Nacht Ruhe fand in Gedanken an das Mannestum und den hohen Mut, der Wilhelm so reich inne und eigen war.

Eines Tages geschah es, daß die Dame Wilhelm nahm und ihm sagte: »Wilhelm, sage mir nun, weißt du zu dieser Stunde, was von dem Schein an mir Wahrheit oder Trug ist?« – Wilhelm antwortete: »Madonna, so wahr mir Gott helfe, von dem Augenblick an, da ich euer Diener ward, konnte mir kein andrer Gedanke in das Herz dringen, als daß ihr die Beste seid, die je geboren ward, und die Wahrste in Wort und Wesen. Das glaube ich und werde ich mein Leben lang glauben!«

Und die Dame antwortete: »Wilhelm, ich sage dir, so Gott mir hilft, wirst du von mir nicht getäuscht werden und deine Gedanken sollen nicht vergeblich und verloren sein.« Und sie breitete ihre Arme aus und umarmte ihn zärtlich in dem Gemache, darinnen sie beide saßen und sich der Minne hingaben. Es währte aber nicht lange, daß die bösen Zungen, die Gottes Zorn treffen möge, danach trachteten, von ihrer Liebe zu plaudern und zu lästern ob der Lieder, die Wilhelm verfaßte, und sagten, er sei in Frau Margarete verliebt. Und so lange, redeten sie hin und her, bis das Gerücht Herrn Raimund zu Ohren drang. Der ward sehr betrübt und schwerer Trauer voll, erstlich, weil er seinen Gefährten und Gesellen, den er sehr liebte, verlieren sollte, und mehr noch wegen der Schande seiner Frau.

Eines Tages begab es sich, daß Wilhelm mit einem Knappen mit dem Sperber auf die Beize gegangen war, da fragte Herr Raimund, wo er wäre. Ein Knecht antwortete, er sei zur Jagd geritten, und ein andrer,

176 der es wußte, fügte hinzu, nach welchem Orte. Auf der Stelle nahm Raimund Wehr und Waffen, die er verbarg, ließ sich sein Roß bringen und schlug ganz allein den Weg nach dem Orte ein, wohin Wilhelm gegangen war. Er ritt, bis er ihn fand. Als Wilhelm ihn kommen sah, war er darob arg erstaunt und sofort kamen ihm trübe Ahnungen. Doch er lief ihm entgegen und sagte zu ihm: »Herr, seid willkommen! Warum seid ihr so allein?« – Herr Raimund entgegnete: »Wilhelm, du bist's, den ich suche, um mich mit dir zu ergötzen. Hast du nichts erjagt?« – »Nichts, Herr, denn ich habe nichts gefunden, und wer nichts findet, hat nichts, sagt das Sprichwort.« – »Lassen wir solche Rede«, sprach Herr Raimund, »und bei der Treue, die du mir schuldig bist, sage mir die Wahrheit in allen Dingen, um die ich fragen werde.« – »Bei Gott, Herr«, entgegnete Wilhelm, »wenn ich es sagen kann, werde ich es euch gern sagen.« – »Ich will keine Hinterlist«, sagte Herr Raimund, »sondern du sollst mir alles und jedes sagen, um was ich dich frage!« – »Herr, so viel ihr mich auch zu fragen beliebt, immer will ich euch die Wahrheit sagen.« – Und Herr Raimund fragte: »Wilhelm, sage mir bei Gott und dem heiligen Glauben, hast du eine Geliebte, die du besungen hast und an die dich Amor fesselt?« – Wilhelm antwortete: »Herr, wie könnte ich singen, wenn Amor mich nicht drängte? Hört die Wahrheit, Herr, Amor hat mich ganz in seiner Gewalt!« Raimund fuhr fort: »Das will ich gern glauben, da du sonst nicht so schön dichten könntest. Aber ich will gern wissen, wer deine Dame ist?« – »Ach Herr, um Gottes willen, bedenkt was ihr da verlangt! Ihr wißt doch sehr wohl, daß man den Namen seiner Dame nicht nennen darf und daß Bernhard von
177 Ventadour sagt:

›In einem Fall lieb ich den Lug:
Fragt mich wer, wie mein Liebchen heißt,
So sag ich eine Lüge dreist,
Denn wahrlich nimmer wär' es klug,
Nein, töricht ist's und knabenhaft,
Wenn Minne einem Freuden schafft,
Zu öffnen einem andern Mann,
Sein Herz wenn er nicht nützen kann.‹«

Herr Raimund antwortete: »Ich gebe dir mein Wort, daß ich dir helfen will, soweit ich kann.« Er drang immer weiter in ihn, bis Wilhelm sagte: »Herr, so wißt denn, daß ich die Schwester von Frau Margarete, eurer Gemahlin, liebe und ihre Gegenliebe erhoffe. Jetzt, da ihr's wißt, bitte ich euch, mir zu helfen oder mir wenigstens nicht zu schaden.« – »Nimm Hand und Wort«, sprach Raimund, »ich schwöre und gelobe dir, daß ich meine ganze Macht für euch aufwenden werde.« Darauf gab er ihm sein Wort, und als er es gegeben hatte, sagte er: »Ich will, daß wir in ihr Schloß reiten, denn es liegt nicht weit von hier.« – »Ich bitte euch darum, bei Gott!« stimmte Wilhelm zu.

So nahmen sie den Weg nach der Burg Liet. Dort wurden sie von Herrn Robert von Tarascon, dem Gemahl der Frau Agnes, der Schwester der Frau Margarete, und von Frau Agnes selbst wohl aufgenommen. Herr Raimund nahm Frau Agnes bei der Hand und führte sie in ihr Gemach, und sie setzten sich auf das Bett. Und Herr Raimund hub an: »Sag mir 'mal, Schwägerin, bei der Treue, die du mir schuldest, liebst du einen aus Liebe?« – »Ja, Herr!« – »Und wer ist es?« – »Oh, das sage
ich nicht«, erwiderte sie, »was führt ihr da für Reden?« 178

Schließlich bat er sie so inständig, daß sie ihm anvertraute, sie liebe Wilhelm von Cabestaing. Sie sagte das, weil sie gesehen hatte, daß Wilhelm traurig und nachdenklich war und weil sie von seiner Liebe zu ihrer Schwester wußte. Auch fürchtete sie, Raimund könne Schlimmes gegen Wilhelm planen. Ob ihrer Antwort hatte Raimund große Freude. Agnes erzählte alles ihrem Gemahl, und er antwortete ihr, daß sie wohl getan hätte, und gab ihr die Freiheit, alles zu sagen und zu tun, um Wilhelm zu retten. Agnes ließ es nicht daran fehlen. Sie rief Wilhelm ganz allein in ihre Kammer und verweilte so lange mit ihm, daß Raimund dachte, er müsse mit ihr die Freuden der Liebe genossen haben. Alles das war ihm recht, und er begann zu glauben, daß das, was man ihm erzählt hatte, nicht wahr und leeres Gerede sei. Agnes und Wilhelm kamen aus dem Gemach, das Abendessen wurde bereitet und man tafelte bei großer Heiterkeit. Und nach dem Abendessen ließ Agnes beider Lager nahe an der Türe zu ihrem Gemache errichten. Die Dame und Wilhelm spielten ihr Spiel so gut, daß Raimund glaubte, er schliefe bei ihr.

Am anderen Tage speisten sie im Schlosse froh und guter Dinge, und nach dem Mahle ritten sie mit allen Ehren eines ritterlichen Abschieds von bannen und kamen nach Roussillon zurück. Und sobald Raimund konnte, trennte er sich von Wilhelm, ging zu seiner Frau und erzählte ihr, was er von Wilhelm und ihrer Schwester gesehen hatte. Darüber

war sie die ganze Nacht in großer Traurigkeit, und am anderen Morgen ließ sie Wilhelm rufen, empfing ihn ungnädig und nannte ihn einen falschen Freund und Verräter. Wilhelm bat um Gnade als ein Mann,
179 der nichts Schlechtes von all dem getan, was sie ihm vorwarf, und erzählte ihr alles Wort für Wort, was sich begeben hatte. Die Dame rief ihre Schwester zu sich und erfuhr durch sie, daß Wilhelm recht hatte. Dann sagte sie und befahl ihm, er solle ein Lied machen, in dem er zeigte, daß er außer ihr keine Frau liebe. Da dichtete er das Lied, das beginnt:

»Das süße Sinnen,
Das Minne mir beschied,
Läßt mich beginnen
Von Euch manch schönes Lied …«

Und als Raimund von Roussillon das Lied hörte, das Wilhelm für seine Frau gedichtet hatte, ließ er ihn kommen, um ihn weit ab vom Schlosse zur Rede zu stellen, schlug ihm den Kopf ab und steckte ihn in seine Jagdtasche, riß ihm das Herz aus dem Leibe und tat es zu dem Kopfe. Darauf ging er zur Burg. Er ließ das Herz braten und seiner Frau zu Tisch vorsetzen und ließ sie es essen, ohne daß sie wußte, was sie aß. Als sie es gegessen hatte, stand Raimund auf und sagte seiner Frau, daß sie soeben das Herz des Herrn Wilhelm von Cabestaing gegessen habe, zeigte ihr das Haupt Wilhelms und fragte sie, ob ihr das Herz gut gemundet habe. Und sie hörte, was er sagte, und sah und erkannte das Haupt des Herrn Wilhelm. Sie antwortete ihm und sprach, daß niemals andere Speise und Trank ihrem Munde den Geschmack verderben solle, den das Herz Wilhelms darin zurückgelassen habe. Und Raimund ging mit dem Schwerte auf sie los. Sie entfloh, warf sich von einem Balkon herab und zerschmetterte sich das Haupt.

Das wurde in ganz Catalonien und in allen Ländern des Königs von Aragon ruchbar. Der König Alfons und alle Ritter jener Gegenden
180 empfanden großen Schmerz und große Traurigkeit über den Tod des Herrn Wilhelm und der Dame, die Raimund auf so häßliche Weise in den Tod getrieben hatte. Sie sagten ihm Fehde auf Leben und Tod an. Nachdem der König Alfons von Aragon die Burg Raimunds genommen hatte, ließ er Wilhelm und seine Dame in einem Grabmal vor der Kirche einer kleinen Stadt namens Perpignan beisetzen. Alle wahr Liebenden

beteten für ihre Seelen zu Gott. Der König von Aragon nahm Raimund gefangen, ließ ihn im Kerker umkommen und verteilte alle seine Güter an die Verwandten Wilhelms und der Dame, die für ihn gestorben war.«

53. Die Minnegerichte

Es hat Minnegerichte in Frankreich nachweisbar in der Zeit von 1150 bis 1200 gegeben; wahrscheinlich aber reicht ihr Dasein in eine viel frühere Zeit zurück.

Die Damen, die zu Minnegerichten zusammentraten, entschieden entweder über Rechtsfragen, zum Beispiel, ob die Liebe zwischen verheirateten Leuten statthaft sei, oder über besondere Fälle, die Liebende ihrem Spruch unterwarfen.[59]

Soweit ich mir über die moralische Seite dieser Rechtspflege klar werden konnte, muß man sie mit den Ehrengerichten der Marschälle von Frankreich vergleichen, die Ludwig der Vierzehnte eingesetzt hat.

Andreas, Kaplan des Königs von Frankreich,[60] um 1170 schriftstellerisch tätig, erwähnt die Minnegerichte der Damen der Gascogne, der Gräfin Irmgard von Narbonne, der Königin Eleonore, der Gräfin von Flandern und der Gräfin von Champagne (1174); von letzterer erwähnt
er allein neun Urteile. 181

Johann von Nostradamus sagt in seiner *Vie des poëtes provençaux:* »Die Tenzonen waren Wortkämpfe zwischen sangeskundigen Rittern und Damen über irgend eine schöne und spitzfindige Streitfrage auf dem Gebiete der Liebe. Fälle, über die man nicht einig werden konnte, unterbreitete man zur endgültigen Entscheidung den vorgesetzten erlauchten Damen, die öffentlich und frei in Signe, Pierrefeu, Romanin oder andernorts Minnegerichte abhielten und ihre Urteile abgaben, die sogenannten *arrests d'amours.* Wahrscheinlich tagte ein und dasselbe Gericht bald im Schlosse zu Pierrefeu, bald in dem zu Signe, einander ziemlich nahen Orten.«

In seiner *Vie de Bertrand d'Alamanon* erzählt Nostradamus: »Dieser Troubadour war in Phanette von Romanin verliebt, eine Dame aus dem Hause Gantelmes, die damals in ihrem Schlosse zu Romanin, nahe der Stadt Saint-Remy, ein öffentliches und freies Minnegericht hielt. Sie war eine Tante der Laura de Sade in Avignon, die der Dichter Petrarca so verherrlicht hat.« Bei dieser Gelegenheit liest man, daß Laura in Avignon um 1341 gelebt hat, daß sie von Phanette unterrichtet wurde, und daß beide treffliche Lieder nach allen Regeln der provenzalischen Dichtkunst dichteten. Sie war von vielen vornehmen und edlen Damen der Provence umgeben, die um jene Zeit in Avignon berühmt waren, als der päpstliche Hof dort residierte. Sie widmeten sich dem Studium der Literatur, hielten öffentliche Minnegerichte ab und entschieden Liebesstreitigkeiten, die ihnen vorgebracht und zugesandt wurden.

Andreas berichtet, daß ein Gericht, das von einer großen Zahl von Damen und Rittern gebildet wurde, einen Liebeskodex veröffentlicht
182 hat.

Er hat uns auch ein Bittgesuch überliefert, das an die Gräfin von Champagne gerichtet wurde, als sie die Frage: »Kann wahre Liebe zwischen Eheleuten bestehen?« in verneinendem Sinne entschieden hatte.

Welche Strafe ereilte nun jemanden, der sich dem Urteil eines Minnegerichts nicht fügte? Wir lesen eine Verfügung des Gerichts von Gascogne, daß solche Urteile wie gesetzliche Bestimmungen anzusehen seien und daß unbotmäßige Damen sich die Feindseligkeit jeder ehrbaren Dame zuziehen würden. Wie weit erkannte aber die öffentliche Meinung die Urteilssprüche dieser Minnegerichte an? Galt sich ihnen zu entziehen genau so als Schande wie heutzutage in Ehrensachen? Ich finde bei Andreas und Nostradamus keine Auskunft über diese Fragen.

Zwei Troubadoure, Simon Doria und Lanfranc Cigalla, regten einmal die Frage an: »Wer ist der Liebe würdiger, jemand, der sie willig, oder jemand, der sie unwillig gewährt, um für freigebig zu gelten?« Diese Frage wurde den Damen des Minnegerichts von Pierrefeu und Signe vorgelegt, aber die beiden Troubadoure waren mit der gefällten Entscheidung nicht zufrieden und wandten sich an das oberste Minnegericht der Damen von Romanin.

In ihrer Fassung entsprachen diese Urteilssprüche ganz den Richterurteilen jenes Zeitalters. Wie auch die Meinung des Lesers über die gewaltige Macht sein mag, die damals die Minnegerichte im zeitgenössischen Leben bildeten, ich bitte dabei in Betracht zu ziehen, um was sich heute die Unterhaltung der vornehmsten und reichsten Damen von Toulon und Marseille bewegt. Waren die Frauen von 1174 nicht um
183 vieles fröhlicher, geistreicher und glücklicher als die von heute?

Fast alle Urteilssprüche der Minnegerichte fußen auf den Satzungen des Liebeskodex. Er findet sich vollständig in dem Werke von Andreas und enthält folgende einunddreißig Regeln.

Minneregeln aus dem zwölften Jahrhundert[61]

(Regulae amoris)

1.

Causa coniugii ab amore non est excusatio recta.
Die Ehe ist für die Liebe kein Hinderungsgrund.

2.

Qui non elat, amare non potest.
Wer nicht eifersüchtig sein kann, der kann auch nicht lieben.

3.

Nemo duplici potest amore ligari.
Man kann sein Herz nicht zweimal vergeben.

4.

Semper amorem crescere vel minui constat.
Die Liebe kann jederzeit wachsen oder abnehmen.

5.

Non est sapidum, quod amans ab invito sumit coamante.
Was man in der Liebe gewaltsam erringt, bietet keinen Genuß.

6.

Masculus non solet nisi in plena pubertate amare.
Der Mann liebt gewöhnlich erst in voller Reife.

7.

Biennalis viduitas pro amante defuncto superstiti praescribitur amanti. 184

Stirbt einer der Liebenden, so muß der Überlebende ihm zwei Jahre hindurch die Treue halten.

8.

Nemo sine rationis excessu suo debet amore privari.
Niemand soll ohne triftigen Grund seines Rechts in der Liebe beraubt werden.

9.

Amare nemo potest, nisi qui amoris suasione compellitur.
Niemand vermag zu lieben ohne Hoffnung auf Gegenliebe.

10.

Amor semper consuevit ab avaritiae domiciliis exsulare.
Durch Geiz wird die Liebe meist aus dem Hause getrieben.

11.

Non decet amare, quarum pudor est nuptias affectare.
Es ziemt sich nicht, die zu lieben, die man zu heiraten sich schämen würde.

12.

Verus amans alterius nisi sui coamantis ex affectu non cupit amplexus.
Wahre Liebe begehrt nach keinen anderen Liebkosungen als nach denen der Geliebten.

13.

Amor raro consuevit durare vulgatus.
Liebe, von der alle wissen, hat selten Dauer.

14.

Facilis perceptio contemptibilem reddit amorem, difficilis eum carum facit haberi. 185

Zu leichter Erfolg raubt der Liebe bald den Reiz, Hindernisse verleihen ihr Wert.

15.

Omnis consuevit amans in coamantis aspectu pallescere.
Jeder Liebende erblaßt beim Anblick der Geliebten.

16.

In repentina coamantis visione cor contremescit amantis.
Beim unerwarteten Erscheinen des Geliebten erbebt das Herz.

17.

Novus amor veterem compellit abire.
Neue Liebe verjagt die alte.

18.

Probitas sola quemque dignum facit amore.
Verdienst allein macht der Liebe würdig.

19.

Si amor minuatur, cito deficit et raro convalescit.
Eine erlöschende Liebe verflackert rasch und lodert selten wieder auf.

20.

Amorosus semper est timorosus.
Der Liebende ist immer zaghaft.

21.

Ex vera zelotypia affectus semper crescit amandi.
Durch echte Eifersucht wächst die Liebe immer.

22.

De coamante suspicione percepta zelus et affectus crescit amandi.
186 Argwohn und seine Folge, die Eifersucht, nährt die Neigung.

23.

Minus dormit et edit, quem amoris cogitatio vexat.
Wen Liebesgedanken umgarnen, der ißt und schläft weniger.

24.

Quilibet amantis actus in coamantis cogitatione finitur.
Alles Tun eines Liebenden endet mit dem Gedanken an die Geliebte.

25.

Verus amans nil bonum credit nisi, quod cogitat coamanti placere.
Der wahren Liebe erscheint nur *das* gut, was der Geliebten gefällt.

26.

Amor nil posset amori denegare.
Liebe kann der Liebe nichts versagen.

27.

Amans coamantis solatiis satiari non potest.
Der Liebende wird des Genusses der Geliebten nie satt.

28.

Modica praesumptio cogit amantem de coamante suspicari sinistra.

Der leiseste Verdacht weckt den schrecklichsten Argwohn des Geliebten.

29.

Non solet amare, quem nimia voluptatis abundantia vexat.

Wer zu sehr an Vergnügungen gewöhnt ist, den meidet die Liebe. 187

30.

Verus amans assidua sine intermissione coamantis imaginatione detinetur.

Wer liebt, dem schwebt das Bild des geliebten Wesens immerdar vor Augen.

31.

Unam feminam nil prohibet a duobus amari et a duabus mulieribus unum.

Nichts steht dem entgegen, daß eine Frau von zwei Männern oder daß ein Mann von zwei Frauen geliebt wird.

Zuletzt die Entscheidung eines Minnegerichts:
Frage: »*Utrum inter coniugatos amor possit habere locum* ...?«
Urteil der Gräfin von Champagne:

»*Dicimus enim et stabilito tenore firmamus, amorem non posse suas inter duos iugales extendere vires. Nam amantes sibi invicem gratis omnia largiuntur nullius necessitatis ratione cogente. Iugales vero mutuis tenentur ex debito voluntatibus obedire et in nullo se ipsos sibi invicem denegare ...*

Hoc igitur nostrum iudicum cum nimia moderatione prolatum et aliarum quam plurimarum dominarum consilio roboratum pro indubitabili vobis sit ac veritate constanti.

Ab anno MCLXXIV calend. maii. Indictione VII.«

»Wir sagen und verfügen hiermit, daß die Liebe auf zwei verheiratete
Personen ihre Rechte nicht ausdehnt, dieweil sich Liebende alles gegenseitig und freiwillig gewähren, ohne durch eine Notwendigkeit gezwun-
188 gen zu werden, dagegen Ehegatten verpflichtet sind, sich gegenseitig zu
Willen zu sein und eins dem anderen nichts zu verweigern. Solches
Urteil, das wir nach reiflicher Erwägung und nach Einholung des Gut-
achtens einer großen Zahl anderer Damen gefällt haben, sei euch allezeit
eine unerschütterliche und unverbrüchliche Wahrheit! So gegeben im
Jahre 1174 am 16. Mai.«

54. In Arabien

Unter den schwarzen Zelten der arabischen Beduinen ist die Heimat und das Urbild der wahren Liebe zu suchen. Dort hat die Einsamkeit und ein schönes Klima die edelste Leidenschaft des menschlichen Herzens geboren, jene Leidenschaft, die, um das Glück zu finden, eines Widerhalls ihrer eigenen Empfindungen bedarf.

Um der Liebe im Menschenherzen den Schein des Idealen zu verleihen, war die möglichste Gleichheit zwischen der Geliebten und dem Liebenden erforderlich. Diese Gleichheit fehlt vor allem in unserem traurigen Abendlande, wo eine verlassene Frau unglücklich und entehrt ist. Unter dem Zelte des Arabers kann die Treue niemals gebrochen werden. Verachtung und Tod würden diesem Vergehen augenblicklich folgen.

Die Freigebigkeit ist diesem Volke so heilig, daß man stehlen darf, um zu geben. Im übrigen sind Gefahren dort alltäglich, und das Leben spielt sich gleichsam in leidenschaftsvoller Einsamkeit ab. Selbst zu mehreren vereint, sprechen Araber wenig.

Die Wüstenbewohner kennen keine Abwechslung; alles ist dort ewig
und unbeweglich. Ihre sonderbaren Sitten, von denen ich aus Unkenntnis
nur ein schwaches Bild zu geben vermag, reichen wahrscheinlich bis
189 ins homerische Zeitalter zurück. Sie sind zum erstenmal gegen das Jahr
600 unserer Zeitrechnung, zweihundert Jahre vor Karl dem Großen,
beschrieben worden.

Im Vergleich zum Morgenlande waren wir die Barbaren, als wir es mit unseren Kreuzzügen beunruhigten, und was in unseren Sitten edel ist, verdanken wir den Kreuzzügen und den Mauren in Spanien.

Daß wir uns mit den Arabern vergleichen sollen, wird der prosaische Mensch in seinem Dünkel mitleidig belächeln. Unsere Künste sind den ihren weit überlegen und unsere Gesetzgebung dem Anscheine nach noch mehr, aber ich bezweifle es, ob wir sie in der Kunst des häuslichen Glücks übertreffen. Uns hat es von jeher an Redlichkeit und Einfachheit gefehlt. Im Familienleben aber ist der Heuchler der erste Unglückliche. Er hat das Gefühl des Geborgenseins nicht.

Soweit die ältesten geschichtlichen Denkmäler zurückreichen, finden wir die Araber schon im grauen Altertum in eine große Zahl unabhängiger, in der Wüste umherwandernder Stämme geteilt. Je leichter diese Stämme sich mit den einfachsten menschlichen Bedürfnissen abfanden, desto verfeinerter waren ihre Sitten. Die Freigebigkeit war überall gleich, aber je nach dem Wohlstande des Stammes äußerte sie sich im Schenken eines Ziegenviertels, das zum notdürftigen Lebensunterhalt gehörte, oder im Darbieten von hundert Kamelen, wenn Familienbeziehungen oder Gastfreundschaft es erheischten.

Die Heldenzeit der Araber, in der diese hochsinnigen Menschen frei von jeder schöngeistigen oder überfeinerten Unnatürlichkeit hervorragten, ist das Jahrhundert vor Mohammed, das dem fünften Jahrundert
unserer Zeitrechnung, also der Zeit der Gründung Venedigs und der 190
Herrschaft Chlodwigs entspricht. Ich bitte, ohne Vorurteil die Liebeslieder, die uns die Araber überliefert haben, und die edle Kultur, die uns in »Tausend und eine Nacht« geschildert wird, mit den abscheulichen Greueln zu vergleichen, die jedes Blatt Gregors von Tours und Einhards, der Geschichtschreiber Chlodwigs und Karls des Großen, besudeln.

Mohammed war Puritaner, er wollte den Genuß aus der Welt schaffen, auch wenn dieser niemanden schädigte. Er hat in den Ländern, die den Islam angenommen haben, die Liebe vernichtet. Deshalb hat seine Religion auch weniger in Arabien, ihrer Wiege, als in allen anderen morgenländischen Ländern Wurzel gefaßt.

Die Franzosen haben aus Ägypten vier Foliobände mit dem Titel »Buch der Lieder« mitgebracht. Diese Bände enthalten:

1. Lebensbeschreibungen der Dichter der Lieder.

2. Die Lieder selbst. Der Dichter besingt darin alles, was ihn bewegt; er verherrlicht seine Geliebte, sein flüchtiges Roß und seine Waffen. Diese Lieder sind oft Liebesbriefe, die der Geliebten ein treues Bild aller Seelenempfindungen des Verfassers geben. Er singt darin zuweilen von

kalten Nächten, wo er gezwungen ist, aus Pfeil und Bogen ein Feuer anzuzünden. Die Araber sind ein obdachloses Volk.

3. Lebensbeschreibungen der Komponisten, die zu den Liedern die Melodien geschaffen haben.

4. Zum Schluß eine Zusammenstellung von musikalischen Regeln. Diese Formeln sind für uns Hieroglyphen. Für immer wird uns diese Musik unbekannt bleiben und übrigens wäre sie nicht nach unserem
191 Geschmacke.

Es gibt noch eine Sammlung mit dem Titel »Geschichten von Arabern, die aus Liebe gestorben sind«.

Diese höchst seltenen Bücher sind sehr wenig bekannt. Die Gelehrten, die sie lesen könnten, haben ein vom Studieren und vom Gelehrtendasein ausgedörrtes Herz. Um sich unter diesen, durch ihr Alter und die seltsame Schönheit der Kultur, die sie ahnen lassen, so interessanten Denkmälern zurechtzufinden, muß man sich in die Geschichte vertiefen.

Zu allen Zeiten und schon vor Mohammed pilgerten die Araber nach Mekka zur Wallfahrt nach der Kaaba oder dem Hause Abrahams. Ich habe in London ein sehr genaues Modell der Heiligen Stadt gesehen. Es sind sieben- bis achthundert Häuser mit flachen Dächern mitten in der sonnendurchglühten Sandwüste. An einem Ende der Stadt erblickt man ein riesiges, fast viereckiges Gebäude, das die Kaaba umgibt; es wird aus einer langen Flucht von Säulengängen gebildet, die unter der Sonne Arabiens die Ausübung des heiligen Rundganges ermöglichen. Diese Säulengänge haben in der Geschichte der Sitten und der Dichtkunst der Araber eine große Bedeutung. Jahrhundertelang waren sie augenscheinlich der einzige Ort, wo Männer und Frauen zusammenkamen. Bunt durcheinander, mit langsamen Schritten und unter dem Chorgesang heiliger Lieder machte man den Rundgang um die Kaaba. Ein Umgang dauert dreiviertel Stunden, man führte ihn an einem Tage mehreremal aus. Das war ein heiliger Brauch, zu dem Männer und Frauen aus allen Gegenden der Wüste herbeiströmten. Unter den Säulengängen der Kaaba haben sich die arabischen Sitten geglättet. Dort
192 entstand ein Kampf zwischen Vätern und Liebenden, dort im Gedränge während der Wallfahrt verrieten Liebeslieder die Leidenschaft ihres Dichters dem jungen Mädchen, das von ihren Brüdern oder ihrem Vater streng bewacht wurde. Hochherzige und gefühlvolle Neigungen waren schon im Zeltlager vorhanden, aber mir scheint, daß die Galanterie der Araber bei der Kaaba entstanden ist, ebenso wie dort die Heimat ihrer

Literatur ist. Anfangs drückte man die Leidenschaft mit Einfachheit und Kraft aus, wie der Dichter sie empfand. Später war er nicht mehr lediglich darauf bedacht, seine Geliebte zu rühren, er sann nach und schrieb in schönen Worten. So entstand die Überschwenglichkeit, die mit den Mauren nach Spanien gelangt ist und noch heutzutage die Bücher dieses Landes verdirbt.

Einen rührenden Beweis der Hochachtung der Araber für das schwache Geschlecht sehe ich in ihrem Brauch bei der Ehescheidung. Die Frau riß in Abwesenheit des Gatten, von dem sie getrennt sein wollte, das Zelt ab und schlug es in *der* Weise wieder auf, daß der Eingang nunmehr an der entgegengesetzten Seite war. Diese einfache sinnbildliche Handlung trennte beide Gatten für ewig.

55. Der Diwan der Liebe

Bruchstücke aus einer arabischen Sammlung von Ibn-Abî-Haǵala

(Handschriften der Pariser Nationalbibliothek Nr. 3348–59)

Mohammed, der Sohn des Djaâfar Elahuâzadi, erzählt, daß Elâbas, Sohn des Sohail, den Djamil während seiner letzten Krankheit besuchte und ihn bereit fand, die Seele aufzugeben. »O Sohn Sohails«, sagte Djamil zu ihm, »wie denkst du über einen Mann, der niemals Wein getrunken, 193
niemals unerlaubten Gewinn gemacht, niemals ungerechterweise eine lebende Kreatur wider Gottes Gebot getötet und immer den Glauben gehabt hat, daß es keinen Gott außer Allah gibt und daß Mohammed sein Prophet ist?« – »Ich denke«, entgegnete Sohail, »daß dieser Mann selig werden und in das Paradies eingehen wird. Aber wer ist der Mann, den du meinst?« – »Ich bin's«, erwiderte Djamil. – »Ich habe nicht geglaubt, daß du ein strenger Anhänger des Islam seiest«, sagte Sohail, »und dann hast du seit zwanzig Jahren Bothaina geliebt und sie in deinen Liedern gefeiert.« – »Jetzt bin ich«, antwortete Djamil, »am Ende dieser und am Anfange der anderen Welt und ich will, daß sich die Gnade unseres Herrn und Meisters Mohammed am Tage des Gerichts von mir abwenden möge, wenn ich Bothaina je in sträflicher Weise berührt habe.«

Djamil und seine Geliebte Bothaina gehörten alle beide dem Stamme des Asra an, die unter allen Arabern wegen ihrer Liebe berühmt sind.

Ihre Liebe ist sprichwörtlich geworden, und Gott hat nirgends Wesen geschaffen, die gleich viel Zartgefühl in der Liebe besitzen.

Sahid, Agbas Sohn, fragte eines Tages einen Araber: »Von welchem Stamme bist du?« – »Ich bin vom Stamme derer, welche sterben, wenn sie lieben«, antwortete der Araber.[62] – »So bist du vom Stamme der Asra«, sagte Sahid. – »Ja, beim Herrn der Kaaba!« versetzte der Araber. – »Wie kommt es, daß ihr so liebt?« fragte darauf Sahid. – »Unsere Frauen sind schön und unsere jungen Männer keusch!« erwiderte der Araber.

Jemand fragte einmal den Dichter Aruâ-Ben-Hezam: »Ist es denn wahr, was man von Euch erzählt, daß Ihr von allen Menschen in der
194 Liebe das zärtlichste Herz habt?«– »Bei Gott, es ist wahr«, antwortete Aruâ, »und ich habe dreißig junge Männer meines Stammes gekannt, die der Tod hingerafft hat und die keine andere Krankheit hatten als die Liebe.«

Ein Araber vom Stamme der Fazârat sagte eines Tages zu einem anderen Araber vom Stamme der Asra: »Ihr Asra glaubt, aus Liebe zu sterben sei ein süßer und edler Tod; aber es ist offenbar Schwäche und Dummheit, und die, die ihr für großherzige Männer haltet, sind nichts als törichte und weichliche Geschöpfe.« – »Du sprächest nicht so«, entgegnete der Asra, »hättest du die großen schwarzen Augen unserer Frauen gesehen, wie sie unter dem Schleier ihrer langen Wimpern hervorblitzen; hättest du sie lächeln sehen und ihre weißen Zähne zwischen den braunen Lippen schimmern.«

Ali Abu-el-Hassan, Sohn Abdallahs, erzählt folgendes: »Ein Muselmann liebte ein christliches Mädchen bis zum Wahnsinn. Er war gezwungen, mit einem Freunde, der um seine Liebe wußte, eine Reise in ein fremdes Land zu machen. Seine Geschäfte daselbst zogen sich in die Länge; eine tödliche Krankheit befiel ihn und er sprach zu seinem Freunde: ›Ich fühle, daß mein Ende naht; ich werde die, die ich liebe, in dieser Welt nie wiedersehen und ich fürchte, wenn ich als Muselmann sterbe, auch im Jenseits nicht.‹ Er wurde Christ und starb. Sein Freund fand bei seiner Rückkehr die Christin sterbenskrank. Sie sagte ihm: ›Ich werde meinen Freund in dieser Welt nicht mehr sehen, aber ich will mit ihm im Jenseits vereint sein. Darum bekehre ich mich zu dem Glauben, daß es keinen Gott außer Allah gibt und daß Mohammed sein
195 Prophet ist!‹ Darauf starb sie; die Gnade Gottes komme über sie.«

Eltemini erzählt, daß bei dem arabischen Stamme der Tagleb eine junge, sehr reiche Christin gelebt habe, die einen jungen Muselmann liebte. Sie bot ihm ihr Vermögen dar und alles, was sie an Kostbarkeiten besaß, ohne daß es ihr gelang, seine Liebe zu gewinnen. Als sie alle Hoffnung aufgegeben hatte, ließ sie sich von einem Künstler für hundert Denare ein Standbild des Geliebten machen. Der Künstler fertigte das Bildnis an, und als sie es hatte, stellte sie es an einem Orte auf, zu dem sie täglich pilgerte. Dort küßte sie das Standbild, setzte sich dann zu seinen Füßen und verbrachte den Rest des Tages mit Weinen. Wenn der Abend kam, grüßte sie das Bild und ging heim. So trieb sie es lange Zeit. Da starb der junge Mann. Sie wollte ihn noch einmal sehen und küßte den Toten, dann kehrte sie zu ihrer Bildsäule zurück, grüßte sie, küßte sie wie immer und setzte sich ihr zu Füßen hin. Als der Morgen kam, fand man sie tot, in der Hand ein paar Zeilen, die sie vor ihrem Tode geschrieben hatte.

Ueddah aus dem Lande Yemen war wegen seiner Schönheit unter den Arabern berühmt. Er und Om-el-Bonain, Tochter des Abd-el-Aziz, Enkelin des Meruan, liebten sich schon als Kinder so, daß sie es nicht ertragen konnten, nur einen Augenblick lang voneinander getrennt zu sein. Als Om-el-Bonain die Frau des Ualid-Ben-Abd-el-Malek wurde, verlor Ueddah den Verstand. Nachdem er lange Zeit im Zustande der Verwirrung und des Leidens gelebt hatte, ging er nach Syrien und umschlich täglich die Behausung Ualids, ohne zunächst ein Mittel zur Erreichung seiner Absicht zu finden. Endlich traf er eine junge Sklavin, die er durch Ausdauer und Güte für sich gewann. Als er glaubte, ihr vertrauen zu können, fragte er sie, ob sie Om-el-Bonain kenne. – »Ge- 196
wiß, sie ist meine Herrin«, erwiderte die junge Magd. – »Wohlan«, fuhr Ueddah fort, »deine Herrin ist meine Base, und wenn du ihr Nachricht von mir bringen willst, bereitest du ihr gewiß Vergnügen.« – »Ich will sie ihr gern bringen«, sagte sie. Darauf lief sie zu Om-el-Bonain, um ihr Nachricht von Ueddah zu geben. – »Was sagst du mir da?« rief diese, »was, Ueddah lebt?« – »Gewiß«, erwiderte die Magd. – »Geh und sage ihm«, fuhr Om-el-Bonain fort, »er soll sich nicht eher wieder entfernen, als bis er eine Botschaft von mir erhalten hat.«

Nunmehr traf sie Vorkehrungen, um Ueddah bei sich einzulassen, und hielt ihn danach in einer Truhe verborgen. Wenn sie sich sicher glaubte, ließ sie ihn heraus, um mit ihm zusammen zu sein, und wenn jemand kam, der ihn nicht sehen sollte, ließ sie ihn wieder in die Truhe steigen.

Es begab sich eines Tages, daß man Ualid eine Perle brachte, und er sagte einem seiner Sklaven: »Nimm diese Perle und bringe sie Om-el-Bonain!« – Der Diener nahm die Perle und brachte sie zu Om-el-Bonain. Da er sich nicht anmelden ließ, trat er in ihr Gemach in einem Augenblick, wo Ueddah bei ihr war, und konnte unbemerkt einen Blick in das Schlafgemach der Om-el-Bonain tun. Der Diener entledigte sich seines Auftrags und bat Om-el-Bonain um eine kleine Belohnung für das gebrachte Kleinod. Sie schlug sie ihm barsch ab und schalt ihn aus. Er ging erbittert von ihr und hinterbrachte Ualid, was er beobachtet hatte, und beschrieb die Truhe, in die er Ueddah hatte steigen sehen. – »Du lügst, mutterloser Sklave! Du lügst!« schrie Ualid und lief hastig
197 zu Om-el-Bonain. In ihrem Gemache standen verschiedene Truhen. Er setzte sich auf die, in der Ueddah steckte, die ihm der Sklave beschrieben hatte, und sagte zu Om-el-Bonain: »Schenke mir eine dieser Truhen!« – »Sie sind alle dein so gut wie ich«, antwortete sie. »Nun«, fuhr Ualid fort, »dann möchte ich die, auf der ich sitze.« – »In dieser sind für eine Frau unentbehrliche Dinge«, sagte Om-el-Bonain. – »Ich will ja nicht den Inhalt, nur die Truhe«, beharrte Ualid. – »Sie ist dein!« antwortete sie. Ualid ließ sofort die Truhe wegschaffen, rief zwei Sklaven und befahl ihnen, ein Loch in die Erde zu graben, so tief, bis sie auf Wasser stießen. Dann näherte er sich mit seinem Munde der Truhe und rief: »Man hat mir etwas von dir gesagt; wenn es wahr ist, so sei jede Spur von dir getilgt, jede Kunde begraben. Hat man mich aber belogen, dann tue ich nichts Böses, wenn ich eine Truhe vergrabe; denn ich verscharre nur Holz.« Dann ließ er die Truhe in das Loch werfen und dieses mit den ausgegrabenen Steinen und Erdschollen wieder zuschaufeln.

Seitdem besuchte Om-el-Bonain häufig jenen Ort, um dort zu weinen, bis man sie eines Tages entseelt fand, das Antlitz zur Erde gewendet.

56. Die Liebe im Altertume

Nachgelassene Liebesbriefe von römischen Damen hat man uns nicht überliefert. Petronius hat ein reizendes Buch geschrieben, aber er schildert nur die Entartung.

Über die Liebe im alten Rom haben wir außer der Dido und der zweiten Ekloge Virgils nichts Genaueres als die Werke der drei großen Dichter Ovid, Tibull und Properz. 198

Die Geliebten dieser großen Dichter waren kokette, untreue und käufliche Frauen; sie suchten nur sinnlichen Genuß, und ich möchte glauben, daß sie niemals eine Ahnung von den erhabenen Gefühlen gehabt haben, die dreizehn Jahrhunderte später das Herz der zärtlichen Heloïse bewegten.

Ich entnehme die folgende Stelle dem Werke des vorzüglichen Literaturhistorikers Ginguené (*Histoire littéraire de l'Italie,* II, 490), der die lateinischen Dichter viel gründlicher kennt als ich:

»Das glänzende Genie des Ovid, die reiche Phantasie des Properz, die gefühlvolle Seele des Tibull verliehen ohne Zweifel ihren Versen eine verschiedene Färbung, aber alle drei liebten in gleicher Art und Weise Frauen ziemlich gleichen Schlages. Sie begehren, sie siegen, sie haben glückliche Nebenbuhler, sie sind eifersüchtig, sie entzweien und versöhnen sich, sie sind ihrerseits untreu, sie erlangen Verzeihung und sie finden ein Glück wieder, das alsbald durch die nämlichen Wechselfälle von neuem getrübt wird.

Corinna ist verheiratet. Die erste Lehre, die ihr Ovid gibt, besteht in der Unterweisung, wie sie ihren Gatten hintergehen soll, welche Zeichen sie in Gegenwart ihres Mannes und anderer machen soll, damit sie sich beide heimlich verständigen können. Der Genuß folgt auf dem Fuße; dann gibt es Streit, und was man von einem galanten Manne wie Ovid nicht erwarten sollte, Schmähungen und Schläge; dann wieder Entschuldigungen, Tränen und Verzeihung. Bisweilen wendet er sich an untergeordnete Leute, an Diener, an den Türhüter seiner Geliebten, der ihm nachts die Tür öffnen soll, an eine durchtriebene Alte, die sie verdirbt und sie verführt, sich für Gold hinzugeben, an einen alten Eunuchen, 199
der sie bewacht, an eine junge Sklavin, die ihr Briefchen mit der Bitte um ein Stelldichein zustecken soll. Es wird verweigert; er verflucht seine Briefe, die so schlechten Erfolg hatten; um mehr Glück zu haben, wendet er sich an Aurora, sie möge ihm sein Glück nicht wehren.

Bald wirft er sich seine zahlreichen Treulosigkeiten und seine Neigung zu allen Frauen vor. Einen Augenblick später ist auch Corinna treulos; der Gedanke ist ihm unerträglich, daß er ihr Lehren gegeben hat, die sie sich mit einem andern zunutze macht. Corinna wird ihrerseits eifersüchtig. Sie ist eine mehr jähzornige als zärtliche Frau; sie beschuldigt

ihn, eine junge Sklavin zu lieben. Er schwört es ab, aber er schreibt dieser Sklavin, und alles, was Corinna erbittert hat, ist wahr. Woher wußte sie es aber? Welche Anzeichen verrieten es ihr? Er bittet die junge Sklavin um ein neues Stelldichein. Falls sie es ihm abschlüge, droht er, Corinna alles zu gestehen. Einem Freunde gegenüber macht er sich über seine zwei Liebschaften lustig, über die Leiden und die Freuden, die sie ihm bereiten. Bald darauf ist Corinna wieder Alleinherrscherin. Sie ist ganz die Seine. Er besingt seinen Sieg, als sei es sein erster Erfolg. Nach gewissen Ereignissen, die wir aus mehr als einem Grunde nicht erwähnen wollen und die zum Wiedererzählen auch viel zu lang sind, stellt es sich heraus, daß Corinnas Gatte zu gleichgültig geworden ist. Er ist nicht mehr eifersüchtig. Das mißfällt dem Liebhaber, er droht, seine Frau verlassen zu wollen, wenn er nicht von neuem eifersüchtig würde. Der Mann gehorcht allzu gut, er läßt Corinna so streng bewachen, daß Ovid sich ihr nicht mehr nähern kann. Nun beklagt er sich
200 über diese Überwachung, deren Ursache er selbst ist, und hofft sie zu überwinden. Zu seinem Unglücke ist er nicht der einzige, dem das gelingt. Die Untreue Corinnas wiederholt und vermehrt sich; ihre Streiche werden stadtbekannt, so daß Ovid als einzige Gunst darum bittet, bei ihren Hintergehungen umsichtiger zu verfahren und nicht allzu offenkundig ihre wahre Natur zu verraten. Derartig waren die Sitten Ovids und seiner Geliebten und derartig ihre Liebe.

Cynthia ist die erste Liebe des Properz und wird seine letzte sein. Solange er glücklich ist, ist er eifersüchtig. Cynthia ist maßlos putzsüchtig; er bittet sie, den Luxus zu meiden und die Einfachheit zu achten. Er selbst freilich gibt sich mannigfachen Ausschweifungen hin.

Cynthia erwartet ihn; erst am frühen Morgen geht er zu ihr; er kommt von einer Zecherei und ist vom Wein berauscht. Er findet sie im Schlafe; es dauert lange, bis der Lärm, den er macht, und selbst seine Liebkosungen Cynthia aufwecken. Endlich öffnet sie die Augen und macht ihm wohlverdiente Vorwürfe.

Ein Freund will ihn von Cynthia losreißen; er preist diesem Freunde ihre Schönheit und ihre Begabung. Einmal verliert er sie beinahe. Sie geht mit einem Soldaten durch, folgt ihm ins Lager und erträgt allerlei, nur um bei ihm zu sein. Properz ist außer sich, er weint und gelobt ihr alles Glück. Kaum weicht er aus ihrem verlassenen Hause, er sucht Fremde auf, die sie gesehen haben, und fragt sie endlos nach Cynthia aus. So viel Liebe erweicht sie; sie verläßt den Soldaten und bleibt wieder bei dem Dichter. Er dankt Apoll und den Musen und ist trunken vor Glück.

Bald wird es wieder durch neue Anwandlungen von Eifersucht getrübt, durch unvermeidliches Fernsein unterbrochen. Fern von ihr denkt er 201
nur an sie. Ihre frühere Untreue läßt ihn neue befürchten. Todesgefahren schrecken ihn nicht, er fürchtet nur den Verlust Cynthias. Wenn er ihrer Treue gewiß wäre, würde er ohne Bedauern in das Grab sinken.

Nach neuen Verrätereien glaubt er seine Liebe überwunden zu haben, aber bald ist er wieder in ihren Fesseln. Er entwirft das entzückendste Bild von seiner Geliebten, von ihrer Schönheit, ihrer Eleganz und ihrem Geschmeide, ihren Fähigkeiten im Gesang, in der Dichtkunst und im Tanz. Alles verdoppelt oder rechtfertigt seine Liebe. Aber die ebenso lasterhafte wie liebenswürdige Cynthia entehrt sich durch ihre Abenteuer vor der ganzen Stadt so auffällig, daß Properz sie ohne Schande nicht mehr lieben kann. Er errötet darüber, aber er vermag sich nicht von ihr loszureißen. Er bleibt ihr Liebhaber, ihr Gatte; niemals will er eine andere lieben.

Sie verlassen und versöhnen sich nochmals. Cynthia ist eifersüchtig, er beruhigt sie. Nie will er eine andre lieben. In Wahrheit find es nicht einzelne Frauen, die er liebt, es sind alle Frauen. Er besitzt ihrer nie genug, er ist im Genuß unersättlich. Um ihn zur Besinnung zu bringen, ist es wiederum nötig, daß ihn Cynthia verläßt. Seine Klagen sind nun so lebhaft, als ob er selbst niemals untreu gewesen wäre. Er will fliehen. Er zerstreut sich durch Ausschweifungen. Er ist wie so oft betrunken; er tut, als sei ihm eine Schar von Liebesgöttern begegnet, die ihn wieder zu Cynthias Füßen zurückgeführt hätten. Ihrer Versöhnung folgen neue Stürme. Cynthia erhitzt sich bei einem ihrer abendlichen Gelage am Wein, reißt den Tisch um und wirft dem Geliebten ein paar Becher an den Kopf. Properz findet das reizend. 202

Neue Untreue zwingt ihn endlich, seine Ketten zu brechen. Er will eine Reise machen und ganz Griechenland durchwandern. Schon ist der Reiseplan fertig, da steht er von seinem Vorhaben ab, um sich nochmals neuen Kränkungen auszusetzen. Cynthia beschränkt sich nicht mehr darauf, ihn zu hintergehen, sie macht ihn sogar bei seinen Nebenbuhlern lächerlich. Da wird sie krank und stirbt. In ihren letzten Augenblicken beklagt sie seine Treulosigkeit, seine Launen und ihre Verlassenheit und schwört, daß sie ihm trotz des gegenteiligen Scheins stets treu gewesen sei. Das sind die Sitten und Abenteuer des Properz und seiner

Geliebten, das ist in kurzen Strichen die Geschichte ihrer Liebe. Eine solche Frau mußte die Seele eines Properz lieben.

Ovid und Properz sind vielfach untreu, aber nie unbeständig. Sie sind lockere Gesellen, die gern hier und da ihre Huldigungen darbringen, aber immer in die alten Fesseln zurückkehren. Corinna und Cynthia haben zu Rivalinnen alle Frauen, nicht irgend eine einzelne. Wenn die Liebe dieser Dichter nicht treu ist, so ist es doch ihre Muse, denn kein anderer Name erscheint in ihren Versen, als Corinna und Cynthia.

Tibull, ein feinfühligerer Dichter und Liebender und nicht so stürmisch und heißblütig in seinen Liebschaften, hat nicht die gleiche Beständigkeit. Drei Schönheiten sind nacheinander der Gegenstand seiner Liebe und seiner Lieder. Delia ist die erste, die berühmteste und die am innigsten geliebte. Tibull hat sein Vermögen eingebüßt, aber es bleibt ihm sein Landhaus und Delia. Wenn er sie im ländlichen Frieden besitzt, wenn er sterbend Delias Hand in der seinen fühlt, wenn sie an seinem
203 Grabe weint, hat er keine weiteren Wünsche. Delia wird von einem eifersüchtigen Gatten bewacht, aber Tibull gedenkt trotz Argus und dreifacher Schlösser in ihr Gefängnis einzudringen. In ihren Armen will er alle seine Leiden vergessen. Er wird krank, stets denkt er nur an Delia; er bittet sie, immer keusch zu sein, das Gold zu verachten und ihm allein das zu gewähren, was sie ihm geschenkt hat. Aber Delia befolgt diesen Rat nicht. Er glaubt, ihre Treulosigkeit ertragen zu können, aber er kann es nicht und bittet Delia und Venus um Gnade. Er sucht im Wein ein Heilmittel, findet es aber nicht; er kann dadurch weder sein Leid mildern, noch sich von seiner Liebe heilen. Er wendet sich an Delias gleich ihm betrogenen Gatten; er enthüllt ihm alle die Listen, deren Delia sich zu bedienen pflegt, um Liebhaber an sich zu locken und bei sich zu sehen. Wenn der Gatte sie nicht zu hüten verstehe, so möge er ihm vertrauen, er wird jene schon fernzuhalten und die vor Nachstellungen zu schützen wissen, die sie beide betrübt hat. Er beruhigt sich und kehrt zu ihr zurück; er erinnert sich Delias Mutter, der Beschützerin ihrer Liebe. Das Andenken an diese gute Frau macht sein Herz wieder weichen Gefühlen zugänglich, und alles Unrecht Delias ist vergessen. Aber bald begeht sie Schlimmeres. Sie hat sich durch Geld und Geschenke verführen lassen, sie gehört einem und vielen an. Tibull zerbricht endlich die schmachvollen Fesseln und sagt ihr Lebewohl.

Er geht unter die Verehrer der Nemesis und wird nicht glücklicher. Sie liebt nur das Gold und mißt Versen und den Gaben des Genius

wenig Wert bei. Nemesis ist eine habsüchtige Frau, die sich dem Meistbietenden hingibt. Er verwünscht ihre Habgier, aber er liebt sie und kann ohne ihre Liebe nicht leben. Er sucht sie durch rührende 204
Bilder zu bändigen. Sie hat eine junge Schwester verloren. Tibull will zu ihrem Grabe gehen und weinen und ihrer stummen Asche seinen Kummer anvertrauen. Der Geist der toten Schwester wird über die Tränen zürnen, die um Nemesis vergossen werden. Diesen Zorn soll Nemesis achten. Das traurige Bild ihrer Schwester wird ihren nächtlichen Schlummer stören … Nemesis ist zu Tränen gerührt. Aber um diesen Preis will der Dichter das Glück doch nicht erkaufen.

Seine dritte Geliebte ist Neera. Er hat lange ihre Liebe genossen; er bittet die Götter um nichts, als mit ihr leben und sterben zu dürfen. Sie verreist und bleibt fern. Er denkt immer an sie und bittet die Götter nur um sie. Im Traume erscheint ihm Apollo und verkündet ihm, daß Neera abtrünnig ist. Er will diesem Traum nicht Glauben schenken, er könnte solches Unglück nicht überleben, und doch ist das Unglück wahr; Neera ist untreu. Wiederum ist er einsam. Das war der Charakter und das Los Tibulls, das ist der dreifache, recht unglückliche Roman seiner Liebe.

An Tibull ist eine sanfte Schwermut charakteristisch, die selbst den Genuß durch einen Schleier von Träumerei und Traurigkeit abtönt. Darin beruht sein Reiz. Wenn irgend ein antiker Dichter die Liebe der Seele gekannt hat, so war es Tibull. Aber jene Feinheiten der Empfindung, die er so meisterhaft schildert, liegen nur in ihm selbst; sie in seinen Geliebten zu entdecken oder zu erwecken, versucht er ebensowenig wie Ovid und Properz. An den Frauen sind es nur äußerliche Reize, die ihn begeistern, ihre Gunst ist es, die er ersehnt und verlangt, ihre Käuflichkeit, ihre Untreue und ihr Verlust, die ihn, unglücklich machen. 205

Von allen den Frauen, die durch die Verse dieser drei großen Dichter berühmt geworden sind, erscheint Cynthia als die liebenswürdigste. Zu ihren sonstigen Vorzügen tritt ihre Begabung hinzu; sie pflegt den Gesang und die Dichtkunst. Aber bei all ihren Fähigkeiten, die auch bei gewissen Hetären nicht selten waren, taugt sie nicht mehr als diese; Gold und Wein und Wollust beherrschen sie trotzdem, und Properz, der ihren Kunstsinn nur ein- oder zweimal rühmt, wird in seiner Leidenschaft für Cynthia doch von einer ganz anderen Macht bemeistert.«

Diese großen Dichter gehören augenscheinlich zu den feinsinnigsten und zartfühligsten Geistern ihrer Zeit. Aber wen lieben sie und wie lieben sie? Dabei muß man von jeder literarischen Betrachtung und Beurteilung absehen. Ich will von ihnen nur ein Zeugnis über ihr Jahrhundert, genau so wie ein heute moderner Roman dereinst in zweitausend Jahren ein Zeugnis unserer Sitten sein wird.

57. Über die Erziehung der Frauen

Die gegenwärtige Erziehung der jungen Mädchen, die eine Frucht des Zufalls und des dümmsten Dünkels ist, läßt ihre herrlichsten Fähigkeiten, die ihnen selbst wie den Männern eine Fülle von Glück bringen könnten, verkümmern. Aber welcher Mann hat nicht wenigstens einmal in seinem Leben wie Molière in den »Gelehrten Frauen« (Akt I, Szene 7) ausgerufen:

»... eine Frau
Besitzt des Geists genug, wenn sie ein Wams
Von einem Beinkleid unterscheiden kann.«

In Paris ist das höchste Lob für ein junges heiratsfähiges Mädchen:
206 »Sie hat viel Nachgiebigkeit im Charakter und ist aus Gewohnheit sanft wie ein Lamm.« Nichts übt mehr Wirkung auf einen *dummen* Freier aus. Beobachten wir ihn aber zwei Jahre später, wenn er mit seiner Frau an einem trüben Tage beim Frühstück sitzt: er hat eine Hausmütze auf und drei Lakaien stehen herum.

Man hat in den Vereinigten Staaten im Jahre 1818 ein Gesetz erlassen, das denjenigen zu vierunddreißig Peitschenhieben verurteilt, der einen Virginia-Neger im Lesen unterrichtet. Ein sehr richtiges und vernünftiges Gesetz.

Sind übrigens die Vereinigten Staaten von Nordamerika ihrem Mutterlande nützlicher gewesen, als sie noch abhängig von ihm waren, oder jetzt, wo sie ihm gleichstehen? Wenn die Arbeit eines freien Mannes zwei- oder dreimal mehr wert ist als die eines Menschen in Sklaverei, warum soll es sich nicht ebenso mit seiner Gesinnung verhalten?

Am liebsten erzöge man die jungen Mädchen wie Sklaven; aber auch so wissen sie vom Nützlichen nur so viel, als ihre Lehrer wollen.

»Aber das wenige, das sie unglücklicherweise an Bildung erhaschen, wenden sie gegen uns an«, werden gewisse Ehemänner sagen. Kein

Zweifel. Napoleon hatte sehr recht, als er der Nationalgarde keine Waffen gab. Wenn wir einem Menschen Waffen geben und fortfahren, ihn zu unterdrücken, so werden wir es erleben, daß er diese Waffen gegen uns zu gebrauchen wagt.

Selbst wenn wir berechtigt wären, die jungen Mädchen wie Idioten mit Ave Marias und schlüpfrigen Liedern (wie in den Klöstern von 1770) zu erziehen, so gäbe es immer noch einige kleine Einwände dagegen: 207

Erstens: Falls der Gatte stirbt, sind die Frauen berufen, der jungen Familie vorzustehen.

Zweitens: Als Mütter geben sie den männlichen Kindern, den jungen künftigen Tyrannen, die erste Erziehung, die den Charakter bildet und die Seele bestimmt, das Glück auf dem oder mehr auf jenem Wege zu suchen, was sich bereits mit vier oder fünf Jahren entscheidet.

Drittens: Bei allem unseren Dünkel sind die Ratschläge der notwendigen Lebensgefährtin von größtem Einfluß auf unsere kleinen inneren Angelegenheiten, von denen unser Glück vor allem abhängt, weil das Glück in Ermangelung von Leidenschaften in der Vermeidung der kleinen alltäglichen Widerwärtigkeiten beruht. Keineswegs wollen wir der Frau irgendwelchen Einfluß einräumen, aber sie wiederholt zwanzig Jahre lang die gleichen Dinge, und welcher Mensch hat die Standhaftigkeit eines Römers, einem immer wiederkehrenden geistigen Einfluß sein Leben lang zu widerstehen? Die Welt wimmelt von Ehemännern, die sich leiten lassen, aber aus Charakterschwäche, nicht aus Gefühl für Gerechtigkeit und Gleichheit.

Viertens: Schließlich liegt unser Glück in den Jahren der Liebe, unsrer schönsten Lebenszeit, die im Süden oft zehn bis zwölf Jahre währt, ganz und gar in den Händen der Frau, die wir lieben. Warum sollte ein auf den Thron erhobener Sklave nicht versuchen, seine Gewalt zu mißbrauchen? Hier finden wir die Quelle des falschen Zartgefühls und des weiblichen Stolzes.

Solche Einwände sind gänzlich nutzlos; die Männer sind Tyrannen, und man weiß, was bei einem Despoten selbst die vernünftigsten Ratschläge ausrichten: der allmächtige Mann liebt nur eine einzige Art von Ratschlägen, nämlich solche, die ihn seine Macht noch vergrößern 208
lehren.

Wenn ein Umschwung auf diesem Gebiete mehrere Jahrhunderte erfordert, so liegt der Grund darin, daß durch einen verhängnisvollen

Zufall alle ersten Erfahrungen unbedingt immer mit der Wahrheit in Widerspruch stehen. Erleuchtet die Gedankenwelt eines jungen Mädchens, bildet seinen Charakter, mit einem Worte: gebt ihm eine gute Erziehung in des Wortes wahrer Bedeutung, so wird es sich früher oder später seiner Überlegenheit über die anderen Frauen bewußt und dadurch zur Pedantin, das heißt zum unangenehmsten und entartetsten Wesen auf Erden. Jeder von uns Männern will lieber sein Leben mit einer Sklavin als mit einer solchen gelehrten Frau verbringen.

Wenn man einen jungen Baum mitten in einem dichten Walde pflanzt, wo ihm die Nachbarbäume Licht und Luft rauben, werden seine Blätter verkümmern und er wird lächerlich in die Höhe schießen und eine unnatürliche Gestalt annehmen. Man muß eben einen ganzen Wald gleichzeitig pflanzen. So ist es auch mit den Frauen. Lesen zu können, brüstet sich keine.

Seit zweitausend Jahren wiederholen uns die Schulmeister, daß die Frauen geistig lebhafter, die Männer gründlicher seien, daß die Frauen mehr Zartheit in ihren Ideen, die Männer mehr die Kraft der Beobachtung hätten. Aber mancher Pariser Bummler, der ehedem durch die Gärten von Versailles schlenderte, mag aus allem, was er da sah, den Schluß gezogen haben, alle Bäume wären von Natur gleichmäßig zugestutzt.

Ich will zugeben, daß die kleinen Mädchen weniger körperliche
209 Kräfte haben als die Knaben. Wenn man aber daraus auf den Geist schließen wollte, müßten Voltaire und Dalembert, die ersten Köpfe ihres Jahrhunderts, auch berühmte Boxer gewesen sein. Es ist vielmehr eine allbekannte Sache, daß ein zehnjähriges Mädchen zwanzigmal verschmitzter ist als ein gleichaltriger Junge. Warum ist aber eine Zwanzigjährige dumm, linkisch, schüchtern und fürchtet sich vor einer Spinne, während der Knabe dann ein gebildeter Mensch geworden ist?

Die Frauen wissen nur das, was sie nicht wissen sollen, und was sie durch ihre eigene Lebenserfahrung lernen. Deshalb sind *die* Frauen im Nachteile, die aus einer reichen Familie stammen; anstatt mit Menschen in Berührung zu kommen, die mit ihnen natürlich umgehen, sind sie von Kammerzofen und Gesellschafterinnen umgeben, die das Geld verdorben und unnatürlich gemacht hat. Am unglücklichsten ist eine Prinzessin daran.[63]

Die jungen Mädchen machen in Erkenntnis ihrer Sklaverei die Augen beizeiten auf, sie sehen alles, wenn sie auch zu unwissend sind, um richtig zu sehen. Eine Französin hat mit dreißig Jahren nicht die Einsicht, die ein Knabe mit fünfzehn Jahren hat, und mit fünfzig Jahren nicht den Verstand eines halb so alten Mannes. Frau von Sévigné hat bekanntlich an Ludwig dem Fünfzehnten die sinnlosesten Handlungen bewundert, und Frau von Epinay ist in ihrem Urteile durchaus unreif.

58. Einwände gegen die Erziehung der Frauen

»Die Frauen sollen ihre Kinder nähren und pflegen.«

Den ersten Teil dieses Einwandes bestreite ich, dem zweiten stimme
ich zu. 210

»Sie sollen sich fernerhin um Küche und Haushalt kümmern. Darum haben sie keine Zeit, einem Manne an Kenntnissen gleichzukommen.«

Die Männer sind Richter, Bankiers, Rechtsanwälte, Kaufleute, Ärzte, Geistliche oder sonstwas, und doch finden sie Zeit, die Reden von Fox und die »Lusiaden« von Camoëns zu lesen.

Bei den heutigen gesellschaftlichen Zuständen ist die Muße, die für den Mann die Quelle allen Glückes und wirklichen Reichtums ist, für die Frau nicht nur nicht von Vorteil, sondern eine unheilvolle Freiheit.

»Aber den Frauen liegen die kleinen häuslichen Arbeiten ob.«

Der Oberst S*** hat vier Töchter, die nach den besten Grundsätzen erzogen worden sind, das heißt, sie arbeiten den ganzen Tag. Wenn ich hinkomme, singen sie Arien von Rossini, die ich ihnen aus Neapel mitgebracht habe; sonst lesen sie biblische Geschichte, lernen aus der Geschichte das Dümmste, nämlich die Zahlen, sind in der Geographie bewandert und sticken wundervoll, kurz, ich schätze, daß jedes von diesen hübschen jungen Mädchen sich mit seiner Arbeit täglich vierzig Centimes verdienen könnte. Das macht, auf dreihundert Tage gerechnet, im Jahre vierhundertundachtzig Franken; das ist weniger, als man einem ihrer Lehrer gibt. Für jährlich vierhundertundachtzig Franken verlieren sie also für immer die Zeit, die dem Menschen vergönnt, seinen Ideenkreis zu erweitern.

»Wenn die Frauen die zehn oder zwölf guten Bücher, die jedes Jahr in Europa erscheinen, mit Genuß zu lesen verständen, würden sie bald
die Pflege ihrer Kinder vernachlässigen.« 211

Das wäre genau so, als wenn wir den Meeresstrand mit Bäumen bepflanzen und damit befürchten wollten, die Bewegung der Wogen aufzuhalten. In diesem Sinne ist die Erziehung nicht allmächtig. Übrigens macht man seit vierhundert Jahren die gleichen Einwände gegen jede Art von geistiger Bildung. Eine Pariserin von 1820 hat nicht nur mehr Tugenden als eine von 1720, sondern die Tochter des reichsten Generalpächters von damals genoß eine weniger gute Erziehung als die Tochter eines Winkeladvokaten von heute. Werden deshalb die häuslichen Pflichten weniger gut erfüllt? Gewiß nicht. Weshalb auch? Elend, Krankheit, Schande und Instinkt zwingen stets zu ihrer Erfüllung. Genau so könnte man von einem Offizier, der zu liebenswürdig wird, sagen, er verlerne das Reiten.

Die Erweiterung des Ideenkreises hat bei beiden Geschlechtern die gleichen guten und schlechten Folgen. Von Eitelkeit werden wir nie frei, auch wenn sie nicht im geringsten begründet ist. Man sehe sich die Bürger einer Kleinstadt an; zwingen wir sie wenigstens, nur auf ein wirkliches Verdienst eitel zu sein, das der Gesellschaft nützlich oder angenehm ist.

Die Halbgebildeten fingen unter den Nachwirkungen der Revolution, die in Frankreich alles verändert hat, an einzugestehen, daß die Frauen eine Beschäftigung haben könnten; sie sollen sich einer ihrem Geschlecht angemessenen Arbeit widmen, Blumen züchten, Herbarien anlegen, Singvögel aufziehen. Das nennt man unschuldige Vergnügungen.

Solche unschuldigen Vergnügungen sind besser als Garnichtstun. Überlasse man letzteres den dummen Frauen, wie man den dummen
212 Männern den Ruhm läßt, zum Geburtstagsfest des Hausherrn ein Tafellied zu verbrechen. Kann man aber geistig regen Frauen, einer Madame Roland oder einer Mrs. Hutchinson im Ernste zumuten, in ihren Mußestunden einen bengalischen Rosenstock aufzuziehen?

Jenes ganze Geschwätz läuft schließlich auf nichts anderes hinaus, als daß man von seiner Sklavin sagen möchte: »Sie ist zu dumm, um gefährlich zu sein.«

Aber vermöge eines gewissen Gesetzes, das Sympathie heißt, eines Naturgesetzes, das gewöhnlichen Augen verborgen bleibt, fügen die Fehler unserer Lebensgefährtin unserem Glücke keinen wirklichen Schaden zu, wenn man bedenkt, was für unmittelbares Unglück sie bereiten könnten. Mir freilich wäre es lieber, wenn mich meine Frau in einem Wutanfall alle Jahre einmal zu erdolchen versuchte, als wenn sie mich alle Abende mürrisch empfinge.

Schließlich ist unter Leuten, die zusammenleben, das Glück ansteckend.

Mag sich unsere Geliebte den Vormittag, während wir auf dem Exerzierplatze oder im Parlament waren, mit Blumenmalen oder mit dem Lesen eines Shakespeareschen Dramas vertrieben haben: in beiden Fällen waren ihre Vergnügungen unschuldig; nur wird sie uns nach unserer Heimkehr langweilen, wenn sie uns ihre Gedanken beim Malen ihrer Rose erzählt, und obendrein wird sie abends ausgehen wollen, um in der Geselligkeit etwas lebhaftere Eindrücke zu finden. Wenn sie dagegen Shakespeare mit Verstand gelesen hat, dann ist sie so müde wie wir, und ein einsamer Spaziergang an unserm Arm im Park vor der Stadt wird sie glücklicher machen als der Besuch der größten Gesellschaft. Die Freuden der großen Gesellschaft sind glücklichen Frauen nichts. 213

Nur die Unwissenden feinden die Frauenerziehung instinktiv an. Heute vertändeln sie ihre Zeit mit ihnen, machen ihnen den Hof und werden von ihnen gut behandelt. Aber was würde aus ihnen, wenn die Frauen einmal den Walzer satt bekämen? Wenn *wir* aus Afrika oder Asien heimkommen, mit verbrannter Gesichtsfarbe und einer Stimme, die noch nach einem halben Jahre etwas grob klingt, was könnten *jene* auf unsere Erzählungen antworten, wenn sie nicht die Redensart hätten: »Wir, wir haben die Frauen auf unserer Seite. Während Sie in der Ferne waren, hat sich die Farbe der Dogcarts geändert. Jetzt sind schwarze Mode.« Wir lauschen aufmerksam, denn das zu wissen, ist nützlich. Manche hübsche Frau wird uns keines Blickes würdigen, wenn unser Wagen einen schlechten Geschmack verrät.

Eben diese Tröpfe, die sich bloß ob des Vorzugs ihres Geschlechtes einbilden, gescheiter zu sein als die Frauen, wären gänzlich in den Schatten gestellt, wenn die Frauen etwas lernen wollten. Solch ein Flachkopf von dreißig Jahren sagt sich beim Anblick der kleinen zwölfjährigen Töchter seines Freundes: »Mit einer werde ich in zehn Jahren mein Leben teilen.« Man stelle sich seinen Jammer und seinen Schrecken vor, wenn er sie irgend etwas Nützliches lernen sähe.

Nicht die Gesellschaft und Unterhaltung eines Mann-Weibes, sicherlich aber die einer wohlunterrichteten Frau, falls sie ihren Ideenkreis ohne Verlust der weiblichen Anmut erweitert hat, wird unter den hervorragendsten Männern ihres Jahrhunderts eine Beachtung finden, die an Begeisterung streift.

»Dann werden die Frauen die Rivalinnen, nicht mehr die Genossinnen
214 der Männer sein.«

Ja, wenn die Liebe sich durch ein Gesetz abschaffen ließe. Bis dahin wird die Liebe ihren Reiz und ihre Macht verdoppeln. Die Grundlage der Kristallbildung wird nur breiter. Der Mann wird alle seine Ideen *mit* der geliebten Frau genießen, die ganze Natur wird beim gemeinsamen Sehen neue Reize gewinnen, und da die Gedanken immer gewisse Schattierungen des Charakters widerspiegeln, werden sich beide besser kennen lernen und weniger Unklugheiten begehen; die Liebe wird weniger blind sein und nicht mehr so viel Unglück anstiften.

Der Wunsch zu gefallen schützt immer die Schamhaftigkeit, das Zartgefühl und die Anmut des Weibes vor irgendwelchem Einflusse der Erziehung. Die Nachtigallen kann man auch nicht lehren, im Frühling nicht zu singen. Die Anmut der Frauen hat mit der Unwissenheit keinen Zusammenhang. Allerdings oberflächliche und zu unpassender Gelegenheit geziert oder schulmeisterlich angebrachte Kenntnisse ertöten die Anmut. Aber diese Gefahr droht den Pariserinnen kaum. Sind die Pariserinnen nicht die liebenswürdigsten Frauen Frankreichs? Sind sie es nicht, in deren Köpfe der Zufall die treffendsten und anmutigsten Gedanken gelegt hat? Ich mute auch gewiß keiner Frau zu, Grotius oder Pufendorf zu lesen, seit wir das Buch von Tracy über Montesquieu haben.

Es gibt in Frankreich ungefähr fünfzigtausend Frauen, die durch ihre Vermögensverhältnisse aller Arbeit überhoben sind. Aber ohne Arbeit gibt es kein Glück. Selbst die Leidenschaften zwingen zur Arbeit und zwar zu recht harter Arbeit, die die ganze Tatkraft der Seele beansprucht.

215 Eine Frau mit vier Kindern bei zehntausend Franken Jahreseinkommen *arbeitet*, wenn sie Strümpfe strickt oder für ihr Töchterchen ein Kleid näht. Aber unmöglich arbeitet eine Frau, die einen eigenen Wagen hat, wenn sie eine Stickerei oder etwas Ähnliches anfertigt. Außer einem bißchen Eitelkeit hat sie kaum irgend ein Interesse dabei: also arbeitet sie nicht.

Folglich ist ihr Glück schwer bedroht.

Und was noch mehr sagen will, das Glück ihres Gebieters; denn eine Frau, deren Herz kein anderes Interesse als das für ihre Stickerei erfüllt, kann leicht auf den übermütigen Gedanken geraten, daß Liebe aus Galanterie oder aus Eitelkeit oder gar aus Sinnlichkeit im Vergleich zu ihrem gegenwärtigen Zustand ein ungeheures Glück sei.

»Eine Frau soll vermeiden, daß man von ihr spricht.«

Von neuem muß ich darauf entgegnen: Spricht man von einer Frau, weil sie lesen kann? Und was hindert die Frauen, bis der Umschwung ihres Schicksals kommt, das Studium zu verbergen, das ihre gewöhnliche Beschäftigung bildet und ihr täglich eine ansehnliche Menge von Glück beschert? Nebenbei will ich ihnen ein Geheimnis offenbaren. Wenn man sich ein Ziel gesteckt hat, zum Beispiel wenn man sich ein klares Bild der Verschwörung des Fiesco in Genua im Jahre 1547 schaffen will, so wird auch das langweiligste Buch interessant. Das ist so wie, wenn wir lieben, mit der Begegnung eines gleichgültigen Menschen, der eben mit der geliebten Person gesprochen hat. Und dieses Interesse wächst mit jedem Tage, bis man die »Verschwörung des Fiesco« wieder beiseite legt.

»Das beste Feld der Frauentugenden ist das Krankenzimmer.« 216

Dann müßte man die göttliche Güte bitten, die Häufigkeit der Krankheiten zu verdoppeln, um unseren Frauen Beschäftigung zu geben. Sonst hieße es auf Ausnahmen rechnen.

Überdies behaupte ich, daß eine Frau täglich ihre drei bis vier Mußestunden ausfüllen muß, wie ein verständiger Mann sie ausfüllt.

Eine junge Mutter, deren Sohn die Röteln hat, findet selbstverständlich beim besten Willen keinen Genuß an Volneys »Reise in Syrien«, ebensowenig wie ihr Gatte, ein reicher Bankier, im Augenblick eines Kraches mit Genuß über Malthus nachdenken kann.

Die geistige Überlegenheit ist der einzige Punkt, in dem sich reiche Frauen von gewöhnlichen unterscheiden können. Dann haben sie naturgemäß auch verschiedene Empfindungen.

»Wollen Sie aus der Frau eine Schriftstellerin machen?«

Nicht weniger als Sie die Absicht hegen, Ihre Tochter in der Oper auftreten zu lassen, weil Sie ihr einen Gesanglehrer halten. Ich möchte behaupten, daß eine Frau ihre Werke nur nach ihrem Tode veröffentlichen lassen soll wie Frau von Staal-Launay. Wenn eine Frau unter fünfzig Jahren etwas drucken läßt, so setzt sie damit ihr Glück in der leichtfertigsten Weise aufs Spiel. Hatte sie das Glück, einen Geliebten zu besitzen, so wird sie ihn alsbald verlieren.

Nur eine Ausnahme erkenne ich an, wenn eine Frau zum Besten der Ernährung und Erziehung ihrer Familie schreibt. Dann muß sie sich aber, wenn sie von ihren Arbeiten spricht, mit dem Geldpunkte entschuldigen und zum Beispiel zu einem Rittmeister sagen: »Ihre Stellung bringt 217

Ihnen jährlich viertausend Franken. Ich konnte im letzten Jahre durch meine zwei Übersetzungen aus dem Englischen dreitausendfünfhundert Franken mehr auf die Erziehung meiner beiden Söhne verwenden.«

Sonst muß eine Frau ihre Bücher so drucken lassen wie der Baron Holbach oder Frau von Lafayette, deren beste Freunde nichts davon wußten. Nur für Halbweltschönheiten kann die Veröffentlichung eines Buches ohne Nachteil bleiben. Die Menge, der es freisteht, sie wegen ihres Gewerbes zu verachten, hebt sie wegen ihrer Begabung in den Himmel und läßt sich davon betören.

Von den Männern in Frankreich, die sechstausend Franken Jahreseinkommen haben, finden die meisten in literarischer Hinsicht Befriedigung, ohne daß es ihnen in den Sinn kommt, selbst etwas zu veröffentlichen. Das Lesen eines guten Buches ist ihnen einer der größten Genüsse. Nach zehn Jahren haben sie ihre Kenntnisse verdoppelt, und niemand wird in Abrede stellen, daß man im allgemeinen mit der geistigen Vervollkommnung immer weniger von solchen Leidenschaften hat, die das Glück anderer beeinträchtigen. Ebenso wird man nicht bestreiten können, daß die Kinder einer Frau, die Gibbon und Schiller liest, geistig besser beanlagt sind als die einer Frau, die den Rosenkranz abbetet und die Romane der Frau von Genlis liest.

Ein junger Rechtsanwalt, ein Kaufmann, ein Arzt oder ein Ingenieur kann ohne irgendwelche anfängliche Erfahrung im Leben vorwärtskommen, er findet sie alltäglich in der Ausübung seines Berufes. Aber welche Hilfsquellen bieten sich den Frauen, um wertvolle und notwendige
218 Kenntnisse zu erwerben? In der Einsamkeit ihres Haushaltes bleibt ihnen das große Buch des Lebens und der Notwendigkeit verschlossen. Die drei Goldstücke, die sie alle Montage von ihrem Gatten erhalten, geben sie immer auf die gleiche Weise aus, nachdem sie die Ausgaben der Köchin geprüft haben.

Der unbedeutendste Mann ist mit zwanzig Jahren und in jugendlicher Frische für eine Frau, die von nichts versteht, gefährlich, denn sie folgt nur dem Impuls; in den Augen einer geistvollen Frau wird er nicht mehr Erfolg haben als ein hübscher Lakai.

Das Lächerliche der heutigen Erziehung liegt darin, daß man den jungen Mädchen nur Dinge lehrt, die sie schnell wieder vergessen müssen, sobald sie verheiratet sind. Sechs Jahre lang sollen sie täglich Musik treiben und zwei Stunden Pastell oder Aquarell malen. Die meisten jungen Mädchen bringen es dabei nicht einmal zu einer leidlichen

Mittelmäßigkeit. Daher das so wahre Sprichwort: Dilettanten sind Ignoranten. In Italien ist allerdings das Gegenteil wahr; dort trifft man die schönsten Stimmen unter den Dilettanten, fern der Bühne.

Selbst wenn ein junges Mädchen etwas Begabung gehabt hat, nimmt es nach dreijähriger Ehe höchstens einmal im Monat die Noten oder den Pinsel zur Hand; diese Beschäftigung ist ihm langweilig geworden, außer wenn ihm der Zufall eine Künstlerseele verliehen hat. Aber das kommt selten vor und vereinbart sich auch kaum mit den Haushaltssorgen.

So läßt man die jungen Mädchen unter dem hinfälligen Vorwande der Schicklichkeit in Unkenntnis der Dinge, die sie durch die künftigen Wechselfälle des Lebens leiten könnten; man verbirgt ihnen sogar deren Vorhandensein, leugnet die Wirrsale des Lebens ab und vermehrt sie 219
somit noch durch die Wirkung der Verwunderung und des Mißtrauens, das einst die ganze Erziehung im Lichte der Lüge erscheinen lassen muß. Ich behaupte, daß es unbedingt zu der guten Erziehung eines jungen Mädchens gehört, es auch über die Liebe zu belehren. Wer möchte im Ernst behaupten, daß ein junges Mädchen mit sechzehn Jahren bei unseren heutigen Sitten nichts vom Dasein der Liebe wüßte? Woher stammt aber diese wichtige und heikle Kenntnis? Julie von Etanges gesteht klagend, daß ihr Wissen von einer Kammerzofe herrühre. Man muß Rousseau dankbar sein, daß er in einem Jahrhundert der falschen Scham so wahre Sittenbilder zu malen gewagt hat.

Da die heutige Erziehung der Frauen vielleicht die lächerlichste Geschmacklosigkeit des modernen Europas ist, so sind die Frauen um so mehr wert, je weniger sie eine sogenannte Erziehung gehabt haben. Deshalb sind die Frauen Italiens und Spaniens den Männern so überlegen und, ich glaube, auch den Frauen der anderen Länder.

59. Weitere Einwände

Die ganze Kenntnis des Frauenherzens stammt in Frankreich aus dem Katechismus. Das Lächerlichste dabei ist, daß viele Leute diesem Buche keinen entscheidenden Wert beilegen, sobald es sich um fünfzig Franken handelt; aber sie hängen am Buchstaben und sind stumpfsinnig in Dingen, die bei der Eitelkeit unserer zeitgenössischen Sitten vielleicht von der größten Bedeutung für ihr Glück sind.

»Man braucht keine Ehescheidung, denn die Ehe ist ein Mysterium«
220 – und was für eins? »Ein Sinnbild der Vereinigung Christi mit seiner Kirche.« Wie stände es aber um jenes Mysterium, wenn das Wort »Kirche« zufällig männlichen Geschlechts wäre?

Wir wollen nicht weiter auf haltlose Vorurteile[64] eingehen und nur auf eine merkwürdige Erscheinung hinweisen: die Wurzel des Baumes ist mit der Axt der Lächerlichkeit abgeschlagen worden, aber die Zweige grünen weiter.

Kehren wir zur Beobachtung der Tatsachen und ihrer Folgen zurück. Bei beiden Geschlechtern hängt das Schicksal des Alters davon ab, wie man seine Jugend verbracht hat. Bei den Frauen trifft das am richtigsten zu. Wie wird eine Frau von fünfundvierzig Jahren in der Gesellschaft behandelt? Auf harte und ihrem Verdienst nicht entsprechende Art und Weise. Mit zwanzig Jahren umschmeichelt, wird sie mit vierzig Jahren verlassen. Eine fünfundvierzigjährige Frau hat nur mittelbaren Einfluß durch ihre Kinder oder durch ihren Geliebten.

Eine Mutter, die eine bedeutende Künstlerin ist, kann ihren Sohn durch ihre Begabung nur in den seltensten Fällen fördern, wenn er selbst von der Natur eine Künstlerseele empfangen hat. Eine Mutter aber, die geistig gebildet ist, wird nicht nur die schöngeistigen Talente ihres Sohnes ausbilden, sondern auch die Anlagen, die der menschlichen Gesellschaft nützlich sind, und ihm dann die Wahl lassen.

Die Barbarei der Türken hängt größtenteils mit dem Zustande der geistigen Verwilderung der schönen Georgierinnen zusammen. Die jungen in Paris geborenen Leute verdanken ihren Müttern die unbestrittene geistige Überlegenheit, die sie mit sechzehn Jahren über ihre Alters-
221 genossen in der Provinz haben. Zwischen dem sechzehnten und fünfundzwanzigsten Jahre wird es gerade umgekehrt.

Die Männer, die die Buchdruckerei, die Webkunst und anderes erfunden haben, tragen täglich zu unserem Glücke bei, ebenso Montesquieu, Racine, Lafontaine. Nun aber steht die Anzahl der Genies, die ein Volk hervorbringt, in einem gewissen Verhältnis zur Gesamtzahl seiner Männer mit leidlicher Bildung. Wer weiß, ob mein Schuhmacher nicht so viel Seele hat, um wie Corneille zu schreiben; es fehlt ihm aber gewiß die nötige Bildung, um seine Gefühle auszugestalten und mitteilbar zu machen.

Nach der heutigen Erziehungsweise der weiblichen Jugend sind alle als Frauen geborenen Genies für das allgemeine Glück verloren. Nur wenn ihnen der Zufall Mittel, sich zu äußern, in die Hand gibt, entwickeln sie die höchsten Fähigkeiten. Ich erinnere in unseren Tagen an Katharina die Zweite, die ihre einzige Erziehung in der Gefahr gehabt hat, an Madame Roland, an Alessandra Mari, die in Arezzo ein Regiment ausgehoben und gegen die Franzosen geführt hat, an die Königin Karoline von Neapel, die besser als Castlereagh den Einfluß des Liberalismus einzuschränken verstand. Das, was der Überlegenheit der Frauen in geistiger Arbeit Einhalt gebietet, habe ich im Kapitel über das weibliche Schamgefühl, Punkt 9, erwähnt.

Welcher Mann hat – in der Liebe oder in der Ehe – das Glück, seiner Lebensgefährtin alle seine Gedanken unverändert mitteilen zu können? Er findet wohl ein gutes Herz, das an seinen Sorgen Anteil nimmt, aber er muß seine Gedanken stets in kleine Münze wechseln, wenn er verstanden sein will. Es wäre auch lächerlich, brauchbare Ratschläge von 222
einem Geist zu erwarten, der zum Verständnis der Dinge der angedeuteten Maßregel bedarf. Die nach heutigen Erziehungsbegriffen vollendetste Frau läßt ihren Gefährten im Drange des Lebens einsam und bald gelangweilt dastehen.

Welchen herrlichen Berater aber könnte der Mann in seiner Frau finden, wenn sie zu denken verstünde, einen Berater, dessen Interessen nicht nur den Lenz des Lebens hindurch in einem einzigen Punkt, sondern in allen Dingen des ganzen gemeinsamen Lebens genau die seinigen wären?

Es ist eins der schönsten Vorrechte des Geistes, im Alter Achtung zu genießen. Die Ankunft Voltaires in Paris ließ selbst die Majestät erbleichen. Die armen Frauen aber haben, wenn der Glanz ihrer Jugend vorüber ist, nur ein einziges, trauriges Glück: sich Selbsttäuschungen über ihre Rolle in der Welt hinzugeben. Die Trümmer ihrer Jugendmacht sind nur lächerlich, und für unsere heutigen Frauen wäre es ein Glück, wenn sie mit fünfzig Jahren stürben.

Bei richtiger Lebensanschauung erkennt man um so klarer, je mehr Geist man hat, daß die Gerechtigkeit der einzige Weg zum Glück ist. Genie ist eine Macht, aber noch mehr eine Leuchte um die große Kunst des Glücklichseins zu finden.

Die meisten Menschen haben in ihrem Leben einen Augenblick, wo sie Großes leisten könnten und wo ihnen nichts unmöglich erscheint. Durch die Unwissenheit der Frauen geht dieser glänzende Augenblick dem Männergeschlecht unausgenutzt verloren. Allenfalls bewirkt es die

Liebe, daß wir anständig zu Pferd sitzen oder in der Wahl unseres
223 Schneiders geschickt sind.

Ich habe nicht die Zeit, meinen Standpunkt der Kritik gegenüber zu verteidigen. Wenn ich die Macht hätte, Vorschriften zu erteilen, so würde ich den jungen Mädchen möglichst genau dieselbe Erziehung angedeihen lassen wie den Knaben. Wenn auch die heutige Erziehung der Knaben nicht ganz richtig ist, – man unterrichtet sie nicht in den wichtigsten Wissenschaften, in der Logik und Ethik, – so ist es doch immer noch besser, die jungen Mädchen ebenso zu erziehen, als sie nur Musik, Malen und Sticken zu lehren.

Ein großer Vorteil der Schule (im Gegensatz zum Unterricht zu Hause) ist der, daß die Kinder von ihren Schulgefährten unwillkürlich die Kunst lernen, wie man in der Welt lebt und für seinen Vorteil sorgt. Ein kluger Lehrer sollte den Kindern ihre kleinen Streitereien und Freundschaften vor Augen führen und damit den Unterricht über die Moral beginnen statt mit der Geschichte vom goldenen Kalbe. Ich möchte, daß die jungen Mädchen wie die Knaben das Lateinische erlernten. Das Lateinische ist vortrefflich, weil es lehrt, was Langeweile ist. Daneben Geschichte, Mathematik, Pflanzenkunde, die sich namentlich auf die Nähr- und Arzneipflanzen zu erstrecken hätte, Logik und Ethik. Der Unterricht im Tanzen, in der Musik und im Zeichnen müßte mit fünf Jahren beginnen.

Mit sechzehn Jahren muß ein junges Mädchen daran denken, sich einen Mann zu suchen, und von seiner Mutter eine richtige Vorstellung
224 über die Liebe, die Ehe und die Untreue der Männer erhalten.

60. Von der Ehe

Eheliche Treue ohne Liebe ist offenbar naturwidrig.

Man hat den Versuch gemacht, sie gegen die Natur durch die Furcht vor der Hölle und durch religiöse Gefühle zu erzwingen. Bis zu welchem Grade das geglückt ist, zeigt das Beispiel Italiens und Spaniens.

In Frankreich hat man es durch die öffentliche Meinung erreichen wollen. Es ist das zwar der einzige wirkliche widerstandsfähige Damm, aber man hat ihn schlecht gebaut. Es ist widersinnig, einem jungen Mädchen zu sagen: »Du mußt dem Gatten deiner Wahl treu sein«, es dann aber mit einem langweiligen alten Manne gewaltsam zu verheiraten.[65]

»Aber die jungen Mädchen heiraten doch gern.«

Das kommt davon, weil die jetzige engherzige Erziehungsweise ihnen im elterlichen Hause eine Sklaverei von unerträglicher Langeweile aufbürdet. Auch fehlt ihnen der klare Blick, und schließlich verlangt es die Natur. Nur ein Mittel gibt es, um von den Frauen mehr eheliche Treue zu erlangen, das ist, wenn man den jungen Mädchen Freiheit gewährt und den verheirateten Leuten die Ehescheidung ermöglicht.

Eine Frau verliert in der Ehe meist die schönsten Tage ihrer Jugend und fürchtet, durch eine Scheidung Dummköpfen Anlaß zu schlechten Redereien zu geben.

Junge Frauen, die viele Anbeter haben, bedürfen der Ehescheidung nicht. In einem gewissen Alter glauben die Frauen, die viele Liebhaber gehabt haben, ihren Ruf wiederherstellen zu müssen, und in Frankreich gelingt es ihnen immer, wenn sie sich gegen Fehltritte, die sie selbst hinter sich haben, nun anderen gegenüber recht streng gebärden. 225

Gerade tugendsame, unglückliche und wahrhaft liebende junge Frauen verlangen nach der Ehescheidung, und doch müssen sie sich von Frauen, die fünfzig Männer gehabt haben, in Acht und Bann tun lassen.

61. Von der sogenannten Tugend

Ich für meine Person beehre mit dem Namen »Tugend« die gewohnheitsmäßige Ausübung von beschwerlichen, anderen nützlichen Handlungen.

Der Heilige Simeon, der zweiundzwanzig Jahre unter Kasteiungen auf einer Säule zubrachte, ist in meinen Augen keineswegs tugendhaft. Ebensowenig ist es ein Kartäuser, der nur Fischspeisen ißt und sich nur am Donnerstag zu sprechen erlaubt. Ich gestehe offen, daß mir der General Carnot viel lieber ist, der in hohem Alter die harte Verbannung nach einer kleinen Stadt im fremden Norden einer niedrigen Handlung vorzog.

Während einer Festmesse in Pesaro (am 7. Mai 1819), zu der ich zu gehen gezwungen war, habe ich mir ein Meßbuch geben lassen und folgenden lateinischen Satz gefunden:

»Johanna, die Tochter Alfons des Fünften, Königs von Portugal, war in so hohem Grade von der göttlichen Liebe begeistert, daß sie schon von frühester Kindheit an alle weltlichen Dinge verachtete und nur sehnsüchtig nach dem himmlischen Reiche begehrte.«

Die rührendste Tugend, wie sie Chateaubriand im *Génie du Christianism* mit schönen Redensarten predigt, läuft eigentlich nur darauf hinaus, keine Trüffeln zu essen, weil man davon Leibschmerzen bekommen könnte. Es ist eine sehr kluge Berechnung, wenn man an die Hölle
226 glaubt, aber immerhin eine Berechnung des persönlichsten und prosaischsten Eigennutzes. Im Gegensatz hierzu legt die philosophische Tugend, die uns die Rückkehr des Regulus nach Karthago erklärt und während der Revolutionszeit zu ähnlichen Zügen begeistert hat, ein Zeugnis von Hochherzigkeit ab.

Lediglich um nicht in der jenseitigen Welt in einem Kessel mit siedendem Öl zu braten, widersteht in den *Liaisons dangereuses* Frau von Tourvel dem Valmont. Ich verstehe nicht, warum der Gedanke, mit einem Kessel siedenden Öls zu wetteifern, Valmont nicht veranlaßt hat, sich verachtungsvoll von ihr abzuwenden. Viel rührender erscheint mir Rousseaus Julie, die nur an ihr Versprechen und an das Glück Wolmars denkt.

Eine der lächerlichsten Verkehrtheiten auf Erden ist die, daß die Menschen das, was ihnen zu wissen not täte, schon zu wissen meinen. Man höre sie über Politik, diese schwierigste aller Wissenschaften, man höre sie über die Ehe und die Sittlichkeit sprechen.

62. Die Ehe in Europa

Bis hierher haben wir die Ehefrage nur theoretisch beleuchtet, wenden wir uns nun zu den Tatsachen.[66]

Welches Land der Erde hat die glücklichsten Ehen? Unstreitbar das protestantische Deutschland.

Es ist wahr, die Männer werden dort nicht betrogen. Aber, großer Gott, was gibt es da für Frauen! Bildsäulen, keine lebendigen Wesen. Vor der Ehe sind sie angenehm, leicht wie Gazellen, mit lebhaften und zärtlichen Augen, die jede Andeutung von Liebe verstehen. Sie sind eben auf der Jagd nach einem Gatten. Kaum ist er gefunden, so sind sie nichts anderes mehr als Gebärmaschinen. In einer Familie mit vier

bis fünf Kindern ist immer eins notwendigerweise krank, und sobald 227
ein Kind krank ist, geht hierzulande die Mutter nicht mehr aus. Ich habe beobachtet, daß die Mütter eine unbeschreibliche Freude an den Liebkosungen ihrer Kinder finden. Nach und nach hören sie gänzlich auf zu denken. Junge Mädchen von ausgelassenster Fröhlichkeit werden nach kaum einem Jahre die langweiligsten Frauen.

Ich füge diesen Bemerkungen hinzu, daß in Deutschland die Mitgift der Frauen infolge des Erbrechtes gleich Null ist. Ein junges adliges Mädchen, dessen Vater vierzigtausend Mark Jahreseinkünfte hat, erhält vielleicht zweitausend Taler Mitgift.

Die Mitgift wird durch die Eitelkeit auf die Hoffähigkeit ersetzt. Man könnte im Bürgerstande Partien mit hunderttausend und hundertfünfzigtausend Talern finden, aber dann wäre man nicht mehr hoffähig und von allen Gesellschaften, wo Prinzen oder Prinzessinnen erscheinen, ausgeschlossen, und »das ist entsetzlich«, sagte mir ein deutscher Freund aus vollstem Herzen.

Eine deutsche Frau, wie Frau Philippine von M***, seelenvoll und geistreich, mit edlen und feinen Zügen und dem Feuer der Jugend, anständig und infolge der hiesigen Sitten auch natürlich und aus dem gleichen Grunde nicht über das nützliche Maß religiös, vermag ohne Zweifel ihren Gatten sehr glücklich zu machen. Darf man aber hoffen, daß sie unter all diesen stumpfsinnigen Müttern so bleibt?

»Er war doch verheiratet!« antwortete sie mir heute morgen als ich Lord Oswald, den Geliebten der Corinne, wegen seines vierjährigen Schweigens tadelte. Bis drei Uhr früh hatte sie in »Corinne« gelesen.
Der Roman hatte sie tief erregt, und doch antwortete sie mir in rühren- 228
der Aufrichtigkeit: »Er war doch verheiratet!«

63. In der Schweiz

Ich kenne wenig so glückliche Familien wie die des Berner Oberlandes, und doch ist es öffentlich und allgemein bekannt, daß dort die jungen Mädchen die Nächte vom Sonnabend zum Sonntag zusammen mit ihrem Geliebten verbringen. Die Dummköpfe, die die Welt kennen wollen, weil sie einmal eine Reise von Paris nach Saint-Cloud unternommen haben, werden laut Einspruch erheben. Glücklicherweise finde ich bei einem schweizer Schriftsteller, dem Obersten Weiß,[67] die Bestätigung dessen, was ich im Jahre 1816 vier Monate hindurch mit eigenen Augen gesehen habe.

»Ein biederer Bauer beklagte sich über verschiedene in seinem Weinberge angerichtete Beschädigungen. Ich fragte ihn, warum er sich keine Hunde hielte. ›Meine Töchter würden dann niemals heiraten.‹ – Ich verstand diese Antwort nicht, und nun erzählte er mir, daß er einen so bösartigen Hund gehabt habe, daß keiner der jungen Burschen mehr durchs Fenster einzusteigen gewagt habe.

Ein andrer Bauer, der Schulze seines Dorfes, sagte mir zum Lobe seiner Frau, keine andere habe in der Mädchenzeit so viele ›Kilt-geher‹ oder ›Wacher‹, das heißt junge Männer nachts bei sich gehabt wie sie.

Ein allgemein geachteter Oberst war einst bei einem Ritte durch das Gebirge gezwungen, die Nacht am Ende eines sehr einsamen, malerischen Tales zuzubringen. Er nahm bei dem Ortsvorstande, einem reichen
229 und wohlangesehenen Manne, Quartier. Bei seiner Ankunft bemerkte der Fremde ein junges Mädchen von sechzehn Jahren, ein Bild von Anmut, Frische und Einfachheit: es war die Tochter des Hauses. An demselben Abend fand ein Tanzfest statt. Der Offizier machte dem jungen Mädchen, das wirklich von auffälliger Schönheit war, den Hof. Schließlich faßte er sich ein Herz und fragte, ob er nicht mit ihr *wachen* dürfe. Sie antwortete: ›Nein, denn ich schlafe mit meiner Cousine zusammen, aber ich werde zu Ihnen kommen.‹ Man stelle sich die freudige Erregung vor, die diese Antwort hervorrief. Man aß zu Abend, dann stand der Fremde auf, das Mädchen nahm den Leuchter und folgte ihm in sein Zimmer. Er glaubte, das Glück in den Armen zu haben. ›Nein,‹ sagte sie treuherzig, ›erst muß ich meine Mutter um Erlaubnis fragen.‹ Der Oberst war wie vom Donner gerührt. Sie geht hinaus, er folgt heimlich bis an das Schlafzimmer der braven Leute und hört, wie das junge Mädchen in schmeichelndem Tone die Mutter um die erwünschte Erlaubnis bittet; endlich wird sie gewährt. ›Nicht wahr, Alter,‹ sagt die Mutter zu ihrem Manne, der schon im Bette liegt, ›du hast nichts dagegen, daß Trinelli die Nacht mit dem Herrn Obersten verbringt?‹ – ›In Gottes Namen,‹ antwortet der Vater, ›ich glaube, einem solchen Manne könnte ich auch meine Frau anvertrauen.‹ – ›Also schön,‹ sagt die Mutter, ›aber sei ein braves Mädchen und behalte deinen Rock an ...‹

Am andern Morgen stand Trinelli jungfräulich wieder auf. Der Fremde hatte sie geachtet. Sie brachte das Bett in Ordnung, bereitete Kaffee und holte Sahne für ihren Nachtgenossen. Nachdem sie mit ihm

auf dem Bette sitzend gefrühstückt hatte, schnitt sie ein Stückchen Stoff aus ihrem Brustlatze heraus und sagte: ›Hier, behalte das zum Andenken 230
an eine glückliche Nacht, die ich nie vergessen werde. Ach, warum bist du Oberst!‹ Nach einem Abschiedskusse enteilte sie. Der Oberst sah sie niemals wieder.«

Das ist der völlige Gegensatz zu unseren französischen Sitten, die mir so wenig zusagen.

Wenn ich Gesetzgeber wäre, verfügte ich, daß in Frankreich die deutsche Sitte, abends zu tanzen, eingeführt würde. Dreimal in der Woche müßten die jungen Mädchen in Begleitung ihrer Mütter auf den Ball gehen, der abends um sieben begänne und um Mitternacht zu Ende wäre und keinen weiteren Aufwand verursachte als einen Geiger und ein paar Glas Wasser. In einem benachbarten Zimmer spielten die Mütter, vielleicht ein wenig eifersüchtig auf die glücklichen Sitten ihrer Töchter, ihren Skat. In einem dritten Raume läsen die Väter die Zeitungen oder plaudern über Politik. Zwischen zwölf und ein Uhr versammelten sich alle Familien wieder und strebten dem heimischen Herde zu. Auf diese Weise müßten die jungen Mädchen die jungen Männer ordentlich kennen lernen; so müßten sie sich ihre Männer wählen. Etliche junge Mädchen hätten zwar unglückliche Liebschaften, aber die betrogenen Ehemänner und die schlechten Ehen würden stark abnehmen. Dann wäre es nicht mehr sinnlos, wenn Untreue gebrandmarkt wird; das Gesetz sagt dann mit Recht zu den jungen Frauen: ihr habt euch den Gatten selber gewählt, seid ihm nun treu! Ich wäre dann sogar für die gerichtliche Verfolgung und Bestrafung des Ehebruchs nach dem Vorbilde der englischen Gesetzgebung. Die Gerichtshöfe dürften den Verführer mit einer Geldstrafe in der Höhe von zwei Dritteln seines Vermögens und mit mehreren Jahren Gefängnis bestrafen. Die Geldstra- 231
fen würden zugunsten der Gefängnisse und Krankenhäuser verwendet. Wenn eine Frau wegen Ehebruchs angeklagt wäre, müßte der Gerichtshof zuerst eine Erklärung abgeben, daß die Lebenführung des Gatten tadellos gewesen ist. Die überführte Frau könnte zu lebenslänglichem Gefängnis verurteilt werden. War aber der Mann länger als zwei Jahre abwesend, so wäre die Frau höchstens mit einigen Jahren Gefängnis zu bestrafen. Bei solchen Gesetzen würden sich die allgemeinen Sitten bald ändern und heben. Dann könnten der Adel und die Geistlichkeit, die mit Schmerzen der züchtigen Zeiten der Madame de Montespan und Ma-

dame du Barry gedenken, nicht mehr Gegner der Einführung der Ehescheidung sein.[68]

In einem Dorfe unweit von Paris müßte ein *Elysium für unglückliche Ehefrauen* gegründet werden, eine Zufluchtsstätte, die zu betreten Männern – mit Ausnahme des Arztes und des Beichtvaters – bei Zuchthausstrafe verboten wäre. Eine Frau, die von ihrem Manne geschieden sein wollte, müßte sich zunächst der Gefangenschaft in diesem Elysium unterziehen, unter dessen strenger Obhut sie zwei Jahre zubrächte, ohne daß sie auch nur ein einziges Mal ausgehen dürfte. Sie könnte schreiben, aber bekäme nie eine Antwort.

Ein Ehescheidungshof, zusammengesetzt aus hochangesehenen Laien und Juristen, stellte das Jahresgeld fest, das der Gatte der Anstalt zu zahlen hätte, führte die Untersuchung und entschiede den Fall. Erst nach zwei Jahren völliger Abgeschiedenheit von der Welt dürfte sich eine geschiedene Frau von neuem verheiraten.

Es müßte dann ferner Gesetze geben, die für die unverheirateten
232 Frauen sorgen. Es müßte überall im Lande Stifte für alternde Mädchen geben. Die Regierung müßte Mittel und Wege finden, diesen Zufluchtsstätten Bedeutung zu verleihen, um den armen Frauen, die dort ihr Leben vollenden, einen Trost zu gewähren. Man sollte ihnen Stand und Würden verleihen.

Aber genug der Utopien.

64. Werther und Don Juan

Wenn man sich unter jungen Leuten über einen armen Verliebten weidlich lustig gemacht und er das Zimmer verlassen hat, so gerät die Unterhaltung am Ende gewöhnlich auf die Streitfrage, ob man besser tue, die Frauen so zu nehmen wie Mozarts Don Juan oder wie Goethes Werther. Der Gegensatz wäre noch schroffer zum Ausdruck gebracht, wenn ich statt Werther Saint-Preux aus Rousseaus »Neuer Heloise« genommen hätte, aber das ist eine so flache Persönlichkeit, daß ich tieferen Naturen Unrecht zufügte, wollte ich diese Gestalt zu ihrem Repräsentanten wählen.

Der Charakter Don Juans verlangt eine größere Zahl jener in der Welt sehr nützlichen und geschätzten Tugenden, Unerschrockenheit, Findigkeit, Lebhaftigkeit, Kaltblütigkeit und Unterhaltungsgabe. Die

Don Juans haben manch' öde Stunde, und es steht ihnen ein recht trübseliges Alter bevor. Aber die Mehrzahl der Menschen wird ja nicht alt.

Die Verliebten spielen im Salon eine traurige Rolle, denn man hat Frauen gegenüber nur dann Geschick und Kraft, wenn man an ihren Gewinn nicht mehr Interesse knüpft als an eine Partie Billard. Da Verliebte der Gesellschaft ihr großes Interesse verraten, setzen sie sich, so geistvoll sie auch sein mögen, dem Gespött aus. Aber statt sich darüber 233
zu ärgern, wenn sie morgens aufwachen, denken sie an die Geliebte und bauen sich Luftschlösser, in denen das Glück wohnt.

Die Liebe in Werthers Art offenbart der Seele alle Künste, alle zarten und romantischen Eindrücke, die Schönheit des Mondscheins, des Waldes, der Malerei, mit einem Worte, die Empfindung und den Genuß des Schönen in jeder Gestalt, und sei es unter einem groben Wollkleide. Diese Liebe findet das Glück auch ohne Reichtum. Sie feit die Seelen gegen die Blasiertheit eines Meilhan oder Besenval und macht die Menschen aus übergroßer Empfindlichkeit toll wie Rousseau. Frauen von gewisser Seelengröße, die nach der ersten Jugend zwischen Liebe und Liebe wohl zu unterscheiden verstehen, entgehen meistens den Don Juans, für die mehr die Zahl als die Eigenschaften der eroberten Herzen Wert hat. Den Don Juans ist die Öffentlichkeit zum Triumph genau so nötig wie das Geheimnis den Werthernaturen. Die meisten Männer, die sich berufsmäßig mit Damen von Stand beschäftigen, sind im Reichtum geboren, also infolge ihrer Erziehung und durch das Vorbild der Umgebung ihrer Jugendzeit egoistisch und kalt. Schon Marc Aurel sagt in seinen »Selbstbetrachtungen«: »Im allgemeinen sind die sogenannten Patrizier weiter als andere Menschen davon entfernt, etwas zu lieben.«

Die echten Don Juans sehen schließlich in den Frauen ihre Feinde und finden an deren vielfältigem Unglück Genuß.

Im Gegensatz hierzu hat mir der liebenswürdige Fürst Pignatelli in München die wahre Art gezeigt, wie man im Sinnengenuß selbst ohne Liebe aus Leidenschaft glücklich sein kann. Er gestand mir eines Abends:
»Wenn ich vor einer Frau ganz betroffen dastehe und nicht weiß, was 234
ich ihr sagen soll, so erkenne ich daran, daß sie mir gefällt.« Keineswegs errötete er ob seiner augenblicklichen Befangenheit, noch suchte er sich aus Eitelkeit dafür zu rächen; im Gegenteil, er freute sich köstlich darüber wie über eine Quelle des Glücks. Bei diesem liebenswürdigen jungen Manne war die Liebe aus Galanterie völlig von der nagenden Eitelkeit

frei, sie war eine schwächere, aber reine und unvermischte Abart der wahren Liebe, und er achtete alle Frauen als entzückende Wesen, gegen die wir recht ungerecht sind.

Da man sich sein Temperament, das heißt seine Seele, nicht willkürlich wählen kann, so muß man die einem zugeteilte Rolle spielen. Rousseau und der Herzog von Richelieu hätten sich bei allen ihren geistigen Fähigkeiten noch so anstrengen können, sie hätten doch niemals ihr Verhältnis zu den Frauen zu ändern vermocht. Ich glaube gern, daß Richelieu niemals solche Augenblicke erlebt hat wie Rousseau im Park des Schlosses Chevrette bei Frau von Houdetot, oder in Venedig, als er der Musik der Scuole lauschte, oder in Turin zu Füßen der Frau Bazile. Dafür brauchte er auch nie über die Lächerlichkeit zu erröten, die Rousseau vor Frau von Larnage auf sich lud und deren Reue ihn bis zum Ende seines Lebens quälte.

Die Rolle eines Saint-Preux ist süßer und läßt keinen Augenblick des Daseins unausgefüllt; aber man muß zugeben, die eines Don Juans ist glänzender. Wenn Saint-Preux in der Mitte seines Lebens den Geschmack an der Einsamkeit und Zurückgezogenheit und an seinen träumerischen Gewohnheiten verliert, so sitzt er im Theater der großen Gesellschaft
235 auf dem letzten Platze. Don Juan hingegen genießt einen vorzüglichen Ruf unter den Männern und kann vielleicht sogar einer zarten Frau gefallen, wenn er ihr sein lockeres Leben aufrichtig zum Opfer bringt.

Aus allen diesen angeführten Gründen halten sich beide Arten die Wagschale. Ich selbst möchte Werther für glücklicher halten, weil er nicht wie Don Juan die Liebe zu einer gewöhnlichen Sache macht. Anstatt wie Werther die Wirklichkeit nach seinen Wünschen zu idealisieren, hat Don Juan Wünsche, die sich in der kalten Wirklichkeit nur unvollkommen erfüllen. So ist es auch mit dem Ehrgeiz, der Habsucht und allen anderen Leidenschaften. Anstatt sich in den zauberischen Träumen schöpferischer Liebe zu verlieren, denkt er wie ein General an den Erfolg seiner Manöver und tötet kurz gesagt die Liebe. Man vergleiche Lovelace in Richardsons »Clarissa« mit Fieldings »Tom Jone«. Er genießt sie also keineswegs voller als Werther, wie die große Menge vermutet.

Das eben Gesagte halte ich für einwandlos. Es gibt noch einen andren Grund dafür, wenigstens in meinen Augen, der aber dank der Bosheit der Vorsehung von den Menschen verzeihlicherweise nicht anerkannt wird; es ist der, daß mir die Gewohnheit, gerecht zu sein, von Zufällen abgesehen, der sicherste Weg zur Erreichung des Glückes zu sein scheint, und die Werthers sind keine Verbrecher.

Um im Verbrechen glücklich zu sein, darf man kein Gewissen haben. Ich weiß nicht, ob es solche Wesen gibt, ich bin keinem begegnet. Nach Sueton scheint es sich selbst bei Nero nach der Ermordung seiner Mutter geregt zu haben, und er schwamm doch in einem Meere von Schmeicheleien. Ich möchte auch wetten, daß das Abenteuer mit Frau Michelin dem Herzog von Richelieu schlaflose Nächte bereitet hat. Man 236
müßte, was unmöglich ist, gar kein Mitleid haben und fähig sein, das ganze Menschengeschlecht in den Tod zu schicken.[69]

Wer die Liebe nur aus Romanen kennt, wird einen natürlichen Widerwillen empfinden, wenn er diese Sätze zugunsten der Tugend in der Liebe liest. Denn nach den Gesetzen des Romanes ist die Schilderung der tugendhaften Liebe durchaus langweilig und gleichgültig. Von weitem gesehen, scheint das Gefühl der Tugend das der Liebe zu neutralisieren, und der Ausdruck »tugendhafte« Liebe erscheint gleichwertig mit »schwacher« Liebe. Aber doch ist das lediglich eine Unvollkommenheit in der Kunst der Schilderung, die nichts mit der Leidenschaft, wie sie in der Natur vorkommt, gemein hat.

Ich bitte um die Erlaubnis, hier das Porträt meines vertrautesten Freundes einfügen zu dürfen.

Don Juan leugnet alle Pflichten ab, die ihn mit der Menschheit verknüpfen. Auf dem großen Marktplatz des Lebens ist er ein unredlicher Käufer, der immer kauft und nie bezahlt. Der Gedanke der Gleichheit verursacht ihm Unbehagen, wie Wasser dem Wasserscheuen; deshalb verträgt sich auch Geburtsstolz mit dem Charakter eines Don Juans. Mit dem Begriffe der Gleichheit verschwindet auch der der Gerechtigkeit, oder vielmehr, wenn ein Don Juan aus berühmtem Geschlecht stammt, so sind ihm solche gewöhnlichen Ideen niemals nahegetreten, und ich bin überzeugt, daß ein Mann, der einen historischen Namen trägt, viel eher als jeder andere geneigt ist, eine Stadt in Flammen aufgehen zu lassen, nur um sich ein Ei zu kochen.[70] Man muß das entschuldigen, er ist dermaßen von der Liebe zu sich selbst eingenommen, daß er schließlich jede Vorstellung von dem Übel, das er anrichtet, verliert und 237
in der ganzen Welt nur sich allein noch als den Genießenden oder Leidenden sieht. Im Feuer der Jugend, wenn alle Leidenschaften das Leben nur im eigenen Herzschlag fühlen lassen und ihm das Mißtrauen gegen andere noch fremd ist, beglückwünscht sich Don Juan im Über-

schwang seiner Gefühle und seines offenbaren Glücks, daß er nur an sich selbst denkt, während sich die anderen Männer für die Pflicht aufopfern. Er glaubt, die große Lebenskunst gefunden zu haben. Aber mitten in seinem Triumph, kaum dreißig Jahre alt, erkennt er mit Erstaunen, daß das Leben leer ist, und er empfindet einen wachsenden Ekel gegen das, was sein Genuß war. Don Juan gestand mir in Thorn in einem Anfall von Trübsinn: »Es gibt keine zwanzig verschiedene Arten von Frauen, und wenn man zwei oder drei von jeder Spielart gehabt hat, stellt sich Übersättigung ein.« Ich antwortete: »Allein die Phantasie erhebt uns über diese Übersättigung. Jede Frau flößt ein anderes Interesse ein und mehr noch, die gleiche Frau kann man auf verschiedene Weise lieben, je nachdem sie der Zufall uns zwei oder drei Jahre früher oder später in den Weg führt und je nachdem der Zufall will, daß man sie liebt. Eine zärtliche Frau, selbst wenn sie dich liebte, würde durch ihre Ansprüche auf die gleiche Empfindung mit dir doch nur in dir das Gefühl der Überhebung reizen. Deine Art, die Frauen zu besitzen, tötet alle anderen Genüsse des Lebens, die Art Werthers verhundertfacht sie.«

Das Drama hat ein trauriges Ende. Wenn Don Juan alt wird, sieht man, wie er sich an die Dinge hält, an denen er sich selber übersättigt hat, nie an sich selbst. Man sieht, wie er vom Gifte, das ihn verzehrt,
238 gequält wird, wie er Ablenkung sucht, wie er alle Augenblicke den Gegenstand wechselt. Aber wie glänzend das auch nach außen hin erscheinen mag, es ist doch im Grunde nur ein Wechsel des Leidens; er gibt sich ruhiger oder erregter Langeweile hin, das ist die einzige Wahl, die ihm bleibt.

Endlich entdeckt er die verhängnisvolle Wahrheit und gesteht sie sich selbst ein. Sein einziger Genuß besteht fortan darin, seine Macht fühlen zu lassen und ungeschminkt Böses um des Bösen willen zu tun. Das ist ja die letzte Stufe jedes zur Gewohnheit gewordenen Übels, aber kein Dichter hat jemals eine getreue Darstellung davon gewagt; eine wahre Schilderung wäre ein Schreckbild.

Indessen ist zu hoffen, daß ein höherer Mensch diesen verhängnisvollen Weg nicht bis ans Ende verfolgt, denn dem Charakter Don Juans liegt ein gewisser Widerspruch zugrunde. Ich habe bei ihm viel Geist vorausgesetzt, und viel Geist läßt uns den Weg vom Tempel des Ruhmes zur Entdeckung der Tugend finden.

Larochefoucauld, der sich wirklich auf Eigenliebe verstand und der im wirklichen Leben nichts weniger war als ein schöngeistiger Dummkopf,[71] sagt in seinen »Maximen«: »Der Genuß der Liebe liegt im Lieben und man ist glücklicher über eine Leidenschaft, die man empfindet, als über eine, die man einflößt.«

Das Glück Don Juans ist nichts als Eitelkeit, die allerdings auf Voraussetzungen beruht, bei denen Geist und Tatkraft eine große Rolle spielen. Aber er muß fühlen, daß der unbedeutendste General, der eine Schlacht gewinnt, oder der kleinste Präfekt, der ein Departement verwaltet, einen reicheren Genuß hat als er; andrerseits steht das Glück des Herzogs von Nemours, als ihm die Prinzessin von Cleve ihre Liebe ge- 239
steht, meiner Meinung nach über dem Glücke Bonapartes bei Marengo.

Die Liebe eines Don Juan ist ein ähnliches Gefühl wie die Lust an der Jagd. Sie ist ein Tatendrang, den immer das Neue reizt und der ohne Unterlaß die eigene Fähigkeit argwöhnisch erprobt.

Werthers Liebe gleicht dem Gefühl eines Primaners, der ein Trauerspiel schreibt. Tausendmal mehr, sie ist ein neuer Lebenszweck, der mit allen Dingen in Zusammenhang steht und jedem ein neues Gesicht verleiht. Die Liebe aus Leidenschaft führt dem Menschen die gesamte Natur in erhabenen Bildern wie etwas eben Entdecktes vor Augen. Er staunt beim Anblick dieses seltsamen Schauspiels, das sich vor seiner Seele enthüllt. Alles ist neu, alles lebt, alles atmet das leidenschaftlichste Interesse. Ein Liebender sieht die Frau, die er liebt, in den Linien jeder Landschaft, durch die er kommt, und wenn er hundert Meilen weit reisen muß, um sie für einen Augenblick zu sehen, so redet unterwegs jeder Baum und jeder Fels in einer anderen Sprache von ihr und erzählt etwas Neues. Im Gegensatz zu diesem Zauber muß Don Juan in den äußeren Dingen, die für ihn nur einen Nützlichkeitswert haben, irgend eine neue Intrige finden, wenn sie ihm Interesse bereiten sollen.

Die Liebe eines Werther hat eigentümliche Freuden. Nach ein oder zwei Jahren hat der Liebende sozusagen ein Herz und eine Seele mit der Geliebten und fragt sich bei allem, was er tut und erlebt, – wunderlicherweise unabhängig vom Liebeserfolg, und selbst wenn er bei der Geliebten in Ungnade ist: »Was würde sie sagen, wenn sie jetzt bei mir wäre? Was würde ich zu ihr bei diesem Blick auf Casa Lecchio sagen?«
Er plaudert gleichsam mit ihr, er hört sie im Geiste antworten, er lacht 240
über ihre Scherze. Hundert Meilen von ihr, unter der Nachwirkung ihres Zornes, befällt ihn plötzlich der Gedanke: »Sie war heute abend recht

lustig …« Er kommt zu sich. »Ach Gott«, seufzt er, »es gibt im Irrenhause Menschen, die nicht so toll sind wie ich!«

Die Don Juans werden die Richtigkeit des oben geschilderten Seelenzustandes nur schwer zugeben, selbst wenn sie ihn erkennen und fühlen könnten; er verletzt ihre Eitelkeit zu sehr. Der Irrtum ihres Lebens beruht in der Zuversicht, in vierzehn Tagen das erobern zu können, was ein wahrhaft Liebender kaum in sechs Monaten erreicht. Sie bauen auf Erfahrungen, die sie auf Kosten jener armen Teufel gemacht haben, die weder Seele genug haben, um zu siegen, wenn sie ihre naiven Regungen einer zärtlichen Frau offenbaren, noch den Geist, den die Rolle des Don Juan erfordert. Sie wollen nicht einsehen, daß das, was sie erreichen, selbst wenn es die nämliche Frau gewährt, doch nicht dasselbe ist.

Die Liebe läßt sich mit einem einsamen, steilen und mühevollen Wege vergleichen, der zwar zwischen reizenden Büschen anfängt, sich aber bald zwischen schroffen Felsen verliert, deren Anblick für gewöhnliche Augen nichts Verlockendes hat. Bald führt er in das Hochgebirge, mitten durch einen düsteren Wald, dessen riesenhafte Bäume mit ihren dichten, in den Himmel ragenden Kronen das Tageslicht verschlingen und eine nicht für die Gefahr geborene Seele mit Grauen erfüllen.

Nach langem Irren durch ein endloses Labyrinth, dessen zahllose
Kreuz- und Querwege die Eigenliebe totmachen, gelangt man plötzlich
241 in eine neue Welt und findet sich im köstlichen Tale von Kaschmir.

Wie können Don Juans, die niemals diesen Pfad betreten oder ihn höchstens nur einige Schritte weit gehen, ein Urteil über die Fernsicht haben, die sich an seinem Ende erschließt?

»Die Unbeständigkeit hat ihr Gutes.«

Gut, ihr macht euch über Treue und Gerechtigkeit lustig. Was sucht man in der Abwechslung? Offenbar Genuß.

Aber der Genuß, den man bei einer hübschen Frau findet, die man vierzehn Tage lang begehrt hat und dann drei Monate behält, ist ein anderer, als wenn man sich drei Jahre hindurch nach ihr gesehnt hat und sie zehn Jahre behält.

Wenn ich nicht *»auf immer«* sage, so liegt das daran, weil das Alter, wie man sagt, unsere körperliche Beschaffenheit ändert und uns zur Liebe unfähig macht. Ich für meinen Teil glaube das nicht. Ist unsre Geliebte unsre vertrauteste Freundin geworden, so gewährt sie uns einen neuen Genuß, die Freuden des Alters. Sie ist eine Blume, die im Lenz in der Zeit der Blüte eine Rose war und sich im Herbst, wenn die Rosen nicht mehr blühen, in eine köstliche Frucht verwandelt.

Eine Geliebte, die man drei Jahre lang begehrt hat, ist wirklich eine Geliebte in der ganzen Macht dieses Wortes. Nur mit Zittern naht man ihr, und den Don Juans sei ins Ohr gesagt: »Wer zittert, langweilt sich nicht.« Die Freuden der Liebe stehen immer in einem gewissen Verhältnis zur Furcht.

Das Unglück der Unbeständigkeit ist die Langeweile, das Unglück der Liebe aus Leidenschaft die Verzweiflung und der Tod. Die Verzweiflung aus Liebe kennt man: man redet viel von ihr. Niemand aber achtet auf die blasierten Wüstlinge, die vor Langerweile umkommen und von 242
denen es in Paris wimmelt.

»Die Liebe drückt mehr Menschen die Pistole in die Hand als die Langeweile.« – Das will ich glauben. Die Langeweile raubt einem alles, selbst den Mut zum Selbstmord.

Es gibt Charaktere, die nur in der Abwechslung das Glück finden. Aber ein Mensch, der den Champagner himmelhoch über den Bordeaux stellt, gesteht eigentlich nur mit mehr oder weniger Beredsamkeit: »Ich liebe den Sekt mehr.«

Beide Weine haben ihre Liebhaber und beide Parteien haben recht, wenn sie sich selbst nur gut kennen und wenn sie nach dem Glücke trachten, das ihren Organen und Gewohnheiten am besten entspricht. Den Anhängern der Abwechslung schadet es aber auf jeden Fall, wenn die Schar der Dummen aus Mangel an Mut auf ihre Seite tritt.

Schließlich hat jeder Mensch, wenn er sich nur die Mühe gibt, sich selbst zu erforschen, sein »schönes Ideal«, und mir kommt es immer lächerlich vor, seinen Nächsten bekehren zu wollen.

65. Vom Fiasko

(Aus dem Nachlasse hinzugefügt)

»Ich bin noch im Zweifel darüber«, sagt Montaigne, »ob jene lächerlichen Unglücksfälle in der Liebe, deren die Welt so voll ist, daß von nichts anderem gesprochen wird, nicht von Angst und Schwäche herrühren, denn ich weiß aus Erfahrung, daß einer, für den ich einstehen kann wie für mich selbst, den nicht der geringste Verdacht von Schwäche

243 trifft, und der auch nicht der Verzauberung zugänglich ist, von einem Freunde einst die Geschichte einer solchen außergewöhnlichen Ohnmacht erfuhr, die gerade im allerungeeignetsten Augenblick eingetreten war. Als er selbst in eine ähnliche Lage kam, da ward seine Phantasie durch jene Erzählung, die ihm auf der Stelle einfiel, derart beeinflußt, daß es ihm genau so erging. Seitdem verfiel er öfter in jene Schwäche, dieweil ihn die Erinnerung an sein Unglück verzehrte und völlig beherrschte. Er fand gegen diesen Einfluß ein Heilmittel in einem anderen Einfluß. Er gestand sich nämlich selbst seine Niederlage ein und hielt sie sich vor Augen, nahm dieses Übel als etwas Erwartetes und milderte dadurch die Aufregung seines Gemütes, so daß jener Zwang nachließ und fortan minder auf ihm lastete ...«

»Wer das einmal kann, der wird seiner nicht wieder unfähig außer durch richtige Schwäche. Jenes Unglück ist nur dann zu befürchten, wenn unsre Seele über alle Maßen gespannt ist von Verlangen und Ehrerbietung. Die Seele des Angreifers, die durch allerlei Aufregungen verwirrt ist, verliert leicht ihre Kraft ...«

Wenn wir die Eitelkeit außer dem Spiele lassen, so ist der erste Sieg eigentlich keinem Manne angenehm, doch gibt es Ausnahmen, zum Beispiel:

1. Wenn er gar keine Zeit gehabt hat, sich nach der betreffenden Frau zu sehnen und sich mit ihr in seiner Einbildung zu beschäftigen, das heißt, wenn er sie im ersten Augenblick des Begehrens sofort besitzt. Das ist der Fall des höchsten Sinnengenusses, denn die Seele ist noch völlig in jenem Zustande, wo sie ungeachtet der Hindernisse nur die Schönheiten sieht.

2. Oder, wenn es sich lediglich um ein weibliches Wesen von absoluter
244 Belanglosigkeit handelt, zum Beispiel um eine hübsche Kammerzofe, um eine von denen, die man nur begehrt, wenn man sie gerade vor Augen hat. Sowie ein Körnchen Leidenschaft ins Herz kommt, so ist auch ein Körnchen, eine Möglichkeit des Fiaskos da.

3. Oder, wenn der Liebhaber seine Geliebte auf eine so unerwartete Weise erobert, daß er nicht die geringste Zeit zum Nachdenken findet.

4. Oder in einer auf der Seite der Frau ganz selbstvergessenen, übertriebenen Liebe, die von ihrem Geliebten nicht in gleichem Maße geteilt wird.

Je heftiger ein Mann verliebt ist, um so größere Gewalt muß er sich antun, ehe er es wagt, die Geliebte vertraulich zu berühren. Er wähnt, ein Wesen zu verletzen, das ihm wie etwas Göttliches vorkommt, das ihm gleichzeitig grenzenlose Liebe und grenzenlose Achtung einflößt. Diese Scheu, eine Folge der zärtlichsten Leidenschaft, und – in der Liebe aus Galanterie – eine gewisse falsche Scham, die dem übergroßen Wunsch zu gefallen und mangelndem Mut entquillt, erzeugen ein höchst peinliches Gefühl, das einem oft unüberwindlich dünkt und über das man errötet. Nun ist die Seele schamerfüllt und damit beschäftigt, diese Scham zu überwinden; dem reinen Gefühl der Lust ist sie versperrt.

Es gibt Menschen, wie Rousseau, die sogar bei Dirnen von dieser falschen Scham heimgesucht werden. Sie gehen schließlich zu keiner mehr, denn solche Weiber hat man nur einmal, und dieses erstemal ist für jene Naturen widerwärtig.

Zur Erkenntnis dessen, daß der erste Sieg sehr oft eine peinliche Mühe ist, muß man das Vergnügen am Abenteuer und das Glück des darauffolgenden Augenblicks besonders hervorheben. Man ist zufrieden: 245

1. Daß man endlich in der so sehr herbeigesehnten Lage, im Besitze eines vollkommenen Glückes für die Zukunft ist, daß man über die Zeiten jenes grausamen Hangens und Bangens hinaus ist, wo man an der Gegenliebe zweifeln mußte.

2. Daß man seine Sache gut gemacht hat und einer Gefahr entronnen ist. Dieser Umstand ist daran schuld, daß die Freude in der Liebe aus Leidenschaft nicht ungetrübt ist; man weiß nicht, was man tut, und man ist der Geliebten sicher. In der Liebe aus Galanterie jedoch, in der man nie den Kopf verliert, ist jener Augenblick wie die Heimkehr von einer Reise; man betrachtet sich prüfend, und wenn die Liebe viel Eitelkeit an sich hat, will man diese Selbstprüfung verbergen.

3. Das gemeine Element der Seele genießt die siegreiche Errungenschaft. Vorausgesetzt, daß man Leidenschaft für eine Frau empfindet und daß unsre Phantasie nicht matt ist, so wird man, wenn die Geliebte die Ungeschicklichkeit begeht, uns eines Abends zärtlich und heimlich zuzuflüstern: »Komm morgen mittag, wir werden allein sein«, in nervöser Unruhe die ganze Nacht nicht schlafen. Wir malen uns tausend Bilder von dem Glücke aus, das unserer harrt; der Vormittag ist eine Qual; endlich schlägt die Stunde und jeder Schlag der Uhr scheint uns im Herzen widerzuhallen. Auf dem Wege durch die Stadt haben wir Herzklopfen und kaum die Kraft zu gehen. Auf ihrer Treppe reden wir uns Mut ein – und wir erleben ein Fiasko der Phantasie.

Ein gewisser Rapture, ein Künstler, doch ein beschränkter Kopf, überdies ein sehr nervöser Mensch, erzählte mir in Messina, daß er nicht nur einmal, nein immer beim ersten Male, also dauernd, Unglück
246 gehabt habe. Dabei halte ich ihn für einen Mann wie alle anderen, wenigstens habe ich zwei reizende Maitressen von ihm gesehen.

Der Sanguiniker, der echte Franzose, der alles von der schönen Seite nimmt, wird durch ein Stelldichein für den nächsten Mittag keinesfalls übermäßig in seinem Gemüt aufgeregt; vielmehr strahlt ihm alles bis zum Augenblick der Wonne in rosigen Farben. Ohne das Stelldichein würde er sich wohl gar langweilen.

Man lese die Analyse der Liebe bei Helvetius. Ich möchte wetten, er fühlte wirklich so, und er schreibt im Sinne der meisten Menschen. Solche Naturen sind der Liebe aus Leidenschaft unfähig, sie würde nur ihre schöne Gemütsruhe stören; ich glaube, sie würden eine tiefe Neigung als ein Unglück auffassen, zum mindesten ihre Zaghaftigkeit als Demütigung empfinden.

Der Sanguiniker kann schlimmstenfalls nur eine Art von moralischem Fiasko erleben, wenn er nämlich ein Stelldichein mit einer Messalina hat und beim Eintritt in ihr Schlafzimmer daran denkt, vor welcher strengen Richterin er sich zeigen soll.

Der furchtsame Melancholiker kommt zuweilen dem Sanguiniker nahe, nämlich, wie Montaigne sagt, in ausgelassener Sektstimmung, vorausgesetzt, daß er sich nicht mit Absicht betrinkt. Sein Trost muß darin bestehen, daß die von ihm so beneideten Prachtmenschen, denen er es nie gleichtun kann, niemals sein Mißgeschick, aber auch niemals seine Götterfreuden erfahren und daß die schönen Künste, die ohne zagende Liebe keine Heimat hätten, ihnen ewig ein verschlossenes Reich bleiben. Der Mann, der sich wie Duclos nur ein Alltagsglück ersehnt, findet es oft, er ist nie unglücklich und somit für Kunstwerke unemp-
247 fänglich.

Dem athletischen Temperament begegnet diese Art von Unglück nur aus Erschöpfung oder körperlicher Schwäche, im Gegensatz zum nervösen und melancholischen Temperament, die dafür geschaffen zu sein scheinen.

Oft gelingt es den armen Melancholikern, wenn sie sich bei einer anderen Frau ermüdet haben, ihre Phantasie etwas einzudämmen und dann bei der leidenschaftlich geliebten Frau eine weniger traurige Rolle zu spielen.

Was muß man aus alledem schließen? Daß eine kluge Frau sich niemals zum ersten Male auf Verabredung hingeben darf. Dieses Glück muß sie unerwartet gewähren.

Wir plauderten eines Abends im Quartier des Generals Michaud über das Fiasko. Außer mir waren fünf bildhübsche junge Offiziere da, im Alter von fünfundzwanzig bis dreißig Jahren. Es stellte sich heraus, daß wir mit Ausnahme eines Gecken, der wahrscheinlich log, bei unseren berühmtesten Liebschaften alle miteinander beim ersten Male *Fiasko* gemacht hatten.

Der Gedanke, daß dieses Übel außerordentlich häufig ist, muß seine Gefahr verringern.

Ich habe einen hübschen Husarenleutnant gekannt, dreiundzwanzig Jahre alt, der – wie mir scheint – aus überschwenglicher Liebe in den drei ersten Nächten, die ihm bei seiner Geliebten vergönnt waren, nichts fertig brachte als sie wieder und wieder zu küssen und vor Freude zu weinen. Er betete sie seit einem halben Jahre an, und sie hatte ihn sehr grausam behandelt, da sie um einen andern, im Kriege gefallenen Geliebten trauerte. Keins von beiden spielte Komödie.[72] 248

Drittes Buch

Aphorismen

1.

Unter diesem Titel, der nicht bescheiden genug gewählt werden kann, sind hier in zwangloser Auswahl Bleistiftnotizen gesammelt, die sich auf den Rückseiten von drei- bis vierhundert Spielkarten befanden. Oft auch setzte sich das Originalmanuskript – um es in Ermangelung einer einfacheren Bezeichnung so zu nennen – aus mit Bleistift geschriebenen Papierzetteln jeder Größe zusammen, die der Verfasser aneinander geklebt hat, um der Mühe des Abschreibens überhoben zu sein, zumal ihm nichts von allen diesen Aphorismen eine Stunde später der Mühe der Abschrift wert erschienen ist. Er war auch nichts weniger als ein großer Bücherleser. Abgesehen von dem, was er auf seinen Streifzügen durch die Welt beobachtet hat, stützt sich dieses Buch auf die Memoiren von fünfzehn bis zwanzig Persönlichkeiten, aus denen seine Beobachtungen und Schlüsse gezogen sind und deren Titel für den Fall, daß sich jemand für diesen geringfügigen Umstand interessieren sollte, hier wiedergegeben sein mögen:[73]

Die Selbstbiographie des Benvenuto Cellini,

Die Novellen von Cervantes und Scarron,

Manon Lescaut und *Le Doyen de Killerine* vom Abbé Prevost,

250 *Die lateinischen Briefe der Heloise an Abälard,*

Tom Jones von Fielding,

Die Briefe einer portugiesischen Nonne,[74]

Zwei oder drei Romane von August Lafontaine,

Pignotti, *Geschichte Toscanas,*

Goethes *Werther,*

Brantôme,

Die *Memoiren* von Carlo Gozzi (Venedig, 1760), nur die achtzig Seiten über die Geschichte seiner Liebesabenteuer,

Die *Memoiren* von Lauzun, Saint-Simon, Epinay, Staal, Marmontel, Besenval, Roland, Duclos, Horaz Walpole, Evelyn, Hutchinson,

Die *Liebesbriefe* des Fräuleins von Lespinasse.[75]

2.

Ein alter Schiffskapitän, der Onkel des Verfassers, dem er das Manuskript dieses Buches verehrt hat, findet es überaus lächerlich, mehrere hundert Seiten hindurch einer so frivolen Sache wie der Liebe soviel Wert beizumessen. Und doch ist diese Frivolität die einzige Waffe, mit der man starke Seelen besiegt.

Was vereitelte 1814 im Park von Fontainebleau die Ermordung Napoleons? Der verächtliche Blick einer hübschen Frau, die in die *Bains-Chinois* ging. (Memoiren, Londoner Ausgabe, S. 88.) Wie anders hätte sich das Geschick der Welt entschieden, wenn Napoleon und sein Sohn 1814 ermordet worden wären.

3.

Wie die englische Kultur in der Zeit von 1688 bis 1730 ihren Ursprung hat, so wird die Frankreichs in der Zeit von 1815 bis 1880 entstehen.
Nichts wird so schön, gerecht und glücklich sein wie das geistige 251
Frankreich gegen 1900. Jetzt ist es nichts. Was in der *Rue de Belle-Chasse* als Schändlichkeit gilt, ist in der *Rue du Mont-Blanc* eine Heldentat. Mitten aus allen diesen Übertreibungen retten sich die wirklich der Verachtung fähigen Menschen von Straße zu Straße. Wir hatten eine Zuflucht, die Preßfreiheit, die die Tat eines jeden hinterher beurteilte, und wenn eine Tat von der öffentlichen Meinung zufällig gebilligt wurde, blieb es dabei. Man hat uns diese Zuflucht genommen und dadurch die Geburt der wahren Kultur hinausgeschoben.

4.

Ein gewisser Hang zur Streitsucht hat unsre Jugend ergriffen und ihre erotischen Neigungen verdrängt. Mit der Frage, ob Napoleon für Frankreich förderlich gewesen sei, läßt man die Jahre der Liebe dahingehen. Selbst solche, die jung sein wollen, denken nur an ihre Krawatte, ihre Sporen und ihr schneidiges Aussehen und vergessen über ihrer Selbstgefälligkeit, einem bescheidenen, ungezierten jungen Mädchen, das ihnen begegnet, Beachtung zu schenken.

5.

Die Franzosen haben weder wahren Genuß an der Unterhaltung, noch am Theater. Beides ist ihnen nicht eine Erholung und ein völliges Sichgehenlassen, sondern eine Arbeit.

6.

Jene Illusion, die im Augenblick entsteht und vergeht, sucht die Menge
im Theater niemals, sondern die Gelegenheit, dem Nachbar, oder wenn
man das Mißgeschick hat, keinen Nachbar zu haben, wenigstens sich
252 selbst zu beweisen, daß man seinen Laharpe gelesen hat und ein Mann
von modernem Geschmack ist. So sucht die Jugend das Vergnügen eines
alten Schulmeisters.

7.

Wenn ich meiner Überzeugung getreu sagen wollte, die Gutmütigkeit ist ein Charakterzug des Parisers, so würde ich Gefahr laufen, ihn zu beleidigen.

Er *will* nicht gut sein!

8.

Der Pariser hat die Fähigkeit, sich mit allem eifrigst zu beschäftigen, aber nur drei Tage lang. Napoleons Tod, Berangers Verurteilung – alles erregt erst die gleiche Sensation, und am vierten Tage gilt es als taktlos, noch einmal davon anzufangen. Muß jede Hauptstadt so sein, oder liegt das lediglich an der Gutmütigkeit und Leichtlebigkeit der Pariser?

9.

Will man sich in Paris wohlfühlen, so muß man auf eine Anzahl von Kleinigkeiten achten. Doch läßt sich etwas Bedeutendes dagegen einwenden: man zählt in Paris viel mehr Frauen, die sich aus Liebe töten, als in allen Städten Italiens zusammen. Diese Tatsache verwirrt mich. Ich habe im ersten Augenblick keine Erklärung dafür; aber trotzdem bleibe ich bei meiner Ansicht. Vielleicht mag der Tod den Franzosen unter solchen Umständen geringfügig erscheinen: so langweilig ist ihnen die Überkultur geworden; oder wahrscheinlicher ist es die überreizte und verletzte Eitelkeit, die ihnen die Pistole in die Hand drückt.

10.

In Frankreich sind Männer, die ihre Frauen verloren haben, traurig,
Witwen aber lustig und glücklich. Das Glück dieses Zustandes ist 253
sprichwörtlich. Also herrscht in der Vereinigung keine Gleichheit.

11.

Die meisten Französinnen lassen einen jungen Mann erst gelten, wenn sie aus ihm einen Gecken gemacht haben. Erst dann vermag er ihrer Eitelkeit zu schmeicheln.

(Duclos.)

12.

Da Französinnen niemals das Glück der wahren Leidenschaft kennen lernen, stellen sie auch nur geringe Anforderungen an das innere Glück ihres Hauses und an die Alltäglichkeit ihres Lebens.

13.

Die Macht *der Frau* ist in Frankreich sehr groß, die Macht der *Frauen* viel zu gering.

14.

Die Französin in der Provinz ist vierzig Jahre hinter der Pariserin zurück. Eine verheiratete Frau sagte mir, daß sie sich nur bestimmte Teile der Memoiren von Lauzun zu lesen gestatte. Ich bin starr über solche Beschränktheit und finde keine Worte dafür. Dieses Buch läßt man wahrlich nicht ungelesen.

Der Mangel an Natürlichkeit ist ein Hauptfehler an den Frauen der Provinz, so beweglich und anmutig sie sonst sind. Die in ihrer Stadt eine Rolle spielen, sind noch schlimmer als die anderen.

15.

Ein Ding ist in der französischen Kunst völlig unmöglich: die Begeiste-
254 rung. Ein begeisterter Mann wäre lächerlich; er sieht zu glücklich aus.

16.

In den schönen Künsten werden die Franzosen, so sehr sie sich auch bemühen, niemals über das »Hübsche« hinauskommen.

Der Humor, der beim Zuschauer Schwung und beim Schauspieler Mutwillen voraussetzt, jene köstlichen Scherze Palombas in Neapel, sind in Paris unmöglich. Hübsches und immer wieder Hübsches, das gar mitunter noch erhaben gemeint ist.

Man sieht, ich strebe im allgemeinen nicht nach Volkstümlichkeit.

17.

In der Komödie *Innamorati* von Goldoni sind alle Regungen der Leidenschaft vorzüglich geschildert, aber Stil und Gedanken stoßen durch widerwärtige Gewöhnlichkeit ab. Beim französischen Lustspiel ist es gerade umgekehrt.

18.

Gewohnheiten der Phantasie. Ein Franzose wird durch einen achtmaligen Dekorationswechsel in einem Trauerspielakte ernstlich mißgestimmt. Den »Macbeth« mit Genuß zu sehen, ist einem solchen Menschen unmöglich. Er entschädigt sich damit, daß er über Shakespeare wegwerfend urteilt.

19.

Alle Beobachtungen der französischen Schriftsteller über die Liebe sind gut und genau niedergeschrieben, auch nicht übertrieben, aber sie beziehen sich nur auf unbedeutende Neigungen, – das ist ein Urteil des trefflichen Kardinals Lante.

20.

Wir lieben ein gutes Gemälde überaus, – sagen die Franzosen, – aber 255
wir verlangen als Grundbedingung für die Schönheit, daß es von einem Maler gemalt ist, der beim Malen die ganze Zeit ohne Unterlaß auf einem Beine gestanden hat.

Ebenso ist es mit den Versen im Drama.

21.

Die Verse sind zur Unterstützung des Gedächtnisses erfunden worden. Später behielt man sie bei, weil der Anblick der überwundenen Schwierigkeiten Genuß bereitet. Sie heutzutage im Drama beizubehalten, wäre ein Rest von Barbarei.

22.

Die romantische Schule. Man schreibt mir aus Paris, daß man dort (in der Kunstausstellung von 1822) tausend Bilder mit Vorwürfen aus der heiligen Schrift sehen kann. Sie sind von Malern gemalt, die nicht daran glauben, werden bewundert und beurteilt von Leuten, die nicht daran glauben, und schließlich gekauft von Leuten, die nicht daran glauben.

Dabei sucht man nach Gründen für den Verfall der Kunst! Wenn der Künstler nicht an das glaubt, was er darstellt, muß er immer in Furcht sein, überschwenglich oder lächerlich zu erscheinen. Wie soll er Großartiges erreichen, wenn ihn nichts erhebt?

23.

Ich bewundere die Sitten zur Zeit Ludwigs des Vierzehnten. Man ging ohne Zaudern und binnen drei Tagen aus den Salons von Marly nach den Schlachtfeldern von Seneffe und Ramillies. Gattinnen, Mütter und Geliebte lebten fortwährend in Angst. (Vgl. die Briefe der Frau von Sévigné.) 256

Die ewige Gegenwart der Gefahr bewahrte der Sprache eine Kraft und Freimütigkeit, wie wir sie uns heutzutage nicht herauszunehmen wagen.

24.

Kalt, tapfer, berechnend, mißtrauisch, immer in Furcht, sich von jemandem begeistern zu lassen, der sich dann heimlich darüber lustig machen könnte, völlig frei von Überschwenglichkeit, ein wenig eifersüchtig auf die Leute, die im Gefolge Napoleons große Ereignisse gesehen hatten, – so war die Jugend zu meiner Zeit, mehr achtbar als liebenswert. Dieser Charakter fand sich selbst unter den Rekruten, die nur das Ende ihrer Dienstzeit herbeisehnten.

Jede Erziehung, gleichgültig ob sie einem planmäßig oder durch Zufall zuteil geworden ist, bildet den Menschen für eine bestimmte Zeit seines Lebens. Die Erziehung im Zeitalters Ludwigs des Fünfzehnten erhob das fünfundzwanzigste Jahr zum Höhepunkt des Lebens.

Die jungen Leute meiner Zeit finden ihn mit vierzig Jahren, wenn sie Mißtrauen und Ansprüche fallen gelassen und dafür Heiterkeit und Sorglosigkeit geerntet haben.

25.

Warum stürzt ein Mörder in dem Augenblick, wo er einen Menschen tötet, nicht leblos zu den Füßen seines Opfers nieder? Warum gibt es Krankheiten? Und da es Krankheiten gibt, warum stirbt ein Trestaillons nicht an der Kolik? Warum hat Heinrich der Vierte nur einundzwanzig Jahre regiert und Ludwig der Fünfzehnte neunundfünfzig Jahre? Warum entspricht die Lebensdauer eines jeden Menschen nicht genau dem Maße seiner Tugend? Solche und andere »niederträchtige« Fragen auf-
257 zustellen, hat keinen Wert; sie hätten höchstens etwas Wert, wenn man sie nicht nur mit Spott und Heuchelei beantwortete wie die englischen Philosophen.

26.

Die moderne Frauenerziehung, dieses wunderliche Gemisch von frommen Formeln und leichtsinnigen Liedern *(Di piacer mi balza il cor* in Rossinis *Gazza ladra)*[76] geht geradezu darauf aus, jegliches Glück zu untergraben. Sie erzeugt die höchste Unvernunft. Frau von R***, die sich so vor dem Tode fürchtete, ist gestorben, weil es ihr Vergnügen bereitet hat, ihre Medizin zum Fenster hinauszuschütten. Derartige bedauernswerte Frauen verwechseln Lustigkeit mit Unvernunft, weil jene oft unüberlegt erscheint. Genau so ist der Deutsche, der, um lebhaft zu erscheinen, zum Fenster hinunterspringt.

27.

Öffentliche Meinung im Jahre 1822. Ein Mann von dreißig Jahren verführt ein fünfzehnjähriges Mädchen. Das Mädchen ist *entehrt.*

28.

Einer meiner bedeutendsten Zeitgenossen, ein Mann, der in der Kirche und im Staate eine große Rolle spielt, hat uns heute (Januar 1822) bei Frau von M*** von den großen Gefahren erzählt, die er in der Schreckenszeit durchgemacht hat.

»Ich habe das Unglück gehabt, zu den bekanntesten Mitgliedern der Nationalversammlung zu gehören; solange für die gute Sache noch etwas zu hoffen war, hielt ich mich in Paris so gut wie möglich versteckt. Als dann die Gefahren wuchsen und die fremden Mächte sich zu keinem energischen Schritt zu unseren Gunsten aufrafften, faßte ich den Entschluß, abzureisen, mußte es aber ohne Paß tun. Da alle Welt nach Koblenz ging, wollte ich über Calais fliehen. Mein Bild war aber in jenen 258
anderthalb Jahren so verbreitet worden, daß ich auf der letzten Station erkannt wurde. Trotzdem ließ man mich weiter. Ich gelang nach Calais und blieb in einer Herberge, wo ich, wie leicht erklärlich, die ganze Nacht kein Auge zutat, und zwar recht zu meinem Glücke, denn etwa um vier Uhr früh hörte ich deutlich meinen Namen nennen. Ich stand auf und beim Ankleiden erkannte ich trotz der Dunkelheit Nationalgardisten mit Gewehren, denen man das Hoftor öffnete und Einlaß in den Hof zur Herberge gewährte. Glücklicherweise regnete es in Strömen; es war ein ganz dunkler, sehr stürmischer Wintermorgen. Die Dunkelheit und das Rauschen des Windes ermöglichten mir, mich hinten durch den Hof und den Pferdestall zu retten. So stand ich ganz hilflos um sieben Uhr morgens auf der Straße.

Ich nahm an, daß man mich von der Herberge aus verfolgen würde. Ohne recht zu wissen, was ich tat, eilte ich zum Hafen und auf die Reede. Ich gestehe, ich hatte etwas den Kopf verloren. Immer schwebte mir die Guillotine vor Augen.

Im Hafen lag ein Paketboot, das trotz des hohen Seegangs gerade auslaufen wollte und bereits zwanzig Ellen vom Hafendamm entfernt war. Plötzlich hörte ich vom Meer her Rufe, als wenn mich einer riefe. Ich sah, wie sich ein kleines Boot mir näherte. ›Vorwärts, mein Herr, man wartet auf Sie!‹ Ganz mechanisch stieg ich in das Boot. Ein Mann war darin, der mir ins Ohr flüsterte: ›Wie ich Sie so verzweifelt auf dem Hafendamm herumlaufen sah, dachte ich mir, daß Sie gewiß ein armer
259 Proskribierter seien. Ich habe gesagt, Sie seien mein Freund, den ich erwarte. Stellen Sie sich seekrank und bleiben Sie in der dunkelsten Ecke der Kajüte!‹«

»Welch ein schöner Zug!« rief die Dame des Hauses atemlos und über die lange, sehr geschickt vorgetragene Geschichte von den Gefahren des Abbés zu Tränen gerührt aus. »Wie dankbar müssen Sie diesem hochherzigen Unbekannten gewesen sein! Wie hieß er denn?«

»Seinen Namen weiß ich nicht«, antwortete der Abbé ein wenig verwirrt.

Einen Augenblick lang herrschte Totenstille im Salon.

29.

Die größte Schmeichelei, die die überspannte Phantasie ersinnen und der aufwachsenden Generation für ihr Leben, ihre Weltanschauung und ihre Macht einimpfen könnte, ist die lauterste Wahrheit. Diese Jugend hat nichts auszubauen, sie muß alles neu schaffen. Es ist das größte Verdienst Napoleons, reinen Tisch gemacht zu haben.

30.

Vollkommenheit in den kleinen Sorgen der Lebensführung und der Kleidung, große Güte, Mangel an Genie, Augenmerk für tausend kleinliche Alltäglichkeiten, Unfähigkeit, sich länger als drei Tage mit derselben Sache zu beschäftigen, – diese Eigenschaften bilden einen netten Gegensatz zu puritanischer Strenge, biblischer Grausamkeit, peinlicher Ehrlichkeit, ängstlicher und krankhafter Eigenliebe, kurzum zum allgemeinen *cant,* – und doch charakterisieren sich dadurch zwei große Völker der Welt.

31.

Und wenn sich ganz Europa zusammentäte, brächte es doch nicht ein einziges von unseren guten Büchern hervor, wie zum Beispiel die *Lettres* 260
persanes von Montesquieu.

32.

Der Geist der englischen Sitten. Um 1730, als wir schon Voltaire und Fontenelle hatten, erfand man in England eine Maschine, um das ausgedroschene Korn von der Spreu zu scheiden. Das geschah durch ein Rad, das der Luft die nötige Bewegung zum Fortblasen der Strohteilchen gab. Aber in diesem Lande der Bibeln behaupteten die Bauern, es sei gottlos, gegen den Willen der göttlichen Vorsehung zu handeln und auf solche Weise einen künstlichen Wind zu schaffen, anstatt durch inbrünstiges Gebet den zum Reinigen des Kornes erforderlichen Wind vom Himmel zu erbitten und den vom Gotte Israels bestimmten Zeitpunkt abzuwarten. Man vergleiche damit die *französischen* Bauern.[77]

33.

Meiner Ansicht nach ist einer der besten Dichter der letzten Zeit der im Elend verstorbene schottische Bauer Robert Burns. Er hatte als Steueraufseher siebzig Louisdor Gehalt für sich, seine Frau und vier Kinder. Der »Tyrann« Napoleon war großmütiger gegen seinen Feind Chénier. Burns hat nichts von der englischen Prüderie. In ihm steckt römischer Geist, nichts von chevaleresken Ehrbegriffen. Mir fehlt der Platz, um von seiner Liebesgeschichte mit Mary Campbell und ihrem tragischen Ende zu erzählen. Nur bemerke ich, daß Edinburg auf demselben Breitengrade wie Moskau liegt, was meiner Theorie vom Klima ein wenig zuwiderläuft.

»*One of Burn's remarks, when he first came to Edinburgh, was that between the man of rustic life and the polite world he observed little difference, that in the former, though unpolished by fashion and unenlighte-* 261
ned by science, he had found much observation and much intelligence; but a refined and accomplished woman was a being almost new to him, and of which he had formed but a very inadequate idea.« (Bd. V, S. 69.)

34.

London, den 20. November 1882

Ein sehr verständiger, gestern aus Madras hier angekommener Herr hat mir in zweistündiger Unterhaltung erzählt, was ich hier in ein paar Zeilen zusammendränge:

»Das Finstere, das aus unbekannten Ursachen den englischen Volkscharakter verdüstert, hat sich derartig in die Herzen eingenistet, daß am Ende der Welt, in Madras, ein Engländer, der ein paar Tage Urlaub erlangen kann, schleunigst das reiche und blühende Madras verläßt und sich in der kleinen französischen Kolonie Pondicherry zu erholen sucht, die ohne Reichtum und Handelsverkehr unter der patriarchalischen Verwaltung von Dupuy gedeiht. In Madras trinkt man Burgunder, die Flasche zu sechsunddreißig Franken; die Armut der Franzosen in Pondicherry ist schuld, daß dort in der besten Gesellschaft große Gläser Wasser als Erfrischung herumgereicht werden. Aber man lacht dort.«

Augenblicklich herrscht in England mehr Freiheit als in Preußen. Das Klima ist das gleiche wie in Königsberg, Berlin und Warschau, Städten, die ihre Trübseligkeit schon von weitem zu erkennen geben. Die arbeitenden Klassen haben dort weniger und trinken ebensowenig Wein wie in England, gehen aber schlechter gekleidet.

262 Ich sehe nur einen Unterschied: in den Ländern, wo Frohsinn herrscht, liest man weniger in der Bibel und huldigt mehr der Liebe.

35.

Ich gebe zu, daß das spanische Volk unmittelbar nach einer großen Tat in alle Fehler und Torheiten verfallen ist, die nur möglich waren. Trotzdem ist das gerade der Grund, der mich hindert, das Lob wieder zurückzunehmen, das ich diesen Nachzüglern des Mittelalters gespendet habe.

Die hübscheste Frau von Narbonne ist eine kaum zwanzigjährige Spanierin, die dort mit ihrem Gatten, ebenfalls Spanier, einem pensionierten Offizier, sehr zurückgezogen lebt. Vor einiger Zeit sah sich dieser Offizier veranlaßt, einem Gecken eine Ohrfeige zu versetzen. Am nächsten Morgen am Duellort sieht der Geck, daß die junge Spanierin kommt. Eine neue Flut gezierter Reden. »Das ist aber wirklich schrecklich! Wie haben Sie das Ihrer Frau nur sagen können! Nun kommt sie, um unseren Zweikampf zu verhindern!« – »Ich komme zu Ihrem Begräbnis!« antwortete die Spanierin.

Glücklich der Mann, der seiner Frau alles sagen kann. Der Erfolg hat den stolzen Vorsatz nicht Lügen gestraft. Eine solche Handlungsweise würde in England für unpassend gelten. So vermindert falscher Anstand noch das bißchen Glück hienieden.

36.

Um 1580 waren die nicht in ihrer Heimat weilenden Spanier entweder
rücksichtslose Anhänger des Despotismus oder Gitarrenspieler unter
den Fenstern schöner Italienerinnen. Die Spanier gingen nach Italien
wie heutzutage nach Paris. Übrigens setzten sie ihren Stolz vor allem
in die Verherrlichung ihres Königs und Herrn. Sie haben sich Italien
verscherzt, weil sie seiner nicht wert waren. Um 1626 war der große 263
Dichter Calderon Offizier in Mailand.

37.

Memoiren des Lord Oxford

Ich habe zu meiner Freude folgende Stelle in den Memoiren von Horaz Walpole gefunden:

»Wir wollen einmal die Töchter zweier leidenschaftlichen Männer vergleichen. Beide hießen Elisabeth. Die eine herrschte über ein Kulturvolk, die andere über ein Barbarenreich. Die Tochter Peters des Großen war eine absolute Herrscherin, duldete aber trotzdem eine Rivalin, da sie glaubte, die Person einer Kaiserin habe genug Reize für *die* unter ihren Untertanen, die sie ihres Verkehrs zu würdigen geruhte. Elisabeth von England konnte der Maria Stuart weder ihre Ansprüche auf den Thron noch die Vorzüge ihrer Schönheit verzeihen. Unedel setzte sie die schottische Königin, die als Schutzflehende zu ihr kam, gefangen und opferte sie ohne politisches oder gesetzliches Recht ihrer großen und doch so kleinen Eifersucht. Dabei brüstete sie sich mit ihrer Keuschheit, während sie doch die lächerlichsten Künste der Koketterie anwandte, um in einem ungeziemenden Alter noch Bewunderer und Liebhaber zu finden und zu fesseln, ohne damit weder ihr eigenes Verlangen, noch den Ehrgeiz jener Männer befriedigen zu können. Wer möchte ihr nicht jene ehrliche und offene barbarische Kaiserin vorziehen?«

38.

Aus Stolz berauben die Türken ihre Frauen alles dessen, was die Kristallbildung fördern könnte. Ich lebe seit drei Monaten unter einem Volke
264 (England), wo man in den oberen Klassen gleichfalls aus Stolz bald auf denselben Standpunkt geraten wird.

Die Männer bezeichnen mit Schamhaftigkeit die Forderungen eines durch Aristokratentum tollgemachten Stolzes. Niemand darf es wagen, das Schamgefühl zu verletzen. In Folge davon haben die geistvollen Männer, ganz wie im alten Athen, eine ausgesprochene Neigung, ihre Zuflucht bei Hetären zu suchen, das heißt bei Frauen, die durch einen Fehltritt aller Ziereiereien der Prüderie enthoben sind.

39.

Die Sitten in Nordamerika zeigen die einzige Möglichkeit, die Liebe aus Leidenschaft zu töten, indem man jede Kristallbildung durch die Ungezwungenheit des Verkehrs verhindert.

40.

Niemals in meinem Leben bin ich vor der Schönheit so betroffen und schüchtern gewesen wie heute abend in einem Konzert der Frau Pasta (London 1817).

Sie war, als sie sang, von drei Reihen junger Frauen umgeben, die so schön waren, von so reiner und himmlischer Schönheit, daß ich fühlte, wie ich aus Achtung die Blicke senkte, anstatt mit offenen Augen zu bewundern und zu genießen. In keinem anderen Lande ist es mir ähnlich ergangen, nicht einmal in meinem geliebten Italien.

41.

Der bekannte Johannes von Müller sagte zu mir in Cassel (1808): »Die Natur hat dem Norden die Kraft und dem Süden den Geist gegeben.«

42.

Die in der Liebe glücklichen Menschen sehen hier (in Dresden, 1813) 265
tiefernst aus, was man in Frankreich mit tieftraurig verwechseln würde.

43.

Goethe, überhaupt die genialen Männer Deutschlands, schätzen das Geld nach seinem richtigen Wert. An das Vermögen darf man nur denken, solange man *unter* sechstausend Franken Jahreseinkommen hat, dann nicht mehr. Beschränkte Menschen dagegen verstehen den Vorzug dieser Goetheschen Anschauung nicht; ihr ganzes Leben lang fühlen sie nur durch das Geld und denken nur an das Geld. Diese verschiedene Wertschätzung verhilft in der Welt den prosaischen Geistern anscheinend zum Siege über die vornehmen Seelen.

44.

»Vernunft, Vernunft!« ruft man den armen Verliebten zu.

Im Jahre 1760, in der bewegtesten Zeit des Siebenjährigen Krieges, schreibt Grimm (III, 107): »Es unterliegt keinem Zweifel, daß der König von Preußen den Ausbruch dieses Krieges durch den Verzicht auf Schlesien hätte vereiteln können. Wieviel Unglück hätte er dadurch verhütet! Ist das Glück eines Königs vom Besitz eines Stück Landes abhängig? War der große Kurfürst nicht ein sehr glücklicher und sehr geachteter Herrscher ohne den Besitz Schlesiens? Nach den Gesetzen der gesündesten Vernunft hätte sich der König also anders verhalten können. Aber vielleicht hätte sich Friedrich dann die Verachtung der ganzen Welt zugezogen, während er sich so, indem er alles andere dem Willen, Schlesien zu halten, opfert, unsterblichen Ruhm erworben hat.

Der Sohn Cromwells hat zweifellos das Weiseste getan, was ein Mann
machen kann; er hat die ruhmlose und ruhige Zurückgezogenheit der 266
gefahrvollen Unruhe, über ein finsteres, ungestümes und stolzes Volk zu herrschen, vorgezogen. Dieser Weise ist von seinen Zeitgenossen und von der Nachwelt verachtet worden, während sein Vater im Urteile der Völker ein großer Mann geblieben ist.

Die ›schöne Büßerin‹ ist ein beliebter Stoff[78] im spanischen Drama, der in den englischen und französischen Bearbeitungen durch Otway und Colardeau verhunzt worden ist. Calista ist von Lothario, den sie anbetet, vergewaltigt worden. Er ist durch den ungestümen Ehrgeiz seines Charakters hassenswert, aber durch seine Begabung, seinen Geist und seine Anmut verführerisch. Er wäre allzu liebenswert, wenn er sein strafbares Verlangen zu mäßigen verstanden hätte; übrigens trennt ein furchtbarer erblicher Haß seine Familie und die der Geliebten. Diese beiden Familien stehen an der Spitze zweier Parteien, die im schreckensvollen Mittelalter eine spanische Stadt mit Zwiespalt erfüllen. Sciolto, Calistas Vater, ist das Haupt der Partei, die augenblicklich die Oberhand hat. Er weiß, daß Lothario die ruchlose Absicht gehabt hat, seine Tochter zu verführen. Die schwache Calista erliegt den Qualen ihrer Schmach und Leidenschaft. Ihr Vater erreicht es, daß sein Feind Lothario den Oberbefehl über die Flotte erhält, die zu einer fernen und gefahrvollen Unternehmung ausläuft. Voraussichtlich wird er dabei den Tod finden. In Colardeaus Trauerspiel bringt der Vater seiner Tochter selbst diese Nachricht. Da verrät Calista ihre Leidenschaft:

›... Mein Gott! er geht …
Ihr habt's befohlen! … und er fügt sich drein?‹

Wie groß ist die Gefahr dieses Augenblicks! Ein Wort mehr, und
267 Sciolto war über die Leidenschaft seiner Tochter zu Lothario im klaren.
Der betroffene Vater ruft aus:

›Was hör' ich? Täuscht mein Ohr mich? Rasest du?‹

Darauf antwortet Calista, die ihre Selbstbeherrschung wiedergewonnen hat:

›Nicht die Verbannung will ich, seinen Tod!
Er soll verderben!‹

Durch diese Worte erstickt Calista den erwachenden Verdacht ihres Vaters, und zwar ohne Betrug, denn das Gefühl, dem sie Ausdruck gegeben hat, ist echt. Die Existenz eines Mannes, den sie liebt und der ihr das Schlimmste antun konnte, muß ihr Leben vergiften, und lebte er am Ende der Welt. Allein sein Tod kann ihr die Ruhe wiedergeben, wenn es solche für unglücklich Liebende überhaupt gibt. Kurze Zeit darauf fällt Lothario, und Calista hat das Glück zu sterben.

Viel Tränen und viel Geschrei um nichts! haben jene kalten Naturen, die sich mit dem Namen Philosophen schmücken, gesagt. Ein kühner, gewalttätiger Mann nützt die Schwäche aus, die eine Frau ihm gegenüber zeigt. Was braucht man sich darüber aufzuregen, und warum soll uns der Seelenschmerz Calistas etwas angehen? Sie mag sich damit trösten, daß ihr Geliebter sie besessen hat. Und sie ist nicht die einzige anständige Frau, die ihren Trost in solchem Unglück findet.«

Richard Cromwell, Friedrich der Große und Calista können mit den Seelen, die der Himmel ihnen verlieh, ihre Ruhe und ihr Glück nur dann finden, wenn sie so handeln, wie sie gehandelt haben. Das Verhalten der beiden zuletzt Genannten ist außerordentlich unvernünftig, und doch achtet man von den dreien gerade sie. 268

45.

In Europa wird das Verlangen durch den Zwang entflammt, in Amerika durch die Freiheit erstickt.

46.

In Nordamerika muß man die Regierung und nicht die Gesellschaft bewundern. Anderswo ist die Regierung das Übel. In Boston hat man die Rollen getauscht, und die Regierung spielt den Heuchler, um die Gesellschaft nicht zu verletzen.

47.

Es gibt viel weniger Neid in Amerika als in Frankreich, dafür viel weniger Geist.

48.

Wenn man an Stelle des Mangels der persönlichen Sicherheit die berechtigte Furcht vor Geldnot setzt, so findet man, daß die Vereinigten Staaten von Nordamerika hinsichtlich *der* Leidenschaft, über die ich diese Monographie zu schreiben versuche, sehr den antiken Staaten gleichen.

Ich merke eben, daß ich unter den mehr oder minder unvollkommenen Skizzen über die Liebe aus Leidenschaft, die uns die Alten überliefert haben, die Liebe der Medea vergessen habe. Virgils Dido ist eine Kopie von ihr. Man vergleiche diese Liebe einmal mit der modernen, zum Beispiel in Prevosts *Le Doyen de Killerine.*

49.

Sappho sah in der Liebe nur den Sinnentaumel oder den durch die Kristallbildung veredelten sinnlichen Genuß. Anakreon suchte in der Liebe nur einen Zeitvertreib der Sinne und des Geistes. Es gab im Alter-
269 tume zu wenig Sicherheit, um die Muße zur Liebe aus Leidenschaft zu haben.

50.

Die erwähnte Tatsache nötigt mich, ein wenig über die Leute zu lachen, die Homer über Tasso stellen. Die Liebe aus Leidenschaft existierte bereits in der Zeit Homers, und gar nicht so fern von Hellas.

51.

Um bei leichten Sitten glücklich zu sein, dazu gehört eine Schlichtheit des Charakters, wie man sie wohl in Deutschland und in Italien, aber nie in Frankreich findet.

52.

Bologna, den 18. April, 2 Uhr morgens

Weiblicher Stolz. Ich habe eben ein schlagendes Beispiel davon gesehen, aber alles in allem gerechnet, müßte ich fünf Seiten schreiben, um ein deutliches Bild davon zu geben. Noch lieber, wenn ich den Mut dazu hätte, möchte ich aus dem, was ich unwiderleglich gesehen habe, meine Schlußfolgerungen ziehen. Aber ich muß auf die Wiedergabe dessen, wovon ich überzeugt bin, verzichten. Es sind zu viele kleine Umstände dabei im Spiele. Dieser Stolz ist das Gegenstück zur Eitelkeit der Französinnen. Soweit ich mich entsinne, ist das einzige Buch, worin ich ihn skizziert gefunden habe, *der* Teil der Memoiren der Madame Roland, in dem sie kleine Beobachtungen aus ihrer Mädchenzeit erzählt.

53.

Die maßlose Achtung vor dem Gelde, der große und erste Fehler des Engländers und des Italieners, ist in Frankreich weniger fühlbar und in Deutschland ganz und gar in den richtigen Schranken gehalten.

54.

Die italienische Klugheit strebt nach Erhaltung des Lebens. Das regt das
Spiel der Phantasie an. Im Gegensatz dazu erfordert die englische 270
Klugheit, die nur darauf ausgeht, Geld zusammenzuscharren oder zu
behalten, eine gewissenhafte, alltägliche Genauigkeit, deren Gewohnheit
die Phantasie lähmt. Es ist auffällig, daß sie gleichzeitig den starrsten
Begriff von Pflicht schafft.

55.

Wenn man auf einem Rückzuge der Armee einen italienischen Soldaten auf eine unnötige Gefahr aufmerksam macht, so sagt er »danke« und geht jener Gefahr sorgfältig aus dem Wege. Wenn man einen französischen Soldaten aus Menschlichkeit auf die gleiche Gefahr hinweist, so glaubt er, man traue ihm nichts zu; er wird eigensinnig und ehrgeizig und rennt nun erst recht in die Gefahr hinein. Wenn er dürfte, würde er einen auslachen.

56.

Vivacità, leggerezza, soggettissima a prendere puntiglio, occupazione di ogni momento della apparenze della propria esistenza agli occhi altrui: Ecco i tre gran caratteri di questa pianta che risveglia Europa nell 1808.

Unter den Italienern sind *die* die besten, die noch etwas Wildheit und etwas Hang zum Blutvergießen haben: die Menschen in der Romagna und in Calabrien und unter den kultivierten die in Brescia, Piemont und Korsika. Der Spießbürger von Florenz ist dümmer als der von Paris.

57.

Ravenna, den 23. Januar 1820

Hierzulande werden die Frauen nur auf das Tatsächliche hin erzogen. Eine Mutter verheimlicht ihrer Tochter von zwölf bis fünfzehn Jahren
271 weder ihren Liebeskummer noch ihr Liebesglück. Bekanntlich halten sich in diesem glücklichen Klima viele Frauen bis ins fünfundvierzigste Jahr vorzüglich und meistens heiraten sie mit achtzehn Jahren.

So sagte gestern die Valchiusa über Lampugnani: »Ja, der war ganz für mich geschaffen, der verstand es, zu lieben …« und unterhielt sich noch des längeren darüber mit einer Freundin in Gegenwart ihres Töchterchens, eines sehr geweckten Mädchens von vierzehn oder fünfzehn Jahren, das sie auch bei ihren sentimentalen Spaziergängen mit jenem Liebhaber gewöhnlich mitgenommen hatte.

Auf diese Weise eignen sich die jungen Mädchen bisweilen ausgezeichnete Grundsätze für ihr Verhalten an. Zum Beispiel erteilte die Signora Guarnacci ihren beiden Töchtern in Gegenwart zweier Herren, die eben ihren ersten Besuch machten, eine halbe Stunde lang tiefsinnige und durch Beispiele erläuterte Lehren über den Zeitpunkt, an dem man einen Geliebten, der sich schlecht beträgt, durch Untreue strafen müsse.

58.

Modena, 1820

Zilietti sagte zu mir um Mitternacht bei der liebenswürdigen Marchesina R***: »Ich werde nicht zu San Michele (das ist ein Restaurant) zum Diner kommen; ich habe dort gestern ein paar Witze erzählt, habe mit Cl*** gescherzt, das könnte aufgefallen sein.«

Keineswegs darf man Zilietti für beschränkt oder ängstlich halten. Er ist ein verständiger und sehr wohlhabender Bewohner dieses glücklichen Landes.

59.

Das Lächerliche ist der Tod der Liebe. In Italien gibt es nichts Lächerli-
272 ches. Was in Venedig wohlanständig ist, erscheint in Neapel wunderlich. Folglich ist etwas, das Genuß bereitet, nie tadelnswert. Mit dem Wegfall falscher Ehrbegriffe schwindet die halbe Komödie der Gesellschaft.

60.

Es ist ein Unglück, die italienische Schönheit kennen gelernt zu haben; man wird gefühllos. Außerhalb Italiens zieht man Gespräche mit Männern vor.

61.

Im Jahre 1821 waren Haß, Liebe und Geiz die häufigsten und neben der Spielwut fast die einzigen Leidenschaften in Rom.

Die Römer erscheinen auf den ersten Blick bösartig, aber sie sind nur äußerst mißtrauisch und sie haben eine Phantasie, die beim geringsten Anlaß in Flammen auflodert.

Wenn sie einmal ohne Veranlassung bösartig sind, so geht es ihnen wie einem ängstlichen Manne, der bloß zu seiner Beruhigung seine Flinte abschießt.

62.

Der Römer empfindet die Schönheiten der Natur und der Kunst mit erstaunlicher Kraft, Tiefe und Richtigkeit. Aber es ist jammervoll, wenn er über das reden will, was er so stark fühlt.

Man ersieht daraus, warum die Künste außerhalb Italiens nur ein schlechter Scherz sind; man redet besser über sie, aber die Masse des Volkes empfindet sie nicht.

63.

Die Gewaltherrschaft eines Philipp des Zweiten hat die Gemüter seit 1530 so erniedrigt und lastet derart auf dem Garten der Welt, daß die armen italienischen Dichter noch nicht den Mut gehabt haben, den
Roman des heimatlichen Bodens zu finden. Nach den Vorschriften des 273
Naturalismus ist doch nichts einfacher: man muß freimütig zu komponieren wagen, was einem ringsum in die Augen fällt. Ich erinnere an den Kardinal Consalvi, der 1822 drei Stunden lang das Libretto einer komischen Oper auf Fehler hin durchsah und aufgeregt zu dem Maëstro sagte: »Aber Sie bringen recht oft das Wort *cozzar, cozzar!*«

64.

Zu meinem großen Leidwesen habe ich das Venedig von 1760 nicht sehen können.[79] In diesem kleinen Zeitraume hatten sich offenbar durch mancherlei günstige Umstände die staatlichen Einrichtungen mit einer tüchtigen Lebensanschauung zum Glücke der Menschen vereinigt. Ein maßvoller Genuß gewährte allen ein leichtes Glück. Es gab keine inneren Kämpfe und keine verbrecherischen Taten. Heiterkeit lachte aus aller Mienen, niemand versuchte reicher zu erscheinen, als er war; Heuchelei war erfolglos. Ich stelle mir den damaligen Zustand als den Gegensatz zu dem des heutigen London vor.

65.

Die weisen Akademiker erkennen die Sitten eines Volkes in seiner Sprache wieder. Italien ist das Land der Welt, wo man das Wort »Liebe« am seltensten gebraucht. Man sagt immer »*amicizia*« (für »Liebe«) und »*avvizinar*« (für »mit Erfolg den Hof machen«).

66.

Die Gedichte des Giovanni Meli in sizilianischer Mundart sind entzückende, zarte Poesien, die leider ein wenig durch ihre mythologischen Anspielungen einbüßen.

67.

274 Das Ave-Maria (die Dämmerzeit) ist in Italien die Stunde der Zärtlichkeit, der seelischen Freuden und der Melancholie. Die Empfindung wird durch den Klang der schönen Glocken gehoben.

Genußreiche Stunden, in denen die Sinne in Erinnerungen schwelgen …

68.

Träumereien auf den Borroméischen Inseln. »Wenn eine wahre Leidenschaft auf Hindernisse stößt, so bringt sie aller Wahrscheinlichkeit nach mehr Unglück als Glück hervor. Wenn diese Behauptung für eine feinsinnige Seele nicht unbedingt zutrifft, so ist sie doch für die Mehrzahl der Männer vollkommen richtig, insbesondere für kalte Philosophen, die im Gebiete der Leidenschaften nur von Neugierde und Eigennutz leben.«

Diese Worte richtete ich gestern abend an die Contessa Fulvia, als wir zusammen auf der östlichen Terrasse der *Isola Bella* in der Nähe der großen Pinie hin und her gingen. Sie antwortete mir:

»Das Unglück übt auf das menschliche Leben einen viel stärkeren Einfluß aus als die Freude.«

»Alles, was darauf Anspruch erhebt«, – meinte ich, – »uns Genuß zu gewähren, muß in erster Linie stark wirken. Da das Leben selbst nur aus Empfindungen besteht, könnte man vielleicht sagen, daß der allgemeine Drang aller Lebewesen nach Anlässen sucht, um in möglichst starken Empfindungen zu leben. Die Nordländer sind wenig lebhaft; das sieht man schon aus ihren langsamen Bewegungen. Das *dolce far niente* der Italiener hingegen beruht in der Freude am Genusse seelischer Regungen, während man sich gemächlich auf einen Diwan hinstreckt. Ein solcher Genuß ist unmöglich, wenn man den ganzen Tag über im Sattel oder im Wagen sitzt wie der Engländer oder der Russe. Auf einem 275
Diwan würden diese Menschen vor Langeweile sterben. Es gibt in ihrer Seele nichts zu beobachten.

Die Liebe gewährt die denkbar stärksten Empfindungen; ein Beweis dafür ist es, daß – physiologisch ausgedrückt – im Augenblicke der Entflammung das Herz jene Gefühlsmischung zustande bringt, die Philosophen wie Helvetius, Buffon und anderen so töricht erscheinen. Luizina ist, wie Sie wissen, neulich in den See gestürzt, als sie mit ihren Blicken ein Lorbeerblatt verfolgte, das von irgend einem Baume der *Isola Madre* ins Wasser gefallen war. Die Ärmste hat mir gestanden, daß einmal einer ihrer Verehrer im Gespräche mit ihr die Blätter eines Lorbeerzweiges abgerissen und mit den Worten in den See geworfen hat: ›Ihre Grausamkeit und die Verleumdungen Ihrer Freundin hindern mich, mein Leben auszunutzen und Ruhm zu erlangen.‹

Eine Seele, die durch große Leidenschaft, durch Ehrgeiz, Spiel, Liebe, Eifersucht oder Krieg Augenblicke der Herzensangst und des heftigsten Unglücks erfahren hat, verachtet in bizarrer Unverständlichkeit das Glück eines friedlichen und wunschlosen Lebens. Ein schönes Schloß in malerischer Gegend, großes Vermögen, eine gute Frau, drei hübsche Kinder, eine Menge liebenswerter Freunde: das alles ist nur eine kleine

Lese dessen, was unser Wirt, General C***, besitzt, und doch wissen Sie, daß er uns erzählt hat, er sei nahe daran gewesen, nach Neapel zu gehen und den Oberbefehl über eine Guerillabande zu übernehmen. Eine für die Leidenschaften geschaffene Seele fühlt, daß ein solches glückliches Leben langweilig ist und vielleicht nur gewöhnliche Gedanken
276 wachruft. ›Ich möchte,‹ sagte damals der General, ›daß ich nie das Fieber der großen Leidenschaften kennen gelernt hätte; ich möchte mich gern mit dem scheinbaren Glücke begnügen, über das man mir täglich so törichte Komplimente macht, auf die ich zum Überdruß auch noch liebenswürdig antworten muß.‹ Ich als Philosoph füge hinzu: Wollen Sie einen tausendsten Beweis, daß wir nicht von einem guten Wesen erschaffen worden sind, so ist es der, daß die Freude kaum halb so viel Eindruck auf unser Ich macht als das Leid.«[80]

Die Contessa unterbrach mich: »Es gibt wenige seelische Leiden im Leben, die uns nicht durch die verursachte Erregung wertvoll würden. Wenn ein Körnchen Edelmut in der Seele vorhanden ist, so verhundertfacht sich der Genuß daran. Jener 1815 zum Tode verurteilte und durch Zufall gerettete Herr von Lavalette muß sich, wenn er damals mutig in den Tod gegangen ist, zehnmal im Monat jenen Augenblick vergegenwärtigen. Ein Feigling, der gleichfalls durch Zufall gerettet wird, kann sich im besten Falle nur deshalb mit Genuß an jenen Augenblick erinnern, weil er gerettet worden ist, aber nicht wegen des Schatzes an Edelmut, den er dabei in sich entdeckt und der ihn für immer von jeder Furcht befreit hat.«

Ich: »Die Liebe, selbst die unglückliche, verleiht einer edlen Seele, der Einbildung für Wahrheit gilt, den Schatz eines derartigen Genusses. Erhabene Phantasien von Glück und Schönheit bilden sich in ihr und versichern sie der Liebe des geliebten Wesens. Das sind Phantasiegebilde, die ein Verstandesmensch nie verstehen wird.«

Fulvia (gen Himmel blickend): »Gewiß, für Sie und für mich ist die Liebe, auch die unglückliche, das höchste Glück, vorausgesetzt daß un-
277 sere Verehrung für den Geliebten keine Grenzen kennt.«

Fulvia war dreiundzwanzig Jahre alt und die berühmteste Schönheit von ***. Ihre Götteraugen waren, als sie so sprach, gegen den schönen Mitternachtshimmel des *Lago Maggiore* gerichtet; die Gestirne schienen ihr zu antworten. Ich sah zur Erde und hatte keine philosophischen Gründe mehr, um sie zu bekämpfen. Sie fuhr fort:

»Und alles das, was man auf Erben Glück nennt, wiegt ihre Leiden nicht auf. Ich glaube, allein die Verachtung kann von dieser Leidenschaft heilen. Die Verachtung darf indessen nicht allzu stark sein, sonst wird sie zur Qual, nicht anders zum Beispiel, wie ihr Männer sie empfindet, wenn ihr seht, daß die Angebetete einen rohen und prosaischen Mann liebt.«

69.

Prosaisch ist ein neues Wort, das ich früher lächerlich fand, denn nichts ist kälter als die französische Poesie. Wenn es in der Literatur Frankreichs in den letzten fünfzig Jahren etwas Wärme gibt, so ist es sicherlich in der Prosa. Aber die Contessa Bianca bediente sich des Wortes prosaisch und nun liebe ich es.

Eine Begriffserklärung finde ich im »Don Quichotte« in dem schroffen Gegensatz des Ritters zum Knappen. Der Ritter groß und blaß, der Knappe feist und frisch, der eine ganz Held und Ritter, der andere selbstsüchtig und knechtisch, jener romantisch, phantastisch und sentimental, dieser voller Lebensklugheit und weiser Lebensregeln, jener mit einer nach gewaltigen und wagehalsigen Plänen durstenden Seele, dieser ein kluger Berechner aller kleinlichen, widerlichen und eigennützigen Regungen des Menschenherzens.

In dem Augenblicke, wo jener durch den Mißerfolg seiner gestrigen 278
Phantastereien enttäuscht sein müßte, erträumt er sich bereits neue Luftschlösser für die Zukunft.

70.

Man muß einen prosaischen Gatten und einen romantischen Geliebten haben.

Marlborough hatte eine prosaische Seele; Heinrich der Vierte, der sich mit fünfundzwanzig Jahren in eine junge Prinzessin verliebte, ein romantisches Herz. (Vgl. Dulaure, *Histoire de Paris.*)

Es gibt weniger prosaische Seelen unter dem Adel als im Bürgerstande.

Ein Nachteil des Handels liegt darin, daß er prosaisch macht.

71.

Die Gesetze der Phantasie sind noch sehr wenig erforscht, und auch meine Ansicht, die ich im folgenden entwickle, ist vielleicht falsch.

Ich glaube zwei Arten der Phantasie unterscheiden zu können:

1. Die feurige, stürmische, der ersten Eingebung gehorchende Phantasie, die sich sofort in die Tat umsetzt, die sich selbst verzehrt und die hinsiecht, wenn man sie nur einen Tag zügelt. Die Ungeduld ist ihr Merkmal; gegen Unerreichbares gerät sie in Wut. Sie sieht nur die Außenseite aller Dinge, ist schnell von ihnen begeistert, sie assimiliert sie sich und deutet sie unverweilt zugunsten der eigenen Leidenschaft.

2. Die Phantasie, die sich nur allmählich und langsam erwärmt, dann aber mit der Zeit das Äußere der Dinge nicht mehr sieht und sich schließlich nur mit ihrer Leidenschaft beschäftigt und sich von ihr nährt.
279 Diese Art der Phantasie ist sehr wohl mit langsamem Geiste und selbst mit dem Mangel aller geistigen Fähigkeiten vereinbar. Sie ist der Beständigkeit günstig. Die Mehrzahl der jungen deutschen Mädchen, die an Liebe und Blutarmut hinsiechen, leidet an ihr. Diese traurige Geschichte ist in Italien unbekannt.

72.

Der Abbé Rousseau war (1784) ein armer junger Mensch, der von früh bis abends alle Stadtviertel ablaufen mußte, um Geschichts- und Geographiestunden zu geben. In eine seiner Schülerinnen verliebt wie Abälard in Heloise, wie Saint-Preux in Julie, weniger glücklich, aber anscheinend nahe daran, es zu werden, mit ebenso großer Leidenschaft wie jener, aber ehrlicher, zartfühlender und vor allem mutiger, hat er sich wahrscheinlich dem Gegenstande seiner Leidenschaft geopfert.

Nachdem er in einem Restaurant des Palais Royal zu Mittag gegessen hatte, ohne sich dabei irgendwelche Unruhe oder Zerstreutheit anmerken zu lassen, schoß er sich eine Kugel durch den Kopf. In dem polizeilichen Protokoll, das an Ort und Stelle aufgenommen wurde, ist die Abschrift des folgenden Billets erhalten, das er kurz vorher geschrieben hat und das wegen seiner Merkwürdigkeit aufbewahrt zu werden verdient:

»Der unbegreifliche Gegensatz zwischen dem Adel meiner Empfindungen und der Niedrigkeit meiner Geburt, eine ebenso heftige wie aussichtslose Liebe zu einem anbetungswürdigen Mädchen, die Furcht, ihr Unehre zu bereiten, die notwendige Wahl zwischen Verbrechen und Tod, – alles das hat mich bestimmt, das Leben zu verlassen. Für die Tugend geboren und nahe daran, ein Verbrecher zu werden, ziehe ich den Tod vor.« (Grimm, III, 2, 495.) 280

Ein bewundernswürdiger Selbstmord, und doch wird er den Sitten von 1880 abgeschmackt erscheinen.

73.

Ein Mann, der Gift genommen hat, ist moralisch tot. Das Erstaunen über seine Tat und ihre Folgen nimmt ihm den Sinn für alles andere – mit wenigen Ausnahmen.

74.

Die armen Trappisten sind Unglückliche, die nicht den Mut zum Selbstmord haben. Ausgenommen die Oberen, die den Genuß ihrer Macht haben.

75.

Wenn eine Frau über den Tod ihres im Kriege gefallenen Geliebten verzweifelt ist und augenscheinlich die Absicht hegt, ihm nachzufolgen, so muß man zunächst prüfen, ob dieser Entschluß nicht der richtigste ist; andernfalls muß man die älteste menschliche Gewohnheit, den Selbsterhaltungstrieb, dagegen zur Geltung bringen.

76.

Jena, März 1819 [?]

Der größte Vorwurf, den wir uns machen können, ist sicherlich der, daß wir die Ideen von Ehre und Gerechtigkeit, die von Zeit zu Zeit in unseren Herzen erstehen, sich verflüchtigen lassen, als ob sie luftige Traumgebilde wären.

77.

Ein fester Entschluß macht mit einem Schlage aus dem schlimmsten Unglück eine erträgliche Lage.

Am Abend einer verlorenen Schlacht flieht ein Reiter auf einem ermatteten Pferde in schnellster Gangart; deutlich hört er die ihn verfolgende Patrouille hinter sich galoppieren. Plötzlich pariert er, springt
281 vom Pferde ab, setzt neue Zündhütchen auf Karabiner und Pistolen und ist fest entschlossen, sich zur Wehr zu setzen. Sofort hat er nicht mehr den Tod, sondern das Kreuz der Ehrenlegion vor Augen.

78.

Ich glaube, daß man den Wert eines Systems nach seinem Repräsentanten beurteilen kann. Richard Löwenherz brachte den höchsten Heldenmut und Rittersinn auf den Thron, und er war doch ein lächerlicher König.

79.

Nichts ist falscher als das Sprichwort: »Niemand ist ein Held vor seinem Kammerdiener«, oder vielmehr, nichts ist im monarchischen Sinne wahrer bei einem affektierten Helden, zum Beispiel bei Hippolyt in Racines »Phädra«. Der General Desaix muß für seinen Kammerdiener – wahrscheinlich hatte er gar keinen – ebenso ein Held gewesen sein wie für jeden anderen Menschen. Ohne ihre Geziertheit und ihre unvermeidliche Komödianten würde wären Turenne und Fenelon Helden wie Desaix.

80.

Um 1620 war es eine Ehre für einen Mann, wenn er so oft und so ergeben wie möglich sagte: »Mein Herr und König.« (Vgl. die Memoiren von Noailles und von Torcy). Das ist leicht erklärlich. Durch diese Redensart bekundete man seinen Rang unter den Untertanen. Der vom Könige verliehene Rang trug diesen Männern ebensoviel Achtung und Beachtung bei ihren Mitbürgern ein, wie sie im alten Rom ein Kämpfer am trasimenischen See oder ein Redner auf dem Forum genossen hat.

Mit der Vernichtung der absoluten Monarchie vernichtet man die Eitelkeit und ihre weitgehenden Folgen, die Konvenienzen. Der Streit über
Shakespeare und Racine ist nur ein Abbild des Kampfes zwischen dem 282
Absolutismus Ludwigs des Vierzehnten und der Verfassung.

81.

Wilna, 1812

»Sie sagen mir, Ehrgeiz vertreibe die Langeweile«, sagte Kamenski; »aber die ganze Zeit hindurch, wo ich jeden Abend eine Meile galoppierte, um die Prinzessin zu sehen, lebte ich in der Umgebung eines Fürsten, den ich verehrte, der mein ganzes Glück und die Befriedigung aller erdenklichen Wünsche in seiner Macht hatte.«

82.

Loreto, den 11. September 1811

Ich habe soeben ein aus hiesigen Landleuten ausgehobenes, sehr schönes Regiment besichtigt. Es ist der Rest der viertausend Mann, die 1809 nach Wien marschiert sind. Ich schritt mit dem Obersten die Front ab und ließ mir von mehreren Soldaten ihre Geschichte erzählen. Es war die Tugend der mittelalterlichen Republiken, die mir da vor Augen trat, freilich verdorben durch das spanische Joch, die Pfaffen[81] und den zwei- bis dreihundertjährigen feigen und grausamen Kleinstaatsdespotismus, der auf dem Lande gelastet hat.

Die glanzvolle ritterliche Ehre, die ebenso erhaben wie sinnlos ist, ist eine exotische Pflanze, die erst kurze Zeit bei uns gezüchtet wird.

Um 1740 findet man noch keine Spur von ihr; (vgl. die »Briefe aus Italien« von de Brosses). Die Offiziere von Montenotte und Rivoli hatten zu viele Gelegenheiten, der Mitwelt die wahre Tugend zu beweisen, als daß sie eine Ehre zu heucheln brauchten, die unter den Zelten der Armee von 1796 unbekannt und nur absonderlich gewesen wäre.

Es gab 1796 keine Ehrenlegion und keine Schwärmerei für einen 283
einzigen Mann, aber viel Schlichtheit und Tugend, wie sie Desaix hatte. Der Ehrbegriff ist also in Italien eingeführt worden durch Leute, die zu vernünftig und zu tugendhaft waren, um zu glänzen. Man fühlt den gewaltigen Unterschied zwischen den Soldaten von 1796, die in einem Jahre zwanzig Schlachten gewannen und dabei oft weder ordentliche

Stiefel noch Röcke hatten, und den glänzenden Regimentern von Fontenoy, die den Engländern höflich und mit abgenommenen Hüten zuriefen: »Meine Herren, schießen Sie zuerst!«

83.

Die Jugend von 1822. Wer von einer ernsten Neigung, einer tatenlustigen Veranlagung redet, redet von einem Opfer der Gegenwart an die Zukunft. Nichts erhebt die Seele mehr als die Kraft und die Gewohnheit, solche Opfer zu bringen. Ich prophezeie dem Jahre 1832 mehr große Leidenschaften, als das Jahr 1772 deren hatte.

84.

Der liebenswürdige Donezan sagte gestern zu mir: »In meiner Jugend und noch weit in meine Zeit hinein – ich war 1789 fünfzig Jahr alt – trugen die Damen ihr Haar gepudert. Ich muß Ihnen gestehen, eine nicht gepuderte Dame ist mir zuwider. Der erste Eindruck ist stets der einer Kammerjungfrau, die keine Zeit zu ihrer Toilette gehabt hat.«

Es ist das der einzige Grund, den man gegen Shakespeare und zugunsten der drei Einheiten geltend machen kann. Ich kenne auch Leute, die Correggio und Michelangelo gering schätzen. Und sicherlich ist
284 Herr Donezan ein außerordentlich gebildeter Mann.

85.

Vater und Sohn. (Ein Gespräch aus dem Jahre 1787.) *Der Vater* (Minister): »Ich wünsche dir Glück, mein Junge. Es ist höchst angenehm für dich, vom Herzog von *** eingeladen zu sein. Für einen jungen Mann deines Alters ist das eine hohe Auszeichnung. Verfehle ja nicht, pünktlich um sechs Uhr im Palais *** zu sein.«

Der Sohn: »Ich vermute, daß Sie auch dort dinieren?«

Der Vater: »Der Herzog von ***, zuvorkommend wie stets gegen unsere Familie, hat in Anbetracht dessen, daß du zum ersten Male da bist, die Gewogenheit gehabt, mich mit einzuladen.«

Der Sohn, ein junger Mann aus bester Familie und von vorzüglicher Erziehung, stellt sich pünktlich im Palais *** ein. Es sind sieben Herren zu Tisch. Der Sohn ist seinem Vater gegenübergesetzt worden. Jeder

Gast hat neben sich eine nackte Frau. Einige zwanzig Bediente in großer Livree servieren.

86.

Einen festen Charakter haben, heißt lange und beständige Erfahrungen in den Enttäuschungen und Unglücksfällen des Lebens haben. Dann begehrt man entweder unbeugsam oder gar nicht.

87.

Festigkeit im Charakter erwirbt man, wenn man den Einfluß anderer auf sich selbst erfahren hat, also durch äußere Einwirkung.

88.

Wollen heißt den Mut haben, sich einer Unannehmlichkeit auszusetzen.
Sich derartig aussetzen, heißt den Zufall versuchen, also spielen. 285

Es gibt Soldaten, die ohne das Spiel nicht leben können, die daher im Familienleben unerträglich sind.

89.

Der uns angeborene Nachahmungstrieb ist daran schuld, daß wir die Leidenschaften unserer Eltern annehmen, selbst wenn diese Leidenschaften unser eigenes Dasein vergiftet haben.

90.

Vom sechsten Jahre ab gewöhnen wir uns daran, das Glück auf dem gleichen Wege zu suchen wie unsere Eltern.

91.

Orscha, 13. August 1812

Leben, das heißt das Leben fühlen, heißt starke Empfindungen haben. Da jedoch die Wirkung dieser Kraft für jedes Individuum verschieden ist, so ist das, was für den einen Menschen zu stark ist, gerade so viel, als ein anderer zu seiner Anregung braucht, zum Beispiel das Gefühl, im feindlichen Feuer von den Geschossen verschont zu bleiben, das Gefühl, tief in Rußland zur Verfolgung jener Barbaren einzudringen. Ein Gleiches gilt von der Tragödie Racines und Shakespeares.

92.

Große Seelen sind nicht leicht zu finden; sie verbergen sich. Für gewöhnlich sieht man nur ein wenig Originalität. Es gibt mehr große Seelen, als man glaubt.

93.

Alles kann man in der Einsamkeit erwerben, nur nicht Charakter.

94.

Die Einsamkeit ist zum Genusse der eigenen Seele und der Liebe nötig.
286 Wer aber Erfolg haben will, muß die Welt kennen gelernt haben.

95.

Messe in den Tuilerien, 1811

Bei Hoffestlichkeiten erinnern die enthüllten Busen der Damen, die sie zur Schau tragen wie die Offiziere ihre Paradeuniformen und die doch bei allem Reiz keine Empfindungen in uns erwecken, unwillkürlich an die geistreichen Schilderungen Aretins.

Man sieht, wie die ganze Gesellschaft aus Geldgier dem einen Manne, dem Kaiser, zu gefallen sucht, man sieht eine große Menge ohne Moral und ohne Leidenschaft einmütig dasselbe Ziel verfolgen, und das alles im Beisein sehr entblößter Frauen mit der Physiognomie der Bosheit und des sardonischen Lächelns für alles, was nicht persönlichen Vorteil bringt oder mit barem Genusse bezahlt wird. Es gibt das eine Vorstellung vom Leben im Bagno und zerstreut alle Bedenken, die die Tugend oder das innere Glück in einer selbstzufriedenen Seele entstehen läßt.

Mitten in diesem Wirrwarr ergreift einen das Gefühl der Vereinsamung und stimmt zärtliche Herzen zur Liebe.

96.

Nur ein sehr kleiner Teil der Kunst glücklich zu sein ist eine exakte Wissenschaft, eine Art Leiter, auf der die Menschheit in jedem Jahrhundert sicherlich eine Sprosse höher steigt; es ist der Teil, der von der Regierung abhängt. Und auch das ist Theorie; mir kommen die Venezianer von 1770 glücklicher vor als die Menschen in Philadelphia von heute.

Übrigens ist es mit der Kunst glücklich zu sein wie mit der Dichtkunst. Abgesehen von der Vervollkommnung der Technik hatte Homer vor zweitausend Jahren mehr Begabung als Lord Byron. 287

Wenn ich aufmerksam im Plutarch lese, glaube ich zu erkennen, daß man in Sizilien zur Zeit Dions, obwohl es damals weder Buchdruckereien noch Eispunsch gab, glücklicher war, als wir es heutzutage zu sein verstehen.

Ich möchte lieber ein Araber des fünften Jahrhunderts als ein Pariser des neunzehnten sein.

97.

Ich nenne Freude jede Wahrnehmung der Seele, die sie lieber empfinden, als nicht empfinden möchte, und Schmerz jede Wahrnehmung, die sie lieber nicht empfinden, als empfinden möchte. (Maupertuis.)

Wenn ich lieber einschlafen möchte, als das empfinden, was ich gerade empfinde, so leide ich. Folglich ist die Liebessehnsucht kein Leid, denn der Liebende verläßt die angenehmste Gesellschaft, um sich ungestört seinen Träumereien hinzugeben.

Durch lange Dauer werden körperliche Freuden vermindert, Leiden vergrößert. Seelische Freuden hingegen vergrößern oder vermindern sich je nach der Dauer der Leidenschaft; seelische Leiden werden durch die Zeit abgeschwächt. Wie viele untröstliche Witwen trösten sich mit der Zeit.

Nehmen wir einen Mann, der sich im Zustande der Gleichgültigkeit befindet, und es widerfährt ihm eine Freude. Ein anderer Mann befindet sich in einem Zustande heftigen Schmerzes, und dieser Schmerz hört plötzlich auf. Ist nun die Freude beider Menschen von gleicher Beschaffenheit? Ich sage: nein.

Nicht alle Freuden entstehen aus dem Aufhören des Schmerzes. Jemand, der lange Zeit hindurch sechstausend Franken Jahreseinnahme
288 gehabt hat, gewinnt fünfhunderttausend Franken in der Lotterie. Dieser Mann war nicht daran gewöhnt, nach Dingen zu trachten, die man nur mit einem großen Vermögen erlangen kann. (Ich will beiläufig bemerken, daß es einer der Nachteile des Pariser Lebens ist, diese Gewohnheit mit Leichtigkeit zu verlieren.)

Man hat eine Maschine zum Schneiden der Gänsefedern erfunden. Ich habe sie mir heute vormittag gekauft. Sie macht mir große Freude, denn ich hatte zum Federnschneiden keine Geduld. Aber trotzdem war ich gestern, wo ich diese Maschine noch nicht kannte, nicht unglücklich. War Petrarca unglücklich darüber, daß er den Kaffee nicht kannte?

Wozu das Glück definieren? Jedermann kennt es. Wir fühlen es, wenn wir das erste Rebhuhn im Fluge erlegt haben, wenn wir gesund und munter aus dem ersten Gefecht heimkehren …

Die Freude über das Aufhören eines Schmerzes ist sehr flüchtig, und die Erinnerung daran nicht einmal immer angenehm. Einer meiner Kameraden wurde in der Schlacht bei Borodino durch einen Granatsplitter in der Hüfte verwundet. Nach einigen Tagen drohte das Wundfieber. Schnell wurden Beclard, Larrey und ein paar andre berühmte Chirurgen zusammenberufen. Eine Beratung fand statt, deren Ergebnis meinem Freunde kund tat, es sei kein Wundfieber. In jenem Augenblicke beobachtete ich, daß er glücklich war. Sein Glück war groß, aber nicht ungetrübt. Im geheimen nagte an seiner Seele der Argwohn, daß er doch noch nicht über alle Gefahr hinaus sei. Er wollte den Ärzten nicht recht trauen und machte sich über ihre Glaubwürdigkeit Gedanken. Immer wieder dachte er an die Möglichkeit des Wundfiebers. Wenn man ihm
289 heute nach zehn Jahren jene ärztliche Beratung erwähnt, hat er eine schmerzliche Empfindung. Sofort übermannt ihn die Erinnerung an das erlebte Unglück.

Die Freude über das Aufhören eines Schmerzes besteht darin:
erstens, über alle Einwände unseres Inneren obzusiegen,
zweitens, alle verlorenen Vorteile wieder zu haben.

Die Freude über einen Gewinn von fünfhunderttausend Franken besteht darin, sich alle die neuen und außergewöhnlichen Genüsse in der Phantasie vorzustellen, die man sich nun verschaffen wird.

Eine seltsame Ausnahme gibt es. Man muß in Betracht ziehen, ob der Gewinner sich vordem in zu hohem oder in zu geringem Maße ein großes Vermögen erträumt hat. Hat er *keine* großen Wünsche gehabt, und ist er ein beschränkter Kopf, so wird er zwei bis drei Tage überhaupt gar nicht wissen, was er mit dem Gelde anfangen soll. Hat er zu *große* Wünsche gehabt, so hat er sich allen Genuß bereits vorweg genommen, er hat sich den Genuß zu lebhaft ausgemalt.

Dieses Unglück gibt es in der Liebe aus Leidenschaft nicht. Ein hell loderndes Herz denkt nicht an die letzte, höchstens an die nächste Gunstbezeugung der Geliebten. Hat sie uns grausam behandelt, so sehnen wir uns nach einem Händedruck von ihr. Weiter hinaus hegt die Phantasie keine Wünsche. Will man sie dazu zwingen, so läßt sie uns schnell im Stich, aus Furcht, die Geliebte zu entweihen.

Hat die Freude ihr Ende gefunden, so sinken wir natürlich in den Zustand der Gleichgültigkeit zurück. Aber diese Gleichgültigkeit ist eine andere als früher. Der zweite Zustand unterscheidet sich von dem ersten 290
dadurch, daß wir vorher empfänglicher für den Genuß waren und daß wir mit mehr Entzücken das Glück genießen konnten. Jetzt sind die genießenden Organe ermattet, und unsere Phantasie hat keine Neigung mehr, jene Gedanken wachzurufen, die das nun befriedigte Begehren reizten.

Wenn man uns dagegen mitten im Glück dem Genusse entreißt, fühlen wir Leid.

98.

Die Freude macht nicht halb so viel Eindruck wie der Schmerz, und unser Mitgefühl wird durch eine Schilderung des Glückes weit weniger in Mitleidenschaft gezogen als durch eine Schilderung des Unglücks. Deshalb können auch die Künstler das Unglück nie erschütternd genug darstellen. Nur vor *einer* Klippe müssen sie sich hüten, vor Dingen, die Abscheu erregen.

Durch die einfache Tatsache des Vorhandenseins einer Monarchie, wie die Ludwigs des Vierzehnten, die vom Adel umgeben ist, wird alles, was in den Künsten einfach ist, grob. Der Aristokrat, vor dem sie sich entfalten, fühlt sich abgestoßen. Diese Empfindung ist aufrichtig und deshalb achtbar.

Man sehe nur zu, wie der schwächliche Racine die heroische und im Altertum so sehr verherrlichte Freundschaft des Orest und Pylades aufgefaßt hat. Orest duzt Pylades, und dieser redet jenen mit »Herr«

an. Und doch soll Racine unser erschütterndster Dramatiker sein! Wer auf ein solches Beispiel hin kein Einsehen hat, mit dem ist über dieses Thema überhaupt nicht zu reden.

99.

291 Wenn es überhaupt einen Zeitpunkt gibt, an dem die Gefangenschaft – nach der landläufigen und von gewöhnlichen Menschen als vernünftig bezeichneten Anschauung – erträglich ist, so müßte es der sein, an dem ein armer Gefangener nach mehreren Jahren Gefängnis nur noch ein bis zwei Monate bis zur Wiedererlangung der Freiheit zählt. Aber die Kristallbildung will es anders. Der letzte Monat ist qualvoller als die letzten drei Jahre. Man hat mir berichtet, daß im Gefängnis von Melun mehrere langeingekerkerte Sträflinge wenige Monate vor dem Tage ihrer Entlassung vor Ungeduld gestorben sind.

100.

Nur eine *große* Seele wagt es, einen einfachen Stil zu haben. Das ist auch der Grund, weshalb Rousseau in die »Neue Heloise« so viel Rhetorik gelegt hat, und weshalb man sie mit dreißig Jahren nicht mehr lesen mag.

101.

Der Einfluß des Ranges auf das Genie ist bei einem Emporkömmling stets zu verspüren. Ich erinnere an Rousseau, der sich in alle großen Damen verliebte, die ihm im Leben begegneten, und der vor Entzücken weinte, als der Herzog von L***, einer der fadesten Höflinge seiner Zeit, nach rechts anstatt nach links zu gehen geruhte, um Coindet, einen Freund Rousseaus, zu begleiten.

102.

Der größte Philosoph, den die Franzosen gehabt haben, hätte in der Einsamkeit der Alpen leben müssen, an irgend einem weltfernen Orte, und von da sein Buch nach Paris schleudern, ohne selbst jemals hinzukommen. Helvetius war ein so einfacher, ehrlicher Mensch, daß gezierte und unnatürliche Leute wie Suard, Marmontel und Diderot nicht begreifen konnten, daß er ein großer Philosoph war. Sie verstellten sich nicht, wenn sie seine tiefe Weisheit geringschätzten. Zunächst war sie einfach, was in Frankreich eine unverzeihliche Sünde ist, und dann zeigte der Verfasser, aber nicht sein Buch, eine Schwäche; er legte nämlich einen sehr großen Wert auf das, was man in Frankreich *gloire* (Berühmtheit) nennt, und wollte wie seine Zeitgenossen Balzac, Voiture und Fontenelle in Mode sein. 292

Rousseau hatte zu viel Empfindsamkeit und zu wenig scharfen Verstand, Buffon zu viel Heuchelei mit seinem botanischen Garten und Voltaire zu viel Kindereien im Kopfe, um den Grundgedanken des Helvetius richtig beurteilen zu können.

Helvetius hat den kleinen Fehler begangen, jenen Grundgedanken »Interesse« zu nennen, anstatt ihm den hübschen Namen »Vergnügen« zu geben.[82] Was soll man über einen ganzen Literaturabschnitt denken, wenn er sich durch einen derartig geringen Fehler irreführen läßt?

Ein Mann von mittelmäßigem Geist, wie zum Beispiel der Prinz Eugen von Savoyen, wäre an Regulus Stelle ruhig in Rom geblieben und hätte sich am Ende über die Dummheit des Senats von Karthago lustig gemacht. Regulus kehrt nach Karthago zurück. Trotzdem wäre Prinz Eugen genau so seinem individuellen Interesse gefolgt wie Regulus.

In fast allen Ereignissen des Lebens sieht eine vornehme Seele die Möglichkeit einer Handlung, von der eine gewöhnliche Seele keine Ahnung hat. Im Augenblick, wo die vornehme Seele diese Möglichkeit erkennt, hat sie das *Interesse,* die Tat auszuführen. Wenn sie diese sich anbietende Tat unterließe, würde sie sich selbst verachten, sie würde 293
unglücklich werden. Unsere Pflichten hängen von der Tragweite unseres Geistes ab.

Der Grundgedanke des Helvetius ist wahr, selbst in den törichtsten Übertreibungen der Liebe, sogar beim Selbstmord. Es ist widernatürlich und unmöglich, daß der Mensch nicht immer und in jedem beliebigen Augenblicke das tun soll, was gerade möglich ist und was ihm den größten Genuß bereitet.

103.

Die Veranlagung zur Liebe aus Sinnlichkeit und besonders zum sinnlichen Genuß ist bei beiden Geschlechtern sehr verschieden. Im Gegensatz zu den Männern sind fast alle Frauen mindestens einer Art von Liebe fähig. Vom ersten Roman an, den eine Frau mit fünfzehn Jahren heimlich gelesen hat, wartet sie im stillen auf die Liebe. In einer großen Leidenschaft sucht sie den Beweis ihres Wertes. Diese Erwartung verdoppelt sich mit zwanzig Jahren, wenn die ersten Jugendtorheiten überwunden sind; die Männer dagegen meinen, wenn sie kaum dreißig Jahre alt sind, es gäbe keine Liebe oder sie sei lächerlich.

104.

Je mehr wir die Gehörnerven anspannen, um jede einzelne Note herauszuhören, um so sinnlicher sind wir im Genusse der Musik.

105.

Das Bild der ersten Liebe ist immer rührend. Warum? Weil es fast in allen Zonen und bei allen Charakteren gleich ist.

294 Daraus folgt, daß die erste Liebe nicht die leidenschaftlichste ist.

106.

Die erste Liebe eines jungen Mannes, der in die Welt tritt, ist gewöhnlich Liebe aus Eitelkeit. Selten wählt er ein sanftes, liebenswertes, unschuldiges junges Mädchen. Wie kann er zittern, anbeten, Empfindungen haben, außer vor einer Göttin? Ein junger Mensch muß ein Wesen lieben, dessen Eigenschaften ihn in seinen Augen erhöhen. Auf dem Abstieg des Lebens zweifelt man am Erhabenen und bescheidet sich, das Einfache und Unschuldige zu lieben. Zwischen beiden Gegensätzen liegt die wahre Liebe, die nur an sich selbst denkt.

107.

Die Liebe in der höchsten Gesellschaft ist Liebe am Kampf, Liebe am Spiel.

108.

Sei es aus Eitelkeit, aus Mißtrauen oder aus Furcht vor unglücklicher Liebe: die meisten Weltmänner beginnen eine Frau erst nach ihrer Hingabe zu lieben.

109.

Je allgemeiner man gefällt, um so flüchtiger gefällt man.

110.

Die galanten Frauen erniedrigt der Gedanke, den sie selbst haben und den man von ihnen hat, nämlich der, daß sie einen großen Fehltritt begehen.

111.

Am Ende eines Besuches behandelt man schließlich einen Geliebten immer besser, als man möchte.

112.

Nichts tötet die Liebe aus Galanterie schneller als Anwandlungen von
Liebe aus Leidenschaft. 295

113.

Wenn man in der Liebe das Geld teilt, so steigert man die Liebe; wenn man welches gibt, tötet man sie. Man bannt das augenblickliche Unglück und die häßliche Furcht vor künftigem Mangel, oder besser gesagt, man ruft die Empfindung hervor, daß man zu zweit ist, und die daraus entstehende Politik; man zerstört die Einheit.

114.

Die Liebe ist wie ein Fieber, das zwei Menschen gleichzeitig befällt. Wer von beiden zuerst gesundet, den langweilt der andere gräßlich.

115.

Ein Liebeszeichen können eigennützige Frauen nicht erheucheln. Liegt wahre Freude in der Wiederversöhnung? Oder denkt man dabei etwa an Vorteile, die daraus ersprießen?

116.

Ein Mann von cholerischem Temperament, wenn er ein nicht zu abstoßendes Äußeres hat, ist vielleicht am meisten geeignet, die Phantasie der Frauen zu reizen und zu entzünden. Wird ein solcher Charakter einmal von einer Frau verstanden, so muß er sie fortreißen; ja, selbst ein Mann, wie der wilde und fanatische Balfour in Scotts *Old Mortality*. Er ist für sie der Gegensatz zum Prosaischen.

117.

Eine Frau, die sich einem Manne hingibt, muß mit ihren Kleidern nach und nach die Schamhaftigkeit fallen lassen und sie mit ihnen wieder anlegen.

118.

296 Wenn die Seele bemüht ist, falsche Scham, die sie bedroht, zu bekämpfen, so ist sie nicht genußfähig. Genuß ist Luxus. Um zu genießen ist ungefährdete Ruhe nötig.

119.

Alviza bezeichnet es als einen unverzeihlichen Mangel an Zartgefühl, Briefe, in denen man von Liebe spricht, an eine Frau zu wagen, die man anbetet, die einem aber unter zärtlichen Blicken schwört, daß sie einen nie lieben wird.

120.

Prüderie ist eine Art von Geiz, die allerschlimmste.

121.

Die achtbarste Quelle des weiblichen Stolzes ist die Furcht, in den Augen des Geliebten durch irgend einen voreiligen Schritt oder durch eine Handlung zu verlieren, die ihm unweiblich erscheinen könnte.

122.

Wenn man vor den Augen des Zuschauers das Gefühl der Tugend im Gegensatz zu dem der Liebe darstellt, so findet man, daß man ein Herz, in zwei Empfindungen zerlegt, geschildert hat. In Romanen ist die Tugend nur dazu gut, um geopfert zu werden. Man denke an Rousseaus Julie.

123.

Woher rührt die Unduldsamkeit der Stoiker? Aus derselben Quelle wie die der strengsten Frömmler. Sie sind mißmutig, weil sie gegen die Natur kämpfen, sich Entbehrungen aufbürden und weil sie leiden. Wenn sie sich ernstlich über den Haß Rechenschaft ablegen wollten, den sie gegen die Anhänger einer weniger strengen Moral hegen, so müßten sie sich eingestehen, daß er einer geheimen Eifersucht auf das Glück
entspringt, um das sie die anderen beneiden und dem sie entsagt haben, 297
ohne an die Belohnungen zu glauben, die sie für ihr Opfer entschädigen sollen.

(Diderot)

124.

Frauen, die oft schlechter Laune sind, sollten sich fragen, ob sie mit ihrem Benehmen wirklich den Weg eingeschlagen haben, den sie aufrichtig für den Weg zum Glück halten. Liegt im Herzensgrunde einer Prüden nicht ein wenig Mangel an Mut, vermischt mit etwas niedriger Rachsucht?

125.

Die öffentliche Meinung hat von Dingen des Gefühls nur niedrige Anschauungen und doch machen Frauen das Urteil der großen Menge zum höchsten Richter ihres Lebens. Selbst die hervorragendsten tun es, oft ohne es zu merken und trotzdem sie selbst anders denken. Es ist das ein großer Fehler, der jeden rechten Mann tief verletzen muß.

126.

Die Frauen glauben im ersten besten Trottel oder in der ersten besten falschen Freundin, die sich vor ihnen als treue Dolmetscher der öffentlichen Meinung aufspielen, die Stimme der letzteren zu vernehmen.

127.

Aus dem Tagebuche Salviatis, Mailand, 23. Juli 1819

Eine ehrbare Frau hält sich auf ihrem Landgute eine Stunde lang im Treibhause mit ihrem Gärtner auf. Leute, mit denen sie sich nicht gut steht, beschuldigen sie einer Liebschaft mit dem Gärtner.

Was soll sie dagegen sagen? Die Sache ist ja möglich. Sie könnte
entgegnen: »Mein Charakter spricht für mich, meine ganze Lebensfüh-
298 rung.« Aber auch das ist ganz unsichtbar für boshafte Menschen, die
nichts sehen wollen, und für Dumme, die nichts sehen können.

128.

Am meisten nachsichtig, weil am glücklichsten, ist die unbefangene Tugend.

Unmittelbar nach diesem Glücke kommt das einer jungen, hübschen und leichtlebigen Frau, die sich keine Vorwürfe macht.

In Messina spricht man der Gräfin Vicenzella Schlechtes nach. »Was wollen die Leute«, sagt sie, »ich bin jung, frei, reich und vielleicht auch nicht häßlich. Ich wünsche allen Frauen Messinas nicht mehr und nicht weniger.«

(Delfante)

129.

In Italien überlassen sich die jungen Mädchen, wenn sie lieben, völlig den Eingebungen der Natur. Höchstens werden sie noch durch ein paar recht treffliche Lebensregeln beeinflußt, die sie beim Lauschen an den Türen gelernt haben.

Als ob es der Zufall so wollte, daß hier alles auf die Erhaltung der Natürlichkeit hinwirkt, lesen sie auch keine Romane, aus dem einfachen Grunde, weil es keine gibt.

In Genf und in Frankreich dagegen verlieben sich die jungen Mädchen mit sechzehn Jahren, um einen Roman zu erleben, und bei jedem Schritte und bei jeder Träne fragen sie sich: »Benehme ich mich jetzt auch so gut wie Julie von Etanges?«

130.

Natürlichkeit. Heute abend habe ich an einem jungen Mädchen, das allerdings einen großen Charakter zu haben scheint, den Triumph der Natürlichkeit gesehen oder glaube ihn wenigstens gesehen zu haben.
Melanie verehrt augenscheinlich einen ihrer Vettern und ist sich auch 299
ihres Herzenszustandes bewußt. Der Vetter liebt sie; aber, weil sie ihm gegenüber sehr ernst ist, denkt er, er gefalle ihr nicht, und läßt sich von den auffälligen Gunstbezeugungen Claras, einer jungen Witwe, der Freundin Melanies, fesseln. Ich glaube, er wird sie heiraten. Melanie sieht es und leidet alle Qualen, die ein stolzes und gegen seinen Willen von heftiger Leidenschaft erfülltes Herz erdulden kann. Sie brauchte ihr Benehmen nur ein wenig zu ändern, aber sie hält es für eine niedrige und für ihr ganzes Leben folgenschwere Handlung, nur einen Schritt vom Natürlichen abzuweichen.

131.

Ich habe kürzlich in einem schönen Schlosse in der Umgegend von Paris einen sehr hübschen, begüterten und geistreichen jungen Mann von kaum zwanzig Jahren kennen gelernt. Der Zufall führte ihn dort beinahe allein und für lange Zeit mit einem bildschönen achtzehnjährigen Mädchen zusammen, das begabt, äußerst feingeistig und ebenfalls sehr reich ist. Wer hätte nun nicht eine Leidenschaft erwartet? Nichts davon; die Geziertheit war bei diesen beiden reizenden Wesen so groß, daß jeder vollauf mit sich selbst und dem Eindruck, den er hervorrufen wollte, beschäftigt war.

132.

Kinder weinen, um ihren Willen durchzusehen, und wenn man nicht darauf hört, stellen sie sich krank. Junge Frauen sind beleidigt aus Eigenliebe.

133.

Schmeicheleien, die man kleinen dreijährigen Mädchen sagt, sind entschieden das sicherste Mittel, ihnen die verderblichste Eitelkeit anzuer-
300 ziehen. Hübsch sein ist die erste Tugend und die nützlichste in der
Welt. Hübsche Kleider haben, heißt hübsch sein.

134.

Gestern abend hörte ich zwei reizende kleine Mädchen von vier Jahren, als ich sie schaukelte, recht leichtsinnige Liebeslieder singen. Die Dienstmädchen bringen ihnen solche Lieder bei, und ihre Mutter sagt ihnen, daß »Liebe« und »Geliebter« inhaltlose Wörter seien.

135.

Zart besaitete Seelen bedürfen einer Frau gegenüber der Ungezwungenheit, ehe sich ihre Liebe entwickelt.

136.

Der General Teulié sagte mir heute abend, er hätte entdeckt, was ihn in Gesellschaft von affektierten Frauen so schrecklich wortkarg und kalt mache; er fühlte sich hinterher bitter beschämt, vor solchen Geschöpfen seine Empfindungen mit Wärme offenbart zu haben.

Er war einer von den Menschen, die nichts zu sagen wissen, wenn sie nicht mit ganzer Seele reden dürfen. Er wußte selbst sehr gut, daß er sich auf die konventionelle Plauderei und den guten Ton nicht verstand. Dadurch war er in den Augen unnatürlicher Frauen wirklich lächerlich und unbegreiflich. Der Himmel hatte ihn nicht zum Gesellschaftsmenschen geschaffen.

137.

Vollkommene Natürlichkeit und völliges Vertrautsein sind nur in der Liebe aus Leidenschaft zu finden, denn in allen anderen Arten der Liebe denkt man an die Möglichkeit eines glücklicheren Rivalen.

138.

Je heftiger jemand verliebt ist, um so größere Gewalt muß er sich antun,
um eine vertrauliche Berührung der Geliebten zu wagen und den Zorn 301
eines Wesens herauszufordern, das ihm wie eine Gottheit zugleich die größte Liebe und den höchsten Respekt einflößt.

Diese Furcht, die Folgen einer zu zärtlichen Leidenschaft, oder in der Liebe aus Galanterie die falsche Scham, die aus einem maßlosen Wunsche zu gefallen und aus dem Mangel an Zuversicht entspringt, erweckt ein äußerst peinliches Gefühl, das einem unüberwindlich vorkommt und dessen man sich schämt. Wenn aber die Seele damit beschäftigt ist, Scham zu empfinden und diese zu überwinden, so kann sie sich nicht dem Genusse überlassen; denn ehe man an den Genuß, einen Luxus, zu denken vermag, muß das Gefühl der Sicherheit unbedingt sein.

139.

Das Schamgefühl ist eine der Quellen der Putzsucht; durch Anlegen von Schmuck erklärt sich eine Frau mehr oder weniger. Darum ist auch die Putzsucht im Alter so unangebracht. Eine Frau in der Provinz, die danach trachtet, die Pariser Moden mitzumachen, gibt falsche Versprechungen und macht sich lächerlich. Eine Kleinstädterin, die nach Paris kommt, muß sich anfangs kleiden, als ob sie dreißig Jahre alt sei.

140.

Das Gewöhnliche lähmt die Phantasie und verursacht bei mir sofort tödliche Langeweile.

141.

Genaueres Bekanntwerden zerstört mitunter die Kristallbildung. Ein reizendes, sechzehnjähriges junges Mädchen verliebte sich in einen schönen jungen Mann, gleichen Alters, der es nicht versäumte, ihr jeden
302 Abend zur Vesperstunde eine Fensterpromenade zu machen. Ihre Mutter lud ihn auf acht Tage nach ihrem Landgute ein. Ich gebe zu, daß das Mittel gewagt war, aber das junge Mädchen hatte eine romantische Seele und der junge Mann war ein wenig fad. Nach drei Tagen verachtete sie ihn.

142.

Wenn die Liebe durch einen zu schnellen Sieg in ihrer Entwickelung gehindert wird, kann sich die Kristallbildung bei zarten Charakteren hinterher zu äußern suchen. Sie sagt lächelnd: »Ich liebe dich ja gar nicht!«

143.

Die Kristallbildung kann nicht durch Menschen erregt werden, die Abbilder unserer selbst sind. Die gefährlichsten Rivalen sind Menschen von ganz entgegengesetztem Charakter.

144.

Ich kann nicht umhin, hier einen Brief einzufügen, den eine junge Deutsche in schlechtem Englisch geschrieben hat. Er beweist, daß es ausharrende Liebe gibt und daß nicht alle genialen Männer wie Mirabeau sind. Der berühmte Dichter Klopstock galt in Hamburg für einen liebenswürdigen Mann. Folgendes schrieb seine junge Frau an eine vertraute Freundin:

»After having seen him two hours, I was obliged to pass the evening in a company, which never had been so wearisome to me. I could not speak, I could not play; I thought I saw nothing but Klopstock; I saw him the next day, and the following and we were very seriously friends. But the fourth day he departed. It was a strong hour, the hour of his departure! He wrote soon after and from the time our correspondence began to be a very diligent one. I sincerely believed my love to be friendship. I 303
spoke with my friends of nothing but Klopstock, and showed his letters. They raillied at me and said I was in love. I raillied then again, and said that that they must have a very friendshipless heart, if they had no idea of friendship to a man as well as to a woman. Thus it continued eight months, in which time my friends found as much love in Klopstock's letters as in me. I perceived it likewise, but I would not believe it. At the last Klopstock said plainly that he loved; and I startled as for a wrong thing; I answered that it was no love, but friendship, as it was what I felt for him; we had not seen one another enough to love (as if love must have more time than friendship). This was sincerely my meaning, and I had this meaning till Klopstock came again to Hamburg. This he did a year after we had seen one another at the first time. We saw, we were friends, we loved; and a short time after, I could even tell Klopstock that I loved. But we were obliged to part again, and wait two years for our wedding. My mother would not let marry me a stranger. I could marry then without her consent, as by the death of my father my fortune depended not on her; but this was a horrible idea for me; and thank heaven that I have prevailed by prayers! At this time knowing Klopstock, she loves him as her lifely son, and thanks god that she has not persisted. We married and I am the happiest wife in the world. In some few months I will be four years that I am so happy …«

(Correspondence of Richardson, III, 147)

145.

Den Memoiren von Mrs. Hutchinson entnehme ich folgenden merkwür- 304
digen Beweis für den Wahnsinn der Kristallbildung (I, 83):

»… Er erzählte Mr. Hutchinson die Geschichte eines Fremden, der sich vor kurzem in Richmond niedergelassen hatte, um daselbst einige Zeit zu bleiben. Bei seiner Ankunft fand er alle Welt über den eben erfolgten Tod einer Dame schmerzlich bewegt. Überall hörte er dieselbe

Klage, so daß er sich schließlich nach Einzelheiten aus dem Leben dieser allgemein betrauerten Dame erkundigte. Er fand an diesen Mitteilungen ein so starkes Interesse, daß ihm gar nichts anderes mehr Freude bereitete, und bald mochte er keine andere Unterhaltung mehr anhören, verfiel in die tiefste Schwermut, suchte überall nach den Spuren der Verstorbenen, verbrachte ganze Tage in Schmerz und Tränen und starb nach wenigen Monaten vor Verzweiflung. Und diese Geschichte war buchstäblich wahr.«

146.

»Gottfried Rudel, Prinz von Blaya, ein sehr vornehmer Herr, verliebte sich in die Gräfin von Tripolis, ohne sie je gesehen zu haben, weil er von Pilgern, die aus Antiochia zurückkehrten, sehr viel Gutes und Ritterliches über sie vernommen hatte, und dichtete auf sie viele Lieder mit schönen Weisen und schlichten Worten. Aus Sehnsucht sie zu sehen, nahm er das Kreuz und schiffte sich ein, um zu ihr zu fahren. Unterwegs befiel ihn eine schwere Krankheit, so daß ihn seine Begleiter für tot hielten. Sie brachten ihn indessen in eine Herberge nach Tripolis. Man benachrichtigte die Gräfin; sie kam an sein Lager und nahm ihn in ihre Arme. Er fühlte, daß es die Gräfin war, konnte wieder hören und sehen,
305 lobte Gott und dankte, daß er ihm das Leben so lange gelassen habe, bis er sie gesehen. So starb er in den Armen der Gräfin, und sie ließ ihn im Hause der Templer zu Tripolis mit Ehren bestatten. Am selben Tage ging sie aus Schmerz um ihn und seinen Tod ins Kloster.« (Übersetzt aus einer provenzalischen Handschrift des dreizehnten Jahrhunderts.)[83]

147.

Es ist ein Merkmal der Liebe, daß alle Freuden und Leiden, die jede andere Leidenschaft und jedes andere menschliche Begehren verursachen, uns mit einem Male nicht mehr berühren.

148.

»Ich werde nie lieben können«, sagte eine junge Frau zu mir, »Mirabeau und seine ›Briefe an Sophie‹ haben mir die großen Seelen verleidet.

Diese unheilvollen Briefe haben auf mich den Eindruck persönlicher Erfahrungen gemacht.«

»Suchen Sie, wenn es auch in Büchern nie so ist, das Herz Ihres Verehrers *vor* der völligen Hingabe zu gewinnen, bleiben sie zwei Jahre standhaft.«

149.

Was für ein Augenblick ist der Händedruck der geliebten Frau. Das einzige damit vergleichbare Glück ist das berauschende Bewußtsein der Macht, das Könige und Minister zu verachten sich den Anschein geben.

150.

Eine junge Frau hat einen Geliebten, den sie schlecht behandelt und von dem sie sich kaum die Hand küssen läßt. Ihr Gatte hat im besten Falle den niedrigsten sinnlichen Genuß, der andere das köstlichste und
lebendigste Glück der Welt. 306

151.

Während sich ihr eifersüchtiger Liebhaber in Verdruß, Habgier, Haß und vergifteter kalter Leidenschaft verzehrt, verbringe ich, obgleich sie mich aus Mißtrauen schlecht behandelt, eine glückliche Nacht und träume von ihr.

152.

Wie oft habe ich bei allem meinem Mut ausgerufen: »Wenn mir jemand eine Kugel durch den Kopf schösse, würde ich mich im Sterben, wenn ich noch Zeit dazu hätte, bei ihm bedanken!« In der Liebe hat man nur Mut, wenn man schon nicht mehr recht liebt.

153.

Beständigkeit nach dem Siege läßt sich höchstens danach vorausbestimmen, in welchem Grade man sie trotz aller Zweifel, aller Eifersucht und aller Lächerlichkeiten *vor* der Hingabe hatte.

154.

In der Liebe zweifelt man oft an Dingen, an die man fest glaubt. In allen anderen Leidenschaften hegt man keine Zweifel an dem, was man einmal für bewiesen nimmt.

155.

Ich habe beobachtet, wie ein Mann entdeckt, daß ein Rivale geliebt wird, während es dieser in seiner Leidenschaft nicht merkt.

156.

Heloise spricht von ihrer Liebe, ein Geck spricht von der seinen, und
doch ist beides kaum dem Namen nach gleich. Es ist wie mit der Liebe
für Konzerte und der Liebe für Musik. Der eine liebt den eitlen Genuß,
307 den sein Spiel inmitten einer glänzenden Gesellschaft gewährt, der andere liebt zärtliches, einsames, schüchternes Träumen.

157.

Ein Wörterbuch der Musik ist noch nicht verfaßt, nicht einmal begonnen worden. Nur durch Zufall kann man den musikalischen Ausdruck für Zorn oder Liebe und ihre Nuancen finden. Der Tonkünstler findet ihn nur, wenn ihn die Gegenwart der Leidenschaft oder die Erinnerung an eine solche begeistert. Menschen, die ihr Jugendfeuer zum Studium statt zum Empfinden verbrauchen, können nie große Künstler werden. Nichts ist einfacher als diese Folgerung.

158.

Ohne Nuancen ist der Besitz einer angebeteten Frau kein Glück und überhaupt unmöglich.

159.

Leidenschaft nenne ich nur die durch großes Unglück erprobte Liebe, durch solches Unglück, wie es Romane wohlweislich nicht schildern und auch gar nicht zu schildern imstande sind.

160.

Zweifellos ist es eine Torheit für den Menschen, sich der Liebe aus Leidenschaft auszusetzen. Aber manchmal wirkt das Gegenmittel zu kräftig. Die jungen Nordamerikanerinnen sind von vernünftigen Ideen so durchdrungen und gestählt, daß die Liebe, diese Blume des Lebens, ihrer Jugend fremd bleibt.

161.

Es ist ein gewöhnlicher Gedanke, den man gerade deshalb leicht vergißt,
daß tagtäglich die fühlenden Seelen immer seltener und die Verstandesmenschen immer häufiger werden. 308

162.

Die wahre Liebe läßt den Gedanken an den Tod als etwas Alltägliches, Leichtes, Schreckenloses erscheinen, als einfachen Gegenstand der Vergleichung, als einen Preis, den man willig für mancherlei zahlen würde.

163.

Die Liebe ist die einzige Leidenschaft, die sich mit selbstgeprägter Münze bezahlt.

164.

Es ist ein köstlicher Genuß, eine Frau in die Arme zu schließen, die uns viel Böses angetan hat, die lange Zeit unsere grausame Feindin war und es jederzeit wieder werden kann.

Derartig war das Glück der französischen Offiziere 1812 in Spanien.

165.

Die Grausamkeit ist nichts weiter als krankes Mitleid. Die Macht ist nur deshalb das höchste Glück nächst der Liebe, weil man glaubt, des Mitgefühls Herr zu sein.

166.

Nichts ist so interessant wie die Leidenschaft, weil in ihr alles unvorhergesehen ist und weil der, der sie hegt, ihr Opfer ist. Nichts ist so seicht wie die Galanterie, bei der alles Berechnung und prosaische Alltäglichkeit ist.

167.

Wenn eine feinfühlige Frau wissen will, ob der von ihr angebetete Mann sie aus Leidenschaft liebt, so muß sie die Jugend ihres Geliebten erforschen. Jeder hervorragende Mensch ist bei seinen ersten Schritten ins Leben ein lächerlicher oder erfolgloser Schwärmer. Ein Mann dagegen
309 von fröhlicher und geselliger Gemütsart, der leicht glücklich zu machen ist, kann nie mit der Innigkeit lieben, nach der sich ihr Herz sehnt.

168.

Wenn wir eben die Frau gesehen haben, die wir lieben, stört uns der Augenblick jeder anderen Frau und tut den Augen geradezu weh.

169.

Eine Frau gehört von Rechts wegen dem Manne, der sie liebt und den sie mehr liebt als das Leben.

170.

Nur die durch eine wahre Leidenschaft geknüpften Bande sind immerdar legitim.

171.

In einer vorgeschrittenen Kultur ist die Liebe aus Leidenschaft genau so natürlich wie bei den Wilden die Liebe aus Sinnlichkeit.

172.

Für die Seele eines großen Malers oder Dichters ist die Liebe etwas Göttliches, das die Grenzen und den Genuß der Kunst hundertfach erweitert. Was für große Künstler ahnen nichts von ihrer Seele und von ihrem Genie. Oft halten sie sich ihren Idealen gegenüber für mittelmäßige Talente, weil sie mit den Eunuchen des Serails nicht übereinstimmen, mit Laharpe und ähnlichen. Für solche Menschen ist selbst eine flüchtige Liebe ein Glück.

173.

Ich möchte etwas über den Trost sagen können. Wir tun nicht genug, um uns zu trösten. Vor allem müssen wir versuchen, eine Kristallbildung in uns zu erwecken, die dem Motiv unseres Leidens so fremd wie
möglich ist. 310

Anhänge

I. Felicie

(Ein Beispiel für die Liebe in den wohlhabenden Kreisen Frankreichs)

Gelegentlich seines Buches »Über die Liebe« sind dem Verfasser zahlreiche Briefe zugegangen. Einer der interessantesten (von Victor Jacquemont) sei hier wiedergegeben.

Saint-Dizier, im Juni 1825

Mein lieber Philosoph!

Ich weiß nicht recht, ob Sie mit »Liebe aus Eitelkeit« die kleine berechnende Eitelkeit der jungen Französin bezeichnen dürfen, die Sie im vergangenen Sommer in Aix-les-Bains in Savoyen kennen gelernt haben, und deren Geschichte ich Ihnen versprochen habe. Denn in jener übrigens ziemlich faden Komödie steckt nicht eine Spur von Liebe. Die Liebe ist sozusagen leidenschaftliche Träumerei, die das Glück der völligen Hingabe überschätzt. Glauben Sie aber nicht etwa, ich hätte Ihr Buch nicht verstanden; ich wende mich lediglich an ein schlecht passendes Wort.

An jeder Spielart der Liebe muß sich eine bestimmte gemeinsame Eigentümlichkeit wiederfinden; im Grunde ist es das Verlangen nach völliger Hingabe. Nun, in der »Liebe aus Eitelkeit« fehlt dieses Kennzei-
312 chen.

Wenn man an die tadellose Sprachgenauigkeit der Physik gewöhnt ist, so stößt man sich leicht an der mangelhaften Ausdrucksweise in der Metaphysik.

Frau Felicie Feline ist eine junge Französin von fünfundzwanzig Jahren; sie besitzt prächtige Landgüter und ein köstliches Schloß in Burgund. Sie selbst ist, wie Sie wissen, häßlich, aber von schöner Figur und lymphatisch-nervösem Temperament. Sie ist durchaus nicht dumm, aber sicher auch keine geistige Größe. Im ganzen Leben hat sie keinen starken oder pikanten Gedanken gehabt. Weil sie von einer gebildeten Mutter und in sehr vornehmer Umgebung erzogen worden ist, steckt

Methode in ihrem Verstand. Sie plaudert die Aussprüche anderer Leute wortgetreu nach, und wunderbar, genau wie eine eigene Leistung. Dabei heuchelt sie sogar jene feine Verwunderung, die wir über unsere eigenen Einfälle haben. So erscheint sie Leuten, die sie nur selten, oder auch beschränkten Menschen, die sie oft sehen, als reizende und überaus geistreiche Dame.

Für Musik hat sie genau die nämliche Art von Begabung wie für die Plauderei. Mit siebzehn Jahren spielte sie geläufig Klavier und so gut, daß sie hätte Unterricht die Stunde zu acht Franken erteilen können (was sie natürlich nicht tat, da sie sehr reich ist). Wenn sie eine Oper Rossinis gehört hat, vermag sie am anderen Tage die Hälfte daraus auf dem Klavier zu wiederholen. Infolge ihrer musikalischen Beanlagung trägt sie mit einem vollendeten Ausdrucke vor und spielt die schwierigsten Stücke vom Blatt herunter.

Aber gerade wegen dieser spielenden Auffassungsweise *versteht* sie schwierige Sachen nicht, weder in Büchern, noch in der Musik. Ich bin fest davon überzeugt, Frau Gherardi würde in zwei Monaten die Theo- 313
rien des Berzelius begriffen haben; Frau Felicie jedoch ist unfähig, die ersten Kapitel von Say oder die Lehre von den Kettenbrüchen zu verstehen. Sie hat in Deutschland einen ganz berühmten Lehrer in der Harmonie gehabt, aber nicht einen Deut davon erfaßt. Sie hat ein paar Stunden bei Redouté genommen und übertrifft in gewisser Hinsicht ihren Lehrer; ihre Rosen sind noch graziöser als die jenes Künstlers. Ich habe beobachtet, wie sie mehrere Jahre lang Freude an ihrer Malerei hatte, aber niemals hat sie sich andere Gemälde angesehen als die in den Kunstausstellungen; selbst als sie das Blumenmalen lernte, und sogar als wir noch die Meisterwerke der italienischen Malerei besaßen,[84] kam es ihr nie in den Sinn, sie betrachten zu wollen. Sie versteht nichts von der Perspektive in einer Landschaft und nichts vom Helldunkel.

Diese Unfähigkeit des Verstandes, schwere Sachen zu begreifen, ist ein Zug der französischen Frauen; sobald etwas anfängt schwierig zu werden, wird es ihnen langweilig und sie lassen es links liegen.

Aus diesem Grunde wird auch Ihr Buch »Über die Liebe« keinen Erfolg bei den Frauen Frankreichs haben. Sie werden die Anekdoten lesen und die Folgerungen überschlagen und sich über alles Überschlagene lustig machen. Ich bin recht höflich, daß ich alles das *in futuro* sage.

Frau Felicie hat sich mit achtzehn Jahren standesgemäß verheiratet. Sie sah sich mit einem jungen Manne von dreißig Jahren vereint, der ein wenig lymphatisch und sanguinisch, jedenfalls aber nicht gallig und nervös war, dabei gutmütig, sanft, gleichmäßig und sehr dumm. Ich
314 kenne niemanden, dem es so vollständig an Geist fehlt. Trotzdem hatte er die technische Hochschule mit großem Erfolge besucht; dort habe ich ihn kennen gelernt. In dem Gesellschaftskreise, in dem Felicie aufgewachsen war, hatte man seine Verdienste kräftig herausgestrichen, um dadurch seine Beschränktheit in allem, mit Ausnahme seiner hervorragenden Begabung in der Leitung von Bergwerken und Hütten, zu bemänteln.

Ihr Gatte widmet sich ihr nach besten Kräften, was in diesem Falle wirklich sehr viel war. Aber er hatte es mit einem eiskalten Wesen zu tun, mit dem nichts zu machen war. Jene zärtliche Dankbarkeit, die Gatten selbst gleichgültigen Frauen einzuflößen pflegen, währte bei ihr keine acht Tage.

Bei diesem Zusammenleben merkte sie nur das eine, daß man ihr einen Dummkopf zum Partner gegeben hatte, und was noch viel schlimmer war: dieser Dummkopf machte sich mitunter in der Gesellschaft lächerlich. Sie fand, daß das Vergnügen, einen sehr reichen Mann geheiratet zu haben und häufige Schmeicheleien über die Verdienste ihres Gatten zu ernten, hierdurch reichlich bezahlt sei. Damit begann er bei ihr in Ungnade zu fallen.

Der Gatte, der nicht aus so guter Familie war wie sie, dachte, sie spiele die Prinzessin. Nun wurde er seinerseits zurückhaltend. Doch da er ein außerordentlich beschäftigter und sehr anspruchsloser Mensch war, und weil ihm seine Frau am bequemsten war, versuchte er neben seiner Arbeit und seinen Maschinen ab und zu, ihr ein wenig den Hof zu machen. Das war der Grund weshalb ihr Mißfallen in Abneigung umschlug, zumal er seine Galanterien vor einem Dritten, mir zum Bei-
315 spiel, versuchte: so täppisch, gewöhnlich und geschmacklos war er.

Wenn er dergleichen in meiner Gegenwart vor einer anderen Frau gesagt und getan hätte, so hätte ich mir vielleicht einfallen lassen, ihn mit ein Paar Ohrfeigen zu unterbrechen. Aber ich wußte, welche nüchterne Seele in Felicie steckte, wie sehr ihr das echte Zartgefühl mangelte. Ich bin so oft über ihre Eitelkeit aufgebracht gewesen, daß ich mich begnügte, sie ein wenig zu bedauern, sobald sie durch ihren Gatten in ihrer Eitelkeit verletzt wurde, und entfernte mich.

Auf diese Weise ging die Ehe einige Jahre hin. Felicie blieb kinderlos.

Solange ihr Gatte in Paris weilte, – und er verbrachte nur sechs Wochen im Sommer in seinen burgundischen Werken, – verkehrte er in der besten Gesellschaft, nahm deren Ton an und vervollkommnete sich bedeutend. Er blieb zwar nach wie vor ungebildet, aber er machte sich doch nicht mehr lächerlich und hatte täglich größere Erfolge in seinem Berufe, die sich an den bedeutenden Besitzerwerbungen, die er nach und nach machte, und nach dem letzten Berichte der Jury der nationalen Industrieausstellung beurteilen lassen.

Infolge der mehrfachen Zurückweisungen seiner Frau bildete sich Herr Feline *bona fide* ein, etwas in sie verliebt zu sein. Felicie hängte ihm den Brotkorb höher. Ihre Gefallsucht kam in dieser Zeit darin zum Ausdrucke, daß sie ihm öffentlich Liebenswürdigkeiten sagte, unter vier Augen aber Vorwände fand, ihn grausam zu behandeln. Dadurch steigerte sie die Begehrlichkeit ihres Gatten, und wenn sie sich zur Hingabe herabließ, mußte er ihr alle Toilettenrechnungen von Leroy oder Corcelet bezahlen. Dabei fand er ihre sinnlosen Ausgaben noch bescheiden. 316

Während der ersten zwei oder drei Jahre ihrer Ehe, bis zu ihrem zwanzigsten oder einundzwanzigsten Lebensjahre, hatte Felicie ihr Vergnügen allein in der Befriedigung folgender Eitelkeiten gefunden:

Schönere Toiletten zu haben als alle anderen Frauen ihres Kreises,

die besten Diners zu geben,

mehr Schmeicheleien als jene für ihr Klavierspiel einzuernten, für geistreicher als jene zu gelten.

Mit einundzwanzig Jahren begann sie die Gefühlvolle zu spielen. Sie war von einer atheistischen Mutter und in einem Kreise philosophischer Atheisten erzogen worden. Sie war genau einmal in der Kirche gewesen, bei ihrer Trauung, und auch das hatte sie kaum gewollt. Seit sie verheiratet war, las sie alle möglichen Bücher; Rousseau und Frau von Staël fielen ihr in die Hände. Sie geriet ganz in deren Bann, – ein Beweis, wie gefährlich Bücher sind.

Zunächst las sie Rousseaus »Emil«. Danach fühlte sie sich berechtigt, alle jungen Frauen ihrer Bekanntschaft in geistiger Hinsicht recht zu verachten. Wohlgemerkt, sie hatte kein Wort von der Metaphysik des savoyer Vikars verstanden. Rousseaus Sätze sind gut durchgearbeitet, scharfsinnig und sehr schwierig zu behalten. Sie begnügte sich also damit, gelegentlich eine Bemerkung über die Religion fallen zu lassen, um in einer gottlosen Gesellschaft, in der man eher über den König von Siam als über dieses Thema gesprochen hätte, einen Trumpf auszuspielen.

»Corinne« las sie noch am gründlichsten. Die Sprache der Staël ist auf Wirkung berechnet und prägt sich leicht ein. Felicie lernte eine
317 ganze Reihe von Phrasen aus diesem Buche auswendig. Des Abends suchte sie sich in ihrem Salon unter den jungen Herren die beschränkteren aus und sagte ihnen mir nichts dir nichts gewissenhaft ihre Morgenlektion auf. Einige fielen darauf herein, hielten sie für eine leidenschaftliche Natur und schenkten ihr ihre Aufmerksamkeit. Indessen brachte sie das nur bei den gewöhnlichsten und unbedeutendsten Leuten fertig, bei den anderen war sie sich nie ganz sicher, ob sie sich nicht ein wenig über sie lustig machten. Der Gatte, der durch seinen Beruf viel abwesend war und überhaupt nicht viel auf anderer Leute Meinung gab, bemerkte das nicht oder kümmerte sich wenigstens in keiner Weise um solche geistreiche Koketterien.

Felicie las nun die »Neue Heloise« und entdeckte alsbald in ihrem Herzen wahre Schätze von Zärtlichkeit. Dieses Geheimnis vertraute sie ihrer Mutter und einem alten Onkel an, der Vaterstelle bei ihr vertreten hatte. Beide lachten sie aus wie ein Kind. Trotzdem bildete sie sich fest ein, daß man nicht ohne einen Geliebten leben könne, und zwar nicht ohne einen Geliebten von der Art des Saint-Preux.

Unter ihren Bekannten war ein junger Schwede, ein ziemlich wunderlicher Mensch. Von der Universität weg hatte er sich, erst achtzehn Jahre alt, im russischen Feldzuge 1812 mehrfach ausgezeichnet, hatte dann einen hohen Rang im Milizheere seines Vaterlandes bekleidet, und war schließlich nach Amerika gegangen, wo er sechs Monate unter den Indianern gelebt hatte. Er war weder dumm noch gescheit; aber er hatte einen festen Charakter, nicht ohne gewisse hervorragende Züge von Tugend und Größe. Übrigens ist er der lymphatischste Mensch,
318 den ich kenne; er hat eine leidlich hübsche Figur und ein einfaches, aber wunderbar ernstes Benehmen. Das genügt, um ihm allgemein Achtung und Ehrenbezeugungen einzutragen.

Felicie sagte sich: »Das ist der Mann, der als mein Geliebter gelten soll. Da er der Kälteste von allen ist, wird seine Leidenschaft der höchste Triumph für mich sein.«

Weilberg, der Schwede, wurde ganz und gar Hausfreund. Im Sommer vor fünf Jahren unternahmen alle drei eine Reise.

Weil er ein außerordentlich stiller, strenger Mann war, und besonders, weil er nicht im geringsten in Felicie verliebt war, so sah er sie, wie sie war, in ihrer vollen Häßlichkeit. Übrigens wußte er bei der Abreise nicht, welche Rolle er spielen sollte. Der Gatte, den ihre Affektiertheit ärgerte, überließ sie, zumal er von dieser Reise, die er seiner Frau zu Gefallen unternahm, auch einigen geschäftlichen Vorteil haben wollte, sobald sie irgendwo ankamen, sich selbst und besichtigte Fabriken, besuchte Hütten und Bergwerke und sagte dabei zu Weilberg: »Gustav, ich übergebe dir meine Frau!«

Weilberg sprach sehr schlecht französisch; er hatte weder Rousseau noch Frau von Staël je gelesen, ein Umstand, den Felicie bewunderte.

Die kleine Frau stellte sich also krank, um ihren Gatten durch Langeweile zu vertreiben und das Mitleid des gutmütigen jungen Mannes zu erregen, mit dem sie sich dauernd allein befand. Um ihn für sich einzunehmen, erzählte sie ihm von ihrer Liebe zu ihrem Manne und von ihrem Herzeleid, daß er ihre Empfindungen so wenig teile. Dieses Klagelied langweilte Weilberg; er hörte aus reiner Höflichkeit zu. Sie glaubte, bereits Erfolg bei ihm zu haben; sie redete von der Sympathie,
die zwischen ihnen beiden bestehe. Gustav nahm seinen Hut und 319
machte einen Spaziergang.

Bei seiner Rückkehr warf sie ihm sein Benehmen vor. Sie sagte, er hätte sie beleidigt, indem er ein lediglich wohlwollendes Wort für den Anfang einer Liebeserklärung ausgelegt habe.

Wenn sie bei Nacht reisten, lehnte Felicie ihren Kopf an Gustavs Schulter, was er aus Höflichkeit duldete. Auf diese Weise reisten sie zwei Monate lang, gaben viel Geld aus und langweilten sich immer mehr.

Nach der Heimkehr fing Felicie ein ganz neues Leben an. Wenn es angängig gewesen wäre, Anzeigen zu verschicken, so hätte sie allen ihren Freunden und Bekannten die freudige Mitteilung gemacht, daß sie eine große Leidenschaft für den Schweden Weilberg hege und daß Herr Weilberg ihr Liebhaber sei.

Keine Bälle mehr, keine Toiletten; die früheren Freunde wurden vernachlässigt, die alten Bekannten vor den Kopf gestoßen. Kurz, sie opferte alle ihre Liebhabereien, um den Glauben zu erwecken, daß sie Weilberg innig liebe, diesen Halbwilden, der mit achtzehn Jahren Oberst in Schweden gewesen war, und daß dieser Mensch in sie vernarrt sei.

Am Tage ihrer Rückkehr gibt sie das zunächst ihrer Mutter zu verstehen. Ihrer Überzeugung nach sei diese schuld daran, daß sie mit einem ungeliebten Manne verheiratet sei; nun müsse sie mit allen Mitteln ihre Liebe für den Mann begünstigen, den sie erwählt habe und den sie anbete; sie müsse ihren Gatten überreden, Weilberg unter irgend einem Vorwande in sein Haus aufzunehmen. Wenn sie ihn nicht ohne Unterlaß
320 um sich habe, drohe sie, ihn in seiner Wohnung aufzusuchen.

Einfältig wie die Mutter ist, glaubt sie das und bringt dem Schwiegersohn ganz vorzüglich bei, Weilberg könne gar nicht wo anders als in seinem Hause wohnen. Karl bittet ihn nun unaufhörlich, die Mutter ist ebenfalls so voll von Höflichkeit und Zuvorkommenheit, daß der arme junge Mann, der nicht weiß, was man von ihm will, und der vor allem vermeiden möchte, unfreundlich gegen so gastfreie Menschen zu sein, nicht nein zu sagen wagt.

Tränen kommen bei Frauen, wie Sie wissen, immer nach Bedarf. Eines Tages bin ich allein bei Felicie; da fängt sie an zu weinen, erfaßt meine Hand und schluchzt: »O, bester Goncelin, Ihre hellsehende Freundschaft hat mein Herz durchschaut. Früher standen Sie sich gut mit Weilberg; seit unserer Reise ist das anders. Sie scheinen ihn zu hassen. (Das schien gar nicht so; ich wußte, woran ich war.) Ach, mein Freund, früher war ich nicht glücklich … Erst, seitdem … Wenn Sie eine Ahnung hätten, wie barbarisch sich Karl auf der Reise benommen hat! … Wenn Sie Gustav besser kennten … Wenn Sie Gustavs rührende Fürsorge, seine zarten Rücksichten gesehen hätten! … Konnte ich da widerstehen? … Wenn Sie wüßten, welche feurige Seele, welche wilden Leidenschaften dieser scheinbar so kalte Mensch birgt! … Nein, mein Freund, Sie könnten mich nicht verachten! … Ich fühle es wohl, etwas fehlt mir … Mein Glück ist nicht rein. Ich weiß wohl, was ich Karl schulde. Aber, mein Freund, ewig auf der einen Seite Gleichgültigkeit und Geringschätzung, auf der anderen Fürsorge und Liebe … und die unvermeidliche Vertraulichkeit der Reise … So viel Gefahren! … Kann ich solcher Liebe widerstehen und obendrein solchem Ungestüm? …«

321 Da war also der arme Weilberg, obwohl keusch wie Josef, angeschuldigt, die Frau seines Freundes verführt zu haben. Man mußte es glauben, denn sie sagte es selbst; sie hatte sich dessen vor zwei meiner Bekannten gerühmt und zweifellos noch vor anderen, mir unbekannten Leuten.

Meine Schilderung ist ziemlich wahrheitsgetreu; ich habe mir ihre Ausdrücke genau gemerkt. Ein paar Tage später traf ich jemanden, dem das gleiche Geheimnis anvertraut worden war. Auf meine Bitte, sich genau ihrer Ausdrücke zu entsinnen, wiederholte er mir die nämlichen Worte, die ich zu hören bekommen hatte. Ich mußte lachen.

Nach ihrer Beichte hatte mir Felicie gesagt, indem sie mir die Hand gab, sie rechne auf meine Verschwiegenheit; ich müsse wieder wie früher mit Weilberg verkehren und solle tun, als bemerkte ich nichts. Die wilde Jugend dieses großartigen Mannes ängstige sie. Wenn er sie verließe, fürchte sie immer, ihn nicht wiederzusehen; sie befürchte, er könne sich, durch einen raschen Entschluß getrieben, plötzlich nach Schweden einschiffen. Ich selbst versprach ihr selbstverständlich, daß unsere Unterhaltung mein tiefstes Geheimnis bleiben würde.

Indessen fanden es alle Freunde der Familie niederträchtig, daß dieser armselige Weilberg eine junge Frau verführt hatte, in deren Hause er täglich als Gast verkehrte, deren Gatte ihm tausend Dienste geleistet und die selbst bis dahin sehr rechtschaffen gelebt hatte. Ich machte ihn auf die zweideutige Rolle aufmerksam, die man ihn spielen ließ. Er umarmte mich, dankte mir für meinen Wink und beteuerte, keinen Fuß mehr über die Schwelle jenes Hauses setzen zu wollen. Dabei erzählte er mir, was sich auf der Reise alles zugetragen hatte. 322

Als Felicie Weilberg, der fast täglich bei ihr zu Tisch war, ein paar Tage entbehren mußte, spielte sie die Verzweifelte. Sie sagte, es sei eine Nichtswürdigkeit ihres Gatten, daß er diesen tugendsamen Mann aus dem Hause gejagt hätte. (Mir und zwei anderen Bekannten hatte sie ja anvertraut, daß dieser tugendsame Mensch sie regelrecht verführt habe, im Moose zu Füßen einer Tanne des Schwarzwaldes, wie das so zu geschehen pflegt.) Sie deutete ferner in verschleierten Worten an, ihre Mutter sei ihr zwar erst gefällig gewesen, habe ihr hinterher aber den tugendhaften Verehrer abspenstig gemacht. Dabei war die gute alte Dame sechzig Jahre alt und seit zwanzig Jahren über alle Liebesgedanken hinaus. Dann bestellte sie sich bei einem geschickten Messerschmied einen Dolch mit Damaszenerklinge und ließ ihn sich eines Tages, als man gerade bei Tisch saß, überbringen. Ich sah, wie sie dafür vierzig Franken bezahlte und ihn vor unseren Augen in ihren Schreibtisch einschloß. Dann brachten zehn Apothekergehilfen jeder eine kleine Flasche Opiumtropfen; diese Fläschchen ergaben insgesamt eine beträchtliche Menge Opium, das sie in ihren Toilettentisch verschloß.

Am nächsten Morgen erklärte sie ihrer Mutter, wenn sie nicht dafür sorge, daß Gustav wiederkäme, würde sie sich mit Opium vergiften und mit einem eigens dazu bestellten Dolche erdolchen.

Die Mutter, die sehr wohl wußte, was sie von Weilbergs Liebe zu halten hatte, suchte ihn auf, da sie einen Skandal befürchtete, und erzählte ihm, ihre Tochter sei verrückt, stelle sich verliebt in ihn und wolle sich ums Leben bringen, falls er nicht wiederkäme. Sie fügte hinzu:
323 »Gehen Sie wieder hin zu ihr; seien Sie recht schroff gegen sie; machen Sie sich ihr verhaßt und kommen Sie dann nicht wieder!« Weilberg war ein guter Mensch; er fühlte Mitleid mit der alten Mutter, die so mit Bitten zu ihm kam, und willigte ein, sich zu dieser ärgerlichen Komödie herzugeben, nur um dem Skandal aus dem Wege zu gehen, den die Mutter befürchtete.

Er ging also wieder hin. Die junge Frau sagte ihm nichts, sie machte ihm nur einige liebenswürdige Vorwürfe wegen seines fünftägigen Fernbleibens. Als sie allein waren, kam es ihr nicht in den Sinn, von Liebe zu reden, in Erinnerung an den bewußten Tag auf der Reise, wo er seinen Hut genommen hatte und fortgelaufen war, als sie ihre Liebeserklärung beginnen wollte.

Weilberg ist sehr musikalisch. Sie verbrachte die Zeit mit Klavierspielen, und da sie wundervoll spielt, blieb Weilberg gern da, um ihr zuzuhören. In Gegenwart von anderen benahm sie sich anders, sie sprach dann von nichts weiter zu ihm als von Liebe, freilich auf eine sehr geschickte Weise. Da er unglücklicherweise nur schlecht französisch versteht, brachte sie es zuwege, allen Anwesenden zu verstehen zu geben, er sei ihr Geliebter, ohne daß er selbst es verstehen konnte.

Alle ihre näheren Freunde durchschauten die Komödie längst; aber die ferner stehenden Bekannten wußten noch nichts davon. Von neuem erörterten sie das unerhörte Benehmen Weilbergs. Dieser zog sich abermals zurück und wollte nicht wieder zu ihr kommen.

Felicie legte sich zu Bett und sagte ihrer Mutter, sie wolle den Hungertod sterben. Sie trank von jetzt ab nur noch Tee, stand zwar zu Tisch auf, aß aber gar nichts. Nachdem sie sechs Tage lang bei dieser Lebens-
324 weise verharrt hatte, wurde sie ernstlich krank. Man schickte nach Ärzten. Sie erklärte, daß sie sich vergiftet habe, daß sie von niemand gepflegt werden wolle, und daß alles vergeblich sei. Die Mutter und zwei Freunde waren mit den Ärzten bei ihr. Sie sagte, sie stürbe wegen Weilberg, dessen Herz man ihr entfremdet habe. Schließlich bat sie

noch darum, man möge ihrem Gatten, der glücklicherweise von der ganzen Geschichte keine Ahnung hatte, diese traurigen Bekenntnisse ersparen.

Endlich willigte sie ein, Medizin zu nehmen. Man gab ihr ein Brechmittel und sie, die seit sechs Tagen nur von Tee gelebt hatte, gab drei bis vier Pfund Schokolade von sich. Ihre Krankheit, ihre Vergiftung waren nichts als eine tüchtige Verdauungsstörung. Ich hatte das vorher gesagt.

Als sie kein Mittel mehr wußte, ihre Mutter zu rühren und sie zu neuen Schritten zu bewegen, um Weilberg in ihr Haus zurückzubringen, drohte sie, ihrem Manne alles zu beichten. Karl, der seiner Frau aufs Wort glaubte, hätte sie ohne Zweifel augenblicklich verlassen. Da dieser Skandal also möglich war, versuchte die Mutter ihr Heil nochmals beim guten Gustav, und er versprach in der Tat, wiederzukommen. Er und ich verkehrten damals viel miteinander. Wir arbeiteten gemeinsam. Ich war ihm sympathisch und so ziemlich der Franzose, mit dem er am liebsten verkehrte. Wir verbrachten den Tag teilweise zusammen; er unterrichtete mich im Schwedischen, ich ihn in der Geometrie und Differenzialrechnung. Seit kurzem nämlich schwärmte er für Mathematik und ich mußte oft bei unseren Büchern meine alten Schulkenntnisse auskramen. Manchmal griff ich auch zur Violine und, viel geduldiger als Sie, hörte er mir stundenlang willig zu. 325

Felicie machte mir den Hof, damit ich fortwährend bei ihr sein sollte; sie sah darin ein Mittel, Weilberg heranzuziehen. Als wir eines Tages zusammen bei ihr zu Tisch waren, geriet sie auf den Einfall, Gustavs Liebe vor mir auf die Probe zu stellen. Sie nahm sich ihm gegenüber Vertraulichkeiten heraus, wie man sie nur zwischen ganz intim zusammenlebenden Menschen sieht. Weilberg verstand sie zuerst nicht; da wurde sie derartig deutlich, daß er verstehen mußte. Er sah mich an, lachte und aß ruhig weiter, ohne sich zu rühren. Felicie ersuchte ihn, ihr etwas an ihrem Kleide in Ordnung zu machen. Schroff entgegnete er: »Mein Gott, Sie haben doch eine Kammerjungfer, die Sie ankleiden kann!«

»Sehen Sie«, flüsterte Felicie mir zu, »wie taktvoll er ist. Ich dachte mir's wohl, daß er in Ihrer Gegenwart nicht eine Stecknadel an mein Kleid stecken würde.«

Trotzdem war sie über diese Zurückhaltung und den Takt ihres angeblichen Liebhabers gar nicht so sehr entzückt, wie sie tat. Ich erinnere mich, es war am Ostersonntag. Nach dem Frühstück, als wir nur noch den Tee vor uns stehen hatten, befahl sie dem Diener: »Paul, sagen Sie der Jungfer, daß ich sie nicht mehr brauche. Sie kann die Zeit für sich benutzen und zur Messe gehen.« Wir tranken unseren Tee weiter. Als der Diener hinaus war, setzte sie sich nahe an den Kamin. »Mich friert«, sagte sie, und Weilberg die Hand hinreichend, fügte sie hinzu: »Habe ich nicht Fieber?« – »Wirklich, darauf verstehe ich mich gar nicht«, antwortete Weilberg, »aber hier Goncelin, der auf dem Lande unter seinen Bauern den Arzt macht, der muß über Fieber Bescheid wissen, er wird es Ihnen sagen.«

326 Ich fühlte ihr den Puls. »Er ist ganz in Ordnung!« sagte ich. – »Das ist sonderbar, mir ist so seltsam zumute. Sehen Sie, jetzt wird mir unwohl. Herr Gustav, machen Sie mir meine Taille auf! Goncelin, gehen Sie, bitte, in meines Mannes Zimmer und holen Sie »… – »Was, bitte?« – »Die Räucheressenz; es ist welche in Pauls Münzenschranke.« – »Ich weiß, wo sie steht«, sagte Weilberg, »ich hole sie! Goncelin wird Ihnen behilflich sein, ich bin sofort zurück.« Und er ging.

Ich machte mir das Vergnügen, ihre Taille aufzuknöpfen. Abgesehen von ihrem Gesichte war sie hübsch, jung, schön gebaut, ihre Haut weich und weiß. Ich legte ihr die Brust bloß; sie hätte sich auch ganz nackt ausziehen lassen. Ich war begnügsam und sagte ihr: »Ihr Herz schlägt sehr ruhig, haben Sie keine Angst, es ist gar nichts.« Sie spielte eine kleine Ohnmacht. Weilberg, der sehr lange fortblieb, trat endlich wieder ein, stellte die Essenz auf den Kamin und machte sich ruhig daran, Biskuits zu essen und seinen Tee auszutrinken. Felicie, die alles das beobachtete, obgleich sie so tat, als ob sie es nicht sähe, hielt es nicht länger aus. Es war, wie ich Gustav sagte: sowohl Puls wie Atmung waren in Ordnung. »Sonderbar«, meinte er, »daß sie dabei einen Ohnmachtsanfall gehabt hat.«

Felicie war wütend und kam nach und nach zu sich. Sie ordnete ihre Kleidung und bat uns, sie allein zu lassen.

Da ihr sehr viel daran lag, in Gustavs Augen ohnmächtig gewesen zu sein, hätte sie mich ganz sicherlich, falls ich eine Lust (die nicht vorhanden war) hätte befriedigen wollen, alles tun lassen, nur um hinterher mein schmähliches Betragen und ihr tiefes Unglück beklagen zu
327 können.

Dabei war sie bis dahin tatsächlich ehrbar und überhaupt völlig gleichgültig für dieses Vergnügen; aber sie hätte sich bestimmt mißbrauchen lassen.

Dadurch, daß Weilberg, den sie stets als leidenschaftlichen Verehrer hingestellt hatte, seine Gleichgültigkeit vor mir offen bekundet hatte, fühlte sich Felicie so tief gedemütigt, daß sie wirklich krank wurde. Weilberg wollte nach dieser lächerlichen Szene nicht mehr zu ihr gehen. Als sie jedoch längere Zeit das Bett hüten mußte, und in Anbetracht dessen, daß er früher so viel in ihrem Hause verkehrt hatte, und weil sein Fernbleiben aufgefallen wäre, erschien er wieder. Dann wurden seine Besuche nach und nach seltener, und erst nach acht Monaten ging er gar nicht mehr hin.

Felicie liebt die Musik sehr. Da sie selbst keine Loge in den *Bouffes* besaß, hatte sie selten Gelegenheit, hinzugehen. Eines Tages überließen uns Bekannte eine ganze Loge. Sie arrangierte es so, daß Weilberg und ich sie begleiteten, ihr Mann sollte nachkommen und uns dort treffen. Im Grunde ihres Herzens verabscheute sie Weilberg offenbar, sie zwang ihn nur, mit dorthin zu kommen, um sich mit ihm vorn in der Loge zu zeigen. Gustav gab vor, es sei ihm im Theater zu heiß, ging fort und ließ mich mit Felicie allein.

Von diesem Tage an, da Weilberg sie immer wieder derartig Lügen strafte, änderte sie ihr Verhalten und, nachdem sie ein Jahr lang von Weilbergs Liebe und Leidenschaft gesprochen hatte, begann sie nun mit Bemerkungen über seine Unbeständigkeit und den Kummer, den er ihr bereitet habe. Zur selben Zeit erfuhr ich, daß man mich für ihren Liebhaber hielt. Ich ging zu ihr und sagte es ihr mit dem Bemerken, daß ich nicht dafür gelten wollte, ohne den Vorteil davon zu haben. 328
Ich zog sie mit Gewalt auf meine Knie nieder. Ich wußte genau, daß eine Vergewaltigung ihr unangenehm wäre, und sie hatte das Gefühl, daß nicht viel dazu fehlte. Ich sagte ihr deshalb, ich wolle die Nachrede, die von ihr ausginge, bewahrheiten …

Das war bei Tage, jeden Augenblick konnte irgend jemand in ihr Zimmer kommen; sie hatte eine Höllenangst, beschwor mich, sie in Ruhe zu lassen und beteuerte, nie einen anderen als Weilberg lieben zu können. Endlich befreite sie sich aus meinen Armen. Sie klingelte, ein Diener erschien, sie befahl, Feuer nachzulegen, die Vorhänge zu schließen und den Tee zu bringen. Ich ging. Seitdem sind wir fast ganz entzweit. Sie erzählt überall, ich sei ein Stück Verbrecher wie Jago, ich hege seit langem eine tolle Leidenschaft für sie und nur ich hätte ihr ihren Geliebten entfremdet. Sie hat sich sogar erlaubt, ein paar freundschaftlich gehaltene Briefe, die ich ihr vor sechs Jahren geschrieben habe, als ich mit Ihnen in Rom war, als Liebeserklärungen von mir zu zeigen.

Gegenwärtig betätigt sich Felicies Eitelkeit auf ganz neue Weise. Von Weilberg spricht sie nur in sentimentalen Redensarten aus dem dritten Bande von »Corinne«. Sie heuchelt Trauer um eine große Leidenschaft, geht nicht mehr aus und trägt einfache Kleider; nur ihre vorzüglichen Diners gibt sie noch, wozu sie blöde Greise, die ehedem für geistreiche Menschen gegolten haben, und arme Teufel, die nichts zu essen haben, einladet. Schwärmerisch spricht sie vom Lord Byron, von Cabanis, von Bolivar und von Frau von Lafayette. Man beklagt sie in ihrem engen Kreise als sehr unglückliche junge Frau und lobt ihr großes Zartgefühl
329 und ihren Geist. Sie selbst ist mit ihrem Schicksal leidlich zufrieden. Sie hält eben ein bürgerliches Haus von der Sorte, die Sie so verabscheuen.

Habe ich nicht recht gehabt, wenn ich behauptete, daß diese langweilige Erzählung Ihnen zu nichts nützt? Sie ist ganz naturgemäß fad. In der Liebe aus Eitelkeit liegt alles im Wort. Wiedergegebene Worte langweilen, die kleinste Tat wirkt stärker.

Ferner glaube ich, daß *Liebe aus Eitelkeit*, wie *Sie* sie meinen, etwas anderes ist. Felicie hat einen seltenen, vielleicht einzigartigen Zug: die Erfüllung ihres weiblichen Berufs ist ihr unangenehm und es lag ihr sehr wenig daran, den Mann, den sie für ihren Liebhaber ausgab, davon zu überzeugen, daß sie ihn wirklich liebe.

330 *Goncelin*

II. Der Salzburger Zweig

(Aus Stendhals Nachlaß)[85]

In den Halleiner Salzbergwerken bei Salzburg werfen die Bergleute in die verlassenen Gruben des Werkes einen vom Winter entblätterten Baumzweig. Zwei oder drei Monate später finden sie ihn durch die Einwirkung des salzhaltigen Wassers, das auf ihn herabtropft und Niederschläge hinterläßt, über und über bedeckt mit glitzernden Kristallen. Die kleinsten Ästchen, nicht größer als die Krallen einer Meise, sind von einer Unzahl von winzigen, hellfunkelnden, bröckligen Kristallen

überzogen. Den eigentlichen Zweig kann man nicht mehr erkennen. Wenn schöner Sonnenschein und völlig trockenes Wetter ist, so verfehlen die Halleiner Bergleute nicht, den Fremden, die sich zur Einfahrt in das Bergwerk rüsten, solche Diamantenzweige anzubieten. So eine Einfahrt ist eine eigenartige Unternehmung. Man setzt sich rittlings auf mächtige Fichtenbalken, die in schräger Linie aneinander gereiht sind. Diese Balken sind sehr stark, und der Umstand, daß sie seit einem oder zwei Jahrhunderten zum Reiten gedient haben, hat sie vollständig poliert. Vor dem Sitz, den man eingenommen hat und auf dem man die lang 331
aneinander gereihten Fichtenbalken hinuntergleitet, sitzt ein Bergmann auf seinem Rutschleder und rutscht vor einem in die Tiefe hinab. Das hat den Zweck zu verhindern, daß man allzuschnell hinuntersaust. Ehe diese Eilfahrt angetreten wird, veranlassen die Bergleute die Damen, über ihr Kleid riesige graue Tuchhosen anzuziehen, die ihnen das lächerste Aussehen geben.

Ich habe die so malerischen Salzwerke von Hallein im Sommer 18** in Gesellschaft von Frau Gherardi besucht. Eigentlich hatten wir der unerträglichen Glut, unter der wir in Bologna litten, entrinnen und auf dem Sankt-Gotthard frische Luft schnappen wollen. In drei Nächten waren wir durch das verpestete Sumpfland von Mantua und über den köstlichen Gardasee gekommen und über Riva, Bozen nach Innsbruck gelangt.

Frau Gherardi fand jene Berge so reizend, daß wir, die wir zu einem Ausflug aufgebrochen waren, schließlich eine richtige Reise unternahmen. Entlang den Ufern des Inns und dann der Salzach kamen wir bis nach Salzburg. Die entzückende Frische jenseits der Alpen, an ihrer Nordseite, der Kontrast zu der Stickluft und dem Staub, den wir in der lombardischen Ebene hinter uns gelassen hatten, gewährte uns mit jeden Morgen neuen Genuß und verführte uns zu immer weiterem Vordringen. In Golling kauften wir uns Alpenjoppen. Oft fanden wir nur unter Schwierigkeiten Nachtquartier und kaum Verpflegung, denn unsere Reisegesellschaft war groß. Aber diese Mißlichkeiten, diese Abenteuer machten uns Spaß.

Von Golling kamen wir nach Hallein, ohne von dem Vorhandensein der bereits erwähnten Salzwerke auch nur eine Ahnung zu haben. 332

Wir fanden eine zahlreiche Gesellschaft von Fremden vor, denen wir uns beigesellten, wir in unseren bäuerischen Joppen, unsere Damen in ihren riesigen Bäuerinnentüchern, mit denen sie sich versehen hatten.

Wir gingen nach den Salzwerken ohne die geringste Absicht, einfahren zu wollen. Der Gedanke, sich rittlings auf einen Holzbalken zu setzen, um eine Dreiviertelmiglie zurückzulegen, dünkte uns eigentümlich; wir fürchteten, im Grunde jener häßlichen schwarzen Grube zu ersticken. Frau Gherardi überlegte sich die Sache eine Weile und erklärte, sie für ihre Person wolle einfahren, ohne uns andern irgendwie zuzureden.

Während der Vorbereitungen, die lange währten, – denn ehe wir in die tiefe Grube einfuhren, mußte man sich etwas zu essen verschaffen, – begnügte ich mich damit, zu beobachten, was im Kopfe eines hübschen hellblonden bayrischen Chevaux-legers-Offiziers vorging. Wir hatten die Bekanntschaft dieses liebenswürdigen jungen Herrn, der französisch sprach und uns im Verkehr mit den deutschen Landleuten von Hallein sehr nützlich war, erst jüngst gemacht. Der junge Offizier war ein bildschöner Mann, aber durchaus kein fader Geck, im Gegenteil, offenbar ein gescheiter Mensch. Das war eine Entdeckung, die Frau Gherardi machte. Ich bemerkte, daß sich der Offizier sichtlich in die reizende Italienerin verliebte, der der Gedanke, in ein Bergwerk einfahren und binnen kurzem fünfhundert Fuß unter der Erde sein zu sollen, ein tolles Vergnügen bereitete. Frau Gherardi, bald völlig im Banne der Schönheit der unterirdischen Gänge und langen Stollen und der überwundenen Schwierigkeit, war himmelweit entfernt von dem Gedanken, jemandem
333 gefallen zu wollen, geschweige denn, von irgendwem auf der Welt entzückt zu sein. Um so mehr überraschten mich die wunderlichen Geständnisse, die mir der bayrische Offizier machte, ohne es zu ahnen. Er berauschte sich an dem himmlischen Wesen mit einem Engelsgesichte, das mit ihm an ein und demselben Tisch saß, in einer kleinen Alpenherberge, im Dämmerlichte winziger Fenster mit grünen Scheiben, und ich beobachtete, daß er bisweilen sprach, ohne zu wissen, mit wem und was er redete. Ich machte Frau Gherardi darauf aufmerksam, denn dieses Schauspiel, für das wohl keine junge Frau unempfänglich ist, wäre ihr ohne mein Zutun entgangen. Was mich besonders verwunderte, das war die Nuance von Narrheit, die sich im Hirne des Offiziers rastlos mehrte. Unaufhörlich entdeckte er an jenem Weibe meinen Augen unmerkbare Vorzüge. Seine Worte schilderten die Frau, die er zu lieben begann, in immer mehr idealisierender Weise. Ich sagte mir: »Die Ghita ist offenbar nur der Angelpunkt aller der entzückten Schwärmereien des armen Deutschen.« Einmal unterfing er sich, die Hand der Frau Gherardi zu streicheln, die durch eine kleine Narbe – sie hatte als kleines

Mädchen die Blattern gehabt – in sehr störender Weise entstellt und dazu recht braun verbrannt war.

»Wie erklären sich meine Beobachtungen?« fragte ich mich. »Wo finde ich ein Gleichnis, das mir meine Gedanken klarer macht?«

In diesem Augenblick spielte Frau Gherardi mit dem hübschen kristallbedeckten Zweig, den ihr eben ein Bergmann gegeben hatte. Es war prächtiger Sonnenschein, – wir hatten den 3. August, – und die kleinen Salzkristalle funkelten so schön wie die herrlichsten Brillanten im
Lichtmeer eines Ballsaales. Der bayrische Offizier, dem ein noch wun- 334
derbarer glitzernder Zweig zuteil geworden war, bat Frau Gherardi, die Zweige zu tauschen. Sie willigte ein. Als er ihren Zweig bekommen hatte, drückte er ihn mit einer so spaßigen Geste an sein Herz, daß alle Italiener nicht umhin konnten, zu lachen. In seiner Verwirrung richtete der Offizier an Frau Gherardi die überschwenglichsten und einfältigsten Komplimente. Da ich ihn unter meinen Schutz genommen hatte, bemühte ich mich, das Törichte dieser Schmeicheleien zu beschönigen. Ich sagte zu der Ghita: »Der Eindruck, den auf diesen jungen Mann da der Adel Ihres italienischen Gesichts macht und Ihre Augen, wie er ähnliche nie gesehen hat, diese Wirkung gleicht ganz und gar derjenigen, die Kristallbildung auf den kleinen Buchenzweig da in Ihrer Hand ausgeübt hat, der so hübsch aussieht. Die Salzkristalle haben die schwarzen Ästchen des Zweiges mit so vielen und so hellfunkelnden Diamanten überzogen, daß man nur an ganz wenigen Stellen den Zweig so sehen kann, wie er wirklich ist.«

»Gut! Was wollen Sie daraus schließen?« fragte Frau Gherardi.

»Daß der Zweig da ein treues Ebenbild der Ghita ist, so wie sie in der Phantasie des jungen Offiziers da erscheint.«

»Damit wollen Sie sagen, mein Herr, daß Sie einen ebenso großen Unterschied bemerkt haben zwischen der Ghita, die ich in Wirklichkeit bin, und jener, die der liebenswürdige junge Offizier da in mir sieht, wie zwischen einem kleinen verdorrten Buchenast und diesem hübschen Brillantenzweig, den mir einer der Bergleute gegeben hat.«

»Gnädige Frau, der junge Offizier entdeckt an Ihnen Eigenschaften, 335
die wir, Ihre alten Freunde, niemals wahrgenommen haben. Beispielsweise sind wir nicht imstande, ein Antlitz voll zärtlicher Güte und voll Mitleid zu bemerken. Da jener junge Mann ein Deutscher ist, so ist in seinen Augen die Haupteigenschaft einer Frau die Güte, – und flugs nimmt er in Ihren Zügen den Ausdruck der Güte wahr. Wäre er Eng-

länder, so sähe er an Ihnen die Hoheit und das *lady like* einer Herzogin. Und wär' er ich, so sähe er Sie so wie ich, dem – zu meinem Unglück – seit langem keine größere Verführerin vorgekommen ist.«

»Famos, ich verstehe«, meinte Ghita, »im Augenblick, wo man anfängt sich mit einer Frau zu beschäftigen, sieht man sie nicht mehr so, wie sie wirklich ist, sondern so, wie man sie haben möchte. Sie vergleichen die lieblichen Illusionen, die das beginnende Interesse schafft, mit diesen hübschen Kristallen, die den winterdürren Buchenzweig überdecken. Und sehr trefflich bemerken Sie, daß jene Illusionen nur in den Augen des verliebten jungen Mannes vorhanden sind.«

»So ist es«, fuhr ich fort, »darum erscheinen die Reden Verliebter vernünftigen Leuten so lächerlich, die das Wunder der Kristallbildung nicht begreifen.«

»Aha. Das nennen Sie also Kristallbildung!« sagte Ghita. »Wohlan, bilden Sie um mich Kristalle!«

Dieses vielleicht wunderliche Gleichnis machte auf die Phantasie der Frau Gherardi einen tiefen Eindruck, und als wir in der Hauptgrotte des Werkes anlangten, die von hundert kleinen Lampen erleuchtet wird, die wie zehntausend Lichter aussehen, weil sie von den Salzkristallen auf allen Seiten widergespiegelt werden, da sagte sie zu dem jungen
336 Deutschen: »Ach, ist das wunderschön! Ich bilde um diese Grotte Kristalle und ich fühle, wie mich ihre Schönheit begeistert. Und Sie, bilden Sie auch Kristalle?«

»Ja, gnädige Frau«, erwiderte der junge Offizier schlicht, entzückt, mit der schönen Italienerin eine Empfindung gemeinsam zu haben; im übrigen verstand er gar nicht, was sie meinte. Wir mußten über seine naive Antwort lachen, daß uns die Tränen in die Augen kamen, zumal da Ghitas Liebhaber, ein Troddel, darob ernstlich eifersüchtig auf den bayrischen Offizier wurde. Er hielt das Wort »Kristallbildung« für etwas Gräßliches.

Beim Verlassen des Halleiner Werkes erfuhr mein neuer Freund, der junge Offizier, dessen unfreiwillige Bekenntnisse mich mehr interessiert hatten als alle Einzelheiten der Salzgewinnung, von mir, daß sich Frau Gherardi Ghita nannte und daß man nach italienischer Sitte in ihrer Gegenwart »die Ghita« sagte. Der arme Junge riskierte es unter Zittern und Zagen, »die Ghita« zu sagen, und Frau Gherardi, die sich über das schüchtern-leidenschaftliche Gebaren des jungen Mannes ebenso belustigte wie über die höchlichst ergrimmten Mienen eines gewissen anderen, lud den Offizier für den nächsten Tag ein zum Frühstück, kurz vor unserer Rückreise nach Italien. Als er sich entfernt hatte, hub der ergrimmte andere an: »Nun erklären Sie mir mal, meine teure Freundin, wozu bürden Sie uns die Gesellschaft dieses blonden Gecken mit seinen Glotzaugen auf?«

»Mein Herr, weil Sie nach zehntägiger Reise, bei der Sie von früh bis abend mit mir zusammen sind, mich so sehen, wie ich wirklich bin, während mich jene innig-zärtlichen Augen, die Sie Glotzaugen benamsen,
idealisiert sehen. Ist es nicht so, Filippo«, fügte sie mit einem Blick auf 337
mich hinzu. »Jene Augen umkleiden mich mit einer glänzenden Kristallhülle. Ich bin für sie die Vollkommenheit, und das Wunderbarste dabei ist: was ich auch tue und wenn ich mal die größte Dummheit sage, den Augen dieses schönen Deutschen gehe ich meiner Vollkommenheit nie verlustig. Sie zum Beispiel, Sie, Annibaline«, – der Liebhaber, den wir ein wenig für troddelhaft hielten, hieß Oberst Annibale, – »ich wette, Sie finden mich in diesem Augenblicke ganz und gar nicht vollkommen? Sie denken, es sei schlecht von mir, daß ich diesen jungen Mann in unseren Kreis ziehe. Wissen Sie, was mit Ihnen ist, mein Lieber? Sie bilden keine Kristalle mehr um mich!«

Das Wort »Kristallbildung« ward unter uns Mode, und es nahm die Phantasie der schönen Ghita so in Anspruch, daß sie es auf alles anwandte. Wieder in Bologna, richtete sie bei jedem Liebesabenteuer, das in ihrer Loge bekrittelt wurde, das Wort an mich. »Dieser Zug spricht für oder gegen unsre Theorien«, pflegte sie zu mir zu sagen. Das Wort Kristallbildung, das wir so oft gebrauchten, erinnerte uns immer an unsre nette Reise. Nie in meinem Leben habe ich die rührende, einsame Schönheit der Gestade des Gardasees so tief empfunden. Wir verbrachten in der Barke köstliche Abende, trotz der schwülen Hitze. Wir verlebten Stunden, die man nimmer vergißt: leuchtende Jugendtage.

Eines Abends überbrachte uns irgendwer die Neuigkeit, daß sich die Principessa Lanfranchi und die schöne Florenza das Herz des jungen Malers Oldofredi einander streitig machten. Die arme Fürstin war offenbar bis über die Ohren verliebt, aber der junge Mailänder Künstler
schien nur für Florenzas Reize Augen zu haben. Man fragte sich: »Ist 338
Oldofredi verliebt?« Ich weiß nicht, warum sich unsre Eigenliebe an jenem Abend darauf versteifte, zu erraten, ob der Mailändische Maler in die schöne Florenza verliebt sei.

Man erschöpfte sich in der Erörterung einer Unzahl kleiner Vorkommnisse. Als wir müde wurden, unsere Aufmerksamkeit auf fast unmerkliche Nuancen zu richten, die im Grunde gar nicht mal unbestreitbar waren, begann Frau Gherardi uns den kleinen Roman zu erzählen, der sich ihrer Meinung nach im Herzen Oldofredis zugetragen hatte. Gleich zu Beginn ihres Vortrags bediente sie sich unglücklicherweise des Wortes »Kristallbildung«. Der Oberst Annibale, dem das hübsche Gesicht des bayrischen Offiziers immer noch Herzdrücken verursachte, meinte laut, er begriffe das nicht, und fragte zum hundertsten Male, was wir unter dem Ausdrucke »Kristallbildung« verstünden. »Etwas, was ich für Sie nicht habe«, erwiderte ihm Frau Gherardi lebhaft. Und ohne sich weiter um ihn zu kümmern, wandte sie sich an uns übrige. »Ich glaube«, sagte sie, »ein Mann beginnt zu lieben, wenn ich ihn trübsinnig sehe.« Wir erhoben sofort Einspruch dagegen. »Was? Die Liebe, diese köstliche Empfindung, die so schön beginnt »… – »Jawohl«, unterbrach uns Frau Gherardi lachend und mit einem Blicke auf Annibale, »und die bisweilen so garstig endet, mit schlechter Laune und Zank. Ich verstehe Ihre Einsprüche. Den meisten Männern, groben Naturen, ist Liebe Liebe: man liebt oder man liebt nicht. Ebenso bildet sich der große Haufe ein, der Gesang aller Nachtigallen gliche sich untereinander, aber wir, die wir ihnen mit Lust lauschen, wir wissen, daß es zwischen Nachtigall
339 und Nachtigall doch zehn verschiedene Spielarten gibt.«– »Gnädige Frau«, warf jemand ein, »es scheint mir doch, entweder liebt man oder man liebt nicht.« – »Keineswegs, mein Herr, dann könnten Sie ebensogut sagen: ein Mann, der Bologna verläßt, um nach Rom zu laufen, sei schon an den Toren Roms, wenn er oben vom Apennin noch unsere Torre Garisenda sieht. Es ist weit von einer dieser beiden Städte zur anderen, und man kann ein Viertel, die Hälfte, drei Viertel zurückgelegt haben und ist darum immer noch nicht in Rom, wenn auch nicht mehr in Bologna.« – »Bei diesem trefflichen Vergleich«, sagte ich, »bedeutet Bologna offenbar *die Gleichgültigkeit* und Rom *die höchste Liebe.*« – »Wenn wir in Bologna sind«, fuhr Frau Gherardi fort, »sind wir ganz und gar indifferent, wir denken nicht daran, die Frau, in die wir eines Tages vielleicht toll verliebt sein werden, in besonderer Weise zu verehren. Und noch weniger denkt unsre Phantasie daran, ihren Wert zu überschätzen. Kurz und gut, wie wir in Hallein zu sagen pflegten, die Kristallbildung hat noch nicht begonnen.«

Bei diesen Worten erhob sich Annibale voller Wut und verließ die Loge, indem er sagte: »Ich werde wiederkommen, wenn Sie italienisch sprechen.« Alsbald wurde die Unterhaltung in französischer Sprache geführt, und alle Welt lachte, selbst Frau Gherardi. »Meinetwegen. Die Liebe ist also weggegangen«, meinte sie, »und man lacht noch. Man verläßt Bologna, erklimmt den Apennin und wandert die Straße nach Rom »… – »Aber, gnädige Frau«, wandte wieder einer ein, »wir sind recht weit abgekommen vom Maler Oldofredi.« – Das machte sie ein wenig ungeduldig, und offenbar vergaß sie nun gänzlich den Annibale und seinen brüsken Weggang. »Wollen Sie wissen«, entgegnete sie, »was 340
sich ereignet, wenn man Bologna verläßt? Zunächst, glaube ich, ist diese Abreise völlig unfreiwillig; es ist eine instinktive Bewegung. Ich kann nicht sagen, ob sie von großem Genuß begleitet wird. Man bewundert, dann sagt man sich: ›Welche Lust, von dieser reizenden Frau geliebt zu werden!‹ Endlich taucht die Hoffnung auf. Nach der Hoffnung, die man häufig recht leicht faßt, denn man zweifelt an nichts bei nur ein wenig Feuer im Blute, – nach der Hoffnung, sage ich, überschätzt man mit Gefühlen der Wonne die Schönheit und die Vorzüge der Frau, von der man geliebt zu werden hofft …«

Während Frau Gherardi sprach, nahm ich eine Spielkarte, schrieb auf ihre Rückseite auf den einen Rand »Rom«, auf den anderen »Bologna« und zeichnete zwischen Bologna und Rom vier Etappen, wie Frau Gherardi eben solche aufgezählt hatte:

1. die Bewunderung,

2. man erreicht den Punkt der Straße, wo man sich sagt: Welche Lust, von dieser reizenden Frau geliebt zu werden,

3. die Entstehung der Hoffnung bezeichnet die dritte Etappe,

4. man erreicht die vierte, sobald man mit Gefühlen der Wonne die Schönheit und die Vorzüge der geliebten Frau überschätzt. Das ist eben das, was wir Adepten »Kristallbildung« nennen und wovor der Karthager Reißaus machte. In der Tat, schwierig zu begreifen ist's.

Frau Gherardi fuhr fort: »Während dieser vier Seelenvorgänge oder Zustände, die Filippo eben krokiert hat, ersehe ich nicht den geringsten Grund dafür, daß unser Wandersmann trübselig sein sollte. Tatsächlich ist der Genuß so rege, daß er alle Aufmerksamkeit, deren die Seele fähig 341
ist, in Anspruch nimmt. Man ist ernst, aber durchaus nicht traurig. Das ist ein großer Unterschied.« – »Wir verstehen, gnädige Frau«, sagte einer der Zuhörer, »Sie erwähnen gar nicht jene Unglücklichen, für die alle

Nachtigallen ein und dieselbe Stimme haben.« – »Der Unterschied zwischen ernst und traurig sein *(l'esser serio e l'esser mesto),*« fuhr Frau Gherardi fort, »ist entscheidend, wenn es sich darum handelt, ein Problem zu lösen wie das: Liebt Oldofredi die schöne Florenza? Ich glaube, Oldofredi liebt, weil er, nachdem er lange in Florenzas Gesellschaft gewesen war, traurig und nicht bloß ernst aus sah. Er ist trübsinnig, weil er auf folgendem Punkte angelangt ist. Nachdem er das Glück überschätzt hatte, das ihm durch das raffaelitische Gesicht, die wunderschönen Schultern, die herrlichen Arme, mit einem Worte, die eines Canova würdigen Formen der schönen Marchesina Florenza verheißen ward, hat er augenscheinlich von ihr die Erfüllung seiner kühnsten Hoffnungen zu erlangen gesucht. Sehr wahrscheinlich hat nun die Florenza, erschreckt, einen Fremdling zu lieben, der jeden Augenblick Bologna wieder verlassen kann, und vor allem darüber sehr empört, daß er imstande war, so schnell Hoffnungen zu hegen, ihn dieser Hoffnungen auf barbarische Weise beraubt.«

Wir hatten das Glück, Frau Gherardi Tag für Tag zu sehen; in jenem Gesellschaftskreise herrschte eine vollendete Vertrautheit, man verstand sich auf das Wort. Oft habe ich da über Scherze lachen sehen, die der Einkleidung in Worte gar nicht erst bedurften: ein Blick der Augen sagte alles. Die hübsche Italienerin ließ voll Übermut allen den bizarren
342 Einfällen freien Lauf, die ihr in den Kopf kamen. In Rom, Bologna, Venedig sind hübsche Frauen absolute Königinnen, und es gibt keinen größeren Despotismus als den, den sie auf die Gesellschaft ausüben. In Paris hat eine hübsche Frau beständig Angst vor der öffentlichen Meinung und ihrem Henkersknecht: dem Lächerlichen. Unaufhörlich hegt sie im Grunde ihres Herzens die Furcht vor Witzeleien, just wie ein absoluter Herrscher vor der Verfassung. Das ist der heimliche Gedanke, der ihr die Freude an allen Vergnügungen trübt und sie plötzlich ernst aussehen läßt. Eine Italienerin fände jene begrenzte Herrschaft, die eine Pariserin in ihrem Salon ausübt, lächerlich. Sie ist buchstäblich allmächtig über die Männer, die sich ihr nähern und deren Glück, wenigstens an den geselligen Abenden, von einer ihrer Launen abhängt. Wenn man der Dame mißfällt, die in einer Loge Herrscherin ist, wenn man ihr die Ungnade an den Augen absieht, dann kann man nichts Besseres tun, als für diesen Abend zu verschwinden.

Eines Tages ritt ich mit Frau Gherardi den Weg vom Fall des Reno spazieren, da begegneten wir Oldofredi. Er war allein, sehr in Wallung,

er sah versonnen aus, aber durchaus nicht sorgenvoll. Frau Gherardi redete ihn an und plauderte mit ihm, um ihn genauer ansehen zu können. »Wenn mich nicht alles täuscht«, sagte ich hinterher zu Frau Gherardi, »so ist dieser arme Oldofredi seiner Leidenschaft gänzlich verfallen, die er für die Florenza gefaßt hat. Sagen Sie mir gütigst, mir, der ich Ihr Vasall bin, an welchem Punkte der Liebeskrankheit glauben Sie, daß er jetzt angelangt ist?« – »Ich sehe«, gab sie mir zur Antwort, »er geht einsam spazieren. Alle Augenblicke sagt er sich: Gewiß, sie liebt mich. Dann beschäftigt er sich damit, neue Reize an der Geliebten 343
zu entdecken, neue Gründe zur tollsten Verliebtheit zu ergrübeln.« – »Ich halte ihn nicht für so glücklich, wie Sie vermuten. Oldofredi muß oft grausame Qualen erleiden. Er kann nicht so sicher sein, daß ihn die Florenza liebe. Er weiß nicht wie wir, in welchem Maße bei derlei Dingen Reichtum, Stand, weltmännische Manieren in die Wagschale fallen.[86] Oldofredi ist ein netter Mensch, zugestanden, aber er ist nur ein armer Fremdling.« – »Was tut das«, meinte Frau Gherardi, »ich möchte wetten, er ist auf einem Punkte, wo die Gründe zur Hoffnung triumphieren.« – »Dazu sah er allzu verstört aus«, erwiderte ich, »er muß Momente gräßlichen Unglücks haben. Er sagt sich: Aber, liebt sie mich denn?« – »Ich gebe zu«, sagte Frau Gherardi, indem sie wohl vergaß, daß sie mit mir redete, gleichsam als ob die sich selbst gegebene Antwort genüge, »es gibt Augenblicke himmlischen Glückes, Augenblicke, denen nichts in der ganzen Welt gleichkommt. Sie sind das Schönste am Leben. Endlich, wenn die Seele, ermüdet und gleichsam übermannt von so heftigen Empfindungen, aus Mattigkeit wieder zur Vernunft kommt, dann gewinnt nach so wechselvollen Wallungen folgende Gewißheit die Oberhand: Ich finde in ihrer Nähe ein Glück, wie es mir nur sie allein auf Erden gewähren kann.«

Ich hielt mein Pferd nach und nach mehr ab von dem der Frau Gherardi. Die drei Miglien, die uns von Bologna trennten, ritten wir, ohne ein einziges Wort zu reden, indem wir die Tugend, Diskretion genannt, übten. 344

III. Ein Romanfragment

(Aus Stendhals Nachlaß)[87]

Begonnen: *Mailand*, 4. November 1819

Plan

Der Schauplatz ist in Bologna und in einem köstlichen Landhause in Desio bei Bologna. Die Duchezza Empoli wird während eines glänzenden Festes toll eifersüchtig aus Freundschaft. Ein Pole, der Oberleutnant Potocki, ist im Begriffe, ihr das Herz der Contessa Bianca, ihrer Freundin, zu entwenden. Unter der Last eines Schmerzes und im Banne ihrer Melancholie kann Bianca nichts geben als ihre Freundschaft, und schon ist sie Willens, diese dem Polen zu gewähren, da begeht er, von seiner tollen Leidenschaft verführt, Torheiten und Unvorsichtigkeiten. Die Duchezza Empoli, beraten durch den kalten und unerbittlichen Talley, bringt Bianca dahin, Potocki zu verachten. Dieser verzichtet darauf, die Liebe, die ihn selbst verzehrt, auf Bianca übertragen zu wollen, und begnügt sich mit der Freundschaft, die ihm Bianca endlich schenkt; sie verzeiht ihm, weil sein Tollkopf allein schuldig war.

So werden sie zusammen glücklich und alt und reich an Freuden, die dem großen Haufen unbekannt sind. Bianca versöhnt sich schließlich – nach Talleys Tode – wieder mit der Duchezza Empoli. So sagt eines
345 Tages Potocki zu ihr: »Sie haben mir das Allerschlimmste auf der Welt angetan, aber ich bin so glücklich unter der einfachen Freundschaft Biancas, daß in meinem Herzen kein Raum für den Haß ist. Ich liebe Sie zärtlich, weil Sie ihre Freundin sind.«

Erstes Kapitel

Die Schloßuhr schlug Mitternacht. Der Tanz war eben zu Ende. Die Duchezza erging sich mit erregter Miene auf den Wegen des englischen Gartens, die der funkelnde Sternenschimmer der italienischen Sommernacht und der Lichtschein, der den Fenstern des Saales entquoll, matt beleuchteten.

»So habe ich denn alles verloren, was ich liebe!« wiederholte sie sich immer wieder mit leiser, erstickter Stimme. Dann blieb sie plötzlich stehen, als eine Lichtung des Parkes ihr gestattete, die Saalfenster ungehindert zu sehen und hinter den Vorhängen die Gruppen der Tanzenden.

»Ob die Contessa wohl kommen wird! Nein. Sie ist im Banne des eitlen Geschwätzes dieses abscheulichen Polen. Potocki, was bereitest du mir für Leid, und wie hasse ich dich!«

Als sie ihre Erregung nicht mehr meistern konnte, ging sie dicht an die Saalfenster heran. Sie war den Blicken der Tänzer nur durch einen buschigen Strauch entzogen. Ihre Augen, gerötet und feucht von Tränen des Zornes, durchschweiften wild den prächtigen Gesellschaftsraum und suchten ihr Opfer.

Dieses Opfer, der eifersüchtig beneidete Potocki, war indessen fast ebenso unglücklich wie die Duchezza. Er war der jungen Bianca nur 346
einen Augenblick lang nahe gewesen. Auge in Auge mit ihr befand er sich immer in heftiger Wallung, in wortlosem Schweigen; und dabei hatte er die Empfindung, als ob aller Augen ihm seine Liebe aus dem Gesichte abläsen. Wenn er sprechen wollte, strömte das Feuer, das ihn innerlich verzehrte, in seine Rede und verlieh ihr geradezu Anzeichen von Narrheit. Und dergleichen war der Contessa überaus zuwider.

Sie war kaum erst zur vollen Reife gelangt, da hatte eine Fülle seltsamen Unglücks diesem schönen Wesen den Ausdruck edelster, tiefster und bisweilen zärtlichster Melancholie aufgedrückt. Offenbar verachtete sie damals die Gesellschaft und das ganze Menschengeschlecht. Sie hatte sichtlich darauf verzichtet, das zu finden, was ihrem Herzen fehlte. Ich selbst habe Bianca erst später kennen gelernt, als sie wieder glücklich geworden war, und doch habe ich Spuren ihres ehemaligen Gemütszustandes an ihr öfters wahrgenommen. Man hatte ein schmerzliches Gefühl, weil man sah, daß sie unglücklich war, und besonders, daß sie sich für immerdar unglücklich wähnte, aber unmöglich konnte man den angeborenen Adel und den natürlichen Ernst ihrer Züge in Worte fassen. Wenn sie kokett gewesen wäre, so hätte sie nichts Klügeres tun können, als melancholisch zu bleiben, um immer schöner zu werden. Contessina Bianca hatte den Ausdruck jener Ehrfurcht gebietenden Traurigkeit, den ich fast tragisch nennen möchte und den man auf den Gesichtern schöner Italienerinnen oft im Verein mit der herrlich geschwungenen Linie der Adlernase antrifft. Etwas ganz Eigentümliches lag in ihrer Art, ihre so sanften Augen aufzuschlagen, etwas Müdes und zugleich Hoheits-

347 volles, das ich nur an ihr beobachtet habe und das ich nicht zu beschreiben verstehe. Auch diese Sonderlichkeit war durchaus natürlich und im Einklang mit den Formen und Zügen ihres Antlitzes, indessen schien es, als habe sie, überzeugt, daß es kein Glück mehr für sie gäbe, alles Interesse verloren, etwas anzublicken; sie war gleichsam vorwissend, daß nichts, was es zu sehen gab, sie wieder glücklich machen könne.

Wenn man sie einmal gesehen hatte, konnte man ihr erhabenes Gesicht nie wieder vergessen. Freilich prosaische Alltagsmenschen sahen sie nicht richtig, ihnen fiel nur das Seltsame an Bianca in die Augen. Trotzdem imponierte sie ihnen, ohne daß sie es wollte, aber man rächte sich dafür an ihr, indem man sie »sonderlich« nannte.

Die Duchezza Empoli ließ diese Leute reden, aber ihrem klugen Hirn und ihrer kalten Seele konnte der wahre Wert Biancas nicht entgehen. Sie wurde von zwei gleichstarken Bedürfnissen beherrscht: nach Liebe und nach Macht. Einst hatte sie ihre Schwägerin angebetet, zu ihrer Sklavin gemacht und durch ihre Unvernunft in den Tod getrieben. Jetzt war ihr das Leben durch den Kummer über diesen Verlust vergiftet. Die Zeit, die über die gewöhnlichen Schmerzen so allgewaltig ist, schien über diese starre Seele ihre Macht verloren zu haben. Ganz Bologna bewunderte ihre Ausdauer und ihre Treue an der Toten. Man fand die Duchezza resignierter, aber im tiefsten Herzen blutete die Wunde weiter. Ein Beweis, daß sie eine schöne Seele hatte, lag vor allem darin, daß ihr ihr Gewissen unaufhörlich das Bild ihrer ersten Freundin vor Augen
348 hielt. Hätte sie einen Augenblick aufgehört, sich ihren Verlust vorzuwerfen, so hätte sie sich selbst für schuldig an ihrem Tode gehalten. In der Tat war dieser so heißbeweinte Verlust ein unglücklicher Zufall, wie er so häufig vorkommt, den jede andere außer der Duchezza nach wenigen Monaten vergessen hätte. Ihr Schmerz duldete augenscheinlich keinen andern Trost als den, den ihr Bianca gewährte. Von diesen beiden zunächst gleich unglücklichen Frauen hatte die Duchezza Empoli die Contessa Bianca lieb gewonnen, weil sie mit ihr offen über ihre tote Freundin sprechen konnte. Sie um sich zu haben, mit ihr jederzeit durch den Park wandeln zu können, war ihr nach und nach zu ihrem Glücke unentbehrlich geworden.

Die Duchezza, eine außerordentlich kluge Frau, wohl noch imstande, Eindruck zu erwecken, hatte die Liebe kaum kennen gelernt; sie galt in der Gesellschaft als eine »Feindin der Liebe«, wie Madame de Genlis in ihren Romanen zu sagen pflegt. Vielleicht war ihre Seele zu stolz, um zärtlich zu sein; die Freude am Herrschen überwog in ihr den so süßen Genuß, sich nach einem geliebten Wesen zu richten, nichts ohne dieses zu beginnen. Vielleicht fehlte ihrem energischen Wesen auch jenes ein wenig übertriebene Feingefühl, jene etwas romantische Seelenfärbung, die die Träumereien zärtlicher Herzen umhaucht.

Man schrieb ihr wohl ein Liebesverhältnis zu, weil es so Brauch ist, aber ihre seltsame Freundschaft zu der hingegangenen ersten Freundin hatte die Liebesregungen in ihr erstickt. Da erwuchs in ihr eine neue Freundschaft zu Bianca. Die Liebe äußerte sich bei ihr nur in der Eifersucht, sie wollte über die geliebte Seele ganz und ausschließlich herrschen.

– –

Im Schlosse Empoli gab es einen nachsichtigen Hausherrn, Pferde, Wagen, alles, was zum Luxus im großen Stil gehört, und einige dreißig Gäste, die alle Wochen wechselten. Nach einem zur Gewohnheit gewordenen Herkommen wurden alljährlich zwei Monate in diesem Schlosse verbracht. Die Duchezza war bereits sechs Wochen da, als – in den letzten Julitagen des Jahres 1818 – ein Freund des Hauses Herrn Potocki einführte, einen Polen, der einstmals unter Napoleon gedient hatte. Er hatte den Ruf eines tapferen Offiziers, sonst war nichts Bemerkenswertes an ihm. Sie achtete auch nicht weiter auf ihn. Eines Abends erblickte sie ganz deutlich Tränen in seinen Augen. Es kam ihr lächerlich vor. Zufällig wandte sie sich um und bemerkte Bianca, die sich freundschaftlich auf den Arm des Herrn Zamboni stützte. Aus Neugierde richtete sie das Wort an den polnischen Offizier. Seine Stimme veränderte ihren Klang, nur mit Mühe vermochte er ein paar höfliche Worte auf ihre verbindliche Anrede hervorzustammeln. Die schimmernden Augen der Duchezza drangen arglistig in die des Offiziers. Er nahm es wahr, hatte aber nicht die Geistesgegenwart, Folgerungen daraus zu ziehen, und ließ sich zu der Torheit verleiten, nach Bianca, die er immer noch mit Zamboni plaudern hörte, hin zu schauen, um zu sehen, was sie machte. Als Potocki seine Blicke wieder der Duchezza zuwandte, fand er ihre Augen hart und grausam. Sie schienen ihm gleichsam eine für ihn ungebührliche Unverschämtheit vorzuwerfen, weil er nach Bianca zu sehen gewagt hatte. Da erkannte Potocki mit einem Male, daß er sich verraten hatte.

Der Pole hatte eine Art Freund, dem er sich anvertraute, dieweil
350 Verliebte eben nie verschwiegen sein können. Zu diesem Freunde, dem Marchese Zanca, der ihn eingeführt hatte, sagte er:

»Ich glaube, ich werde gut tun abzureisen.«

»Donnerwetter, reisen Sie ab, wann Sie wollen. Ich werde Ihre Abreise der Duchezza melden. Aber, zum Kuckuck, das Landleben ist doch entzückend. Hier ist es nicht so heiß wie in Bologna. Das Theater dort ist miserabel. Sagen Sie mir beim Teufel, was wollen Sie nur dort anfangen?«

»Hitze und Theater kommen gar nicht in Frage. Glauben Sie, daß mir Frau von Empoli verzeiht, daß ich in ihre Freundin verliebt bin?«

»Auf Ehre, mein lieber Oberleutnant, da haben Sie kein Glück! Ich kann Ihnen nur den guten Rat geben, lassen Sie die Hände davon. Hören Sie auf, ein Weib zu lieben, das nicht lieben kann, das aus nichts besteht denn aus Eigenliebe. Übrigens ist sie halsstarrig in ihren Grundsätzen. Niemals wird sie einen Ausländer lieben, einen der heute in Bologna, morgen in Neapel, übermorgen in Warschau und in acht Tagen Gott weiß wo weilt. Übrigens, wenn ich Ihnen das sagen darf, – ich möchte Ihnen nämlich jegliche Hoffnung nehmen, – seit ein paar Tagen sieht sie mit ganz merkwürdigen Augen auf Zamboni. Als sie neulich am Klavier sang, habe ich das ganz deutlich beobachtet. Wenn sie nicht so natürlich wäre, verriete das die höchste Koketterie.«

Bei diesen Worten faßte Potocki Zanca heftig am Arm, zog ihn in den Park und quälte ihn eine halbe Stunde lang mit Liebesgeschwätz. Zanca amüsierte sich über den lächerlichen Ausländer.

»*Granmatti che questi forestieri!*« rief er von Zeit zu Zeit ganz laut
351 aus, während ihm der Pole, von seiner Leidenschaft fortgerissen, alle Einzelheiten von den zwölf bis fünfzehn Besuchen berichtete, die er der Contessa Bianca während seines Bologner Aufenthaltes gemacht hatte.

»Aber, Bester«, entgegnete ihm Zanca, »warum treffen Sie keine andere Wahl? Sie haben die Contessa Fiorina, die Sie mit offenen Armen empfängt, Sie wie alle anderen. Sie haben die Ninetta, die Sie auszeichnet. Glauben Sie denn, Sie hätten es hier mit einer alltäglichen Frau zu tun, die galante Beziehungen unterhält gleich all' den anderen? Ich habe Ihnen bereits gesagt und ich wiederhole es Ihnen: wenn Sie ihr keine Leidenschaft einflößen, werden Sie nichts erreichen. Bloße Galanterie wirkt auf diese Frau nicht im geringsten. Sie hat das stolzeste Köpfchen von ganz Bologna. Und selbst wenn sie lieben wollte, halten Sie sich für schöner, für eleganter, für reicher als Zamboni? So, dann machen Sie sich von diesem Irrtum frei! Ich liebe Sie hundertmal mehr als ihn, wir haben die gleichen politischen Ansichten. Überdies liebt er nichts als seine Pferde. Aber kommen Sie zur Einsicht: in den Augen einer Frau ist von einem Vergleiche zwischen Ihnen und ihm überhaupt nicht die Rede.«

Das war zu viel für Potocki. Diese so lebhafte und so wahre Lobrede auf einen Mann, auf den er bis zur Tollheit eifersüchtig war, brachte ihn von Sinnen.

»Sie haben recht«, entgegnete er Zanca kühl, »ich lasse von allen solchen Gedanken ab. Ich werde Sie bis zur Glastüre des Salons geleiten und dann einen Spaziergang machen. Die Kerzen im Saal verursachen eine unerträgliche Hitze.«

Ohne ein Wort weiter zu sagen, trennten sich die beiden Freunde. 352
Vier Schritte vor der Salontüre wandte sich Zanca um, nahm Potocki am Arm, drückte ihn herzhaft und sagte ausdrucksvoll und mit echt italienischer Beredsamkeit:

»In jenem Köpfchen gibt es nur Eigenliebe und Koketterie. Er ist der schönste und reichste Mann Bolognas, und er besitzt jene pikante Kälte, mit der man einzig und allein eine so Grausame erringen kann. Sie sind ein unbekannter Ausländer.«

Potocki entfernte sich, und sobald er außerhalb des Lichterscheins war, lehnte er sich oder fiel er vielmehr gegen einen Baum. Er war wahnsinnig vor Wut, und, was seine Raserei noch schürte, er fand niemanden, dem er hätte Vorwürfe machen können. Jedermann benahm sich korrekt: Die Duchezza war eine leidenschaftliche Freundin, Bianca ein schönes, zärtliches, freilich gegen ihn kaltes Weib, Zamboni ein schöner Mann, der sein Glück ausnutzte, Zanca ein kluger Mensch, Weltmann, noch dazu mit scharfem Blick, ein guter Berater. Potocki konnte also höchstens auf sich selbst wütend sein. Während seines ganzen Gesprächs mit Zanca hatte er seinen ersten Gedanken gänzlich vergessen, und der war der einzig richtige gewesen. Wenn Zanca mehr Freund und weniger Weltmann gewesen wäre, so hätte er bei seinem klugen Geist die Richtigkeit der Absicht abzureisen eingesehen und seinen Schützling dazu nötigen müssen. Einen Augenblick während ihrer Aussprache wollte er ihm auch zur Abreise raten, damit ihm Bianca aus dem Sinn käme. Aber das ist etwas, was man von einem Verliebten nicht verlangen kann. Er hätte ihn zur Abreise drängen sollen, um ihn

Bianca vergessen zu lassen, wenn das noch möglich war, oder um ihn
353 vor dem Haß der Duchezza zu retten.

Es war anders gekommen, und von diesem Augenblick an war Potocki dem Unglück verfallen, wie wir aus dem Folgenden ersehen werden. Obgleich in jungen Jahren in die Gesellschaft geworfen, war er ein Phantasiemensch, ein Träumer und Dichter, so recht geeignet, ein Opfer unglücklicher Liebe zu werden. Er war in Napoleon verliebt gewesen, und wie Napoleon liebte er nur die Erfolge des Ehrgeizes. Potocki hatte sich frühzeitig und lange Zeit hindurch für ehrgeizig gehalten …

354 *(Hier bricht das Fragment ab)*

Anmerkungen

(Die mit * bezeichneten, sind vom Übersetzer hinzugefügt)

Ein Mensch, der das Leben kennt, findet in seinen Lebenserinnerungen eine Unmenge von *Beispielen der Liebe* Wenn er sie aber niederschreiben will, weiß er nicht, auf welche er sich berufen soll. Die Beobachtungen, die er in einem gewissen Kreise gemacht hat, sind dem großen Leserkreis unbekannt, und man brauchte ungeheuer viel Seiten, um sie mit den nötigen Nuancen wiederzugeben. Aus diesem Grunde führe ich gern Romane an als etwas allgemein Bekanntes, ohne indessen meine Ansichten darauf aufzubauen oder den Leser zu zwingen, Phantasiegebilde, die meist mehr mit ihrer poetischen Wirkung als mit der Wahrheit rechnen, für diese in Kauf zu nehmen.

1 Des knappen Ausdrucks wegen und um das Innere der Seele malen zu können, führt der Verfasser unter Gebrauch der Formel »ich« verschiedene Empfindungen an, die ihm fremd sind. Er hat gar nichts Persönliches, das des Zitierens wert wäre.

2 Z.B. Diana von Poitiers in der »Prinzessin von Cleve« der Madame de Lafayette.

3 Epikur sagt, die Erkenntnis sei zum wirklichen Genuß nötig. 356

4 Vgl. folgende Stelle in Walter Scotts »Ivanhoe« (in der Übersetzung in Reclams Universalbibliothek, Seite 65 ff.):
»Wer in der Physiognomie des Prinzen kecke Dreistigkeit, Hochmut und Gleichgültigkeit gegen die Empfindungen andrer las, konnte ihr gleichwohl jene Schönheit nicht absprechen, die regelmäßige Gesichtszüge als Ausdruck wohlberechneter Höflichkeit und Liebenswürdigkeit immer an sich haben. Ein solcher Ausdruck wird oft fälschlich für männlichen Freimut gehalten, wo er doch nur der sorglosen Gleichgültigkeit eines leichtlebigen Charakters entspringt, der sich sehr wohl der Vorzüge bewußt ist, die ihm Geburt, Reichtum oder andre zufällige Vorteile verleihen, aber nichts mit persönlichem Wert zu schaffen haben.«

5 Vgl. Brown, *Amours de Struensee dans les cours du Nord,* 1819, 3 Bde.

6 Vgl. die Briefe von Madame du Deffant und Mademoiselle de Lespinasse, die Memoiren von Besenval, von Lauzun, von Madame d'Epinay, den *Dictionnaire des Etiquettes* von Madame de Genlis, die Memoiren von Dangeau und von Horace Walpole.

7 Vgl. Saint-Simon und Goethes »Werther«. Die Seele ist vielseitig wie ein feingeschliffener Brillant; ein Teil ihrer Einbildungskraft verbraucht sich im Mißtrauen der Gesellschaft gegenüber. Kraft im Charakter ist
357 ein Reiz, der die meisten Frauenherzen bezaubert. Daher der Erfolg ernster junger Offiziere. Die Frauen verstehen es vortrefflich, zwischen dem Ungestüm leidenschaftlicher Regungen, deren Möglichkeit sie in ihrem Herzen fühlen, und der Stärke des Charakters zu unterscheiden. Die vornehmsten Frauen werden in dieser Hinsicht mitunter durch etwas Scharlatanerie getäuscht. Man kann sie unbesorgt anwenden, sobald man merkt, daß die Kristallbildung begonnen hat.

8 Gerade dieser nervösen Sympathie möchte ich die wunderbare und unerklärliche Wirkung der Modemusik zuschreiben. (Dresden, Rossini, 1821.) Wenn sie nicht mehr Mode ist, wird sie deshalb nicht schlechter, aber sie macht keinen Eindruck mehr auf die leichtentflammten Herzen der Jugend. Vielleicht gefiel sie nur, weil sie die jugendliche Begeisterung erregte.
Frau von Sévigné (Brief 202 vom 6. Mai 1672) schreibt ihrer Tochter: »Lully hat mit der königlichen Kapelle das Höchste erreicht. Dieses schöne Miserere enthält ein Libera, bei dem aller Augen tränenfeucht waren …« Man kann ebensowenig an der Wahrheit dieses Eindrucks zweifeln, als Frau von Sévigné guten Geschmack abstreiten. Die Musik Lullys, die sie entzückte, würde heutzutage abstoßen. Damals regte sie die Kristallbildung an, heute nimmermehr.

9 Der kleine Germain in den Memoiren von Gramont.

10 Vgl. die meisterhafte Schilderung jener langweiligen Sitten gegen
358 Ende von *Corinne;* dabei beschönigt Madame de Staël noch.

11 Vgl. Aphorismus 139 (auf Seite 302).

12 Man beobachte den Ton der Genfer Gesellschaft, zumal in den ersten Familien. Das Vorhandensein eines Hofes ist nützlich, weil dadurch das Verfallen in die Prüderie lächerlich gemacht und beseitigt wird. Nichts ist gesellschaft langweiliger als unechte Schamhaftigkeit.

13 Das ist die Geschichte des melancholischen Temperaments im Vergleiche zum sanguinischen. Man betrachte eine tugendhafte Frau, selbst wenn sie die kaufmännische Tugend gewisser Betschwestern übt, – jene Tugend, die im Paradiese hundertfach vergolten wird, – und einen blasierten Lebemann von vierzig Jahren. Obgleich Valmont in den *Liaisons dangereuses* (von Choderlos de Laclos) das noch nicht ist, so ist doch durch das ganze Buch hindurch die Präsidentin von Tourvel glücklicher als er. Und wenn der geistvolle Verfasser noch geistvoller gewesen wäre, so hätte er diesen Gedanken zur Moral seines hervorragenden Romanes gemacht.

14 Das melancholische Temperament könnte man das Temperament der Liebe nennen. Ich habe beobachtet, daß die vornehmsten Damen, die zur Liebe geradezu geschaffen waren, aus Mangel an Geist dem Prosaischen sanguinischen Temperament den Vorzug geben. (Geschichte
Alfreds, Grande Chartreuse, 1810.) Auf die sogenannte schlechte Gesell- 359
schaft näher einzugehen, habe ich keinen Anlaß …
Hier verliert sich der arme Lisio Visconti in den Wolken.
Bei allen Frauen sind die Elemente der Herzensregungen und Leidenschaften gleich, nur die Form ist verschieden. Größerer Reichtum, höhere geistige Kultur, die Gewohnheit an höhere Gedanken und vor allem, unglücklicherweise, ein reizbarer Stolz, alles das bedingt Unterschiede. Eine Bemerkung, die eine Prinzessin empört, ärgert eine Sennerin in den Alpen nicht im geringsten; aber einmal im Zorn, hat die Prinzessin die gleichen leidenschaftlichen Wallungen wie die Sennerin.

15 *The Heart of Midlothian* von Walter Scott, III. Bd.

16 Zitat aus Byrons »Don Juan«.

17 Ich komme immer wieder auf Miß Cornel zurück, voll Bewunderung ob der tiefen Einblicke in die an ihr nackt beobachteten Leidenschaften. Ihre so gebieterische Art und Weise den Dienstboten Befehle zu geben,

war kein Despotentum, sondern das Ergebnis der klaren und raschen Auffassung dessen, was zu tun nötig war. Sie hat mir mit aller Ausführlichkeit von ihrer Leidenschaft zu Mortimer erzählt. »Ich sehe ihn lieber in Gesellschaft als allein mit mir.« Geniale Frauen können nichts Besseres tun als zu wagen, völlig natürlich zu sein und sich von keinerlei Theorie beeinflussen zu lassen. »Ich bin als Schauspielerin glücklicher als die
360 Frau eines Pairs.« Eine großzügige Seele, die ich mir als Freundin erhalten muß, um an ihr zu lernen.

18 Größe und Mut in Kleinigkeiten, aber dabei leidenschaftliche Sorgfalt. Die Heftigkeit des cholerischen Temperaments. Sein Verhalten gegen Madame de Monaco (Saint-Simon, V, 383); sein Abenteuer unter dem Bett von Madame de Montespan, als der König bei ihr war. Ohne die Sorgfalt in Kleinigkeiten wäre ein solcher Charakter für Frauen unverständlich.

19 »*When Minna Toil heard a tale of woe of romance, it was then her blood rushed to her cheeks, and shewed plainly how warm it beat notwithstanding the generally serious composed and retiring disposition which her countenance and demeanour seemed to exibit.*«

W. Scott, *The Pirate I,* 33

Gewöhnliche Menschen halten Naturen wie Minna Toil, die alltägliche Ereignisse ihrer Gemütserregung nicht für wert halten, für kalt.

20 Es ist allgemein bekannt, daß diese berühmte Frau wahrscheinlich im Verein mit Larochefoucauld ihren Roman *La Princesse de Clèves* geschrieben hat, und daß beide die letzten zwanzig Jahre ihres Lebens durch die engste Freundschaft miteinander verbunden waren. Wahrlich, das ist Liebe nach italienischer Art!

21 Auch Racines Hippolyte und Bajazet.

361 22 »*Come what sorrow can,*
It cannot countervail the exchange of joy
That one short moment gives me in her sight.«

Shakespeare, »Romeo und Julia«

23 Zitat aus Dante.

24 *Vie de Haydn,* Erstausgabe (1814), S. 228. * (Daselbst findet sich die gleiche Anekdote.)

25 Man erinnere sich (vgl. Anmerkung 1), daß der Verfasser bisweilen die Wendung »ich« anwendet in der Absicht, ein wenig Abwechselung in die äußere Form dieses Essays hineinzubringen. Keineswegs hat er die Anmaßung, die Leser in sein eigenes Innenleben einzuführen. Er will nur mit möglichst wenig Eintönigkeit die an andern gemachten Beobachtungen mitteilen.

26 »*Haec autem ad acerbam rei memoriam, amara quadam dulcedine scribere visum est ... ut cogitem nihil esse debere quod amplius mihi placeat in hac vita.*«
Petrarca

27 Der venezianische Dialekt hat so lebhafte Mittel zur Schilderung der sinnlichen Liebe, daß Horaz, Properz, Lafontaine und alle anderen Dichter tausend Meilen hinter ihm bleiben. Der Venezianer Buratti ist heute der erste satirische Dichter in unserem traurigen Europa. Besonders hervorragend ist er in der Schilderung des Physisch-grotesken an seinen Helden. Vgl. seine *Elefanteide, Uomo, Strefeide.*

28 »Die Prinzessin von Tarent«, Novelle von Scarron.

29 Wie in der Novelle »Der unverschämte Neugierige« von Cervantes. 362

30 Ein Beispiel gibt die Liebe Alfieris zu Mylady Ligonier, die nebenbei noch eine Liebschaft mit seinem Diener unterhielt und sich lächerlicherweise »Penelope« nannte. (*Vita,* 2.)

31 Wie man leicht ersehen kann, ohne daß ich es jedesmal besonders bemerke, sind auch einige andere Gedanken berühmten Schriftstellern entnommen. Ich suche eine Art Geschichte zu schreiben, in der Gedanken die Tatsachen sind.

32 Im Original: *De la pique d'amour-popre.* Stendhal bemerkt zu dem Ausdruck *pique:* Ich weiß, daß dieses Wort in dieser Bedeutung nicht allzu französisch ist, aber ich finde kein anderes dafür. Im Italienischen heißt es *puntiglio,* auf englisch *pique.*

33 Vgl. auch Mirabeau, »Briefe an Sophie«.

34 Vgl. *Confessions d'un homme singulier,* (Erzählung) von Mrs. Opie.

35 Volney, *Tableaux des Etats-Unis d'Amérique,* S. 491–496.

36 Die gefahrvolle Lage des Henri Morton im Clyde. Walter Scott, *Old Mortality,* Bd. IV, S. 224.

37 S. Cabanis, *Rapport du physique et du moral de l'homme,* Paris, 1802, 2 Bde.

363 38 Memoiren von Réalier-Dumas. Korsika, das nicht halb soviel Bevölkerung (im Jahre 1820 180000 Einwohner) hat wie ein französisches Departement, hat in letzter Zeit Salicetti, Pozzo di Borgo, den General Sebastiani, Cervioni, Abbattucci, Arena, Luzian und Napoleon Bonaparte hervorgebracht. Das kommt daher, weil jeder Korse, wenn er sein Haus verläßt, eine Pistole tragen darf, und weil ein Korse, dem wahren Christentum zuwider, Selbstverteidigung und Rache ausübt.

39 In England meinen die bedeutendsten Schriftsteller sich einen weltmännischen Anstrich zu verleihen, wenn sie französische Worte zitieren; meistens sind es solche, die ihr Französisch lediglich aus englischen Grammatiken haben. Man nehme die *Edinburgh-Review* her oder die Memoiren der Gräfin von Lichtenau, der Maitresse des Königs Friedrich Wilhelm II. von Preußen.

40 »Reise in Spanien« von Semple. Er ist ein realistischer Schilderer und gibt eine unvergeßliche Schilderung der Schlacht bei Trafalgar, deren Zuschauer er von weitem gewesen ist.

41 Grimms Korrespondenz, Jan. 1783 (III, 2, 102): »Am Eröffnungstage des neuen Hauses war Graf N***, Kapitän auf Lebenszeit in der Garde

von Monsieur, (dem Bruder des Königs), entrüstet, daß er keinen Bal-
konplatz mehr frei fand. Er kam auf den bösen Einfall, einem ehrsamen
Rechtsanwalt seinen Platz streitig zu machen. Dieser, *Maître* Parnot
wollte auf keinen Fall weichen. ›Sie nehmen mir meinen Platz!‹ sagte 364
er. – ›Das ist meiner!‹ – ›Wer sind Sie eigentlich?‹ – ›Ich bin Herr Sechs-
Franken‹ (das ist der Billetpreis). Ein lebhafter Wortwechsel, Beleidigun-
gen und Stöße mit dem Ellenbogen folgten. Graf N*** trieb seine
Rücksichtslosigkeit so weit, den armen Rechtsverdreher ›Dieb‹ zu
schimpfen, und vermaß sich zuguterletzt, ihn durch den diensthabenden
Schutzmann festnehmen und auf die Wache bringen zu lassen. *Maître*
Parnot begab sich mit großer Würde dahin und reichte sofort nach
seiner Wiederentlassung Klage bei Gericht ein. Die furchtbare Kaste,
der anzugehören er die Ehre hatte, wollte von einer Zurücknahme der
Klage nichts wissen. Die Angelegenheit kam vor das Parlament. Graf
N*** wurde in die Kosten verurteilt, mußte dem Rechtsanwalt Genugtuung geben und ihm 2000 Taler Entschädigung zahlen. Diese Summe
wurde mit seiner Einwilligung den armen Gefangenen der Conciergerie
überwiesen. Außerdem wurde genanntem Grafen dringend ans Herz
gelegt, die königlichen Orders über Ruhestörungen im Theater besser
zu beachten. Der Vorfall wirbelte viel Staub auf, da öffentliche Interessen
davon berührt wurden. Der ganze Richterstand hielt sich für bedroht,
weil ein Träger des Amtskleides beleidigt worden war. Um die Geschichte in Vergessenheit zu bringen, suchte Herr von N*** auf dem
Schlachtfeld von Saint-Roche Lorbeeren. Er konnte nichts Besseres tun,
meinte man, um sein Talent zur Eroberung heftigumstrittener Plätze
in Geltung zu bringen.« 365

Man stelle sich einen unbekannten Philosophen an Stelle des Advokaten vor. Das Duell ist nützlich.

Siehe auch weiterhin auf Seite 496 einen recht verständigen Brief von Beaumarchais, der einem seiner Freunde eine vergitterte Loge zum »Figaro« versprochen hat und sie darum einem anderen ausschlägt. Solange man glaubte, diese Antwort richtete sich gegen einen Herzog, war das Geschrei groß, und man sprach bereits von schwerer Bestrafung. Als Beaumarchais aber erklärte, daß sein Brief nur an den Gerichtspräsidenten Dupaty gerichtet sei, lachte alles. Wir verstehen diese Empfindungsart nicht mehr. Und doch mutet man uns dieselben Trauerspiele zu, die jenen Menschen gefallen haben.

42 »Die Galanterie läßt man an den Frauen gelten, aber die Liebe verleiht ihnen etwas Lächerliches«, sagt der kluge Abbé Girard (Paris, 1740).

43 »*Heu! male nunc artes miseras haec saecula tractant;*
Jam tener assuevit munera velle puer.«

Tibull

44 Diese Angewohnheit der Franzosen entfremdet uns die Helden Molières immer mehr.

45 Vgl. *La petite Ville* (eine Sittenkomödie) von Picard.

46 * Anspielung an ein Stück von Scribe, »Der Soldat als Landwirt«.

366 47 Vgl. die »Memoiren der Markgräfin von Baireuth« und *Mes souvenirs de vingt ans de séjour à Berlin* von Thiébault * (deutsch von Robert Sulz, Stuttgart, 1902).

48 * Stendhal nennt das Stück *Le Triomphe de la Croix,* meint aber entweder »Das Kreuz an der Ostsee« (1806) oder »Martin Luther oder die Weihe der Kraft« (1807), beides Tragödien von Zacharias Werner. Über Stendhals Kenntnis der Dramen von Zacharias Werner vgl. Albert Konz, *De Henrico Beyle sive Stendhal litterarum germanicarum judice. Paris, E. Leroux éditeur* 1899, S. 10, 70, 75.

49 * Der gleiche Gedanke findet sich auch in Mirabeaus *Lettres à Mauvillon,* Hamburg, 1794, S. 171: »Ich habe dieselbe Absicht, die Tacitus hatte, als er die Sitten der Germanen schilderte, um in diese Schilderung eine Satire gegen Rom zu kleiden: es ist Frankreich, das ich in Preußen sehe ...« Mirabeau hat eine Geschichte des friederizianischen Preußens (London 1788) verfaßt.

50 Siehe Richardsons Romane. Die Sitten der Familie Harlowe in »Clarissa« sind mit einigen der Neuzeit entsprechenden Änderungen in England etwas Alltägliches; die Bedienten haben dort mehr Freiheit als die Herrschaft.

51 * Gemeint ist König Friedrich August der Gerechte von Sachsen.

52 Plunkell Craig, *Vie de Curran.*

53 Vgl. die entzückenden Briefe des Grafen Pecchio. Italien ist reich an 367
solch tiefen Naturen, aber statt sich hervorzutun, verhalten sie sich still:
Paese della virtu sconosciuta.

54 Vgl. Chabanons, *Tableau de quelques circonstances de ma vie ...,* Paris, 1795.

55 Das Prinzip der Askese des Jeremias Bentham.

56 Man mußte den liebenswürdigen General von Laclos reden hören (Neapel, 1802). Wenn man dieses Glück nicht gehabt hat, kann man die sehr kurzweilig geschriebene *Vie privée du maréchal de Richelieu* (9 Bde.) zur Hand nehmen.

57 Vgl. *L'état de la puissance militaire de la Russie,* das wahrheitsgetreue Werk des Generals Sir Robert Wilson.

58 Die Handschrift befindet sich in der Laurenziana zu Florenz.

59 Vgl. Raynouard, *Choix des poésies originales des troubadours,* Paris, 1817. II. Bd.; Raynouards Textzitate sind voller Irrtümer. Vgl. ferner: *Crescimbeni, Comment. intorno alla storia della volgar poesia,* sowie: Christoph Freiherr von Aretin, »Aussprüche der Minnegerichte«, München, 1803.

60 Andreas Capellanus ist vermutlich gegen das Ende des zwölften
Jahrhunderts schriftstellerisch tätig gewesen. Man findet in der Pariser
Nationalbibliothek zwei Manuskripte seines Traktats *De Amore* (Nr.
8753 und Nr. 10363). Auf dem ersten Blatte steht: »*Hic incipiunt capi-* 368
tula libri de arte amatoria et de reprobatione amoris ....« Es folgt eine
Kapitelübersicht. Auf dem zweiten Blatte steht: »*Incipit liber de arte
[honesta] amandi et de reprobatione [inhonesti] amoris editus et compil-
latus a magistro Andrea francorum aule regie capellano.*« Zu Ende des
Manuskripts stehen die Worte: »*De arte amatoria. Et amoris reprobatione
perfectum nunc explicit opus. Editum a magistro Andrea regine capellano.*

Ad Gualterum amicum suum, cupientem in amoris exercitu militaire. Qui etiam alio nomine dicitur flos amoris.«

Crescimbeni erwähnt in seiner *Storia della volgar poesia* (Bd. II, S. 89–92) eine Florentiner Handschrift und führt verschiedene Stellen daraus an. Genauer handelt es sich um vier miteinander verwandte Handschriften, von denen zwei in der Riccardiana und zwei in der Laurenziana zu finden sind. Sie enthalten eine italienische Übersetzung des Traktats des Andreas Capellanus. Die Akademie der Crusca führt sie unter den Werken auf, die ihre Beispiele zu ihrem Vocabulario geliefert haben. Eine andere italienische Übersetzung bietet eine alte Handschrift in der Barberiniana in Rom. Der von Crescimbeni zitierte Codex Riccardianus in Florenz ist im Jahre 1408 geschrieben. Der Traktat ist bereits im dreizehnten Jahrhundert in das Französische übertragen worden, sowohl in Prosa wie in Versen, letzteres durch
369 Drouart la Vache.

Der lateinische Text des Traktats von der Liebe des Andreas Capellanus ist in zwölf Handschriften erhalten in den Bibliotheken von Rom Wolfenbüttel, Paris, Montpellier, Florenz, München, Brügge, Leipzig und Wien; die älteste ist die im Vatikan (Nr. 1463). Der lateinische Originaltext ist mehrfach gedruckt worden. Friedrich Otto Menckenius erwähnt in seinen *Miscellanea Lipsiensia nova,* Leipzig, 1751, VIII, 1, 454 ff. eine alte Ausgabe ohne Angabe des Druckortes und des Erscheinungsjahres, die er zu den ältesten Drucken rechnet. Diese sehr seltene, im fünfzehnten Jahrhundert gedruckte Ausgabe ist betitelt: *Tractatus amoris et de amoris remedio Andree capellani pape Innocentii quarti ad Gualterum. Incipit feliciter et habet quatuor partes.*

Eine zweite Ausgabe von 1610 trägt den Titel: *Erotica seu Amatoria Andreae Capellani Regii vetustissimi scriptoris ad venerandum suum amicum Gwaltherum scripta numquam antehac edita sed saepius a multis desiderata. Nunc tandem fide diversorum MSS. codicum in publicum emissa a Dethmaro Mulhero. Dorpmundae. Typs Westhovianis. Anno Una Caste et Vere a Manda.* Einige Exemplare tragen die Angabe: *Tremoniae, Typs Westhovianis,* 1614.

Andreas teilt sein Werk in folgende Kapitel ein:

Erstes Buch: I. *Quid sit amor,*
II. *Inter quos possit esse amor,*
III. *Unde dicatur amor,*

IV. *Quis sit effectus amoris,*
V. *Quae personae sint aptae ad amorem,* 370
VI. *Qualiter amor acquiratur et quot modis.*
VII. *De amore clericorum,*
VIII. *De amore monacharum,*
IX. *De amore per pecuniam acquisito,*
X. *De facili rei petitae concessione,*
XI. *De amore rusticorum,*
XII. *De amore meretricum.*

Zweites Buch: *Qualiter amor retineatur.*
I. *Qualiter status acquisit amoris debeat conservari,*
II. *Qualiter perfectus amor debeat augmentari,*
III. *Qualiter amor minuatur,*
IV. *Qualiter finiatur amor,*
V. *De notitia mutui amoris,*
VI. *Si unus amantium alteri fidem frangat amanti,*
VII. *De variis incidiis amoris.*
VIII. *De regulis amoris.*

Drittes Buch: *De reprobatione amoris.*

Andreas läßt abwechselnd den Liebenden und die Dame sprechen. Sie macht Einwendungen, der Liebende sucht sie durch mehr oder minder feinsinnige Beweise zu widerlegen. Hier eine Stelle, wo der Verfasser den Liebenden sagen läßt: »... *Sed si forte horum te sermonum perturbet obscuritas, eorum tibi sententiam indicabo. Ab antiquo igitur quatuor sunt gradus in amore constituti distincti:*

Primus in spei datione consistit,
secundus in osculi exibitione,
tertius in amplexus fruitione,
quartus in totius personae concessione finitur.« 371

* Bemerkung: Die von Stendhal angeführten lateinischen Stellen sind nach dem Neudruck: *Andreae Capellani regii Francorum De Amore libri tres. Recensuit E. Trojel. Hauniae, in libraria Gadiana,* 1892, verbessert und ergänzt worden, ebenso die bibliographischen Angaben.

61 * Der Traktat *De Amore* des Andreas Capellanus ist gegen 1400 durch Eberhard Cersne in Minden in niederdeutscher Sprache poetisch bearbeitet worden.

Nach der Papierhandschrift Nr. 3013 der Hofbibliothek in Wien aus dem Jahre 1404 lauten die Minneregeln in dieser niederdeutschen Übersetzung:

Hij begynnen der mynnen regelen.

Dye erst regel der mynne: *Sache der echtschafft van der liebe ist keyn recht entschuldigunge.*

Dye ander regel der mynne: *Wer nicht helet der kan nicht lieb gehan.*

Dye dritte regel: *Keyner kan dubbeldir vorpundin zyn.*

Dye vierte regel: *Dye liebe alletzijt sich meret edir mynnert.*

Dye vunffte regel: *Daz ist vnsuße vnde sundir smag, daz eyner nympt van eyme, der vngerne zyn liebichin ist.*

Dye sexte mynnen regel: *Der man nicht vbe mynnen spil e ym zyn heymeligen har vff gen.*

Dye syebete regel der mynne: *Daz tode lieb had tzwe najar e zyn lieb*
372 *eyn ander kese.*

Dye achtete regel: *Keyner sundir redeliche sache zal zyner liebe beroubit werdin.*

Dye nvnde regel: *Keyner lieb gehabin kan ane da yn liebe tzudryngit.*

Dye tzeende regel: *Liebe alle tzijt van gyrikeyt wil ellende zyn.*

Dye elffte regel: *Ez getzempt nicht lieb gehan dye, van den men ane schamen vnde schande nvptien mag begernde zyn.*

Dye tzwelffte regel: *Eyn recht war liebhabir van rechtir ger nicht nympt tzu danke noch tzu willen fromde kus vnde vmbevang sundir synes liebis alleyne.*

Dye dryttzende regel: *Liebe selden lange (warit) wan sye wird offinbar vnde gemeyne.*

Dye viertzende regel: *Liebe dye (men) lichtligen irwerbit dye wird vursmat, dye men swerlich krygit dye wirt lieb vnde wert gehalden vnde werit lang.*

Dye vunfftzende regel: *Eyn istlich lieb in des andern angesichte wirt bleychir ab rotir vaer.*

Dye sextzende regel: *Begert men ab biddit men van eynes liebichin ichteswaz, siet daz zyn lieb, da bebit vnde tzettirt ym zyn hertze van.*

Dye sybentzende regel: *Nuwe liebe trybit dye alden hyn.*

Dye achtzende regel: *Alleyne bederbikeyt machit eynen itslichen liebe werdig.* 373

Dye nvntzende regel: *Wan liebe mynren sich begynt, so vurget sye snel vnde kumpt selden wedir da sam sye da vorn ist gewest.*

Dye tzwentigiste regel: *Der liebhabir ist vul forchtin alle tzijt.*

Dye eynvntzwentigiste regel: *Van gyssen vnde dunken, daz zyn lieb getruwe sye vnde nicht vbil thu, da wessit ser dye liebe van.*

Dye tzwevntzwentigiste regel: *Wan eyn zyn lieb wa mid vurdenkit, da wessit liebe vnde begerlikeyt van.*

Dye drvvntzwentigist regel: *Den da moygen gedanken der liebe, der geessit noch enslefit nicht gar vil.*

Dye viervntzwentigist regel: *Alle tat ab gewerk eynes liebhabirs wirt geendigit in synes liebis gedanken.*

Dye vunffvntzwentigiste regel: *Wer da rechte lieb gehad, dem dunkit keyn dyng vff erdin seliger beßir vnde nvttzir zyn, dan daz her gedenke, wye her zyne liebe konne tzu willen vnde behegelich zyn; daz ist all zyn gedanke vnde beger.*

Dye sexvntzwentigist regel: *Liebe kan der liebe nicht geweygeren.*

Dye syebenvntzwentigist regel: *Der liebhabir kan nicht gesetigit werdin van zynes liebis mynnenspil sam sijt kus vmbefang vnde lieblich kosen etc.*

Dye achtvntzwentigist regel: *Gar eyn cleyne sache tut eynen vbiltat gedenken van syme liebe.* 374

Dye nvnvntzwentigiste regel: *Der kan nicht lieb gehan den obirflußig lust moygit vnde reyßit.*

Dye dryßigiste regel: *Dem rechtin lieb(habir) dunkit alle tzijt, wy ym zynes liebis bilde vnde gestalt tegenwardig sy vnde wye hers sie.*

Dye eynvndryßigiste vnde dye leste regel: *Eyne frouwe van tzwen menren werden lieb gehad vnde eynen man van tzwen frouwen ist nicht vnmogelich noch kegn dye gebote der mynne.*

Hij endigen sich der mynnen regelen.

(Vgl. Der *Minne Regel* von Eberhardus Cersne aus Minden, 1404 … herausgegeben von Franz Xaver Wöber, Wien, Braumüller, 1861, S. 179 ff.)

Eine zweite, mittelhochdeutsche, Übersetzung, verfaßt vom Doktor Johann Hartlieb, lautet nach der sehr raren Inkunabel der k. Bibliothek in Dresden: *Hie hebt sich an das buch Ouidij die liebe zuo erwerben und ouch die liebe uerschmehen etc. Getrückt vnd volendet zuo Strassburg von Martino Schotten noch Christi gburt 1484 uff zmstag noch Sant Gertrutentag etc.* (Die Beziehung auf Ovid ist eine Mystifikation aus Gründen buchhändlerischer Reklame.) Es existieren außer dieser Ausgabe noch zwei andre, eine von 1482 und noch eine von 1484 (Augsburg, Anton Sorg). Das Originalmanuskript Hartliebs befindet sich in der Wiener Hofbibliothek (Codex 3053).

Vondenregelndermynne

Jemant mag sich von lieb vnd mynn rechtlich scheyden.
Wer nit seines liebes fürcht vnd eyfert der mag nit lieb haben.
375 *Es ist nit lieblich noch wol geschmach was ein lieb von dem andern on seinen willen thuot oder empfecht.*
Ein knab mag nicht recht lieb pflegen ee er zuo seinen bescheiden ioren kompt.
Nyemand mag zwey lieb haben.
Die lieb muoß alweg wachsen oder abnehmen.
Wann ein lieb zwei iar on buolen ist das wider die buolschaft.
Niemant sol seiner lieb vnd mynn on vrsach beräubt werden.
Niemand mag recht liebe haben dann da in sein hertz vnnd muot hintregt.
Lieb mag bei geitzigkeit nicht wonen.
Es sol niemant lieb noch mynn haben des er schandhet.
Ein rechter buoler begerd keiner freüd noch luost von andern weyben dann allein seyns buolen.
Die geoffent weit erschollen lieb vnd mynn mag gar selten lang weren.
Wer leichtlich gewert des lieb vnd mynn wird bald verschmecht.
Was hart ankompt das liebt vast.
Ein yeglichs rechts lieb wird bleich so ir lieb ansicht.
Wann ein weib iren buolen ansicht so erhitzt er.
Neüw lieb vertreibt die alten.
Allein fruomkeit macht die lieb würdig.
Wo die lieb seicht da verlischt sie bald vnd kompt nit wider.
Ein rechter mynnsichtiger buoler ist alweg sorgueltig.
Von eyfern wirt die lieb groesser und stercker.
Wer lieb empfind von seinen lieb daz macht die ringer lieb wachsen.
376 *Wen die lieb vmtreibt des schlaf vnd speiß sich ringert.*

Do ist recht freüd wo lieb mit lieb betzalt wirdt.
Ein rechter buoler meint das nichts besser sei dann das er seines buolen willen thü.
Ein lieb mag dem andern lieb nichts versagen.
Ein lieb mag sich des andern niemer ersatten noch erfüllt werden.
Ein klein wenig arckwon macht in der lieb myßdenken.
Wer übrig vnkeüsch treibt der mag nicht recht lieb haben es sey frauw oder mann.
Ein rechter mynsichtiger buoler duncket alweg wie seines lyebes gestalt alweg vor im stee.
Einer frauwen ist (nicht) verbotten zwei lieb zuo haben.
Einem mann seind (nicht) verbotten zwo frauwen zuo buolen

Hartliebs Buch ist seit 1484 nicht wieder gedruckt worden.

62 * Ebenso wie Heinrich Heines Romanze vom Troubadour Jaufre Rudel (vgl. Anmerk. 83) ist auch sein »Der Asra« (beide im »Romancero«) auf die Lektüre von *De l'Amour* zurückzuführen. Die allbekannten Verse Heines lauten:

> Und der Sklave sprach: »Ich heiße
> Mohammed, ich bin aus Yemen,
> Und mein Stamm sind jene Asra,
> Welche sterben, wenn sie lieben.«

Über Heine und Stendhal vgl. die erste Anmerkung auf S. XVIII. Beide Dichter erwähnen sich einander in ihren Schriften und Briefen an keiner Stelle, so daß man annehmen muß, sie haben sich nicht persönlich gekannt.

63 Vgl. die Memoiren von Madame de Staal, Collé, Duclos, der Markgräfin von Baireuth. 377

64 Die Religion ist ein Pakt zwischen dem einzelnen Menschen und der Gottheit. Mit welchem Recht drängen sich andere Menschen zwischen meinen Gott und mich? Ich brauche einen offiziellen Anwalt nur in Dingen, die ich nicht selber verrichten kann.

65 Selbst unbedeutende Dinge haben lächerlicherweise genau wie auf uns Männer Einfluß auf die Erziehung der Frauen. So hat zum Beispiel das Ministerium derselben edlen Regierung, die gegen die Ehescheidung ist, der Stadt Laon ein Standbild der Gabrielle d'Estrées überwiesen. Es wird auf einem öffentlichen Platze aufgestellt, augenscheinlich um die jungen Mädchen an die Liebschaften der Bourbonen zu erinnern und sie anzuhalten, gelegentlich gegen liebenswürdige Könige nicht grausam zu sein und ihrem erlauchten Hause Nachkommen zu gewähren. Dafür verweigert das nämliche Ministerium der Stadt Laon die Genehmigung zu einem Denkmal des Marschalls Serurier, eines braven Mannes, der zwar kein galanter Herr war, aber seine Laufbahn als gemeiner Soldat begonnen hat. Vgl. Rede des Generals Foy im *Courrir* vom 17. Juni 1820; Dulaure, *Histoire de Paris,* unter *Amours de Henri IV.* * (Seit 1864 hat Serurier sein Denkmal in Laon.)

66 Lisio Visconti hat in der italienischen Übersetzung der »Ideologie«
378 von Destutt de Tracy ein Kapitel, betitelt *Dell' Amore,* gelesen. An jener Stelle wird der Leser Ideen von ganz andrer philosophischer Tragweite finden, als sich ihm alles in allem hier bieten.

67 * Franz Rudolf *Weiß, Principes philosophiques, politiques et moraux,* erschienen 1785, auch ins Deutsche übersetzt. Die zitierte Stelle: 7. Auflage, II, 245. Über die schweizerische Sitte des »Kiltgehens« vgl. Heinrich Driesmans, »Das Keltentum in der europäischen Blutmischung«, Jena, Eugen Diederichs Verlag, S. 117–119 und S. 172 ff.:

»Die Sitte des Kiltgangs ist zweifellos keltischen Ursprungs. Merkwürdigerweise findet man sie heutzutage weniger in den keltischen Urkantonen, wo sie von der katholischen Kirche unterdrückt wird, als in dem protestantischen Kanton Bern, wo die Geistlichkeit sie respektiert.«

»Im Schweizerischen Idiotikon, einem Wörterbuche der schweizerdeutschen Sprachen, das mit Unterstützung der schweizerischen Bundesregierung seit Jahren erscheint und, bei lokaler Beschränkung, ein ähnlich wertvolles Unternehmen ist wie das berühmte große Grimmsche deutsche Wörterbuch, werden im dritten Bande die Kiltgangsitten ziemlich eingehend behandelt, und dort wird als stereotype Antwort des Volkes gegenüber den Abmahnungen der Pfarrherren zitiert: ›Die Herren verstehen das nicht, weil sie nicht imstande wären, auf ehrliche Weise bei einem Mädchen zu liegen.‹« (J. V. Widmann in der »Nation« vom 5.11.1898.)

68 Frau von Sévigné schreibt ihrer Tochter am 23. Dezember 1671: »Ich 379
weiß nicht, ob man Dir schon erzählt hat, daß Villarceaux, als er mit dem König über eine passende Stelle für seinen Sohn sprach, die Gelegenheit geschickt erfaßte und ihm berichtete, daß gewisse Leute seiner Nichte (Fräulein von Rouxel) einflüsterten, Seine Majestät hege Absichten auf sie. Wenn das der Fall sein sollte, bitte er untertänigst, sich seiner zu bedienen, da die Angelegenheit in seinen Händen sicherer ruhe als in denen anderer Leute, und er sich mit Erfolg dafür verwenden würde. Der König fing an zu lachen und sagte: ›Villarceaux, wir sind zu alt, Sie und ich, um uns an jungen Damen von fünfzehn Jahren zu vergreifen!‹ Und als richtiger Weltmann machte er hinterher seine Witze darüber und erzählte diese Geschichte den Damen.« (Bd. II, 340.)

69 Vgl. Aphorismus 165 (auf Seite 309).

70 Vgl. Saint-Simons Erzählung von der vorzeitigen Entbindung der Herzogin de Bourgogne, ebenso die der Madame de Motteville. Jene Fürstin wunderte sich, daß andre Frauen ebenso fünf Finger an den Händen hätten wie sie. Der Herzog Gaston von Orleans, Bruder Ludwigs des Dreizehnten, fand gar nichts besondres dabei, wenn seine Günstlinge aufs Schafott stiegen, um ihm einen Spaß zu bereiten. Ich selbst habe beim Marchese Berio in Neapel eine Liste der Grandseigneurs von 1778
gesehen mit Bemerkungen über ihre Sittlichkeit. Dieses Manuskript, das 380
vom General Choderlos de Laclos, dem Verfasser der *Liaisons dangereuses,* herrührte, hatte einen Umfang von mehr denn dreihundert Seiten und war reichlich skandalös.

71 Man lese die Memoiren des Kardinals von Netz.

72 * Arthur Schnitzler verflicht diese berühmte Stelle in seinen graziöspikanten »Reigen« (Wien, Wiener Verlag, 1903 S. 67 ff.):
(Ein junger Mann ist beim zärtlichsten Beieinander mit einer Dame …)
Der junge Herr: Kennst du Stendhal?
Die junge Frau: Stendhal?
Er: Die Psychologie *de l'Amour.*

Sie: Nein, warum fragst du mich?

Er: Es kommt eine Geschichte drin vor, die sehr bezeichnend ist.

Sie: Was ist das für eine Geschichte?

Er: Da ist eine ganze Gesellschaft von Kavallerieoffizieren zusammen …

Sie: So?

Er: Und die erzählen von ihren Liebesabenteuern. Und jeder berichtet, daß ihm bei der Frau, die er am meisten, weißt du, am leidenschaftlichsten geliebt hat …, daß ihn die, daß er die …, also kurz und gut, daß es jedem bei dieser Frau so gegangen ist wie jetzt mir.

Sie: So.

Er: Das ist sehr charakteristisch.

Sie: Ja.

Er: Es ist noch nicht aus. Ein einziger behauptet …, es sei ihm in
381 seinem ganzen Leben noch nicht passiert, aber, setzt Stendhal hinzu, – das war ein berüchtigter Bramarbas.

Sie: So.

– –

Sie: Aber nein, ich lache ja nicht. Das von Stendhal ist wirklich interessant. Ich habe immer gedacht, daß nur bei älteren … oder bei sehr … weißt du, bei Leuten, die viel gelebt haben …

Er: Was fällt dir ein. Das hat damit gar nichts zu tun. Ich habe übrigens die hübscheste Geschichte aus dem Stendhal ganz vergessen. Da ist einer von den Kavallerieoffizieren, der erzählt sogar, daß er drei Nächte oder gar sechs – ich weiß nicht mehr – mit der Frau zusammen war, die er Wochen hindurch verlangt hat … *desirée* – verstehst du? – und die haben alle diese Nächte hindurch nichts getan als vor Glück geweint …, beide …

Sie: Beide?

Er: Wundert dich das? Ich find' das so begreiflich, – gerade wenn man sich liebt.

Sie: Es gibt aber gewiß viele, die nicht weinen.

Er (nervös): Gewiß, … das ist ja auch ein exzeptioneller Fall.

Sie: Ah, ich dachte, Stendhal sage, alle Kavallerieoffiziere weinen bei dieser Gelegenheit.

Er: Siehst du, jetzt machst du dich doch lustig!

– –

Eine andre Spur von Stendhals *De l'Amour* in der deutschen Literatur sei noch erwähnt. Paul Heyse war in jüngeren Jahren ein Verehrer Stendhals und hat sogar Stendhals Novelle »Vanina Banini«, in recht unglücklicher Weise freilich, dramatisiert. In einer seiner Novellen schreibt er etwas pedantisch: 382

»Schon ein flüchtiges Durchblättern des berühmten Werkes müßte jeden überzeugen, daß es sich hier nicht um ein frivoles, der Jugend gefährliches und gegen die Sittlichkeit sich auflehnendes Produkt handelt, sondern um eine sehr ernste psychologische und kulturhistorische Studie, deren Verfasser freilich, da er lange Zeit in Italien gelebt hat, die Frage, die er behandelt, von einem anderen Standpunkt aus betrachtet, als man sie in Deutschland zu betrachten pflegt, nichts weniger aber beabsichtigt hat, als der großen Menge solcher Leser, die nach Schilderungen zweideutiger Verhältnisse und lüsterner Szenen begierig sind, einen Gefallen zu tun. Für alle *ernsthaften Leser* aber wird sowohl die psychologische Theorie des geistvollen Franzosen über die Kristallisation, wie der reiche Schatz in einzelnen Bemerkungen und charakteristischen Beispielen von höchstem Werte sein.«

73 * Außer diesen und den im Text und in den Anmerkungen genannten Werken erwähnt Stendhal in fortgelassenen Anmerkungen noch folgende Autoren und Werke:

Birkbeck, Reisebeschreibungen und Reisebriefe
Bougainville, Reiseschilderungen,
Cadet-Gassicourt, *Voyage en Autriche, en Moravie et en Bavière, fait à la suite de l'armée française en* 1809, *Paris,* 1818,
Cook, Tagebuch seiner Weltumseglungen,
Crabbe, Gedichte,
Ducray-Duminil, Romane,
Abbé Grégoire, Memoiren,
Guillaume, Werk über die Troubadoure, 383
Lemontey,
Massillon,
Mémoire et discussion sur le Zodiaque de Dendérah à l'Académie des sciences à Paris, 1821.
Monti,
Moore, *Lalla-Rookh,*
Nivernais, *Le troubadour Guillaume de la Tour,*

Potter, *L'esprit de l'Eglise,* 1821 (8 Bde.),
Radael,
Romagnesi, Romanzen,
Royaumont,
de Tracy, philosophische Schriften,
Voiron, Guy Allard de, *Oeuvres badines.*

74 * »Die Briefe der Portugiesischen Nonne« Marianna Alcoforado, Tochter eines portugiesischen Offiziers (Francisco da Costa Alcoforado), sind wahrscheinlich in den Jahren 1667 bis 1668 geschrieben und an ihren untreuen Geliebten, den französischen Rittmeister Noël Bouton, Marquis von Chamilly, gerichtet. Sie sind zuerst erschienen im Jahre 1669 bei Claude Barbin in Paris und zwar in französischer Sprache; die portugiesischen Originale sind verschollen. Später sind die Briefe, von denen nur fünf echt sind, in verschiedenen, meist durch Fälschungen stark vermehrten Ausgaben wiedergedruckt und auch in der Mitte des achtzehnten Jahrhunderts mehrfach ins Deutsche übersetzt worden. Der Inselverlag hat im Jahre 1905 eine Übersetzung unter dem Titel
384 »Schwester Marianne und ihre Liebesbriefe« in prächtiger Ausstattung erscheinen lassen.

Um einen Begriff von der überschwenglichen Leidenschaft dieser Briefe zu geben, sei der Übersetzung folgende Stelle entnommen:

»... Bei der ersten günstigen Gelegenheit will ich Ihnen nun das senden, was ich noch von Ihnen hatte. Ich habe alles Dona Brites zur Besorgung gegeben, so daß ich mit Sicherheit glauben kann, daß Sie das Porträt und die Armbänder erhalten haben, die Sie mir dereinst geschenkt haben …

Das gestehe ich zur Schande für uns beide, daß ich mich mehr mit diesen Kleinigkeiten verknüpft gefühlt habe, als ich Ihnen erzählen will, und daß ich alle meine Vernunft nötig hatte, um mich von jedem einzelnen Stück zu trennen, selbst nachdem ich froh war, daß ich mich nicht mehr mit Ihnen verbunden fühle. Aber mit Hilfe so vieler guter Vernunftsgründe erreicht man schließlich alles, was man will.

Ich habe alles Dona Brites übergeben. Wie viele Tränen hat mich dieser Entschluß nicht gekostet! Nach tausend wechselnden Gemütsstimmungen, von denen Sie nichts ahnen und über die ich Ihnen wahrlich keine Rechenschaft ablegen will, habe ich sie flehentlich gebeten, nie mehr mit mir von diesen Kleinigkeiten zu reden, sie mir nicht zurück-

zugeben, selbst wenn ich sie darum bitten sollte, um sie noch einmal zu sehen, und sie Ihnen zu senden, ohne mich etwas davon wissen zu
lassen. 385

Ich habe das Übermaß meiner Liebe erst so recht kennen gelernt, nachdem ich alles daran gesetzt, von ihr geheilt zu werden, und ich fürchte, ich hätte nie gewagt, diesen Versuch zu machen, wenn ich hätte voraussehen können, daß es so schwierig wäre und mir so heftige Gemütsbewegungen bereitete. Ich bin überzeugt, daß ich weniger gelitten hätte, indem ich Sie liebte trotz Ihrer Undankbarkeit, als indem ich Sie für immer verlasse. Ich habe einsehen gelernt, daß mir meine Liebe teurer war als Ihre Person, und ich habe ganz unsinnig gelitten, indem ich sie bekämpfen mußte, auch nachdem Sie sich durch Ihre beleidigende Handlungsweise mir widerwärtig gemacht hatten. Der natürliche Stolz meines Geschlechtes hat mir nicht geholfen, Ihnen gegenüber eine Entscheidung zu treffen. Ich armes Menschenkind! …

Die törichten Versicherungen Ihrer Freundschaft und die lächerliche Verbindlichkeit in Ihrem letzten Briefe haben mich sehen lassen, daß Sie alle Briefe erhalten haben, die ich an Sie geschrieben habe, und daß sie keinen Eindruck auf Ihr Herz gemacht haben. Und Sie haben sie doch gelesen! Undankbarer Mensch, der Sie sind! Ich bin noch töricht genug, verzweifelt darüber zu sein, daß ich aufhören muß, mir einzubilden, daß sie nicht in Ihre Hände gelangt sind. Ich verabscheue Ihre Aufrichtigkeit … Warum ließen Sie mich nicht meine Liebe behalten? …

Ich zweifle nicht, daß ich hierzulande einen treueren Geliebten finden
könnte, was aber vermöchte mich wohl dazu zu bringen, ihn wieder zu 386
lieben? Sollte irgend eines andern Mannes Liebe wohl imstande sein, auf mich Eindruck zu machen? Habe ich nicht erfahren, daß der Mensch, der die Liebe kennen gelernt hat, denjenigen nie vergessen kann, der ihn zuerst zu all' jener unbekannten Leidenschaft erweckt hat, deren er fähig ist? Weiß ich nicht, daß alle seine Gefühle an dem Götzenbild hängen bleiben, das er sich geschaffen hat, daß er die ersten Eindrücke nie vergessen, sich von seinen ersten Wunden nie erholen kann? … Daß alle Vergnügungen, die er nach außen hin sucht, ohne sich etwas daraus zu machen, ihn nur mehr fühlen lassen, daß ihm nichts so teuer ist als die Erinnerung an all' seinen Kummer und Schmerz …«

75 * Die im Buche über die Liebe vielfach erwähnten *Lettres de Mademoiselle de Lespinasse* gehören zu Stendhals Lieblingsbüchern. Er hält sie für die »schönsten Liebesbriefe der Weltliteratur«. Aus diesem Grunde sei hier eine Bibliographie der Lespinasse-Literatur gegeben:

Lettres de Mademoiselle de Lespinasse, écrites depuis l'année 1773 *jusqu'à l'année* 1776, …, Paris, Collin, 1809, 2 Bände.

Briefe der Lespinasse. Deutsch von J.C.W. Spazier. Leipzig, Büschler, 1810, 2. Auflage 1824, 2 Bände. (Die deutsche Ausgabe der Liebesbriefe der Lespinasse ist 1908 bei Georg Müller in München erschienen.)

Lettres de Mlle. de Lepinasse, … augmentées de son éloge sous le nom d'Eliza par M. de Guibert … Paris, Longchamps, 1811, 2 Bde.

387 *Nouvelles lettres de Mlle. de Lepinasse, suivies du portrait de M. de Mora …* Paris, Maradan, 1820. (Die hier gegebenen Briefe sind unecht. Von der Lespinasse stammen nur das *Portrait de M. de Mora,* richtiger *de M. de Guibert,* und die *Apologie d'une pauvre personne.*)

Lettres de Mlle. de Lespinasse, avec une notice biographique par Jules Janin, Paris, Amyot, 1847.

Sainte-Beuve, *Mlle. de Lespinasse,* in *Causeries du Lundi,* II. 96–112. (In den Tatsachen vielfach unrichtig, aber geistvoll geschrieben.)

Karl Frenzel, »Dichter und Frauen«, Studien, Hannover, Rümpler, 1859, S. 245–265: Julie Lespinasse. (Veraltet.)

Alfred de Musset, *Femmes de la Régence.* Paris, Charpentier, 1858, *passim.*

Lettres de Mlle. de Lespinasse, … par Eugène Asse. Paris, Charpentier, 1876. *Edition couronnée par l'Académie française.* Neueste Auflage: 1903, mit einer Studie des Herausgebers. (Vorzügliche Ausgabe.)

Lettres de Mlle. de Lespinasse, … avec une notice par Gustave Isambert. Paris, Lemerre, 1876, 2 Bände.

Mademoiselle de Lespinasse et la Marquise du Deffant … par Eugène Asse. Paris, Charpentier, 1877.

Le tombeau de Mlle. de Lespinasse, par d'Alembert et par le comte de Guibert, publié par le bibliophile Jacob. Paris, *Librairie de bibliophiles,* 1879.

388 *Lettres inédites de Mlle. de Lespinasse à Condorcet, à d'Alembert, à Guibert, au comte de Crillon, … publiées par Charles Henry.* Paris, Dentu, 1887.

Mademoiselle de Lespinasse. Eine Studie von Neera. Zu finden in: Neera, »Das galante Jahrhundert«. Aus dem Italienischen übersetzt von Berthof. Dresden, Reißner, 1903, S. 37 bis 67. (Durchaus wertlos. Julie de Lespinasse ist in Klara Lespinasse umgetauft.)

Gebrüder Goncourt, *La femme au XVIIIe siècle.* Deutsche (vorzügliche) Ausgabe: »Die Frau im 18. Jahrhundert« von Edmond und Jules Goncourt, Leipzig, Julius Zeitler, 1905, Bd. I, S. 174 ff.

Marquis de Ségur, *Julie de Lespinasse.* Paris, Calmann-Lévy, (1905), VI, 651 Seiten. (Auf gründlichen Archivforschungen beruhende Arbeit.)

Correspondance entre Mademoiselle de Lespinasse et le Comte de Guibert, publiée pour la première fois d'après le texte original par le Comte de Villeneuve-Guibert. Paris, Calmann-Lévy, (1906), VI, 536 Seiten. (Endgültige Ausgabe.)

76 * »Hoch vor Lust klopft mir das Herz …«, Cavatine der Ninetta in der »Diebischen Elster« Rossinis.

77 Den Zustand der englischen Sitten um 1820 vergegenwärtige man sich aus dem »Leben Beatties«, verfaßt von einem vertrauten Freunde. Man wird lesen, daß Beattie die große Gemeinheit gehabt hat, von einer alten Marquise zehn Guineen anzunehmen, um dafür Hume zu verleum- 389
den. Der Adel stützt sich auf die Geistlichkeit, die dafür eine Rente von 200000 Franken erhält. Der widerlichste *cant* herrscht allerorts. Eine lustige Seite auf Englisch zu schreiben, ist ein Ding der Unmöglichkeit.

78 Vgl. die spanischen und dänischen Romanzen des dreizehnten Jahrhunderts. Dem französischen Geschmack werden sie fad oder grob erscheinen.

79 * Stendhal führt in *De l'Amour* folgende Italienliteratur an:

Lettres familières écrites d'Italie en 1739 *et* 1740 *par Charles de Brosses,* Paris, 1799. Neu herausgegeben von Romain Colomb, 2 Bände. Paris, Perrin, 1885, fünfte Auflage 1904. Diese Briefe gehören ebenfalls zu Beyles Lieblingsbüchern, vgl. Bd. V. dieser Ausgabe, S. 447 ff.

Dupaty, Präsident, *Lettres sur l'Italie,* Paris 1788, 2 Bände.

Staël, Madame de, *Corinne ou de l'Italie.* Paris, 1804.

Eustace, John Chetwood, *A classical tour trough Italy,* London, 1815, 4 Bde.

Semple, Robert, *Observations on a journay trough Spain and Italy to Naples etc. in* 1805. London, 1807, 2 Bde.

Sharp, Samuel, *Lettres from Italy.* London 1766.

Smollet, Tobias George, *Travels through France and Italy.* London, 1778, 2 Bde.

390 Ginguené, P.L., *Histoire littéraire de l'Italie* Paris, 1811–35, 14 Bde.

Ein wie vielseitiger und verständiger Kenner Italiens Beyle selbst war, geht aus seinen Reisebildern »Rom, Neapel, Florenz« (1817), seinen »Wanderungen durch Rom« (1829) und aus seinen Briefen hervor. In dem erstgenannten Buch zitiert er auch Goethes »Italiänische Reise«. Der Band VIII der vorliegenden deutschen Stendhal-Ausgabe, »*Italien*«, wird eine Auslese aus Stendhals Italienschilderungen bringen.

80 Vgl. die Analyse des asketischen Prinzips in den *Traités de législation civile et pénale* von Bentham, I. Bd., Paris, 1802 (3 Bde.).

81 Man lese die *Vie de Saint Charles Borromée.* Er hat Mailand umgewandelt und geschändet, die Rüstkammern leer und die Kirchen voll gemacht.

82 »*Torva leaena lupum sequitur, lupus ipse capellam,*
Florentem cytisum sequitur lasciva capella.
... Trahit sua quemque voluptas.«

Virgil

83 * Diese Geschichte von Jaufre Rudel hat Heinrich Heine ohne jeden Zweifel (vgl. Anmerk. 62) in Stendhals *De l'Amour* gefunden und in seiner Romanze »Geoffroy Rudèl und Melisande von Tripoli« im »Romancero« (entstanden in den Jahren 1846–1851) verwendet. Es heißt da u.a.:

Auch Rudel hat hier zum ersten
391 Und zum letzten Mal erblicket
In der Wirklichkeit die Dame,
Die ihn oft im Traum entzücket.
Über ihn beugt sich die Gräfin,

Hält ihn liebevoll umschlungen,
Küßt den todesbleichen Mund,
Der so schön ihr Lob gesungen!
Ach, der Kuß des Willkomms wurde
Auch zugleich der Kuß des Scheidens,
Und so leerten sie den Kelch
Höchster Lust und tiefsten Leidens.

Der gleiche Stoff hat Uhland zu seinem »Rudello« und auch Carducci und Swinburne zu Dichtungen begeistert. Neuerdings hat ihn Edmond Rostand in seiner *La Princesse lontaine* (»Die Prinzessin im Morgenland«, Drama in vier Aufzügen, in deutschen Versen von Friedrich von Oppeln-Bronikowski, Berlin, Albert Ahn, 1905) auf die Bühne gebracht. Gaston Paris hat allerdings mit unerbittlicher Gelehrtengrausamkeit nachgewiesen (*Revue historique,* Bd. 53, 1893), daß die Geschichte von Rudel ebenso wie die vom Troubadour Guillem de Cabestaing (S. 174 ff.) nur holde Liebeslegenden sind, der romantischen Phantasie des dreizehnten Jahrhunderts entblüht.

84 * Napoleon der Große hat bekanntlich die Meisterwerke der italienischen Malerei in Paris vereinigt. Nach seinem Sturze sind sie größtenteils wieder an die Orte ihrer Herkunft zurückgegeben worden.

85 * Diese Skizze ergänzt das Kapitel 2 (Seite 6, 9 bis 16) und erläutert Stendhals Theorie von der Kristallbildung.

86 In Frankreich ist alles entgegengesetzt wie in Italien. Zum Beispiel 392
sind Reichtum, hohe Geburt, tadellose Erziehung südwärts der Alpen der Liebe förderlich, in Frankreich dagegen feindselig.

87 * Dieses Bruchstück ist von Paul Arbelet in der *Revue bleue* vom 29. April 1905 veröffentlicht worden. Beyle hat Mathilde Dembowska während seines vom August 1814 bis zum Juni 1821 währenden Mailänder Aufenthalts, vermutlich im Jahre 1818, kennen gelernt. Wir wissen, daß sie ihm am 25. Oktober 1819 verbot, ihr weitere Briefe zu schreiben. Wahrscheinlich hatte man ihn bei Mathilde verleumdet. In seiner Melancholie über dieses Mißgeschick geriet Beyle auf den Einfall, seine innere Stimmung, seine Empfindungsweise, seine ganze leidenschaftliche

Liebe zu ihr in einem Roman zur Darstellung zu bringen, der nur für ihre Augen bestimmt sein sollte. In leicht verschleierter Weise wollte der unglücklich Verliebte die Beziehungen beider klarlegen und damit das Herz der angebeteten Frau rühren. Der polnische Offizier ist niemand anders als er selbst, Contessa Bianca ist Mathilde und die Duchezza von Empoli Mathildes Cousine, Frau Traversi. Sie besaß in Desto (zwischen Monza und Como) ein schönes Landhaus, wo sich Mathilde häufig mit ihren beiden Söhnen aufhielt. Man muß also für Bologna »Mailand« setzen. Beyle selbst, der mit Frau Traversi in Wirklichkeit keine persönlichen Beziehungen hatte, sondern sie nur vom Hörensagen
393 und Ansehen kannte, hat ihren Landsitz vermutlich nie betreten. Der Roman ist nie über die hier wiedergegebenen Blätter hinaus gediehen, und Mathilde hat nicht einmal diese geringfügigen Anfänge in die Hände bekommen. Die boshafte Eifersucht der Frau Traversi verstand es, den Unwillen Mathildes in Abneigung zu erweitern. Paul Bourget, dessen Romane und Schriften von Einflüssen und Ideen seines Vorbildes Stendhal durchtränkt sind (vgl. Band V, S. 8), hat das Problem der Eifersucht aus Freundschaft im Kampfe gegen die Liebe in seinem Roman
394 *Une idylle tragique* behandelt.

Biographie

1783 *23. Januar:* Stendhal wird als Marie Henri Beyle in Grenoble geboren. Sein Vater ist ein wohlhabender Advokat und Landbesitzer. Er haßt seinen Vater und die jesuitische, royalistische Atmosphäre zu Hause.

1790 Stendhals Mutter stirbt und seine gläubige Tante kümmert sich um seine Erziehung, zusammen mit einem jesuitischen Priester.

1800 Er bricht das Studium ab und findet für kurze Zeit Gefallen am Soldatenleben als Dragoner in Napoleons Armee. Durch seine militärische Tätigkeit reist er nach Milan.

Er versucht sich als Schriftsteller und erntet mit seinen Reisebeschreibungen, Biographien von Haydn und Mozart sowie einer Geschichte der italienischen Malerei herbe Kritik.

1802 Zurück nach Frankreich.

1812 Er dient in der Armee Napoleons in der Russischen Kompanie.

1814 Nach Napoleons Sturz geht Stendhal nach Milan, wo er bis 1820 bleibt. Dort beginnt seine literarische Laufbahn.

»Vie de Mozart« (»Das Leben von Mozart«) erscheint.

1817 Er schreibt für britische Zeitungen.

»Rome, Naples et Florence«.

»Histoire de la peinture en Italie« wird veröffentlicht.

»Vie de Haydn, de Mozart et de Métastase«.

1822 Die psychologisch angelegte Studie »De l'Amour« (»Über die Liebe«) erscheint.

1823 »Racine et Shakespeare«.

»Vie de Rossini« (»Das Leben von Rossini«).

1827 Als Romanschriftsteller stellt er sich dem Publikum erst spät vor. »Armance«, den ersten Roman, veröffentlicht er mit 44 Jahren.

1830 »Le rouge et le noir« (»Rot und Schwarz«) schreibt er im Alter von 47 Jahren.

Nach der Thronbesteigung von Louis Philippe wird Stendhal zum Konsul in Triest ernannt.

1831 Veröffentlichung von »Le rouge et le noir«.
Da Metternich seine Bücher und seine liberalen Ideen kritisiert, wird er nach Civitavecchia versetzt.
Obwohl er eine Zeitlang nichts veröffentlicht, schreibt er an »Souvenirs d'égotisme« und »La Vie d'Henri Brulard«, beide autobiographisch, und am Roman »Lucien Leuwen«.

1836–1839 Er hält sich in Paris auf und wandert durch Frankreich.

1840 Erst zehn Jahre nach der Veröffentlichung seines ersten bedeutenden Romans erscheint »La Chartreuse de Parme« (»Die Kartause von Parma«). Den Zeitgenossen sagen seine Werke wenig zu. Doch heute gelten seine Werke als Meisterwerke ihrer Gattung. Der an seiner Umwelt leidende Mensch wird in der Analyse Stendhals Modell für eine herzlose Gesellschaft, die zu keinem menschlichen Fortschritt fähig ist.

1841 Stendhal lebt erkrankt in Paris.

1842 *23. März:* Er stirbt in Paris an Apoplexie mitten auf der Straße. »Lucien Leuwen« (unvollendet) erscheint postum 1855, seine Autobiografie, »Bekenntnisse eines Egotisten«, erst 1892.

Karl-Maria Guth (Hg.)

Erzählungen der Frühromantik

HOFENBERG

Erzählungen der Frühromantik

1799 schreibt Novalis seinen Heinrich von Ofterdingen und schafft mit der blauen Blume, nach der der Jüngling sich sehnt, das Symbol einer der wirkungsmächtigsten Epochen unseres Kulturkreises. Ricarda Huch wird dazu viel später bemerken: »Die blaue Blume ist aber das, was jeder sucht, ohne es selbst zu wissen, nenne man es nun Gott, Ewigkeit oder Liebe.«

Tieck Peter Lebrecht **Günderrode** Geschichte eines Braminen **Novalis** Heinrich von Ofterdingen **Schlegel** Lucinde **Jean Paul** Des Luftschiffers Giannozzo Seebuch **Novalis** Die Lehrlinge zu Sais

ISBN 978-3-8430-1878-4, 416 Seiten, 29,80 €

Karl-Maria Guth (Hg.)

Erzählungen der Hochromantik

HOFENBERG

Erzählungen der Hochromantik

Zwischen 1804 und 1815 ist Heidelberg das intellektuelle Zentrum einer Bewegung, die sich von dort aus in der Welt verbreitet. Individuelles Erleben von Idylle und Harmonie, die Innerlichkeit der Seele sind die zentralen Themen der Hochromantik als Gegenbewegung zur von der Antike inspirierten Klassik und der vernunftgetriebenen Aufklärung.

Chamisso Adelberts Fabel **Jean Paul** Des Feldpredigers Schmelzle Reise nach Flätz **Brentano** Aus der Chronika eines fahrenden Schülers **Motte Fouqué** Undine **Arnim** Isabella von Ägypten **Chamisso** Peter Schlemihls wundersame Geschichte **Hoffmann** Der Sandmann **Hoffmann** Der goldne Topf

ISBN 978-3-8430-1879-1, 408 Seiten, 29,80 €

Karl-Maria Guth (Hg.)

Erzählungen der Spätromantik

HOFENBERG

Erzählungen der Spätromantik

Im nach dem Wiener Kongress neugeordneten Europa entsteht seit 1815 große Literatur der Sehnsucht und der Melancholie. Die Schattenseiten der menschlichen Seele, Leidenschaft und die Hinwendung zum Religiösen sind die Themen der Spätromantik.

Brentano Die drei Nüsse **Brentano** Geschichte vom braven Kasperl und dem schönen Annerl **Hoffmann** Das steinerne Herz **Eichendorff** Das Marmorbild **Arnim** Die Majoratsherren **Hoffmann** Das Fräulein von Scuderi **Tieck** Die Gemälde **Hauff** Phantasien im Bremer Ratskeller **Hauff** Jud Süss **Eichendorff** Viel Lärmen um Nichts **Eichendorff** Die Glücksritter

ISBN 978-3-8430-1880-7, 440 Seiten, 29,80 €